子平真詮三十天快譯通

作者：於光泰博士

於光泰

籍貫：中國，江蘇省，常州。
1957 年出生於台灣桃園市。

學經歷：
台北科技大學建築系、土木系
輔仁大學中文(易經)博士
中央大學哲學博士候選人
指南宮中華道教學院講師
中華易學產業協進會第一屆理事長

相關著作：
1.八字基礎會通
2.周易與六爻預測
3.易經三十天快譯通
4.擇日學三十天快譯通
5.陽宅奧秘三十天快譯通
6.八字奧秘三十天快譯通
7.子平真詮三十天快譯通
8.「梁學八字大破譯」教學光碟
9.「梁學陽宅內局大解碼」教學光碟
10.「三合派與形家風水會通」教學光碟
11.「梁學八字基礎整合」教學光碟

12.「擇日十週會通」教學光碟
13.「八字流年實務」教學光碟
14.「八字卜卦基礎十八堂」教學影片
15.「陽宅奧秘二十六堂」教學影片
16.「九星水法八堂」教學影片

內文目錄

高序

　　子平術是我國深邃的《易》學文化，陰陽五行貫穿宇宙時空無所不在。而子平八字論命易理學是我國道教傳統數術之一，與中華首經《易經》理氣融通，並與一般民間生活有相當關連，例如喜用神的五行性，牽涉小兒取名、生活環境佈置，吉祥數字、生意場所的顏色質感等，是無形中的指導原則。

　　於光泰博士之前在指南宮道教學院擔任應用易學講師，在出版六本有關易經卜筮、擇日、陽宅、八字等書籍之後，近日完成第七本《子平真詮三十天快譯通》，觀其內容，是將清朝乾隆年間進士沈孝瞻著作《子平真詮》逐段翻譯，又添注了自己的理解，成為一本適合現代人閱讀的子平學典範。子平學雖然難學難精，但於博士以行雲流水，深入淺出的辭意解釋，使現代人依據生活經驗即可輕鬆瞭解其中陰陽五行的奧妙。

　　其次，於博士引證《三命通會》《神峰通考》《滴天髓》《子平粹言》等書，將《子平真詮》奧義串聯諸經典，讓讀者事半功倍，得以快速縱貫橫攝子平學術，確實是一本難得的好書，本書除了掌握子平八字學要義之外，解釋中融入儒道經典哲學思想，大幅提高五術命理著作境界，值得本人推薦。

壬寅（2022）年仲夏

台北指南宮主任委員　　高超文

《子平真詮三十天快譯通》作者序

　　《子平真詮》是清朝乾隆年間進士沈孝瞻著作，或有說沈孝瞻集結同好幕僚所著作，確實為少見之八字學「聖經」。然而時代快速變遷，現代化中文教育對於學生是否能閱讀文言文、語體文，淡然漠視，再加上解讀八字的核心技術，是諸家命理師之籌碼，豈能輕易洩漏？因此本書《子平真詮三十天快譯通》從實依據徐樂吾《子平真詮評註》一書所述，以標楷體完整論述其原有文字，遵循理論脈絡，並針對八字核心技術，以適合現代人的文學程度，簡潔著述。換言之，現代八字學者若要原汁原味由《子平真詮》原文開始閱讀，在企圖汲取古人八字學精華時，往往受限於文學程度，因此本書著述目的，首在使現代學者能以現代的語文能力閱讀理解《子平真詮評註》一書，達到融會貫通，汲取核心技術之目的。因此本書出版之目的，在於將《子平真詮》原文本義清楚呈現，再將徐樂吾之補注與案例，及其隱晦之核心技術，全盤托出以提供現代學者最經濟、簡單、實用的進路。

　　《子平真詮》是有高度的命書，因此我並無安排八字學基礎內容在內，讀者必須在此之前已經具備刑冲合會、六親十神、身強身弱、格局辨識等基礎。其次，本書不對古人古書提出批判性論述或無從考據的滿天放矢，諸家論述各有道理，凡強調日主強弱、調候用神、格局成敗、神煞吉凶等，一概虛心撿拾核用。復次，為真實呈現沈孝瞻《子平真詮》與徐樂吾《子平真詮評註》原書內容，均使用「標楷體」，我的疏文部分則使用「新細明體」；若有引用其它古籍出處，均加以註明，而其它作者有必要之附加注釋，一併列入文中，但限於篇幅不加區分。莫次，八字學本身畢竟無法經由嚴密的科學實證檢驗，爭論某些無端無益之處，不如以「謙卦」卑以自牧，撝謙鳴謙之。既抱之以崇古而論今，遂將書中舉例，縱貫橫攝，不敢恣意增減，僅在透解原文以供現代學者閱讀流暢外，雖有自家心得，平實闡述耳。〈繫辭傳〉：「易則易知，簡則易從。易知則有親，易從則有功。」當八字學者閱讀此書後，能夠發現八字能知能親，進而學習功效大增，正是本書著述宗旨。

當我在寫這本書時，正是『中華易學產業協進會』視訊課程『陽宅奧秘三十天快譯通』即將結束時，正在預備進入『八字卜卦進階視訊課程』，每當寫睏時，想到這些學生也在夕惕若厲，勉力不息，我就生出源泉滾滾的能量，振筆疾書。這些推手是林慧燕(堅毅剛健)、游家瑋(命卜神玄)、王雅妮(蘇杭第一美人色藝雙全)、蕭修文(老當益壯，終身學習，涉獵南派三合紫微斗數與精研北派欽天四化紫微斗數)、謝戌芳(學術兼修)、羽紜(瑞瓊 靈動慧中)、鍾文展(向學不懈)、存誠(專意誠心)、陳麗珣(累土造台)、朱致儒(Cutty Chu 舉一反三)、陳志銘(Marc 縱貫橫攝)、蕭虹莉(穩紮穩打)、川崎慧子(宮崎命師)、張寶丹(勤學不輟)、羅伯特(半工半讀)、機逢子(道光似海)、無懂(醫術精湛)、林湘華(精研陽宅)、林昭蓉(後起新秀)等人(以筆畫為順序)。還有推手中也夾帶魔手，正是那位大力推展「現代八字學」，專長：婚姻、生育、職場、失戀等「一刀斃命式」論命的「艾維思」職業命理大師，感謝這些壓力、推力、拉力給我源源不斷的動力。下一本《滴天髓三十天快譯通》很快會和易友們見面。

輔仁大學中文(易經)博士
中央大學哲學博士候選人　　　　　於光泰　敬述

緒論

　　《子平真詮》所謂「格局」就是「用神」，原則與余春台氏調候用神不同，但與徐樂吾本書所述扶抑用神、通關用神、病藥用神、專旺用神等就有或合或離的情形。〈用神篇〉：「八字用神，專求月令」，以月令地支為第一優先，因此月令正官，月干正印，稱「正官配印」；而月令印綬，月干正官，稱「印綬用官」。但徐樂吾後來注釋中仍然將天透地藏，三合三會取格併用。一般以月令所透出為第一優先取格。因此癸日主寅月，透甲優先為傷官格，透丙正財是傷官生財，透戊是傷官見官。

　　月柱以外，年時干支與日支所生之天透地藏為外格。月支為日主臨官者為「月劫」，即建祿格。正偏財、正官、正印、食神，宜順用，故喜受生、生出。而七殺、傷官、梟（偏）印、羊刃是逆用，宜剋制。兩者並無命格高低之定論，全在原局搭配有成與大運輔助得宜否。

　　日主強弱並不是特別重視，直到徐樂吾補述，加重身強身弱推理。以月令為發動生剋的主角，配角則生剋不靈；因此傷官格見官，有財星就算通關；正官格見傷官，財星無解剋官。

　　財格不宜用比肩、劫財、羊刃扶日主，有比劫剋財的副作用。正官格不宜用羊刃扶日主，正官順用，失之過猛。食神格不宜用印綬扶日主，印綬扶日主又剋格局，未見其利，先受其害。原則固然清楚，問題在千變萬化之中，如何認定格局？維持柱運歲中和，而不傷及格局。沈孝瞻少提中和強弱，調候用神，認為當順則順，當逆則逆。

1

順用者即是正偏財、正官、正印、食神，其原則：

1、正偏財喜食神相生；財能生官，用官制比劫護財；財格若比劫多見，宜行官殺之地剋制比劫。

2、正官喜透財以相生，或者是生印，以印綬剋制傷官，保護正官，以子護母。

3、正印喜用官殺生印，或者取比劫剋財，以免財剋印。其次，正印太強變成梟印，以有力的財星剋印。

4、食神喜歡比肩劫財相生，食神有力最宜生財，遇到梟印奪食，可以財星反制梟印。

逆用者即是七殺、傷官、劫財、羊刃；所謂逆用就是反剋，如同《易・蒙》：「擊蒙，不利為寇，利禦寇。」愛的教育不如鐵的紀律。

1、七殺最宜食神剋制，最忌財去生殺，逆用性質不宜生之，最宜以食神相制。

2、傷官較不同之處在於順用與逆用均可，喜配印剋制，或傷官生財。

3、羊刃格僅陽日主有，甲（卯）、丙（午）、戊（己）、庚（酉）、壬（子），必須用對等的官殺抗衡，如果陰日主要身殺兩停。

4、月劫指建祿格，喜透出正官，七殺則過猛；或者用食傷生財，沒有食傷通關，建祿用財也是不妙，破財慢一點而已。

方重審序

　　命理乃吾國科學與哲學融貫而成一種學說，數千年來傳衍嬗變，或隱或現，全賴一二有心人為之繼續維繫，賴以不絕，其中確有學術上研究之價值，非徒癡人說夢，荒誕不經之謂也。其所以至今不能在科學中成立一種地位者，實有數因。蓋古代士大夫階級目醫卜星相為九流之學，多恥道之；而發明諸大師又故為惝恍迷離之辭，以待後人探索；間有一二賢者有所發明，亦秘莫如深，既恐洩天地之秘，復恐譏為旁門左道，始終不肯公開研究，成立一有系統說明之書籍，貽之後世。故居今日而欲研究此種學術，實一極困難之事。

　　按命理始於五星，一變而為子平；五星稍完備者，首推果老《星宗》全一書。然自民國以來，欽天監改為中央觀象臺，七政四餘檯曆以及量天尺，無人推算，此道根本無從著手，恐將日就淹滅。所餘子平一派，尚有線索可尋。此中舊籍，首推《滴天髓》與《子平真詮》二書，最為完備精審，後之言命學者，千言萬語，不能越其範圍，如江河日月，不可廢者。然古人著書，喜故為要渺之詞，蹈玄秘之積習，後學之士，卒難瞭解。《滴天髓》一書，幸有任鐵樵注本，徵引宏博，譬解詳明，可謂斯道之龍象；而《子平真詮》，迄今無人加以詮釋。今徐子樂吾，既將任注《滴天髓》印行於前，復將《子平真詮》評注於後，可與任君先後比美，使斯道得一詳明而有系統之研究，將來在學術上之地位，植一基礎，其功不在禹下矣。

　　後學者研究命學原理，得此二書，不致誤入歧途。至於應用，仍有待乎多看古今命造，此所謂讀書與實驗二者並重。至天分之高

3

低，與所得之淺深，更互為因果。倘能合天才、學識、經驗三者以俱全，於斯道庶幾入聖矣。此亦間世而後來，非朝夕所能遇也。

　　余談命理有年，所愧三者均有不足，迄今鮮有發明。而樂吾朝夕寢饋於斯，矻矻忘年，時有述作。今書成將付印行，不棄愚蒙，囑為一言，爰略述所知，以發其端云。

丙子仲春桐城方重審序於海上小忘憂館

按：徐樂吾完成《滴天髓徵義》之後，讀者們認為「陳義過高」，因此徐樂吾繼續著作《子平真詮評註》，完成後請方重審先生作序，除應酬性內容外，明確提及「此中舊籍，首推《滴天髓》與《子平真詮》二書，最為完備精審，後之言命學者，千言萬語，不能越其範圍」，又認為古人寫書慣有渺茫玄秘之特性，後學者很難理解，此固然事實；問題是古人寫得出古書，今人卻難理解，全在用功程度不同，此不可推諉；又基於時代客觀性，無法全面提升今人閱讀能力以便閱讀古書，務實之法，自然將古書譯解為平易流行的白話文，最合乎現實。

既然《滴天髓》與《子平真詮》是八字學最精審之書；而《滴天髓》有任鐵樵旁徵博引，詳明解說，故「可謂斯道之龍象」（八字學頂尖著作）；而《子平真詮》尚無人加以詮釋。故徐氏復將《子平真詮》評注於後，與任鐵樵先後輝映。方重審認為讀書與實驗二者並重，學習八字的因果在於天才、學識、經驗，除此外學習方式與步驟，師資點撥之功力，不在話下。

徐樂吾自序

　　《子平真詮評注》竣，客有以袁了凡造命之說進者，曰：「命而可造，則命不足憑也。且子素習佛家言，如云命定，則命優無妨作惡，命劣為善無益，有是理乎？夫命之優劣，孰造成之？孰主宰之？須知以宿世之善因，而成今生之佳命，以宿世之惡因，而成今生之劣命。命運優劣，成於宿因，此為有定者也；今世之因，今世即見其果，此命之無定者也。嘗見有命優而運劣者，有命劣而運佳者；命如種子，運如開花之時節。命優運劣，如奇葩卉，而不值花時，僅可培養於溫室，而不為世重；若命劣運劣，則弱草輕塵，蹂躪道旁矣。故命優而運劣者，大都安享有餘，而不能有為於時，此宿因也；若不安於義命，勉強進取，則傾家蕩產，聲名狼藉，此近因也。故命之所定，功名事業，水到渠成；否則，棘地荊天，勞而無功。至於成功失敗之程度，則隨其所造之因，有非命運所能推算者，或者循是因而成將來之果，定未來之命，則不可知矣。是因果也，造命也，命理也，其理固相通者也。子曰『君子居易以俟命』，又曰『不知命無以為君子』。《子平真詮評注》者，知命之入門方法，亦推求宿因之方便法門也。」客無言而退，因錄之以為序。

民國二十五年二月東海樂吾氏識於海上寓次

1、按：《子平真詮評注》寫完後，徐氏自序一段來客針對八字命理的批判性討論。白話如下：「來客問：自己的命運如果可以創造，自己的生辰八字就無法拘束自己的命運。依道理說，八字如果足以代表命運；命值高不妨作惡，命值低為善也無益，這能成道理嗎？再說，命格的優劣是誰造成的？是誰在主導？」

徐氏答：「必須以累世善果成就今世高命，以累世的惡行成就今世凶命。因此談命運，就必須肯定宿命論。今世積善積惡立即成就於今世報應，那是無法定論實現的。曾見過命格好而行運惡劣者，反之也有命格差而行運亨通者；命運像種子，行運是開花的時節；「命優運劣」，就像奇花珍草，沒有時節的點觸激發，僅能培養在溫室之中，無法發生大作用。若「命劣運劣」，則爛命一條，任憑蹂躪。所以命好運不好，雖然不能大鳴大放，但也衣食保暖，這是既有宿因（家世、環境、遺傳基因）。如果不安於宿命，而勉強爭名奪利，落個身敗名裂，傾家蕩產，這是自己不揣宿因，觸發近因。換言之，經由論命知道自己命值高低，即知如何取捨進退，事業功名自然水到渠成。至於成功失敗之程度，則隨其所造之因，在客觀環境中有非命運所能推算者，或因果關係，成敗定數均不可知。子曰『君子居易以俟命』，又曰『不知命無以為君子』，世間雖德福不一致，但推求宿因也是人生規劃，由知命造命而改命的入門方法。」

2、客無言而退，因錄之以為序。一場寓言式辯論後，來賓以無言而告退。來賓所以無言，在於否認命運之外，人性可以積極主動，改造命運。而徐氏之論點在於將個人先天命運、生存環境，以至個人後天努力一併論述，因此算命列入「因」的範圍，「果」報是後天可以努力的範圍。

《子平真詮》原序

　　予自束髮就傳，即喜讀子史諸集，暇則子平《淵海》、《大全》略為流覽，亦頗曉其意。然無師授，而於五行生剋之理，終若有所未得者。後復購得《三命通會》、《星學大成》諸書，悉心參究，晝夜思維，乃恍然於命之不可不信，而知命之君子當有以順受其正。

　　戊子歲予由副貢充補官學教習，館舍在阜城門右，得交同里章公君安，歡若生平，相得無間，每值館課暇，即詣君安寓談《三命》，彼此辯難，闡民無餘蘊。已而三年期滿，僦居宛平沈明府署，得山陰沈孝瞻先生所著子平手錄三十九篇，不覺爽然自失，悔前次之揣摩未至。遂攜其書示君安，君安慨然嘆曰：「此談子平家真詮也！」

　　先生諱燡燔，成乾隆己未進士，天資穎悟，學業淵邃，其於造化精微，固神而明之，變化從心者矣。觀其論用神之成敗得失，又用神之因成得敗、因敗得成，用神之必兼看於忌神，與用神先後生剋之別，並用神之透與全、有情無情、無力無力之辨，疑似毫芒，至詳且悉。是先生一生心血，生注於是，是安可以淹沒哉！君安爰謀付剞劂，為天下談命者，立至當不易之准，而一切影響游移管窺蠡測之智，俱可以不惑。此亦談命家之幸也；且不談命家之幸，抑亦天下士君子之幸，何則？人能知命，則營競之可以息，非分之想可以屏，凡一切富貴窮通壽夭之遭，皆聽之於天，而循循焉各安於義命，以共勉於聖賢之路，豈非士君子厚幸哉！

　　觀於此而君安之不沒人善，公諸同好，其功不亦多乎哉？爰樂序其緣起。

乾隆四十一年歲丙申初夏同後學胡焜倬空甫謹識

7

1、按：《子平真詮》雖然由沈孝瞻撰寫，但由胡焜倬因緣際會，「得山陰沈孝瞻先生所著子平手錄三十九篇」，閱讀後對用神之成敗得失、因成得敗、因敗得成，與用神之必兼看於忌神，與用神先後生剋之別，並用神之透與全、有情無情、有力無力之辨，醍醐灌頂。

2、胡焜倬是第一位《子平真詮》出版人，出書的宗旨在於人能知命，不立於巖牆之下，知禍福無門，收斂非分之想，凡一切富貴窮通壽夭之遭，皆安於天命，也是士君子、庶民厚福！

凡例

　　去夏刊行《滴天髓徵義》，閱者以其陳義過高，紛以用科學編制，另輯淺近講義為請。竊念《滴天髓》固非初學也。子平之法，源於五星，年代尚近，佳著無多，《子平大全》、《淵海子平》、《三命通會》、《神峰闢謬》等書，大都雜而不精，非初學所能讀，惟《淵海子平》，議論鴻闢，而其編次，月令為經，諸神為緯，條理井然，最便初學，惜失於簡略，且有看法而無起例，初習者有入門無從之歎。適友人紹興何寄重君，藏有趙展如中丞原刊本，互相校正，緣本平生研究所得，詳為評註，並以現代名人命造，作為例證，埋首半載，方克成書，並於篇末附入門起例一卷。雖未敢云闡發無餘，而大致已備，學者手此一編，從而進研《滴天髓徵義》諸書，則登堂入室，庶無扞格之虞。雖非講義，固無殊於循序漸進之講義也。評註既竣，述其凡例於右：

──原書序文謂手錄三十九篇，蓋論八格與取運合為一篇也。（如論正官與論正官取運實為一篇），若分列之，有四十七篇，而坊本僅四十四篇半，行運、成格、變格，坊本僅半篇。今照原本補足，以成完璧。

──子平源於五星，名詞格局，多沿五星之舊，後人不得其解，牽強附會，最足以淆亂耳目。《評註》悉加糾正，並說明原理，庶不為俗說所誤。

──《真詮》議論雖精，而雜格取捨，仍有囿於俗說者，特於評註中，加以糾正。

──《真詮》以月令用神為經，諸神為緯，然用神非盡出於月令，

9

故於捨月令別取用神之格局，特別提出，加以說明。蓋取用無定法，以月令用神編次，雖十得七八，究不能包括完備。此非原書之誤，特限於編次之法，不得不然耳。

一起例歌訣，無非便於記憶，若明其原理，則歌訣不特容易記憶，且可自己編造，否則，命理歌訣多牛毛，焉能一一熟記？故本編入門起例，略述原理，並附歌訣，並列表以便檢查。

一未習命理者，宜先閱末卷命理入門，再閱評註，循序而進，自不致毫無頭緒。

一評註中所引例證，或採現代名人命造，或錄自《滴天髓徵義》。然因材料不足，凡無適合之例證者，暫付缺如，或彼此可以互證者，不免前後重出，將來續有收集，當於再版時改正之。

1、按：徐氏認為八字學佳著不多，例如《子平大全》、《淵海子平》、《三命通會》、《神峰闢謬》等書，大都雜而不精，非初學所能讀，惟《淵海子平》，議論鴻闢，而其編次，月令為經，諸神為緯，條理井然，最便初學，惜失於簡略，且有看法而無起例，初習者有入門無從之歎。著作有目的性，擔負工具書之任務當然必須雜而多，以便索引，自然無法精深，否則編纂後變成「書庫」。

2、徐氏依據沈孝瞻《子平真詮》原文加以闡釋，並加入現代諸多名人命例，分門別類，舉例詳證。建議學者經由此書，進而鑽研《滴天髓徵義》諸書，則登堂入室可期。

3、徐氏認為原文書籍編排順序過於紊亂，自行加以修正編排，本書《子平真詮三十天快譯通》，亦蕭規曹隨。徐氏對原文特別格有意見者均加以闡述。《子平真詮》以月令用神為經，諸神為緯，然用神非盡出於月令，因此徐氏擴大解釋用神定義，大致歸類為扶

抑用神、調候用神、通關用神、病藥用神、專旺用神等。《子平真詮》用神即是格局，用神與格局同義不同名。

4、徐樂吾依自己的想法對《子平真詮》原文作出增補，是為了讓學者順暢，若問何者增補？何者修飾？本書既非以考據為目的，即不探討，僅求行文流暢，足供現代學者融會貫通已足。徐氏所列實例，容或不盡套融其學理中，本書以盡力陳述核心技術為宗旨。

卷一、陰陽五行干支篇

山陰沈孝瞻原著　武原東海樂吾氏評註　常州於光泰疏

一、論十干十二支

原文：天地之間，一氣而已。惟有動靜，遂分陰陽。有老少，遂分四象。老者極動極靜之時，是為太陽太陰；少者初動初靜之際，是為少陰少陽。有是四象，而五行具於其中矣。水者，太陰也；火者，太陽也；木者，少陽也；金者，少陰也；土者，陰陽老少、木火金水沖氣所結也。

1、按：凡陰陽五行學問，大約都是先以宇宙觀為機緣，然後帶入經驗邏輯、自然物理、人生觀、倫理觀、社會學等。陰陽五行的現象，「一氣而已」，氣分陰陽，進而五行，《易傳・繫辭》：「易有太極，是生兩儀，兩儀生四象，四象生八卦，八卦定吉凶，吉凶生大業。」兩個陽爻極動是太陽，兩個陰爻極靜是太陰。先陽後陰是少陰，先陰後陽是少陽；合稱四象。

2、以五行的性質分：水極陰屬太陰，火極陽屬太陽，木者即將接近火地，次於太陽稱「少陽」。金者趨近於水地，次於太陰稱「少陰」。而土則是木火金水沖氣（辰戌丑未）結穴之處。

徐樂吾補注：陰陽之說，最為科學家所斥，然天地間日月寒暑，畫夜男女，何一而非陰陽乎？即細微如電子，亦有陰陽之分。由陰陽而析為四象，木火金水，所以代表春夏秋冬四時之氣也。大地之中，藏火、藏水，以及金屬之礦，孰造成之？萬卉萌生，孰使令之？科學萬能，可以化析原質，造成種子，而不能使其萌芽，此萌芽之活動力，即木也。故金木水火，乃天地自然之質。萬物成於土而歸於土，載此金木水火之質者，土也。人秉天地之氣而生，暖氣，火也；流質，水也；鐵質，金也；血氣之流行，木也。

1

> 而人身骨肉之質，運用此金木水火者，土也。人生秉氣受形，有
> 不期然而然者，自不能不隨此自然之氣以轉移也。

按：以上以一氣、動靜、陰陽、老少、四象等鋪陳八字陰陽五行宇宙觀。人的生存與五行物質不可分，又牽動春夏秋冬的往返，坤道厚土載物，火以暖身，水以流通，金木製作器皿，人稟諸氣，自然而然。總之，以上論述不過在闡明八字學，由基本五行物質觀進化到的宇宙觀而已，非關八字學核心技術。

> 原文：有是五行，何以又有十干十二支乎？蓋有陰陽，因生五行，
> 而五行之中，各有陰陽。即以木論，甲乙者，木之陰陽也。甲者，
> 乙之氣；乙者，甲之質。在天為生氣，而流行於萬物者，甲也；
> 在地為萬物，而承茲生氣者，乙也。又細分之，生氣之散佈者，
> 甲之甲，而生氣之凝成者，甲之乙；萬木之所以有枝葉者，乙之
> 甲，而萬木之枝枝葉葉者，乙之乙也。方其為甲，而乙之氣已備；
> 及其為乙，而甲之質乃堅。有是甲乙，而木之陰陽具矣。

按：既有五行，為何竟有十天干與十二地支？源於中國哲學在《易經》說：「易有太極，是生兩儀。兩儀生四象，四象生八卦，八卦定吉凶，吉凶生大業。」原始易經僅論陰陽，至漢代象數學將五行帶入，例如京房八宮卦，乾兌屬金、坤艮屬土、震巽屬木、離為火、坎為水。《道德經》說：「道生一，一生二，二生三，三生萬物。」萬物雖有五行性，可由此繼續生二生三。因此在五行之後，東方木分甲乙，南方火分丙丁，中土分戊己，西方金分庚辛，北方水分壬癸。所謂「甲者，乙之氣；乙者，甲之質」，指甲乙體用合一，氣質一貫。

原文：五行各分陰陽而有干支。天干者，五行在天流行之氣也；地支者，四時流行之序也。

按：五行分出陰陽，十天干在天流行，故排列於八字干頭。地支有十二，如十二月令，十二時辰，分孟仲季，依據十天干性質，各俱生旺庫地支，以配合四季流行。

原文：何以復有寅卯，寅卯者，又與甲乙分陰陽天地而言之者也。以甲乙而分陰陽，則甲為陽，乙為陰，木之行於天而為陰陽者也。以寅卯而分陰陽，則寅為陽，卯為陰，木之存乎地而為陰陽者也。以甲乙寅卯而統分陰陽，則甲乙為陽，寅卯為陰，木之在天成象而在地成形者也。甲乙行乎天，而寅卯受之；寅卯存乎地，而甲乙施焉。是故甲乙如官長，寅卯如該管地方。甲祿於寅，乙祿於卯，如府官之在郡，縣官之在邑，而各施一月之令也。

按：十天干十二地支，在天者顯象為用，在地者藏質為體，體用合一。又分陰陽，甲為陽，乙為陰，寅為陽，卯為陰。

徐樂吾補注：甲乙皆木，同為在天之氣。甲為陽和初轉，其勢方張；乙為和煦生氣，見於卉木之萌芽。雖同為木，而其性質有不同也。甲乙為流行之氣，故云行乎天；寅卯為時令之序，故云存乎地。流行之氣隨時令而轉移，故甲乙同以寅卯為根，而亥未辰皆其根也。（見下陰陽生死節）。天干通根月令，當旺之氣，及時得用，最為顯赫，否則，雖得為用，而力不足，譬如府縣之官，不得時得地，則不能發號施令，不得展其才也。

十干即是五行，而分陰陽，然論其用，則陽干陰干各有不同。《滴天髓》云：「五陽從氣不從勢，五陰從勢無情義」。蓋陽干如君子，陽剛之性，只要四柱略有根，或印有根，則弱歸其弱，而不能從；五陰則不然，四柱財官偏盛，則從財官，即使日元稍有根苗，或通月令之氣，亦所不論。然或印綬有根，則又不嫌身弱，不畏剋制。此陰干陽干性質之不同也。如伍廷芳造，壬寅、丁未、己卯、乙亥。己土雖通根月令，而見木之勢盛，即從木，所謂從勢無情義也。

3

按：十天干為一旬流行，故甲乙雲行雨施，陽先陰後，在天成象。寅卯是季節，現象鋪陳於地面。干支既為體用合一，故通根透干就是有力；其中通根月令即是當旺之氣，及時得用，最為顯赫。而陽干講義氣，不因惡勢力而低頭，故「四柱略有根，或印有根，則弱歸其弱，而不能從」。反之，陰干見風轉舵，故「四柱財官偏盛，則從財官，即使日元稍有根苗，或通月令之氣，亦所不論」。

按：伍廷芳造，地支亥卯未三合官殺局，丁壬合木，木局完封。

七殺	日主	偏印	正財
乙亥	己卯	丁未	壬寅
甲　壬	乙	乙　丁　己	戊　丙　甲
正官　正財	七殺	七殺　偏印　比肩	劫財　正印　正官

按：己土在月支有比肩，年支有劫財，月干有偏印，按理不致於身弱到從殺，實則丁壬合化木局，未土孤掌難鳴，官殺又無食傷制裁，故陰干見風轉舵。

4

按：閻錫山造，七殺化印，食神制煞，水木火與土金對抗賽。徐樂吾
撰寫此書時，閻錫山是當紅炸子雞的山西王，不知後來落草陽明山。

食神	日主	七殺	偏印
丁亥	乙酉	辛酉	癸未
甲　壬	辛	辛	乙　丁　己
劫　正財　印	七殺	七殺	比　食　偏肩　神　財

按：此例七殺三見，日主有比肩、劫財為根，又有食神成格制殺，
印綬生身，制殺、化殺、通根入庫，故不肯從殺；妙在食傷運制殺。

5

徐樂吾補注：又如許世英造，癸酉、辛酉、乙丑、辛巳，十九誤作從煞，不知印綬有根，即不嫌身弱，仍喜制煞之運。此又陰干之特點也。

按：許世英造，月令七殺透干，日主無根，地支三合殺局，假從殺格。

七殺	日主	七殺	偏印
辛 巳	乙 丑	辛 酉	癸 酉
庚　戊　丙	辛　癸　己	辛	辛
正　正　傷 官　財　官	七　偏　偏 殺　印　財	七 殺	七 殺

按：為何「誤作從煞」？其實本例確實從煞，毋庸爭執。只是大運庚申從殺論吉，己未運雜氣財官透干，戊午、丁巳運食傷制殺。《三命通會》：「棄命從煞，須要會煞；從財忌煞，從煞喜財，會逢根氣，命損無猜。」根氣指比劫東方運；原局行至東方乙卯、甲寅運，干支純清，發揮陰干見風轉舵的本質，與偏印形成身殺兩停之局面。

徐樂吾補注：陽干則不然，如虞和德（寧波幫商人）造，丁卯、丙午、庚午、己卯。庚金雖弱，透印有根，即不能從，身弱自歸其弱，運行扶身之地，自然富貴，特勞苦耳。此不同之點也。

按：虞和德造，官殺四見，殺重印輕，不從則宜土金水之地。

正印	日主	七殺	正官
己卯	庚午	丙午	丁卯
乙	己 丁	己 丁	乙
正財	正印 正官	正印 正官	正財
戊戌	己亥	庚子	辛丑	壬寅	癸卯	甲辰	乙巳

按：陽干與陰干不同在於自恃剛強，凡有一線希望就不從，因此庚金雖無根，然而正印通根三見，就抵死不從。大運進入比劫、印綬之地，即能有一番作為。甲辰自有濕土生木為財，生金扶日主，癸卯、壬寅運水生木為財，日主雖弱，但順勢而成無須自我消耗能量。辛丑、庚子、己亥運，均有比劫印綬接應。原局官殺混雜，《三命通會》：「身弱官殺混，多夭貧身旺有制亦好；無制成印局，化煞亦可。」

按：遜清宣統造，日主無根，庚金壬水也無根，從之不真看大運。

比肩	日主	偏印	偏財
壬寅	壬午	庚寅	丙午
戊　丙　甲	己　丁	戊　丙　甲	己　丁
七殺　偏財　食神	正官　正財	七殺　偏財　食神	正官　正財
戊戌　丁酉	丙申　乙未	甲午　癸巳	壬辰　辛卯

按：原局正偏財五見，官殺四見，到底從財？還是從官殺？從財被
官殺洩氣，而官殺四見不透干，又被食神剋制。《滴天髓》：「從氣者，
不論財官印綬食傷之類；如氣勢在木火，要行木火運，氣勢在金水，
要行金水運，反此必凶。」換言之，木火土運皆順利，以財運居中
最宜。庚金坐絕，壬水居病位，皆無用。

按：從氣不從勢，因為寅午合火，透出丙火，而庚坐絕，壬水坐病，
均無氣勢，氣在火。《滴天髓》：「從氣者，不論財官印綬食傷之類，
如氣勢在木火，要行木火運，氣勢在金水，要行金水運，反此必凶。」

原文：甲乙在天，故動而不居。建寅之月，豈必常甲？建卯之
月，豈必常乙？寅卯在地，故止而不遷。甲雖遞易，月必建寅；
乙雖遞易，月必建卯。以氣而論，甲旺於乙；以質而論，乙堅
於甲。而俗書謬論，以甲為大林，盛而宜斷，乙為微苗，脆而
莫傷，可為不知陰陽之理者矣。以木類推，餘者可知，惟土為
木火金水沖氣，故寄旺於四時，而陰陽氣質之理，亦同此論。
欲學命者，必須先知干支之說，然後可以入門。

按：假設日主甲木，臨官建祿在寅，帝旺在卯，故寅地是氣盛，繼
續生長到卯地則是質堅，徐樂吾認為大林木、楊柳木的納音五行是
無稽之談，而徐子平論命法，取河圖正五行為原則。而「土為木火
金水沖氣，故寄旺於四時，而陰陽氣質之理，亦同此論」，指辰戌為
戊，丑未為己，戊己通根就有話語權。

> 徐樂吾補注：天干動而不居者，如甲己之年，以丙寅為正月；乙庚之歲，以戊寅為正月也。地支止而不遷者，正月必為寅，二月必為卯也。論氣甲旺於乙，論質乙堅於甲者，甲木陽剛之性，乙木柔和之質，其中分別，詳下附錄《滴天髓》論天干宜忌節。大林微苗之喻，本為納音取譬之詞，俗書傳訛，而無知之人妄執之耳。學命者先明干支陰陽之理，察其旺衰進退之方，庶不致為流俗所誤也。

按：八字學認為干支五行都是「動而不居」，因此時間的變動，造成陰陽五行的各種變化情境。如何變化？起五虎遁而已；例如甲己起丙寅、乙庚起戊寅等。徐氏採用《滴天髓》十干陰陽的說法，確實是很重要的基礎。

二、附《滴天髓》論天干宜忌

按：這段內容是徐樂吾先引用《滴天髓》內容，目的在先強化讀者基礎，未見於《子平真詮》原文

> 徐樂吾原文：甲木參天，脫胎要火，春不容金；秋不容土。火熾乘龍，水蕩騎虎。地潤天和，植立千古。

> 徐樂吾補注：甲為純陽之木，有參天之勢，生於春初，木嫩氣寒，得火而發榮；生於仲春，旺極之勢，宜洩其菁英，所謂脫胎要火也。初春嫩木萌芽，不宜金剋；仲春以衰金而剋旺木，木堅金缺，故春不容金也。生於秋，木氣休囚，而金當令，土不能培木之根，而生金剋土，故不容土也。龍，辰也。支全巳午或寅午戌而干透丙丁，不惟洩氣太過，抑且火旺木焚。宜坐辰，辰為濕土，能滋培木而洩火也。寅，虎也。支全亥子或申子辰，而干透壬癸，水泛木浮。宜坐寅，寅為木之祿旺，而藏火土能納水之氣，不畏浮泛也。火燥坐辰，水泛坐寅，為地潤，金水木土不相剋，為天和，非仁壽之象乎？

按：徐樂吾藉《滴天髓》加強閱讀本書之基礎。

1、「脫胎要火」，甲木質堅，用火食傷生財，又得木火通明。

2、「春不容金」指甲木參天，寅月建祿得食傷成格有力「而發榮」。仲春卯月羊刃，還是用食傷洩秀；因為食傷火剋官殺庚辛，又木堅金缺。

3、「秋不容土」，指庚金剋甲木剛好，但秋月土來生金，燥土不生木，金太旺，忌甲木受剋太深，指財生殺。

4、「火熾乘龍」，指局中丙丁寅午戌，巳午未多見，木旺火焚要用「辰龍」濕土洩火滋木。

5、「水泛木浮」，壬癸亥子丑，申子辰多見，甲木自坐建祿根深不浮，甲木洩水，寅中丙戊制水。

6、「地潤」，指地支有寅、辰帶癸水；「天和」，指天干不見剋合外，帶丙丁火。

徐樂吾原文：乙木雖柔，刲羊解牛；懷丁抱丙，跨鳳乘猴；虛濕之地，騎馬亦憂；藤蘿繫甲，可春可秋。

徐樂吾補注：羊，未也。牛，丑也。乙木雖柔，而生於丑未月，未為木庫，丑為濕土，可培乙木之根，乙木根固，則制柔土亦有餘也。鳳，酉也；猴，申也。生於申酉月，只要干有丙丁，不畏金旺。（見格局高低篇闇陸商張諸造，可為例證）馬，午也。生於亥子月，水旺木浮，雖支有午，亦難發生。若天干有甲，地支有寅，名為藤蘿繫甲，可春可秋，言四季皆可，不畏砍伐也。

1、按：「刲羊解牛」，乙木柔弱無法剋制辰、戌陽土，但可以剋制丑、未陰土。

2、「懷丁抱丙，跨鳳乘猴」，指原局有丙丁食傷，可以制伏申酉官殺。

3、「虛濕之地，騎馬亦憂」，如果亥子丑，申子辰，一片金水，只有午火獨見，印剋食傷，單拳難敵四手。

4、「藤蘿繫甲，可春可秋」，乙木遇到甲寅就變強，春天用食傷生財；秋天用官殺，身殺兩停或殺印相生。

> 徐樂吾原文：丙火猛烈，欺霜侮雪；能煅庚金，從辛反怯；土
> 眾生慈，水猖顯節；虎馬犬鄉，甲來成滅。

> 徐樂吾補注：五陽皆陽丙為最。丙者，太陽之精，純陽之性，
> 欺霜侮雪，不畏水剋也。庚金雖頑，力能煅之；辛金雖柔，合
> 而反弱。見壬水，則陽遇陽而成對峙之勢；見癸水，則如霜雪
> 之見日，故不畏水剋，而愈見其剛強之性。見土則火烈土燥，
> 生機盡滅。土能晦火，見己土猶可，而見戊土尤忌。生慈者，
> 失其威猛之性也。顯節者，顯其陽剛之節也。虎馬犬鄉者，寅
> 午戌也。支全寅午戌，而又透甲，火旺而無節，不戰自焚也。

1、按：「欺霜侮雪」，霜是秋天，雪是冬天；指丙火猛烈，縱然嚴冬
   亦能反剋冰雪；鍛煉庚金。

2、「從辛反怯」，指丙辛合水，丙火泡湯。「土眾生慈」，丙火遇己丑
   未，則生出食傷為慈母，火性化慈祥。

3、「水猖顯節」，水是官殺，功名忠節猶賴之。「虎馬犬鄉，甲來成
   滅」，指丙日主寅（虎）、午（馬）、戌（犬）、巳午未多見，遇甲
   寅等，即比劫羊刃又見印綬，身太旺「不戰自焚」而撐爆。

13

> 徐樂吾原文：丁火柔中，內性昭融；抱乙而孝，合壬而忠；旺而不烈，衰而不窮；如有嫡母，可秋可冬。
>
> 徐樂吾補注：丁火，離火也，內陰而外陽，故云柔中。內性昭融，即柔中二字之注解。乙，丁之母也，有丁護乙，使辛金不傷乙木，不若丙火之能焚甲木也。壬，丁之君也。丁合壬，能使戊土不傷壬水，不若己土合甲，辛金合丙之更變，君失其本性也。（己土合甲，甲化於土，辛金合丙，丙火反怯）雖時當乘旺，不至赫炎；即時值就衰，而不至歇滅。（酉為丙火死地而丁長生）干透甲乙，秋生不畏金；支藏寅卯，冬產不忌水。

1、按：「丁火柔中，內性昭融」，指離中虛，外表文明柔麗而內中烜暖。

2、「抱乙而孝」，丁（比肩）火之母為乙（偏印），乙畏懼辛金斬斷，而丁火可以剋制辛金衛母；不若其它情況，例如丙（比）抱甲（印），焚木。己（比）抱丁（印），晦丁。

3、「合壬而忠」，壬水剋丁火是君，丁火合壬，壬怕戊土剋，丁火外表生戊土，暗中丁壬合木抵禦戊土，善盡臣子責任。

4、「旺而不烈，衰而不窮」，指丁火柔合不若丙火焰烈。「如有嫡母，可秋可冬」，嫡母指甲木，秋冬能源不絕，衣食無虞。

> 徐樂吾原文：戊土固重，既中且正，靜翕動闢，萬物司命。水潤物生，土燥物病，若在艮坤，怕冲宜靜。

> 徐樂吾補注：固重兩字，最足以形容戊土之性質。春夏氣動而闢，則發生；秋冬氣靜而翕，則收藏。故為萬物之司命也。戊土高亢，生於春夏，宜水潤之，則萬物發生，燥則物枯；生於秋冬，水多宜火暖之，則萬物化成，濕則物病。艮坤者，寅申也。土寄四隅，寄生於寅申，寄祿於巳亥，故在艮坤之位，喜靜忌冲。四生之地，皆忌冲剋，土亦不能外此例也。

1、按：「戊土固重，既中且正」，形容戊土厚重，春夏生長萬物宜動，秋冬收藏宜靜。

2、「水潤物生」，辰中戊土帶水，適宜生木生金；戌中戊土帶火，適於止水保溫。

3、「土燥物病」，火土夾雜，燥土滯水，植物不生，人生病愚濁。

4、「若在艮坤，怕冲宜靜」，艮在寅，坤在申，水火長生之地，金木旺盛之地，忌冲。

徐樂吾原文：己土卑濕，中正蓄藏；不愁木盛，不畏水狂；火少火晦，金多金光；若要物旺，宜助宜幫。

徐樂吾補注：戊己同為中正之土，而戊土固重，己土蓄藏，戊土高亢，己土卑濕，此其不同之點也。卑濕之土，能培木之根，止水之泛。見甲則合而有情，故不愁木盛；見水則納而能蓄，故不畏水狂，能洩火晦火。故云火少火晦。能潤金生金，故云金多金光。此為己土無為之妙用。但欲滋生萬物，則宜丙火去其卑濕之氣，戊土助其生長之力，方足以充盛長旺也。

1、按：「己土卑濕」，指丑土濕潤，甲木合己化土，故「不愁木盛」。不但剋不到且反助我勢。

2、「中正蓄藏」，戊己土在中央，寄於南方離火，指午未中己土，有火為源，故「不畏水狂」。

3、「火少火晦」，火不旺或無根，則被己土洩化而陰晦。「金多金光」，指己土可生金，沒有戊土「土厚埋金」的副作用。

4、「若要物旺，宜助宜幫」，己土雖有止水、生金、化火等功能，畢竟力薄，大場面還是要丙火、戊土撐腰。

> 徐樂吾原文：庚金帶煞，剛健為最；得水而清，得火而銳；土潤則生，土乾則脆；能贏甲兄，輸於乙妹。

> 徐樂吾補注：庚金為三秋肅殺之氣，性質剛健，與甲、丙、戊、壬各陽干有不同。得壬水洩其剛健之性，氣流而清；得丁火冶其剛健之質，鋒鏹而銳；生於春夏，遇丑辰濕土，能全其生；逢戊未燥土，能使其脆。甲木雖強，力能伐之；乙木雖柔，合而有情。

1、按：「庚金帶煞，剛健為最」，指庚金大刀大斧之類，最為剛健；金生水，類如井欄叉格，官貴權勢。

2、「得火而銳」，指庚金要丁火淬鍊，丙火不成。「土潤則生」，濕土生金，效果大於乾土，且濕土讓丙火降溫化煞。「土乾則脆」，燥土使庚金升溫不生水，秀氣不流行。

3、「能贏甲兄」，庚金劈甲，甲木作為丁火燃料。「輸於乙妹」，乙木合庚，陽干合正財，反受制於妻。

> 徐樂吾原文：辛金軟弱，溫潤而清；畏土之多，樂水之盈；
> 能扶社稷，能救生靈；熱則喜母，寒則喜丁。

> 徐樂吾補注：辛金清潤之質，乃三秋溫和之氣也。戊土太
> 多，則涸水埋金；壬水有餘，則潤土洩金。辛為甲之君，
> 丙又為辛之君，丙火能焚甲木，辛合丙化水，轉剋為生，
> 豈非扶社稷救生靈乎？生於夏而火多，有己土則晦火而生
> 金；生於冬而水旺，有丁火則暖水而養金，故以為喜也。

1、按：「辛金軟弱」，非庚金之大刀大斧，類似美工刀、指甲刀、細
　　軟金屬之類，用途溫馨清潤。

2、「畏土之多」，指土多金埋水滯。「樂水之盈」，指辛金要用壬水淘
　　洗光華。

3、「能扶社稷」，指丙火剋辛金，丙為君，丙辛化水，君澤流布，故
　　「能救生靈」。

4、「熱則喜母，寒則喜丁」，指丙、丁、巳、午多，宜有己土印綬。
　　壬、癸、亥、子多，則喜丁火暖土，丙火不用。

> 徐樂吾原文：壬水通河，能洩金氣；剛中之德，周流不滯；通根透癸，沖天奔地；化則有情，從則相濟。

> 徐樂吾補注：通河者，天河也。壬水長生於申，申乃坤位，天河之口。壬生於申，能洩西方肅殺之氣，水性周流不滯，所以為剛中之德也。如申子辰全，又透癸水，其勢泛濫，雖有戊己之土，不能止其流。若強制之，反沖激而成患，必須用木洩之，順其氣勢，不至沖奔也。合丁化木，又能生火，可謂有情。生於巳午未月，四柱火土並旺，別無金水相助，火旺透干則從火，土旺透干則從土。調和潤澤，仍有相濟之功也。

1、按：「壬水通河，能洩金氣」，指壬水長生在申，壬水洩庚金。「剛（庚金）中之德，周流不滯」。

2、「通根透癸，沖天奔地」，指亥子丑，申子辰之類透干，則水勢「沖天奔地」，如果逢丁化木洩水，木又反饋生丁，稱「化則有情」。

3、「從則相濟」，壬水沖奔，須用戊土為堤。有水則潤土生萬物，成水火既濟之功。

徐樂吾原文：癸水至弱，達於天津；得龍而運，功化斯神；不愁火土，不論庚辛；合戊見火，化象斯真。

徐樂吾補注：癸乃純陰之水，發源雖長，其性至靜而至弱，所謂五陰皆陰，癸為至也。龍，辰也，遁干見辰，則化氣之原神透出，為一定之理。（詳見《滴天髓徵義》）不愁火土者，至弱之性，見火土多則從化矣。不論庚辛者，弱水不能洩金氣，而金多反濁，即指癸水而言。合戊見火者，戊土燥厚，四柱見丙辰，引出化神，化象乃真也。若生於秋冬金水旺地，縱遇丙辰，亦難從化，宜細詳之。

1、按：「癸水至弱，達於天津」，指癸水屢弱，但對於甲、乙、寅、卯木，絕不可少。

2、「得龍而運」，指癸水入庫辰土，潤土洩火、生木、養金，故「功化斯神」。

3、「不愁火土，不論庚辛」，癸水固然屢弱，但辰土之中不愁火土相剋。「不論庚辛」，指庚金辛金生水，兩者皆宜。

4、「合戊見火，化象斯真」，戊癸化火，必須地支有巳午火接應，否則合而不化。

三、論陰陽生剋

原文：四時之運，相生而成，故木生火，火生土，土生金，金生水，水復生木，即相生之序，循環迭運，而時行不匱。然而有生又必有剋，生而不剋，則四時亦不成矣。剋者，所以節而止之，使之收斂，以為發洩之機，故曰「天地節而四時成」。即以木論，木盛於夏，殺於秋，殺者，使發洩於外者藏收於內，是殺正所以為生，大易以收斂為性情之實，以兌為萬物所說，至哉言乎！譬如人之養生，固以飲食為生，然使時時飲食，而不使稍饑以待將來，人壽其能久乎？是以四時之運，生與剋同用，剋與生同功。

按：《易經》講「天地之大德曰生」「生生之謂易」。《易‧節》：「天地節，而四時成；節以制度，不傷財，不害民」；《易‧革》：「天地革而四時成」；因此木火土金水是相生，有相生必有相剋，生剋是一體兩面。故「四時之運，生與剋同用，剋與生同功」。

徐樂吾補注：「生與剋同用，剋與生同功」二語，實為至言。有春夏之陽和，而無秋冬之肅殺，則四時不成；有印劫之生扶，而無煞食之剋洩，則命理不成。故生扶與剋洩，在命之用，並無二致，歸於中和而已。

按：講陰陽生剋之理，木火金水各有太極點，衍生十二生旺庫。五行各有陰陽，故有十神正印、偏印、正官、七殺、正財、偏財、食神、傷官等。有生入、生出、剋入、剋出、同我等現象。指出平衡中庸是宇宙運行原則，八字原則也是如此。《滴天髓》：「形全者宜損其有餘，形缺者宜補其不足」，甲乙木生在寅卯月，稱「形全」；戊己土生在寅卯月，稱「形缺」。不論全或缺要歸於中和。

原文：然以五行而統論之，則水木相生，金木相剋。以五行之陰陽而分配之，則生剋之中，又有異同。此所以水同生木，而印有偏正；金同剋木，而局有官煞也。印綬之中，偏正相似，生剋之殊，可置勿論；而相剋之內，一官一煞，淑慝判然，其理不可不細詳也。

按：八字中生我為正印與偏印，因為都是撫育恩澤，所以不分正偏印，可以統稱印綬。正財與偏財都是我剋歸我管，無須細分正財偏財，統稱財星亦可。正官、七殺性質相差很大，必須有所區別。

徐樂吾補注：陰陽配合，與磁電之性相似。陽遇陽、陰遇陰則相拒，七煞梟印是也；陽遇陰、陰遇陽則相吸，財官印是也。印為生我，財為我剋，或偏或正，氣勢雖有純雜之殊，用法尚無大異。官煞，剋我者也，淑慝迴殊，不可不辨。比劫，同氣也。食傷，我生者也，則又以同性為純，異性為雜。純雜之分，關於用之強弱，此為研究命理者所不可不知也。

按：《易傳・繫辭》：「一陰一陽之謂道」，七殺、偏印與日主同性，也能順用，但逆用更高命。正財、正官、正印，陰陽相吸，優先順用。比肩劫財五行相同，比肩較緩，劫財較速，身弱都好用。食神較純，傷官較雜，食神同性為純，傷官異性為雜，純則宜順用，雜則順逆擇一。

原文：即以甲乙庚辛言之。甲者，陽木也，木之生氣也；乙者，陰木也，木之形質也。庚者，陽金也，秋天肅殺之氣也；辛者，陰金也，人間五金之質也。木之生氣，寄於木而行於天，故逢秋天肅殺之氣，則銷剋殆盡，而金鐵刀斧，反不能傷木之形質；遇金鐵刀斧則斬伐無餘，而肅殺之氣，只外掃落葉，而根柢愈固。此所以甲以庚為殺，以辛為官，而乙則反是，庚官而辛殺也。又以丙丁庚辛言之。丙者，陽火也，融和之氣也；丁者，陰火也，薪傳之火也。秋天肅殺之氣，逢陽和而剋去，而人間之金，不畏陽和，此庚以丙為殺，而辛以丙為官也。人間金鐵之質，逢薪傳之火而立化，而肅殺之氣，不畏薪傳之火。此所以辛以丁為殺，而庚以丁為官也。即此以推，而餘者之相剋可知矣。

按：甲木遇到辛金是正官，乙木遇到庚金也是正官，但乙木合到庚金，木質反而無傷。又例如「人間金鐵之質，逢薪傳之火而立化」，指庚金遇到丙火就融化；「而肅殺之氣，不畏薪傳之火」，指辛金遇到丙火，反將丙火合去，指柔能剋剛，剋中帶合。

徐樂吾補注：此論官煞之大概也。然以乙為木之形質，辛為人間五金之質，丁為薪傳之火，似未盡合。十干即五行，皆天行之氣也。就氣而分陰陽，豈有形質可言？譬如男女人之陰陽也，而男之中有陽剛急燥，有陰沈柔懦，女之中亦然，性質不同也。取譬之詞，學者切勿執著。五行宜忌，全在配合，四時之宜忌，又各不同。茲錄各家論五行生剋宜忌於後。

按：男女固然有陰陽之分，但太極生兩儀，兩儀生四象；因此五行再分陰陽，例如木分甲乙，火分丙丁，依此則有十天干；而每一天干面對同我、生我、我生、剋我、我剋，也是以陰陽一分為二；喜忌未能執著，全在配合有情。至於五行在四季如何分配宜忌？於《窮通寶鑑》（即造化元鑰）論述最詳細。

四、附論四時之宜忌（節錄《窮通寶鑒》）

按：子平真詮並無《窮通寶鑑》內容，徐樂吾在此書加入，定為學習八字的必要路徑。

附論四時之木宜忌

> 春月之木，餘寒猶存，喜火溫煖，則無盤屈之患；藉水資扶，而有舒暢之美。春初不宜水盛，陰濃濕重，則根損枝枯；又不可無水，陽氣煩燥，則根乾葉萎；須水火既濟方佳。土多則損力，土薄則財豐。忌逢金重，剋伐傷殘；設使木旺，得金則美。

按：春天甲乙木，餘寒猶存，先以丙火暖土，以免幹枝盤屈無法生發。土暖則需癸水滋潤。寅月雨水前陰濕，只用癸水。有丙火不可無癸水，否則根葉枯萎。行光合作用丙火要透干，癸水藏支無妨。土厚本氣財，點滴入袋賺不快；土薄帶丙丁，火土同位則財豐。庚辛金太旺，則官殺剋比劫，日主傷殘。假使木旺，甲不離庚，棟樑之才；庚要丁火，不可用丙火。

> 夏月之木，根乾葉枯，欲得水盛，而成滋潤之功，切忌火旺，而招自焚之患。土宜其薄，不可厚重，厚重反為災咎；金忌其多，不可欠缺，欠缺不能斲削。重重佳木，徒以成林；疊疊逢華，終無結果。

按：甲乙木在夏季水絕之時，根葉枯乾，宜有癸水天透地藏相生，則土潤滋生甲乙木。忌火旺則木生火，自身焚滅。戊己土不宜厚重，因為火土同位，土厚則水滯，必須甲木才可用。庚辛金不可太多，因為以水通關化殺，而夏月卻是火土制水；然而庚金不宜缺少。甲木重重成林，比喻身強比劫羊刃重，在夏月枯水期，何須以木洩水？又夏月火旺，**疊疊林木**，木多火熾，不如逢癸水甘霖，來點印綬。

> 秋月之木，氣漸凋零。初秋火氣未除，猶喜水土以相滋；中秋果已成實，欲得剛金之修削。霜降後不宜水盛，水盛則木漂；寒露後又喜火炎，火炎則木實。木盛有多材之美，土厚無任才之能。

按：秋天甲乙木，木氣逐漸凋零；申月暑氣未消，秋木仍需水土滋養。酉月秋收之時，收成需用庚金斧鐮為器具。霜降後無需水氣滋養，水盛則木漂；深秋需要帶火生土，樹根才足以緊實。木盛是才華彰顯，土厚則是財多不富，智巧不足。

> 冬月之木，盤屈在地，欲土多以培養，惡水盛而忘形。金縱多，剋伐無害；火重見，溫燠有功。歸根復命之時，木病安能輔助？須忌死絕之地，只宜生旺之方。

按：甲乙木冬天蜷曲在地，以土培養有功，以土制水，財剋印。水盛忘形即木漂。金多剋伐無害，因為冬月水多印洩官殺。火重見「溫燠有功」，冬天不可無丙丁火暖身調候。「歸根復命之時」，指木日主身弱，不宜食傷洩氣。忌諱死絕之地，指冬月之木，非亥即午，病在巳，死在午，即地支水火互侵。生旺之方，指甲木有印綬、食神。

附論四時之火宜忌

> 春月之火，母旺子相，勢力並行。喜木生扶，不宜過旺，旺則火炎；欲水既濟，不宜太多，多則火滅。土多則晦光，火盛則燥烈。見金可以施功，縱重見財富猶遂。

按：春天木（母）最旺，所以春天的火（子）有充足的燃料，稱「母旺子相」。雖然春火喜木，但不宜太旺，旺則火炎，以水相濟，水又不可太多，多則火滅。土多則火光不艷麗，火盛則萬物燥熱不生。見金可以得財，金多不忌。「財富猶遂」，傷官生財。

> 夏月之火，乘旺秉權。逢水制則免自焚之咎，見木助
> 必招夭折之憂。遇金必作良工，得土遂成稼穡。然金
> 土雖為美利，無水則金燥土焦，再加木助，勢必傾危。

按：火生在夏季，得令得權；用水剋制以免火勢過旺，見旺木助燃，木多火滯易貧么。遇金則淬鍊有成（財），得土有斯財（食神傷官），即金土雖為食傷生財，美利利天下，但無水則金燥土焦，再加木助，形成木火與土金水對抗賽，勢必傾危。

> 秋月之火，性息體休。得木生，則有復明之慶；
> 遇水剋，難免損減之災。土重而掩息其光，金
> 多而損傷其勢。火見木以光輝，縱疊見而有利。

按：火生在秋天，火勢漸衰，需要木來生火，「則有復明之慶」，由衰轉旺。遇到水剋火，難免損財減福（殺重身輕）。土重則火晦（尤其辰丑濕土）；金多則損傷其勢（財多身弱），秋火要木生，木火通明，木疊見有利。

> 冬月之火，體絕形亡。喜木生而有救，遇水剋以為殃。欲土
> 制為榮，愛火比為利。見金則難任為財，無金則不遭磨折。

按：火生在冬天，位於衰絕之地。木來生火為救援，遇到水就是官殺重。「土制為榮」，以土剋水，傷官駕殺為宜。「愛火比為利」，嚴冬火絕，基於時效性，取火先於木。「見金則難任為財」，日主衰，剋不動財。「無金則不遭磨折」，金被火剋，何以能折磨火？此為子能救母的概念，金生水，財生殺。

附論四時之土宜忌

> 春月之土，其勢孤虛。喜火生扶，惡木太過；忌水泛濫，喜土比助。得金而制木為祥，金多則仍盜土氣。

按：土生在春季，「其勢孤虛」，因為木旺在春，剋土最凶悍。喜用火通關，洩木生土。「惡木太過」，指官殺一堆。「忌水泛濫，喜土比助」，當水氾濫時直接用土相助，其次用木洩水。「得金而制木為祥」，木是官殺，用食傷制殺。春天土虛，生金量力而為。

> 夏月之土，其勢燥烈。得水滋潤成功，忌火煅煉焦坼。木助火炎，生剋不取；金生水泛，妻才有益。見比助則蹇滯不通，如太過又宜木襲。

按：土生在夏天，燥土不生萬物，需要水的滋潤；忌諱火來增溫，焦土鍛鍊無功。「生剋不取」，指木是官殺，夏月本身就是火，剋身化為生身，土愈焦燥。「金生水泛」，夏天的土有火為後援，既可生金，剋水也很猛，金水一團，食傷生財，故「妻才有益」。「見比助則蹇滯不通」，指土多就是比劫羊刃一堆，多到某種程度，用七殺木局形成殺刃相抗，故「太過又宜木襲」。

> 秋月之土，子旺母衰。金多而耗盜其氣，木盛須制伏純良。火重重而不厭，水泛泛而非祥。得比肩則能助力，至霜降不比無妨。

按：土生在秋天，秋季庚辛得令，火勢逐漸下沉，土（母）生金（子），秋月金旺，故「子旺母衰」。金太旺則土氣耗洩，「木盛須制伏純良」，木盛七殺制土，用食傷剋制。「火重重而不厭，水泛泛而非祥」，為何火多不忌，水多則不祥？因為秋天的土「子旺母衰」，面對強金洩氣要用印剋食傷平衡；而水則是強金所生，氾濫則水多土流。子旺母衰要比劫相助，「至霜降不比無妨」，戌月霜降時水氣進帳，戌月本氣也是土，食傷負擔減輕，比肩有否不重要。

> 冬月之土，外寒內溫。水旺財豐，金多子秀。火盛
> 有榮，木多無咎。再加比助為佳，更喜身強為壽。

按：土生在冬天，霜雪併臨，裸露則寒，入庫則溫。「水旺財豐」，
指財星當令。「金多子秀」，冬天的金濕潤，食傷即子息，無水不秀。
「火盛有榮」，冬天要用火調候。「木多無咎」，七殺在原局有火的條
件下，殺印相生也行。「再加比助為佳」，因為冬天水旺，比劫幫助
制水為用，身強利於延壽。

附論四時之金宜忌

> 春月之金，餘寒未盡，貴乎火氣為榮；體弱性柔，宜得
> 厚土為輔。水盛增寒，失鋒銳之勢。木旺損力，有剉鈍
> 之危。金來比助，扶持最妙，比而無火，失類非良。

按：金生在春天，餘寒未盡，原局宜見丙丁火。「體弱性柔」，因為
以十二生旺庫而言，庚絕在寅，辛絕在卯，且生金之土遭旺木剋制，
故宜厚土。「水盛增寒」，水旺洩金氣，減緩肅殺之氣。春木最旺，
春金坐絕剋不動木，指財多身弱，有比肩相扶最妙。「比而無火失類
非良」，指庚辛金一堆，就是身強，沒有官殺丙丁火平衡，就是「失
類非良」。

> 夏月之金，尤為柔弱，形質未備，更嫌死絕。火多不厭，水潤呈祥。
> 見木助鬼傷身，遇金扶持精壯。土薄最為有用，土厚埋沒無光。

按：金生在夏天，官殺當令，日主「尤為柔弱」，指火剋金，淬鍊未
成。「火多不厭」，指官殺重疊，為何不厭？火土共長生，官殺化印
綬。「水潤呈祥」，金生水，食傷剋官殺，以子救母。「見木助鬼傷身」，
木生火就是財生官鬼，不宜多見，否則殺重身弱而傷身，可直接用
比劫扶身。「土薄最為有用，土厚埋沒無光」，怕土重埋金，宜辰丑
濕土。

> 秋月之金，得令當權。火來煅煉，遂成鐘鼎之材。土
> 多培養，反有頑濁之氣。見水則精神越秀，逢木則斲
> 削施威。金助愈剛，過剛則折；氣重愈旺，旺極則衰。

按：金生在秋天，得令當權，指臨官帝旺羊刃身強。「鐘鼎之材」，指身強逢官殺，身殺兩停。「土多培養」，土厚埋金，土多印剋食傷，食傷不生財，主愚濁。見水則秀氣流行，「逢木則斲削施威」，食傷生財成格局。「金助愈剛，過剛則折」，金氣五行性銳利，比劫不可太多，否則「過剛則折」，其人容易突如其來的事件。

> 冬月之金，形寒性冷。木多難施斧鑿之功，水盛
> 未免沈潛之患。土能制水，金體不寒；火來生土，
> 子母成功。喜比肩聚氣相扶，欲官印溫養為利。

按：金生在冬天，金冷水寒，「木多難施斧鑿之功」，金被水洩，水生木，一旦通關金剋木難矣。「水盛未免沈潛之患」，指水多金沉。土能制水生金，保住金體不寒。火來生土（官殺生印），燥土制水（印剋食傷），故傷官配印，謂「子母成功」。「喜比肩聚氣相扶」，因為傷官洩秀，補點元氣好。「官印溫養為利」，指官是火，印是土，繞一圈「金水傷官喜見官」。

附論四時之水宜忌

> 春月之水，性濫滔淫。再逢水助，必有崩堤之勢；若
> 加土盛，則無泛漲之憂。喜金生扶，不宜金盛；欲火
> 既濟，不宜火炎。見木而可施功，無土仍愁散漫。

按：水生在春天，冰雪解凍，水勢滔滔；再逢水助，堤崩土流。須用燥土重疊阻流，以免水泛濫漲。「喜金生扶」，指水死在卯，要金生水。又說「不宜金盛」，指寅申冲，卯酉冲之類。春月木旺，水生木，木生火，既濟更美。食傷旺木當令，遇火則生烈焰（寅午之類）。「見木而可施功，無土仍愁散漫」，月令食傷是用神，無官殺只怕水勢滔滔。

> 夏月之水，執性歸源，時當涸際，欲得比肩。喜金生
> 助體，忌火旺太炎。木盛則洩其氣，土旺則制其流。

按：水生在夏天，火炎土燥，既然面臨枯竭，最要比劫相扶，其次
以庚辛金為後續補充能量，忌火旺木盛。木盛則洩去水氣，土旺則
阻滯水流。用金水而已。

> 秋月之水，母旺子相。得金助則清純，逢土旺
> 則混濁。火多而財盛，木重而身榮。重重見水，
> 增其泛濫之憂；疊疊逢土，始得清平之意。

按：水生在秋天，「母旺子相」，母是庚辛印綬旺在申酉，水則是長
生在申，水有旺金相生。得金助則金水清純，不宜戊己土來混濁。
火多就是財旺，木重就是財遇食傷，格局有成，故「身榮」。水勢重
重，有氾濫之疑慮；「疊疊逢土」，因為水勢旺相，所以用土制水，
俾使水勢清平，何以不忌土混濁水，因為官殺有印洩化。

> 冬月之水，司令當權。遇火則增暖除寒，見土
> 則形藏歸化。金多反致無義，木盛是謂有情。
> 水流泛濫，賴土隄防；土重高亢，反成涸轍。

按：水生在冬天，月令臨官帝旺，日主身強。遇火則水氣暖和。「見
土則形藏歸化」，指辰丑之中含水，水形歸化入土中。「金多反致無
義」，金主義，何以無義？因為金生水，幫倒忙。「木盛是謂有情」，
水日主身旺用洩，木洩水。水流旺盛，賴土堤防，同理「水旺得土，
方成池沼」。「土重高亢，反成涸轍」，指官殺太多，格強身弱。

五、附論五行生剋制化宜忌（錄徐大升）

金賴土生，土多金埋；土賴火生，火多土焦；火賴木生，木多火熾；
木賴水生，水多木漂；水賴金生，金多水濁。
金能生水，水多金沈；水能生木，木多水縮；木能生火，火多木焚；
火能生土，土多火晦；土能生金，金多土弱。
金能剋木，木堅金缺；木能剋土，土重木折；土能剋水，水多土流；
水能剋火，火炎水灼；火能剋金，金多火熄。
金衰遇火，必見銷鎔；火弱逢水，必為熄滅；水弱逢土，必為淤塞；
土衰逢木，必遭傾陷；木弱逢金，必為斫折。
強金得水，方挫其鋒；強水得木，方緩其勢；強木得火，方洩其英；
強火得土，方斂其焰；強土得金，方化其頑。

徐樂吾補注：按：《窮通寶鑑》與徐大升論五行生剋與四時宜忌兩
節，言之雖淺，其理至深，譬如算學中之加減乘除。初學習此，
而至深之微積方程，亦不能外此。要知命理深微，無非四時五行、
生剋制化、旺衰順逆之理，初學或未能解悟，習之既久，自能領
會。應用無窮，變化莫測，幸勿以其言之淺近而忽之也。

按：徐氏錄徐大升（宋朝淵海子平作者）五行生剋制化宜忌，闡明
命理深微，初學或未能領悟，無非如《老子》所言：「合抱之木，生
於毫末；九層之臺，起於累土；千里之行，始於足下。」久而久之，
按部就班，自能領悟。

六、論陰陽生死

原文：五行干支之說，已詳論於干支篇。干動而不息，支靜而有常。以每干流行於十二支之月，而生旺墓絕繫焉。

按：天干的力量，以十二地支的生旺墓絕為訊息；地支宜靜。《滴天髓》：「支神只以冲為重，刑與穿兮動不動。」

徐樂吾補注：生旺墓絕之說，由來甚古。《淮南子》曰：「春令木壯，水老，火生，金囚，土死」；《太平御覽•五行休旺論》曰：「立春艮旺，震相，巽胎，離沒，坤死，兌囚，乾廢，坎休」云云。（詳見《命理尋源》不贅）名詞雖有異同，而其意則不殊。後世以十二支配八卦，而定為長生沐浴十二位之次序（見下圖說），雖為術家之說，而合於天地之自然，語雖俚俗，含義至精，究五行陰陽者，莫能外此也。

按：陰陽五行學問古來浩瀚，徐氏在此指出《淮南子》《太平御覽•五行休旺論》《命理尋源》（徐氏著作）等，其它如《呂氏春秋》《史記》《漢書》《五行大義》《五行精記》等，不勝枚舉。雖然陰陽五行其語俚俗，究由我國宇宙論為根基而談天說地。春天屬木，同我則「壯」，水在病死之地則「老」去，木可生火是長「生」，金絕在寅卯木是「囚」住，土被旺木剋則「死」。

原文：陽主聚，以進為進，故主順；陰主散，以退為退，故主逆。此長生沐浴等項，所以有陽順陰逆之殊也。四時之運，成功成者去，待用者進，故每流行於十二支之月，而生旺墓絕，又有一定。陽之所生，即陰之所死，彼此互換，自然之運也。即以甲乙論，甲為木之陽，天之生氣流行萬木者，是故生於亥而死於午。乙為木之陰，木之枝枝葉葉，受天生氣，是故生於午而死於亥。夫木當亥月正枝葉剝落，而內之生氣，已收藏飽足，可以為來春發洩之機，此其所以生於亥也。木當午月，正枝葉繁盛之候，而甲何以死？卻不知外雖繁盛，而內之生氣發洩已盡，此其所以死於午也。乙木反是，午月枝葉繁盛，即為之生，亥月枝葉剝落，即為之死。以質而論，自與氣殊也。以甲乙為例，餘可知矣。

按：陽死陰生，陰死陽生，原文以甲乙木比喻「外雖繁盛，而內之生氣發洩已盡，此其所以死於午也。乙木反是，午月枝葉繁盛，即為之生，亥月枝葉剝落，即為之死」，問題是金水土火不是能用枝葉的生長原理解釋。《莊子‧天下》：「日方中方睨，物方生方死」，《莊子‧齊物》：「方生方死，方死方生」，多少受到道家影響。

徐樂吾補注：生旺墓絕者，五行之生旺墓絕，非十干之生旺墓絕
也。十干之名稱，為代表五行之陰陽；五行雖分陰陽，實為一物。
甲乙，一木也，非有二也。寅申巳亥，為五行長生臨官之地；子
午卯酉，為五行旺地；辰戌丑未，為五行墓地，非陰干另有長生
祿旺墓也。因長生臨官旺墓，而有支藏人元，觀下人元司令圖自
明（不贅附）。特以理言之，凡物既有陰陽，陽之極即陰之生，譬
如磁電之針，甲端為陽極，乙端必為陰極，而最旺之地，則在中
心，即祿旺之地是也。然以用而論，生旺墓絕，僅分五行，不必
分陰陽。從來術數書中，僅言五陽長生，而不言五陰長生，僅言
陽刃而不言陰刃，後世未察其理，而欲自圓其說，支離曲解，莫
知所從。或言五陰無刃，或者以進一位為刃，或者以退一位為刃
（如乙以寅或辰為刃），各以意測，異說紛岐，實未明其理也。

按：這一節討論自古爭論不休的陽死陰生？或陰陽共長生？一物一
太極，一太極之下可以有金木水火四個小太極，四個小太極各具木
東、火南、金西、水北；等於五行（土附於火）各有一太極，木之
旺在寅卯，因甲乙寅卯各有陰陽，甲自然旺在陰地支，乙自然旺在
陽地支，故以十二生旺庫排列，必須陽死陰生，陰死陽生。不論陽
干陰干互相拱合臨官帝旺，此衰旺巔峰已明，足以判斷吉凶悔吝。
故徐氏說：「以用而論，生旺墓絕，僅分五行，不必分陰陽」，就是
這道理。

原文：支有十二月，故每干長生至胎養，亦分十二位。氣之由盛而衰，衰而復盛，逐節細分，遂成十二。而長生沐浴等名，則假借形容之詞也。

長生者，猶人之初生也。沐浴者，猶人既生之後，而沐浴以去垢也；如果核既為苗，則前之青殼，洗而去之矣。冠帶者，形氣漸長，猶人之年長而冠帶也。臨官者，由長而壯，猶人之可以出仕也。帝旺者，壯盛之極，猶人之可以輔帝而大有為也。衰者，盛極而衰，物之初變也。病者，衰之甚也。死者，氣之盡而無餘也。墓者，造化收藏，猶人之埋於土者也。絕者，前之氣已絕，而後氣將續也。胎者，後之氣續而結聚成胎也。養者，如人養母腹也。自是而後，長生循環無端矣。

按：各種五行在十二地支的旺相休囚不同，依據旺衰分出長生（初生）、沐浴（洗而去之）、冠帶（及長）、臨官（出仕）、帝旺（壯盛）、衰（旺極則衰）、病（衰盡則病）、死（病終則死）、墓（死而入墓）、絕（氣化暫息）、胎（造化萌動）、養（母胎養育），往復循環正是方生方死，方死方生。例如木生於亥，旺於卯，墓於未。生旺庫必須滾瓜爛熟。

徐樂吾補注：原文甚明，每年三百六十日，以五行分配之，各得七十二日。木旺於春，佔六十日（甲乙各半），長生九日，墓庫三日，合七十二日。土旺四季，辰戌丑未各十八日，亦為七十二日。寅中甲木臨官，丙戊長生，故所藏人元，為甲丙戊。卯者，春木專旺之地，故稱帝旺。帝者，主宰也。《易》言「帝出乎震」，言木主宰之方，無他氣分佔，故專藏乙。辰者，木之餘氣，水之墓地，而土之本氣也。故藏戊乙癸（辰戌為陽土，故藏戊；丑未陰土，故藏己），稱為雜氣。雜者，土旺之地，雜以乙癸，而乙癸又各不相謀，非如長生祿旺之為時令之序也。春令如是，餘可類推。故寅申巳亥，稱為四生（亦是四祿）之地；子午卯酉，為專旺之方；辰戌丑未，為四墓之地。所藏人元，各有意義。若陰干長生，則無關於時令之氣，地支藏用，不因之而有所增損也。

按：本節講述十二生旺庫意義，與地支藏天干的旺衰比例原則，不贅述。其次，餘氣、本氣、雜氣、四生（亦是四祿）之地、專旺之地、四墓之地等意義。莫次，陰干長生，則無關於時令之氣，地支藏用，不因之而有所增損，因此乙長生在午，丁己無關。以上如果無法理解，就難以深入八字核心技術。

巳	午	未	申
壬絕 庚生 戊祿 丙祿 甲病 癸胎 辛死 己旺 丁旺 乙敗	壬胎 庚敗 戊旺 丙旺 甲死 癸絕 辛病 己祿 丁祿 乙生	壬養 庚冠 戊衰 丙衰 甲墓 癸墓 辛冠 己冠 丁養 乙養	壬生 庚祿 戊病 丙病 甲絕 癸死 辛旺 己敗 丁敗 乙胎

辰		西
壬墓 庚養 戊冠 丙冠 甲衰 癸養 辛墓 己衰 丁衰 乙冠	陰陽順逆 生旺死絕圖	壬敗 庚旺 戊死 丙死 甲胎 癸病 辛祿 己生 丁生 乙絕
卯		**戌**
壬死 庚胎 戊敗 丙敗 甲旺 癸生 辛絕 己病 丁病 乙祿		壬冠 庚衰 戊墓 丙墓 甲養 癸衰 辛冠 己養 丁養 乙墓

寅	丑	子	亥
壬病 庚絕 戊生 丙生 甲祿 癸敗 辛胎 己死 丁死 乙旺	壬衰 庚墓 戊養 丙養 甲冠 癸冠 辛養 己墓 丁墓 乙衰	壬旺 庚死 戊胎 丙胎 甲敗 癸祿 辛生 己絕 丁絕 乙病	壬祿 庚病 戊絕 丙絕 甲生 癸旺 辛敗 己胎 丁胎 乙死

長生 沐浴 冠帶 臨官 旺 衰 病 死 墓 絕 胎 養 祿臨官也 敗沐浴也

37

五行陰陽順逆生旺死絕表

	甲	乙	丙	丁	戊	己	庚	辛	壬	癸
生	亥	午	寅	酉	寅	酉	巳	子	申	卯
浴	子	巳	卯	申	卯	申	午	亥	酉	寅
冠	丑	辰	辰	未	辰	未	未	戌	戌	丑
祿	寅	卯	巳	午	巳	午	申	酉	亥	子
旺	卯	寅	午	巳	午	巳	酉	申	子	亥
衰	辰	丑	未	辰	未	辰	戌	未	丑	戌
病	巳	子	申	卯	申	卯	亥	午	寅	酉
死	午	亥	酉	寅	酉	寅	子	巳	卯	申
墓	未	戌	戌	丑	戌	丑	丑	辰	辰	未
絕	申	酉	亥	子	亥	子	寅	卯	巳	午
胎	酉	申	子	亥	子	亥	卯	寅	午	巳
養	戌	未	丑	戌	丑	戌	辰	丑	未	辰

徐樂吾補注：土居中央，寄於四隅（參閱干支方位配卦圖）。
附火而生，生於寅，祿於巳；附水而生，生於申，祿於亥。
特在寅巳，有丙火幫扶，旺而可用；在申亥，寒濕虛浮，
力量薄弱而無可用，故僅言丙戊生寅，而不言壬戊生申也。

按：八字火土共長生，卜卦水土共長生，各有立論。徐氏解釋八字
學何以火土共長生？因為土在寅、巳有丙火相生；在申、亥則是金
水洩氣。至於卜卦為何是水土共長生？多少是坤卦屬土，位於申方。

上述五行分配，各占七十二日者，舉其大數也。蓋一年為
三百六十五日又四分之一，又因戊土寄生寄旺之故，土之
分野較多，餘亦參差不齊，茲將人元司令分野列表於下。

十二月令人元司令分野表

月份	十干比例輕重表	節氣
寅月	立春後戊土七日，丙火七日，甲木十六日	立春、雨水
卯月	驚蟄後甲木十日，乙木二十日	驚蟄、春分
辰月	清明後乙木九日，癸水三日，戊土十八日	清明、穀雨
巳月	立夏後戊土五日，庚金九日，丙火十六日	立夏、小滿
午月	芒種後丙火十日，己土九日，丁火十一日	芒種、夏至
未月	小暑後丁火九日，乙木三日，己土十八日	小暑、大暑
申月	立秋後戊己土十日，壬水三日，庚金十七	立秋、處暑
酉月	白露後庚金十日，辛金二十日	白露、秋分
戌月	寒露後辛金九日，丁火三日，戊土十八日	寒露、霜降
亥月	立冬後戊土七日，甲木五日，壬水十八日	立冬、小雪
子月	大雪後壬水十日，癸水二十日	大雪、冬至
丑月	小寒後癸水九日，辛金三日，己土十八日	小寒、大寒

徐樂吾補注：此表人元司令日數，雖未可執著，而藏天干於地支，乾體而坤用，分析陰陽，至為精密。所謂以坎離震兌，分主二至二分，而三百八十四爻，陰陽錯綜，盈虛消息，無不相合者是也。始於何時，出於何人之手，猶待考證，海內博雅君子，如有知其源流，舉以見示，至為感紉。

按：十天干在十二地支比例輕重不同，造成所謂「根深根淺」之分別。例如寅月甲木十六日，是謂根深；戊土七日，是謂根淺。

原文：人之日主，不必生逢祿旺，即月令休囚，而年日時中，得長生祿旺，便不為弱，就使逢庫，亦為有根。時說謂投庫而必沖者，俗書之謬也，但陽長生有力，而陰長生不甚有力，然亦不弱。若是逢庫，則陽為有根，而陰為無用。蓋陽大陰小，陽得兼陰，陰不能兼陽，自然之理也。

1、按：這節首先討論身強身弱，略以日主並非身強就是高命，即使月令休囚，在其餘的年、日、時地支中，有長生、帝旺、臨官、墓庫等，便不能算弱，故只怕弱到日主無根，「逢庫，亦為有根」。至於「投庫而必沖」，實務上多有靈驗。

2、陽干較陰干有力，陽可兼陰，因此陽干有墓庫就是有根，陰干墓庫之根無用。《滴天髓》：「日干不論月令休囚，只要四柱有根，便能受財官食神而當（擋）傷官七殺。長生祿旺，根之重者也，墓庫餘氣，根之輕者也；天干得一比肩，不如地支得一餘氣。」

徐樂吾補注：地支所藏之干，本靜以待用，透出干頭，則顯其用矣。故干以通根為美，支以透出為貴。《滴天髓》云：「天全一氣，不可使地德莫之載；地全三物，不可使天道莫之容。」如四辛卯，四丙申，雖干支一氣，而不通根，不足貴也。地全三物，謂所藏三干，不透出則不能顯其用也。天干通根，不僅祿旺為美，長生、餘氣、墓庫皆其根也。如甲乙木見寅卯，固為身旺，而見亥辰未，亦為有根也。逢庫必沖之說，謬誤可嗤。如辰本為東方木地，若在清明後十二日內，乙木司令，餘氣猶旺，何云投庫？土為本氣，無所謂庫。金火則庫中無有，沖亦何益？僅壬癸水遇之為庫，若能透出，同一可用。癸水本為所藏，而透壬水，則生旺墓本從五行論，不分陰陽也。謂陰長生不甚有力，然亦不弱，又謂逢庫陰為無用，皆因誤於陰陽各有長生，而不能自圓其說也。又此節雖指日主，而年月時之干皆同，能得月令之氣，自為最強；否則，月令休囚，而年日時支中，得生祿旺餘氣墓，皆為通根也。

1、按：地支為體，干頭為用，故天透地藏就是格局。反之，干支相剋，例如四辛卯、四丙申，「干支一氣」，指四天干相同，四地支也相同；但干支有相剋的情況。至於壬水見辰土，辰土藏癸水，壬水即有根。換言之，不要執著於陰陽各有長生，而應著眼在五行衰旺。前述「生旺墓絕者，五行之生旺墓絕，非十干之生旺墓絕也。……五行雖分陰陽，實為一物。甲乙，一木也，非有二也。」即是此義。簡單說，「生旺墓本從五行論，不分陰陽。」

2、「清明後十二日內，乙木司令，餘氣猶旺，何云投庫？」入庫是指癸水入辰庫，乙木入未庫，丁火入戌庫，辛金入丑庫。其次「僅壬癸水遇之為庫，若能透出，同一可用」，指同五行天透地藏就成格局，換言之推翻前述原文「陰為無用」之說。至於「年月時之干皆同，能得月令之氣，自為最強；否則，月令休囚，而年日時支中，得生祿旺餘氣墓，皆為通根。」指身強時不缺墓庫之力，身弱時通根墓庫也很管用。

41

七、論十干配合性情

> 原文：合化之義，以十干陰陽相配而成。河圖之數，以一二三四五配六七八九十，先天之道也。故始於太陰之水，而終於冲氣之土，以氣而語其生之序也。蓋未有五行之先，必先有陰陽老少，而後冲氣，故生以土。終之既有五行，則萬物又生於土，而水火木金，亦寄質焉，故以土先之。是以甲己相合之始，則化為土；土則生金，故乙庚化金次之；金生水，故丙辛化水又次之；水生木，故丁壬化木又次之；木生火，故戊癸化火又次之，而五行遍焉。先之以土，相生之序，自然如此。此十干合化之義也。

按：河圖之數，以一二三四五配六七八九十，陰陽相配，間隔為五，始於太陰生水。十干合化由甲己合土開始，土→金→水→木→火，依序相生。因為「未有五行之先，必先有陰陽老少，而後冲氣，故生以土」。

> 徐樂吾補注：十干配合，源於《易》天一、地二、天三、地四、天五、地六、天七、地八、天九、地十之數，而以為十干之合即河圖之合，其實非也。河圖一六共宗（水），二七同道（金），三八為朋（木），四九為友（火），五十同途（土）。堪輿之學，以盤為體，根於河圖，以運為用，基於洛書，此與命理不同。命理十干之合，與醫道同源，出於〈內經·五運大論〉。曰：丹天之氣，經於牛女戊分；黅天之氣，經於心尾己分；蒼天之氣，經於危室柳鬼；素天之氣，經於亢氐昴畢；玄天之氣，經於張翼奎婁。所謂戊己分者，奎壁角軫，乃天地之門戶也；戊亥之間，奎壁之分也；辰巳之間，角軫之分也·故五運皆起於角軫。甲己之歲，戊己黅天之氣，經於角軫，角屬辰，軫屬巳，其歲月建，得戊辰己巳，干皆土，故為土運；乙庚之歲，庚辛素天之氣，經於角軫，其歲月建，得庚辰辛巳，干皆金，故為金運；丙辛之歲，壬癸玄天之氣，經於角軫，其歲月建，得壬辰癸巳，干皆水，故為水運；丁壬之歲，甲乙蒼天之氣，經於角軫，其歲月建，得甲辰乙巳，

干皆木，故為木運；戊癸之歲，丙丁丹天之氣，經於角軫，其歲月建，得丙辰丁巳，干皆火，故為火運。夫十干各有本氣，是為五行，若五合所化，則為五運。曰運者，言天之緯道，臨於辰巳者，為何緯道也？星命家逢辰則化之說，亦出於此，與河圖配合之義有不同也（詳《命理尋源》）。

按：本節討論十干合化甲己合化土，乙庚合化金，丙辛合化水，丁壬合化木，戊癸合化火的原理，逢龍則化。有說依據河圖之數，有說依據〈繫辭傳〉天地之數。徐氏則提出「醫道同源」，以天道運行的時間與空間論述。本節談八字與天文學關係，不牽涉核心技術。

原文：其性情何也？蓋既有配合，必有向背。如甲用辛官，透丙作合，而官非其官；甲用癸印，透戊作合，而印非其印；甲用己財，己與別位之甲作合，而財非其財。如年己月甲，年上之財，被月合去，而日主之甲乙無分；年甲月己，月上之財，被年合去，而日主之甲乙不與是也。甲用丙食與辛作合，而非其食，此四喜神因合而無用者也。

按：性情與向背牽涉成格否？原則是合去忌神好事，合去喜神壞事，妙在何處，多看實例即可。「四喜神」，指正偏財、正官、正印、食神，被合去也是無用。

徐樂吾補注：八字入手，先宜注意干支之會合，千變萬化，皆出於此。十干相配，有能合不能合之分；既合之後，有能化不能化之別。本篇專論其合也。官非其官者，言不以官論也。蓋相合之後，不論其能化與否，其情不向日主，不能作為官論也（此指年月之干相合，或年月之干與時干合而言，若與日相合，不作此論，詳下合而不合節）。甲木日主，月干透辛為官，年干透丙，丙辛相合，官與食神，兩失其用；甲用癸印，透戊作合，財印兩失其用。餘可類推。
年己月甲，年干之己，先被月干之甲合去；年甲月己，月干

43

> 己財，先被年干甲木合去，日主之甲無分。序有先後，不作妒合爭合論也。詳下合而不合節。

1、按：這節討論天干相合，例如甲日主，丙是月干食神，年干是辛金正官，不論成格與否，或化去，丙辛一合，食神與正官皆放棄本位，因而荒腔走板，成格局是一生的影響，不成格影響在四柱年限內。

2、天干相合不論化或不化，就改變與日主生剋制化的關係，故「其情不向日主」，受剋者形質耗損，或以歧出之五行通盤而論。至於與日干相合，屬於化氣格，不在此討論。若有爭合，依照四柱順序先來後到討論。

> 原文：又如甲逢庚為煞，與乙作合，而煞不攻身；甲逢乙為劫，與庚作合，而乙不劫財，甲逢丁為傷，與壬作合，而丁不為傷官；甲逢壬為梟，與丁作合，而壬不奪食。此四忌神因合化吉者也。

按：「四忌神」，指七殺、羊刃、傷官、偏印，忌神合去即避凶趨吉。「甲逢庚為煞，與乙作合，而煞不攻身」，此非定則，羊刃倒戈更凶。

> 徐樂吾補注：喜神因合而失其吉，忌神亦因合而失其凶，其理一也，但亦須看地支之配合如何耳。如地支通根，則雖合而不失其用，喜忌依然存在。茲舉例如下。

按：這節討論天干五合，喜神合去就吃虧；忌神合去反為吉；然而吉凶如何判斷？其次，徐氏補述「如地支通根，則雖合而不失其用，喜忌依然存在」，天干通根地支就是格局，換言之，格局不容易被合去，所以也稱用神。

按：徐氏舉例，劉鎮華造，天干五合，丙辛雖合，隔位不化。

食神	日主	正官	正印
丙 **寅**	**甲** **申**	**辛** **酉**	**癸** **未**
戊 丙 甲	戊 壬 庚	辛	乙 丁 己
偏財 食神 比肩	偏財 偏印 七殺	正官	劫財 傷官 正財
干祿 驛馬 天德 大耗	孤辰	桃花	天乙
癸丑 甲寅	乙卯 丙辰	丁巳 戊午	己未 庚申

釋文：丙辛相合，而官旺通根。此為官多同煞，以丙火制官為用也。此為安徽主席劉鎮華之造。

1、按：原局官、殺、財、食偏多，以癸水寅木生扶日主，格重身弱。食神制殺成立，但食弱殺強。巳午未丙等運，食傷轉強駕殺。丙辛隔位是否相合？有爭議，原述指辛金通根，所以正官作用猶存，又正官格帶殺，官多同殺，所以食神制殺，威權萬里。

2、《子平真詮》：「煞以攻身，似非美物，而大貴之格，多存七殺。…然官多身弱，官等於煞。…煞用食制，不要露財透印，以財能轉食生煞，而印能去食護煞。」即七煞無制。然而命造是個軍閥，屢有勝敗，到處投降，應基於年日互換空亡與寅申沖破。

按：徐氏舉例，洗冠生造日主無根，月時雙合，傷官合偏印，各自有根。

偏印	日主	傷官	偏印
戊寅	庚寅	癸亥	戊子
戊　丙　甲	戊　丙　甲	甲　壬	癸
偏印　七殺　偏財	偏印　七殺　偏財	偏財　食神	傷官
辛未　庚午	己巳　戊辰	丁卯　丙寅	乙丑　甲子

釋文：戊癸相合，而癸水通根，洩氣太重，以戊土扶身制傷為用。此為實業家洗冠生造。

1、庚金生在亥月，金白水清，癸水透干合戊，雖合有根不化，不失其用。以月支食神生財為用，日主無根，隨機從勢，故行財運寅卯辰事業興旺。又寅亥合木，原局財旺，適宜經商。殺藏寅中，丙丁運透出，衝勁十足。

2、日主無根，靠印綬給力。《滴天髓》：「從勢者，日主無根，四柱財官食傷並旺，不分強弱，又無劫印生扶日主，又不能從一神而去，唯有和解之可也，視其財官食傷之中，何者獨旺？則從旺者之勢。如三者均停，不分強弱，須行財運以和之，引通食傷之氣，助其財官之勢則吉；行官殺運次之，行食傷運又次之。如行比劫印綬，必凶無疑。」戊辰運拱卯三會財星，事業巔峰。

按：徐氏舉例，兩失其用，偏印、傷官合而不化，年支羊刃。

七殺	日主	傷官	偏印
甲寅	戊寅	辛卯	丙午
戊　丙　甲	戊　丙　甲	乙	己　丁
比　偏　七 肩　印　殺	比　偏　七 肩　印　殺	正官	劫　正 財　印
月德		桃花	羊　將 刃　星
己亥　戊戌	丁酉　丙申	乙未　甲午	癸巳　壬辰

釋文：丙辛合而不化，無丙可用辛制甲，無辛可用丙化甲，兩皆有用，因合而兩失其用也。

1、原局正偏印四見，偏印格。官殺四見，七殺格。如果辛金不現，就是殺印相生成立。反之，丙火不現可以傷官制殺。然而丙辛相合，兩者皆失其用，必待沖開合去之類。

2、丙辛合而不化，是因為地支無水接應。否則合化成財，可以揣摩另一情境，補齊原局缺水之憾。偏印有根，七殺帶印成格。木火土一堆，辛金是眼中釘，火運剛好。

按：徐氏舉例，月時雙合，甲木透出天干，天干浮財最怕比劫，甲己合出財星，反而不奪財；忌神倒戈幫用神。

偏財	日主	劫財	偏財
己卯	乙亥	甲戌	己卯
乙	甲 壬	丁 辛 戊	乙
比肩	劫財 正印	食神 七殺 正財	比肩
干祿 將星		大耗	干祿 將星

丙寅	丁卯	戊辰	己巳	庚午	辛未	壬申	癸酉

釋文：年月甲己，本屬無用，因合使兩失其用，格局反清。此張紹曾（擁孫軍閥）造也。

1、原局正偏財三見，財格。然而年月天干甲己合土，地支卯戌合火，前兩柱形成融會交織的傷官生財格。乙木自坐劫財、正印，卯木年時建祿兩見。

2、日祿歸時，《三命通會》：「日主生歸時祿逢，無沖無刑不落空；官煞不臨財印旺，傷食身建祿千鍾。」中運巳午未財逢食傷（喜神），財格不宜單見。「兩失其用，格局反清」，指偏財合去劫財，財格反清；但己土通根戌中戊土，還是格局。

按：天干五合後，「逢吉不為吉，逢凶不為凶」。舉財星為例，財是妻，財被合，連老婆都跑了。官為夫，官星被合去，先生沉醉外情；看八字說故事，宜合乎社會常情，人同此心，心同此理。

徐樂吾補注：干支配合，關係甚鉅，蓋凶不為凶，固為美事，而吉不為吉，則關係甚重。有緊要相用，被合而變其格局者，有救護之神，被合，失其救護之用，而凶神肆逞者；不可不辨也。

按：原局百態，逢合有成有敗，逢吉不為吉就是敗，逢凶不為凶就是成。逢吉向日主，逢凶背日主；選用神，選我所愛，愛我所選。徐氏補述干支配合很重要，例如被合後格局變動，或救護之神（指病藥、扶抑、通關等）被合，造成倒戈、傾頹、衰旺鉅變等現象，徐氏舉例如下。

按：年日雙合，三合水局壬水透出，丁壬合，甲木盤據辰土，潤下不成。

食神	日主	比肩	正財
甲辰	壬申	壬子	丁卯
癸　乙　戊	戊　壬　庚	癸	乙
劫財　傷官　七殺	七殺　比肩　偏印	劫財	傷官
華蓋	月德　大耗	紅豔　羊刃　將星　月德	天乙
甲辰　乙巳	丙午　丁未	戊申　己酉	庚戌　辛亥

釋文：本為水木傷官用財，無如丁壬一合，火失其焰，水旺木浮，只能順其旺勢而行金水之地也（見下用神節）。

1、原局地支申子辰三合水局，癸水當令，加上天干壬水兩見，幾成潤下格，羊刃格無爭議又透干；然而丁火、甲木、卯木洩耗水局，雙方對陣中，「丁壬一合，火失其焰」，壬水倒戈與丁火化木（食傷）洩水，潤下格不成，羊刃格依舊挺立，月干壬水支下羊刃，如何肯化？子刑卯，如何肯化？

2、水木二局用火洩，《淵海子平評注》：「陽刃格最為簡單，蓋月令羊刃而日元旺，非用官煞剋之，即用食傷洩之。陽刃逢財，非食傷通關不可，是其關鍵在食傷也（逢印劫為專旺除外）。」羊刃喜食傷洩秀，走老運。

按：徐氏舉例，月令偏財為用，乙木被合無印，全局金氣，因合化而印被財破；忌印運，喜食傷運。

正財	日主	偏印	正財
庚戌	丁丑	乙酉	庚申
丁　辛　戊	辛　癸　己	辛	戊　壬　庚
比　偏　傷 肩　財　官	偏　七　食 財　殺　神	偏 財	傷　正　正 官　官　財
月 德	華　大 蓋　耗	文　天　將 昌　乙　星	亡　月 神　德
癸巳	壬辰	辛卯	庚寅	己丑	戊子	丁亥	丙戌

釋文：本為火煉真金格局，乙庚相合，印為財破，雖生富厚之家，而天生啞子，終身殘廢也。

1、丁火生在酉月，調候用神甲、庚、丙、戊。原局庚辛正偏財六見，申酉戌隔位三會帶丑土，天干庚金兩透，乙合庚化財，正財格無疑。「火煉真金格局」，日主面對地支隔位三會金局，透出天干，天干有乙木，地支有丁火入庫，真從財或假從財？「火煉真金」費思量。土金助勢，水木火剋洩財氣，以土金運促成從殺。

2、庚金屬於大腸、臍、氣管、喉嚨等，與發音有關。唯一印綬乙木被合化，形成五行不全。從財即宜行財地，或行官殺運必貴（真從不可逆，順其氣勢），行食傷運必富。過真則洩，假真則助。

徐樂吾補注：原局十干配合，其關係之重如此；而行運逢合，此五年中之關係，亦不亞於原局。譬如甲用辛官，癸丁並透，本以癸印制傷護官為用，而行運見戊，合去癸水，則丁火得傷其官星矣。或甲用辛官，透丁為傷，行運見壬，合去丁傷而官星得用矣。為喜為忌，全在配合，不論其化與否也（詳見行運節）。運干配合原局，其化與不化，全視所坐地支是否相助，與原局所有者，看法亦相同也。

按：原局十干合化的問題，關係終身命格與個人性質。如果行運逢合，天干管前五年，故「此五年中之關係，亦不亞於原局」。假設甲木的月令是正官，月干是丁火傷官，年干是癸水正印，正常下癸水制住丁火傷官，使丁火傷官不致於剋傷自坐的正官，然而大運戊土合去癸水，丁火傷官就剋到正官。反之，壬運合去丁火傷官，正官就能為用。「運干配合原局，其化與不化，全視所坐地支是否相助，與原局所有者」，例如丙子與辛亥合且化。

八、論十干合而不合

按：前面談化合，本節談「合而不合」意旨。

徐樂吾補注：十干相配，非皆能合也；既合之
後，非皆能化也。上篇論十干相配而合，本篇
論十干配而不合。學者宜細辨之。化之義另詳。

按：十天干能合化，但也有合而不合，並非一概論合。

原文：蓋隔於有所間也，譬如人彼此相好，而有人從中間之，則
交必不能成。假如甲與己合，而甲己中間，以庚間隔之，則甲豈
能越剋我之庚而合己？此制於勢然也，合而不敢合也，有若無也。

按：「合而不合」，最普遍的現象是中間被隔開。

徐樂吾補注：有所間隔，則不以合論，然間隔非必剋制也。

按：合而不合是因為中間有隔閡，像有人從中隔離挑撥之類。例如
甲與己合，在甲己中間有庚金，甲無法跨越庚金與己相合，間隔就
阻擋合化，無須必有相剋關係。例如：甲己中間改用丙、壬之類，
雖無相剋關係，也是不合。

按：徐氏舉例，財官印俱全，身殺兩停，用神七殺，喜神丁火，大運巳午未，化官殺生身。

劫財	日主	偏印	正官
戊辰	己亥	丁卯	甲子
癸　乙　戊	甲　壬	乙	癸
偏財　七殺　劫財	正官　正財	七殺	偏財
紅豔		將星	天乙　桃花　月德

乙亥	甲戌	癸酉	壬申	辛未	庚午	己巳	戊辰

釋文：甲己合而間丁，則甲木生火而火生土，所謂以印化官也。此新疆楊增新都督造。

1、原局官殺四見，子水生官，甲刃在卯，官殺甚強，七殺格。有丁火偏印化煞，時柱劫財干透支藏，因此以劫財、印綬撐起日主，不至於因財官太重而身弱。

2、己土生在卯月，調候用神甲、丙、癸。甲木不為己合，子水潤土生官，丁火不如丙火生身給力，但行運巳午未得地。自坐財官，水木火土，五行通暢。

54

按：徐氏舉例，火土氣勢旺，無金靠水護身，羣財剋印，戊運剋壬水，合去癸水，地支帶寅午戌三合火局，必衰。月令財格為用，食傷與財為喜神，財印雙清。

正 財	日 主	正 印	偏 印
戊 寅	乙 巳	壬 戌	癸 巳
戊　丙　甲	庚　戊　丙	丁　辛　戊	庚　戊　丙
正　傷　劫 財　官　財	正　正　傷 官　財　官	食　七　正 神　殺　財	正　正　傷 官　財　官
甲 寅	乙 卯	丙 辰	丁 巳	戊 午	己 未	庚 申	辛 酉

釋文：戊癸合而間乙，惟其不合，故財局可以用印。此浙江公路局長朱有卿造。見財印用節。

1、原局乙木戌月，調候用神癸、辛。正財五見，偏財格。壬、癸浮在年月天干，財印有乙木分隔，不相剋。地支食傷生財四見，財生官三見，官生印兩見，印生日主帶帝旺，一氣流行。

2、原局火土旺，若壬癸水被合，則日主火旺土焦，戊運合去癸水化火，不祿。《滴天髓》：「日主為子，生日者為母；如甲乙滿局皆是木，木中有一二水氣，為子眾母衰，其勢要多方以安母，用金以生水。」故辛酉、庚申通關有餘蔭。《滴天髓》：「天地交戰，雖有合神會神，亦不息其動氣，其勢速凶。」原局年柱水火剋，月柱土水剋，日柱火洩木，時柱木剋土。

按：：「隔位太遠」，就是中間有隔閡，有時格局也是用神，被合則原局無首，隔開使格局挺立，故「以不失其力為喜」。對於雖能合者，遭到剋制而無法論合，指「半合也，其為禍福得十之二三」，由學者發揮自由心證，還是有合喜合忌的作用，尤其柱運歲併論。

按：「失其原來之力為喜」，指忌神有合。「以不失其力為喜」，指喜神。「遙隔而仍作合」，指干支或三合三會一團和氣。徐氏直接舉例如下。

按：徐氏舉例，羊刃格強過七殺格，子午冲，各有後援；取外格。

七殺	日主	比肩	劫財
壬辰	丙子	丙午	丁卯
癸　乙　戊	癸	己　丁	乙
正官　正印　食神	正官	傷官　劫財	正印
華蓋	將星　月德	羊刃　月德	
戊戌　己亥	庚子　辛丑	壬寅　癸卯	甲辰　乙巳

釋文：煞刃格，以煞制刃為用。丁壬相合，因遙隔，壬煞不失其用，而煞刃格以成。此龍濟光之造也。

1、原局丙日午月，透出月干帶丁火，羊刃加倍，羊刃格。時干壬水，通根子辰半合水局，身殺兩停。《三命通會》：「羊刃者天上之凶星，人間之惡煞，喜偏官印綬。忌反吟、伏吟、魁罡、三合，大率與七殺相似。故羊刃喜見七殺，七煞喜見羊刃，兩凶互相制伏……殺無刃不顯，刃無殺不威，殺刃俱全，常人無有。」

2、《三命通會》：「甲戊庚見刃，逢冲發禍，多驗，壬丙逢刃見子午冲，多無禍；以丙見子，壬見午，俱為正官，反作貴氣論。」丁壬隔位不合，否則羊刃不駕殺。

57

按：徐氏舉例，丁火申月，巳申合而不化，申酉戌隔位三會透干，月令財格為用，喜食傷之地。

正財	日主	正印	偏印
庚戌	丁巳	甲申	乙酉
丁 辛 戊	庚 戊 丙	戊 壬 庚	辛
比肩 偏財 傷官	正財 傷官 劫財	傷官 正官 正財	偏財
		亡神	文昌 天乙 將星

丙子	丁丑	戊寅	己卯	庚辰	辛巳	壬午	癸未

釋文：乙庚相合，通月令之氣，雖遙隔而仍合，以庚劈甲引丁為用。張耀曾之造也（按此造乙庚之間，隔以丁火，可以與上節參觀）。

1、原局正偏財五見，申酉戌三會隔位透干，偏財格。丁在申月，調候用神甲、庚、丙、戊，貼身圍繞。乙庚隔位不合。故財印兩不相剋相合，各成其用。

2、「雖遙隔而仍合」，指年干乙木與月支藏干庚金相合。丁火自坐帝旺，有正偏印生身，不弱。《三命通會》：「柱中原無官星，只是財多，又行財運，亦能成就名利；間有登科者，蓋財不畏多，多則暗生官，須得身旺，方能勝任。」庚辰運雙合年柱，財旺。

58

原文：又有合而無傷於合者，何也？如甲生寅卯，月時兩透辛官，以年丙合月辛，是為合一留一，官星反輕。甲逢月刃，庚辛並透，丙與辛合，是為合官留煞，而煞刃依然成格，皆無傷於合也。

按：「合一留一，官星反輕」，指天干官煞兩見，剋日主太重，合去其一，減重。「合官留煞，而煞刃依然成格」，必須留下官煞其一，如果僅一個正官或七殺，合去則群龍無首，反而不妥。

徐樂吾補注：兩官並透，名為重官；兩煞並透，是為重煞。合一留一，反以成格。官煞並透，是為混雜，合官留煞，或合煞留官，反以取清。

按：重官、重煞就有殺重身輕的疑慮，「合一留一，反以成格」，指原則不宜官殺混雜（人格不清），除非身強官殺輕，草人也能借箭，是養分就不忌，吃飽才會挑食。

按：徐氏舉例，庚日主，丙辛合去七殺，合而不化暗中滋助食傷，還是身強。月令建祿，年支羊刃，取外格七殺為用神，喜祿刃抗殺。

七殺	日主	七殺	劫財
丙戌	庚子	丙申	辛酉
丁　辛　戊	癸	戊　壬　庚	辛
正官　劫財　偏印	傷官	偏印　食神　比肩	劫財
紅豔	將星	干祿	羊刃　桃花
戊子　己丑	庚寅　辛卯	壬辰　癸巳	甲午　乙未

釋文：此北洋領袖王士珍之造也。辛合丙煞，合一留一，依然為煞刃格也。

1、原局地支申酉戌透出辛金，形成年柱羊刃，過旺；丙辛一合，劫財七殺兩不對峙；以時干存留之七殺，年支羊刃為用；還是殺刃對抗賽。宜行食傷、財官之地。

2、原局申酉祿刃交集，身強，初運南方火地，官殺之地，《三命通會》：「羊刃入官煞，威震邊疆。」中運寅卯辰財生官。辛卯運雙合丙申、丙戌、沖酉，必有激盪。

按：徐氏舉例，兩寅冲申，互換長生；月時雙合，水火各有其源。
月令食神制煞透干為用，不宜財地。

正官	日主	食神	七殺
癸巳	丙寅	戊申	壬寅
庚 戊 丙	戊 丙 甲	戊 壬 庚	戊 丙 甲
偏財 食神 比肩	食神 比肩 偏印	食神 七殺 偏財	食神 比肩 偏印
干祿 亡神 天德 孤辰		文昌 驛馬	紅豔 月德
丙辰	乙卯	甲寅	癸丑	壬子	辛亥	庚戌	己酉

釋文：此合官留煞也。又《三命通會》以合為留，以剋為去，如此造戊剋壬合癸，名去煞留官，各家所說不同也。

徐樂吾補注：按合而無傷於合者，去一留一也，或剋而去之，或合而去之，其意相同。如林主席森命造，戊辰、甲寅、丁卯、戊申（林森造解釋在123頁），戊土傷官，年時兩透，用甲剋去年上傷官，而留時上傷官以生財損印，格局反清，其意一也。無食傷則財無根，兩透則嫌其重，去一留一，適以成格。

1、原局官殺三見，七殺格；食神五見，傷官格；格重身輕。月時雙合，年月雙冲，戊土剋去壬水七殺，只能以癸水正官為用，舒緩格重身輕的弊端，問題在壬水是調候用神，捨此取彼，焉知禍福？
2、回歸原局地支寅巳申三刑，帶年月雙冲，食神太旺，以財運金地生官為正途，中運亥子丑官殺必有斬獲。癸丑運財生官殺。

原文：又有合而不以合論者，何也？本身之合也。蓋五陽逢財，五陰遇官，俱是作合，惟是本身十干合之，不為合去。假如乙用庚官，日干之乙，與庚作合，是我之官，是我合之。何為合去？若庚在年上，乙在月上，則月上之乙，先去合庚，而日干反不能合，是為合去也。又如女以官為夫，丁日逢壬，是我之夫，是我合之，正如夫妻相親，其情愈密。惟壬在月上，而年丁合之，日干之丁，反不能合，是以己之夫星，被姊妹合去，夫星透而不透矣。

按：五干相合有時也不當合，因為陽干合正財，陰干合正官，都算五合，但本身日主所合不算；例如乙日主月干是庚金，不算合去。若庚在年干，乙在月干，而月干近水樓台先合去庚金，則日主就合不到，就算是「合去」。又例如女命丁日主以壬水為正官，女命合夫，其情越密；但如果壬水在月干，而年干是丁火比肩，日干丁火就合不到，即姊妹透干便見爭夫，此時夫星在地支較穩當。日干要合而化之論化神，《滴天髓》：「化得真者只論化，化神還有幾般話。」

徐樂吾補注：本身日元也，日元之干相合，除合而化，變更性質之外，皆不以合論。蓋合與不合，其用相同，而合更為親切。

按：日主自己與其它天干相合，如果合而化且隨同全局氣勢「變更性質」，就以化象真假判斷。因為日主是太極點，沒有全局的真化或假化，還是必須遵守「八字用神，專求月令」的原則。

按：徐氏舉例，己日主劫財五見，月令偏財為用，正官為喜，偏財怕比劫，正官剋比劫，故以子衛母。

劫財	日主	正官	劫財
戊辰	己巳	甲子	戊戌
癸 乙 戊	庚 戊 丙	癸	丁 辛 戊
偏財 七殺 劫財	傷官 劫財 正印	偏財	偏印 食神 劫財
壬申　辛未	庚午　己巳	戊辰　丁卯	丙寅　乙丑

釋文：月令偏財生官，劫財重重，喜得甲己相合，官星之情，專向日主，制住比劫，使不能爭財，所謂用官制劫護財也。見論星辰節。

1、「月令偏財生官」，指月令癸水偏財，生月干甲木正官。「劫財重重」，指劫財五見；因為劫財重，所以需要官殺剋比劫。「用官制劫護財」，甲己合，使日主己土服從官星，相得益彰。

2、《三命通會》：「正官為六格之首，止許一位，多則不宜；正官先看月令，然後方看其餘。…又須日主建旺得財印兩扶。…正官格要行印鄉，即是逢官看印；柱中原有印，隨官印輕重，日干強弱，以觀所行之運。身弱印輕要補其印，身旺官輕要補其官，行傷官運即是背祿，行身旺運即是逐馬。」寅卯辰尚可，己巳合官不利。
《三命通會》：「凡正官一位，乃君子貴人。篤厚純粹，剛直廉明，年時有印尤妙，多則反主成敗；四位純官，仕宦虛名；凡七殺一位，聰明伶俐；二位三位先清後濁。四柱純煞有制貴，無制貧。」

按：徐氏舉例，月令財格為用，正官為喜，亦喜財遇食傷，用食傷化比劫。比劫五見，正偏財五見，寅亥合木，靠食傷通關。

劫財	日主	正財	偏財
乙亥	甲寅	己未	戊寅
甲　壬	戊　丙　甲	乙　丁　己	戊　丙　甲
比　偏 肩　印	偏　食　比 財　神　肩	劫　傷　正 財　官　財	偏　食　比 財　神　肩
劫 煞	干　月　天 祿　德　德	天　大 乙　耗	干 祿
丁卯	丙寅	乙丑	甲子	癸亥	壬戌	辛酉	庚申

釋文：甲用己財；甲己相合，己土之財，專向日主也。見星辰節。

1、甲木生在未月，調候用神癸、丁、庚；原局未見即討論格局，正偏財五見，偏財格；五行缺庚辛官殺。寅亥合木，壯大比劫。

2、甲己合，正財合入。木土兩行要行火運，《三命通會》又說：「財為馬，官為祿，二者不可缺一，實難兩全；原有財星，宜行官運；原有官星，宜行財運；行財運生官，行官運發財。」初運官殺護財星，壬癸、甲子、乙丑不利；甲子運水生木，丑未冲，冲財（地支）合財（天干）定衰。

徐樂吾補注：合去合來，各家所說不同。《三命通會》云：閒神相合，則有合去，日主相合，不可去也。閒神者，年月時之干也。故云合官忘貴、合煞忘賤。若日主相合，則合官為貴，合煞為賤矣。竊謂閒神相合，亦有合去不合去之別。譬如甲用辛官，透丙相合，則合去；甲用庚煞，透乙相合，則雖合而不去。書云：「甲以乙妹妻庚，凶為吉兆」。相合則煞不攻身，非謂去之也。乙用辛煞，透丙則合而去之。乙用庚官，月干再透乙以相合，則官仍在，並不合去也。惟以官為用神，則用神之情有所分，不專向日主。如女命以官為夫，則為夫星不專，透而不透也。又日主本身相合，無合去之理；然因不能合去，亦有向背之別。

1、按：徐氏舉《三命通會》：「閒神相合，則有合去」，閒神指日主以外的天干年月時；因此甲日主以辛金為正官，辛金在月干，年干丙火食神，正官與食神合化後，正官不像個官，官貴之氣泡湯，稱「合官忘貴」。如果乙木月干七殺，年干丙火傷官，則七殺與傷官合化，則稱「合煞忘賤」。

2、「合官為貴」，指日主合正官，例如癸水合戊土正官。「甲用庚煞，透乙相合，則雖合而不去」，指庚金是七殺，合乙還是金，七殺還更旺，七殺合而不去，此時七殺會「甲以乙妹妻庚，凶為吉兆」，還是繼續殺攻身？各家所說不同。「不能合去，亦有向背之別」，徐氏舉例如下：

按：徐氏舉例，正官不專，年月干支雙合，水不化，化火，夾辰化官殺。月令卯戌合偏財不用，以殺印相生為用。

正印	日主	比肩	正官
戊戌	辛巳 (辰)	辛卯	丙戌
丁　辛　戊	庚　戊　丙	乙	丁　辛　戊
七殺　比肩　正印	劫財　正印　正官	偏財	七殺　比肩　正印
己亥　戊戌	丁酉　丙申	乙未　甲午	癸巳　壬辰

釋文：一丙合兩辛，官星雖不合去，而用神之情不專矣。

1、原局官殺四見，七殺格，年干正官丙辛合；辛日主比劫四見，正印四見，看似身強。「官星雖不合去」，指丙辛合而不化。「用神之情不專」，指正官不是合到日主，而是合到月干，嚴以待人，疏於律己。

2、辛金生在卯月，調候用神壬、甲俱無，難成大器；辛卯、辛巳夾辰沖戌，印綬不弱。用格局，惟因卯戌合火，辛金自坐正官丙火，官殺轉強。中運南方火地，官殺薈聚，原局幸有印綬。

按：徐氏舉例，月令財格透干為用，地支金水透干，宜行木火運，月柱財剋印，日主情在財星。

正財	日主	偏印	劫財
癸 亥	戊 辰	丙 子	己 酉
甲　壬	癸　乙　戊	癸	辛
七　偏 殺　財	正　正　比 財　官　肩	正 財	傷 官
亡　孤 神　辰	紅　華　大 豔　蓋　耗	將 星	桃 花
戊 辰	己 巳	庚 午	辛 未	壬 申	癸 酉	甲 戌	乙 亥

釋文：丙火調候為用，無如戊癸相合，日主之情，向財不向印，癸水雖不能越戊剋丙，而日主向用之情不專矣。

徐樂吾補注：用神之情，不向日主，或日主之情，不向用神，皆非美朕也。

1、戊土生在子月，調候用神丙、甲，丙火暖土，甲木疏土。天干戊癸先合，癸水雖然不能跨過戊土剋制丙火，但因為用神在丙火，然而日主合正財，財迷心竅，以致丙火用神被冷落，即用神效益折損。

2、《三命通會》：「財多用印，運喜比肩之地；印守提綱，卻要煞神相幫。…印綬忌財，此理甚明；正印居月令者，絕不可見財。」《子平真詮》以格局為用神，原局月令財星，月干丙火印星，滿口仁義，心向財。

原文：然又有爭合妒合之說，何也？如兩辛合丙，兩丁合壬之類，一夫不娶二妻，一女不配二夫，所以有爭合妒合之說。然到底終有合意，但情不專耳。若以兩合一而隔位，則全無爭妒。如庚午、乙酉、甲子、乙亥，兩乙合庚，甲日隔之，此高太尉命，仍作合煞留官，無減福也。

按：兩兩爭合，還是要看排列位置決定。「然到底終有合意，但情不專耳」，就是命造性格的特性。

《子平真詮》原例高太尉命，仍作合煞留官，無減福也。

劫財	日主	劫財	七殺
乙亥	甲子	乙酉	庚午
甲　壬	癸	辛	己　丁
比肩　偏印	正印	正官	正財　傷官
癸巳	壬辰	辛卯	庚寅	己丑	戊子	丁亥	丙戌

按：「兩合一而隔位，則全無爭妒」，指月干合庚為主，時干則是隔位雖合，並無爭妒。七殺雖然合化還是七殺。地支以藏干而言，火生土，土生金，金生水，水生木。

徐樂吾補注：以兩合一，用神之情不專，已見上例，若隔位則無礙。

按：徐氏舉例，朱家寶造，乙庚合，月干食神合去，時干食神反清得用，金木二局。

食神	日主	食神	正印
乙卯	癸未	乙酉	庚申
乙	乙 丁 己	辛	戊 壬 庚
食神	食神 偏財 七殺	偏印	正官 劫財 正印
文昌 天乙 將星 大耗	華蓋 寡宿		紅豔 劫煞 月德
癸巳　壬辰	辛卯　庚寅	己丑　戊子	丁亥　丙戌

釋文：兩乙合庚而隔癸，全無爭妒之意，亦無不專之弊。此朱家寶命造也。高太尉造為合煞留官，化氣助官，朱造印格用食，均無減福澤。

1、原局食神四見，食神格；正偏印三見，印綬格。乙庚合金食神變成印綬，強弱平衡穩定。金木兩局以水通關，大運亥子丑，天干帶財官，論吉。

2、己丑運雙冲日柱剋食神，庚寅運食神正印格局受冲。格局雖成，調候辛、丙，無火生官殺；日月互換空亡，故屢倒屢起。四見食神論傷官，原局傷官配印，丑運庚運冲合食神，化為梟印奪食。

按：徐氏舉例，原局水旺，火土印比為用，癸酉癸亥夾戌，水泛土制，月時雙沖。

正印	日主	正財	正財
丁巳	戊子	癸亥	癸酉
庚 戊 丙	癸	甲 壬	辛
食 比 偏 神 肩 印	正財	七 偏 殺 財	傷官
干 劫 祿 煞	將星	亡 孤 神 辰	桃花
乙卯 丙辰	丁巳 戊午	己未 庚申	辛酉 壬戌

釋文：兩癸合戊，雖不以合論，而終有合意。為財格用祿比，財向日主，故為富格，亦無爭妒與不專之弊也。為鉅商王某造。

1、「兩癸合戊，雖不以合論」，指戊癸合，地支無火不化，但「而終有合意」，指大運流年有可能化火。「為財格用祿比」，指日祿歸時，先財後印；時柱丁巳，故日柱戊子合的真切。

2、大運辛酉、庚申，財逢食傷論吉。《三命通會》：「凡財格喜見官星顯露，別無傷損，或更食生印助。日主健旺，富貴雙全，如干支見煞，亦能享用，即逢財看煞之義，大怕梟奪（食神）則不能生，刃劫則不能享，庫逢空則不能聚。」

按：徐氏舉例，丁壬合，年月雜氣財官對冲，癸水殺透官為用，喜財印。

正官	日主	正官	劫財
壬寅	丁未	壬辰	丙戌
戊 丙 甲	乙 丁 己	癸 乙 戊	丁 辛 戊
傷官 劫財 正印	偏印 比肩 食神	七殺 偏印 傷官	比肩 偏財 傷官
亡神 月德 天德	紅豔 華蓋 寡宿	月德 天德	
庚子	己亥	戊戌	丁酉	丙申	乙未	甲午	癸巳

釋文：兩壬夾丁，為爭合妒合。乃顧竹軒造是也。

1、原局丁火辰月，調候用神甲、庚，用神不美靠格局。丁日主合到壬水正官，早年合在辰戌冲無用，「雖不以合論，而終有合意」，官場長袖善舞。晚年合真且化，正官坐天德、月德貴人。

2、原局比劫四見，正偏印三見，身強；年月天剋地冲，家裡靠不到，少小離家。《三命通會》：「正官格要行印鄉，即是逢官看印。柱中原有印，隨官印輕重，日干強弱，以觀所行之運。身弱印輕，要補其印。身旺官輕，要補其官。行傷官運，即是背祿；行身旺運，即是逐馬（比劫剋財）。」丙申運與年柱拱財，丁酉運雙合月柱還是拱財。

按：徐氏舉例，女命忌合多貴重，行官殺運，未中藏殺。

正官	日主	正官	正官
丙申	辛卯	丙申（未）	丙午
戊 壬 庚	乙	戊 壬 庚	己 丁
正印 傷官 劫財	偏財	正印 傷官 劫財	偏印 七殺
劫煞 孤辰	將星	劫煞 孤辰	天乙

戊子	己丑	庚寅	辛卯	壬辰	癸巳	甲午	乙未

釋文：三丙爭合一辛，又不能化。多夫之象，女命最忌。

1、辛金生在申月，帝旺兩見，身強；調候用神壬、甲、戊。女命最忌合多貴眾，原局一辛合三丙，除年柱天乙貴人外，荳蔻年華又逢天乙貴人（甲午）。卯申暗合兩組，丙午、丙申夾未，拱暗殺，午未還是合官殺。

2、「又不能化」，指地支無水。《三命通會》：「用官為夫，不要見煞；用煞為夫，不要見官。一位為好，有兩位官星，無煞以雜之，四柱純煞，無官以混之，俱為良婦。」〈繼善篇〉：「女人無煞，一貴可作良人，貴眾合多，必是師尼娼婢；傷官剋則食絕孤苦，夫健旺則子秀身榮。」

72

原文：今人不知命理，動以本身之合，妄論得失；更有可笑者，書云「合官非為貴取」，本是至論，而或以本身之合為合，甚或以他支之合為合，如辰與酉合、卯與戌合之類，皆作合官。一謬至此，子平之傳掃地矣！

按：干合與地支合會，各有原則，多練習。

徐樂吾補注：合官非為貴取，《三命通會》論之至詳。所謂閒神相合，則合官忘貴，合煞忘賤；日主相合，則合官為貴，合煞為賤（日主無合煞）其理至明。今人不仔細研究，妄談得失，無怪其錯謬百出也。

按：本節所述「閒神相合，則合官忘貴，合煞忘賤」，指日主以外的五合恐化為烏有，即用神合去不利，忌神合去好事。而日主合正官或正財，都代表個性特質。

十干配合，有合而化，有合而不化者，本書未論合化，附誌於此。何謂能化？所臨之支，通根乘旺也。如上朱家寶造（解釋在 69 頁），乙庚相合。支臨申酉，即為化金；日元本弱，得此印助，方能以時上乙卯，洩秀為用，所謂印格用食也。又如上某啞子造，庚申、乙酉、丁丑、庚戌，亦為化金，因合化而印被財破也（見性情章，51 頁）

按：何謂能化？「所臨之支，通根乘旺」，所以乙庚合金，地支申酉就是真化。也就是印綬轉旺，日主加持元氣，才輪得到時柱乙卯洩秀為用。

按：徐氏補例，年月干合丁壬化木，地支寅亥合木，七殺化印，真化。

劫財	日主	七殺	劫財
丁酉	丙子	壬寅	丁亥
辛	癸	戊　丙　甲	甲　壬
正財	正官	食神　比肩　偏印	偏印　七殺
天乙　桃花　天德	將星　月德	紅豔　驛馬　孤辰	天乙　亡神　天德
甲午	乙未	丙申	丁酉	戊戌	己亥	庚子	辛丑

釋文：丁壬相合，支臨寅亥，必然化木，作為印論。

徐樂吾補注：日干相合而化，即為化氣格局。

1、原局丙火生在寅月長生之地，調候用神壬、庚。月干七殺通根年支，七殺格；寅亥帶偏印，即是七殺生印，格局有成，然而年月丁壬合，地支寅亥合，即是印綬格，也把七殺格糊掉了。換言之，殺印相生也泡湯。故「化木作為印論」，最糟調候用神被合走。

2、〈繼善篇〉：「生氣印綬利官運，畏入財鄉。」原局印綬強，時支正財坐劫財蓋頭，無傷。《三命通會》：「財多用印，運喜比肩之地；印守提綱，去要煞神相幫。」行運亥子論吉，申酉之地無妨。又說：「正印見財則凶，逢官則吉；有官無印，雖富貴而傷殘。有印無官，縱榮華而有失；四柱愁逢死絕（身衰一堆印），三元喜見長生（祿旺一堆也不行）。」

74

按：徐氏舉例，丙日午月，羊刃格，年月天干化火。

偏財	日主	食神	正官
庚寅	**丙午**	**戊午**	**癸巳**
戊　丙　甲	己　丁	己　丁	庚　戊　丙
食　比　偏 神　肩　印	傷　劫 官　財	傷　劫 官　財	偏　食　比 財　神　肩
紅 豔	羊　將　月 刃　星　德	羊　將 刃　星	干　亡 祿　神
庚 戌	辛 亥	壬 子	癸 丑	甲 寅	乙 卯	丙 辰	丁 巳

釋文：戊癸相合，支臨巳午，必然化火，作為劫論。右兩造摘錄《滴天髓徵義》兄弟節。

1、原局丙火生在午月午日，月刃帶日刃，超級羊刃格。「戊癸相合，支臨巳午，必然化火」，指地支火旺，上下團結一氣，羊刃透干。原局是否可論炎上格？炎上格也難脫用神、格局、刑冲拱會等系統檢核。

2、《三命通會》：「丙丁日坐寅午戌，火炎上格從此出；無寅無亥不成名（還是要官印），忌逢土晦主殘疾。」丙火調候用神是壬水，癸水力蹇又被合，原局食傷五見比劫多，要行財運。初運丁巳、丙運尚可，辰運土晦，乙卯、甲寅運「虎馬犬鄉，甲來焚滅。」癸丑運拱財，羣劫爭財。壬子水火既濟冲太多。

75

徐樂吾補注：日干相合而化，即為化氣格。

按：徐氏補例，丁壬化木，四柱缺金，曲直喜水木之地；化神衰而不足，宜生助化神（木）之神（水）。

食神	日主	正財	正官
甲辰	壬午	丁卯	己卯
癸　乙　戊	己　丁	乙	乙
劫　傷　七 財　官　殺	正　正 官　財	傷官	傷官
月 德	將 星	天　桃 乙　花	天　桃 乙　花

己 未	庚 申	辛 酉	壬 戌	癸 亥	甲 子	乙 丑	丙 寅

釋文：丁壬相合，生於卯月，木旺秉令，時逢辰，木之原神透出，為丁壬化木格。（滴天髓六親論化象例）

1、原局正官、正財、食神透出天干，自坐正財正官，四柱無刑冲，門面清爽。壬水生在卯月，丁壬合化木，四柱帶有甲、辰、卯，東方氣象，化得真確。

2、《滴天髓》：「化象亦要究其衰旺……如化神旺而有餘，宜洩化神之神為用，化神衰而不足，宜生助化神之神為用。」準此，木宜生火，丙寅論吉。乙丑運後應不利，何以縣宰？《滴天髓》：「木太旺者而似金喜火之煉也；木旺極者而似火，喜水之剋也。」甲子、癸亥、壬運等，正中下懷。

按：徐氏舉例，《滴天髓》：「有一辰字，乃為化得真……既化矣，又論化神，如甲己化土，土陰寒，要火氣昌旺。土太旺又要取水為財。木為官，金為食傷，隨其所向，論其所忌。」北方財運，東方官殺運，太極點為土。雖命值高，帶火之土太旺，喜金水運。

正財	日主	偏印	偏財
己巳	甲辰	壬戌	戊辰
庚　戊　丙	癸　乙　戊	丁　辛　戊	癸　乙　戊
七殺　偏財　食神	正印　劫財　偏財	傷官　正官　偏財	正印　劫財　偏財
庚午　　己巳	戊辰　　丁卯	丙寅　　乙丑	甲子　　癸亥

釋文：甲己相合，生於戌月，土旺乘權，化氣有餘；年得戊辰，原神透出，為甲己化土格。錄自《滴天髓徵義》。

1、《滴天髓》：「化象作用，亦有喜忌配合之理，所以化神還有幾般話，非化斯神喜見斯神，執一而論也；是化象亦要就其衰旺，審其虛實，察其喜忌，則吉凶有驗，否泰了然矣，如化神旺而有餘，宜洩化神之神為用；化神衰而不足，宜生助化神之神為用。」原局甲己化土，偏財五見，又戌土當權，故「化氣有餘」。年柱逢辰則化，天干透戊土。化神旺，用洩平衡。

2、乙丑運丁酉年柱運歲三合金局，洩秀登科；戊戌年發甲。年月雙沖，日月地支再沖，安得平靜？《子平真詮》：「財格配印，運喜官鄉；身弱逢之，最喜印旺。」

徐樂吾補注：化氣有真有假。上兩造為化氣之真者，亦有化氣有餘，而日帶根苗劫印者；有日主無根，而化神不足者；更有合化雖真，而閒神來傷化氣者，皆為假化。

按：化氣之真假，在於周邊之氛圍。化真如前兩例，木者，丁壬化木之外，甲乙亥卯辰未兜攏；土者，甲己之外辰戌丑未，巳午戌己團聚。假化則是日主有微根、印綬之類，或化氣氛圍不夠強，或閒神傷化氣，例如丁壬化木，走金運。下例可擬類。

78

按：徐氏舉例，年月甲己合土，得卯戌化火相生；日時甲己合，有巳火相生，單單子水不從，論假化，表裡不一。

正財	日主	比肩	正財
己巳	甲子(亥)	甲戌	己卯
庚 戊 丙	癸	丁 辛 戊	乙
七殺 偏財 食神	正印	傷官 正官 偏財	劫財
文昌 劫煞 孤辰	將星	大耗	羊刃

丙寅	丁卯	戊辰	己巳	庚午	辛未	壬申	癸酉

釋文：兩甲兩己，各自配合，卯木有戌土之合，亦尚無礙，嫌其甲木坐印，故為假化。

1、甲日主合時干己土，真化；年月甲己合有戌土，卯戌化火，真化。「甲木坐印」，指癸水生木，故「化氣有餘，而日帶根苗劫印者」，日時甲己合而不化。

2、《滴天髓》：「日主孤弱而遇合神真，不能不化。但暗扶日主，合神又虛弱，及無龍以運之，則不真化。」戊己巳午歲運扶起合神，弄假成真，但其人執拗迍邅，骨肉欠遂。

按：徐氏引用《滴天髓》例，丁壬雖化木，辛金剋木，喜丙運丙年，化水來的巧。《滴天髓》：「化神衰而不足，宜生助化神之神為用」，合去阻止真化的忌神也算。水木傷官？從兒格？食傷喜財？

正印	日主	正財	食神
辛亥	壬辰	丁卯	甲辰
甲　壬	癸　乙　戊	乙	癸　乙　戊
食神　比肩	劫財　傷官　七殺	傷官	劫財　傷官　七殺
干祿　亡神　大耗	華蓋	天乙	華蓋　月德
乙亥	甲戌	癸酉	壬申	辛未	庚午	己巳	戊辰

釋文：丁壬相合，通月令之氣，化神極真，嫌其時透辛金，來傷化氣，幸辛金無根，故為假化。右錄《滴天髓徵義》。

1、丁壬合木，生在卯月，「通月令之氣，化神極真」，看似要化。壬祿在亥，日祿歸時，癸水兩見辰庫，辛金生水，真化言之彆扭。

2、原局食傷五見，丁壬合成木局之氣勢，《滴天髓》：「從兒格最忌印運，次忌官運；官能洩財，又能剋日，而食傷又與官星不睦，忘生育之意，起爭戰之風。」巳午未南方火運，食傷生財，戰勝蘚闈。月柱丁卯傷官生財在壬申運化成印剋食傷，癸酉運雙冲月柱，辰酉兩合，破食傷生財，破耗。

徐樂吾補注：化真化假，均須運助；假化之格，能行運去其病點，固無異於真；真化不得旺運相助，亦無可發展也。此為進一步之研究，詳《訂正滴天髓徵義》。

又化氣格局，僅以化合之兩干作化氣論，其餘干支，並不化也。近人不察，拘於化氣十段錦之說，而將四柱干支以及行運干支，均作化論，誤會殊深。特化神喜行旺地，印比為美，剋洩俱為所忌耳。附誌於此，以免疑誤。

天干五合，須得地支之助，方能化氣；地支之三會六合，亦須天干之助，方能會合而化也。總之逐月氣候，固為緊要，而四柱干支之配合，尤須參看也。茲再舉兩例如下：

1、按：化氣格不論真化假化，都要走對大運。假化的原因在大運被剋合、助化等「去其病點」。原局真化，行運反忌亦無發展。又化氣格是「僅以化合之兩干作化氣論，其餘干支，並不化」，例如上例亥水中，壬是比肩，甲是食神。

2、化氣喜行旺地，即比肩劫財幫助所化之五行，忌剋洩。「天干五合，須得地支之助」，例如上例丁壬合木，月支專位卯木，辰中帶乙木。「三會六合，亦須天干之助」，例如卯戌合火，天干丙或丁。「逐月氣候」，例如丁壬化木，生在酉月或卯月不同。甲己化土，生在辰戌丑未月，與生在寅、卯月不同。

按：徐氏舉例，化去子水，全局土氣帶丁火，真稼穡格；《滴天髓》：「子平旺則宜洩宜傷，衰則喜幫喜助。」變格用神，不求月令。

劫財	日主	正印	劫財
己未	戊子	丁丑	己未
乙 丁 己	癸	辛 癸 己	乙 丁 己
正官 正印 劫財	正財	傷官 正財 劫財	正官 正印 劫財
天乙	將星 大耗	天乙	天乙
己巳　　庚午	辛未　　壬申	癸酉　　甲戌	乙亥　　丙子

釋文：子丑相合，干透戊己丁火，子丑之化土方真。格成稼穡。

1、《神峰通考》：「稼穡格者，蓋取戊己日干，見辰戌丑未及巳午未字多，若四柱無官殺，則以此格。但丑辰戌月，四柱純土無木剋者，多從此格。運喜南方火土之地，及行西方金制木之運，多富貴。見木運剋破稼穡必死……戊己日生未月太旺，不入此格，但辰戌丑月土弱，方作為此格。……運喜西南，忌東北。」

2、原局子丑化土，四周全是火土接應，不得不化；宜行傷官之地。《滴天髓》：「土太旺者而似木，喜金之剋也。土旺極者而似金，喜火之煉也。」

按：徐氏舉例，月令正官透干為用，官多變鬼；年日雙冲，水火既濟，日主剋洩交加，格重身輕；大運寅卯辰巳午未，甲乙丙丁，煞旺身衰得行運生扶。

七殺	日主	正官	七殺
壬辰	丙午	癸丑	壬子
癸　乙　戊	己　丁	辛　癸　己	癸
正官　正印　食神	傷官　劫財	正財　正官　傷官	正官
辛酉　　庚申	己未　　戊午	丁巳　　丙辰	乙卯　　甲寅

釋文：子丑相合，干透壬癸，不作化土論。煞旺身衰之象也。

1、原局丙午日，日刃格，《滴天髓》：「五陽之性剛健，故不畏財煞」。年月子丑合，是否化土？天干為水，日支為火，子水透月干正官，甘願合土嗎？

2、原局官殺六見，殺強身弱，日刃格難從。行運木火生扶日主，由印化官殺至羊刃駕殺。《三命通會》：「丙日刃在午，行申酉庚辛丑財運不妨。忌子運，是羊刃所忌之財。」日干衰弱不忌羊刃，靠羊刃撐著。

83

干支會合理化表（逐月橫看，錄子平《四言集腋》）

正月節	二月節
丁壬化木（正化）	丁壬化木
戊癸化火（次化）	戊癸化火
乙庚化金（一云乙歸甲不化）	乙庚化金（不化以乙歸甲家也）
丙辛不化（柱有申子辰可化）	丙辛水氣不化
甲己不化（木盛故不化）	甲己不化
寅午戌化火	寅午戌化火
亥卯未化木	亥卯未化木
申子辰不化	申子辰不化
巳酉丑破相	巳酉丑純形
辰戌丑未失地	辰戌丑未小失
三月節	**四月節**
丁壬不化（木氣已過故不化）	丁壬化火
戊癸化火（漸入火鄉可化）	戊癸化火（正化）
乙庚成形（辰土生金故化）	乙庚金秀（四月金生可化）
丙辛化水（辰為水庫故化）	丙辛化火（則可，化水不可）
甲己暗秀（正化）	甲己無位
寅午戌化火	寅午戌化火
亥卯未不化	亥卯未不化
申子辰化水	申子辰純形
巳酉丑成形	巳酉丑成器
辰戌丑未無信	辰戌丑未貧乏

干支會合理化表（逐月橫看，錄子平《四言集腋》）

五月節	六月節
丁壬化火（不能化木）	丁壬化木（未為木庫故可化也）
戊癸發貴（化火）	戊癸不化（火氣已過故不化）
乙庚無位	乙庚不化（金氣正伏故不化）
丙辛端正（不化）	丙辛不化（水氣正衰故不化）
甲己不化	甲己不化（己土即家故不化）
寅午戌真火	寅午戌不化
亥卯未失地	亥卯未不化
申子辰化容	申子辰不化
巳酉丑辛苦	巳酉丑化金
辰戌丑未身賤	辰戌丑未化土
七月節	**八月節**
丁壬化木（可化）	丁壬不化
戊癸化火	戊癸衰薄
乙庚化金（正化）	乙庚進秀
丙辛進秀學堂	丙辛就妻
甲己化土	甲己不化
寅午戌不化	寅午戌破象
亥卯未成形	亥卯未無位
申子辰大貴	申子辰清
巳酉丑武勇	巳酉丑入化
辰戌丑未亦貴	辰戌丑未（洩氣）

干支會合理化表（逐月橫看，錄子平《四言集腋》）

九月節	十月節
丁壬化火	丁壬化木（亥中有木）
戊癸化火（戌為火庫亦正化）	戊癸為水
乙庚不化	乙庚化木
丙辛不化	丙辛化水
甲己化土（正化）	甲己化木
寅午戌化火	寅午戌不化
亥卯未不化	亥卯未成材
申子辰不化	申子辰化水
巳酉丑不化	巳酉丑破象
辰戌丑未正位	辰戌丑未不化
十一月節	十二月節
丁壬化木	丁壬不化
戊癸化水	戊癸化火
乙庚化木	乙庚化金（次化）
丙辛化秀（正化）	丙辛不化
甲己化土（十一月土旺故可化）	甲己化土（正化）
寅午戌不化	寅午戌不化
亥卯未化木	亥卯未不化
申子辰化水	申子辰不化
巳酉丑化金	巳酉丑不化
辰戌丑未不化	辰戌丑未化土

按：是否可以合化，徐氏依據十二個月，分別列出索引表，讀者自行辨識，自有心得。

九、論十干得時不旺，失時不弱

原文：書云：「得時俱為旺論，失時便作衰看。」雖是至理，亦死法也。然亦可活看。夫五行之氣，流行四時，雖日干各有專令，而其實專令之中，亦有並存者在。假若春木司令，甲乙雖旺，而此時休囚之戊己，亦未嘗絕於天地也。特時當退避，不能爭先，而其實春土何嘗不生萬物，冬日何嘗不照萬國乎？

按：五行各有生旺庫絕胎養，例如甲乙生在寅卯月，木旺土囚，土仍可生木，冬天的太陽（丙丁）還是普照大地，換言之，胎絕養之地，仍有生機，五行之氣存在於任何時間空間。

徐樂吾補注：四時之中，五行之氣，無時無刻不俱備，特有旺相休囚之別耳。譬如木旺於春，而其時金水火土，非絕跡也。但不得時耳。而不得時中，又有分別。如火為方生之氣，雖尚在潛伏之時，已有蓬勃之象，故名為相；金土雖絕，其氣將來，水為剛退之氣，正當休息（參觀陰陽順逆生旺死絕圖），雖不當令，其用固未嘗消失也。譬如退伍之軍人，致仕之官吏，雖退歸田野，其能力依然存在，一旦集合，其用無殊。非失時便可置之不論也。

按：例如寅月，土被木剋制，庚辛金絕在寅卯，水則是洩於木，火是長生，稱「相」，木是「旺」。四季流行，生生不息，所以死絕旺相等專有名詞，是形容相對關係，故「非失時便可置之不論」。

原文：況八字雖以月令為重，而旺相休囚，年月日時，亦有損益之權，故生月即不值令，而年時如值祿旺，豈便為衰？不可執一而論。猶如春木雖強，金太重而木亦危。干庚辛而支酉丑，無火制而不富，逢土生而必夭，是以得時而不旺也。秋木雖弱，木根深而木亦強；干甲乙而支寅卯，遇官透而能受，逢水生而太過，是失時不弱也。

1、按：「生月即不值令」，指甲木生在申酉月。「年時如值祿旺」，年支與時支則是寅或卯，不一定日主衰弱。例如「春木雖強，金太重」，指雖然原局祿旺、羊刃，但官殺結黨，相對之下日主還是身弱。庚辛日主地支是酉丑，就是身強；無火（官殺）制而不富。逢土（印綬）生「而必夭」，撐爆。

2、「秋木雖弱，木根深而木亦強」，例如甲木生在申月，年日時地支有寅卯，「干甲乙而支寅卯」，就是比劫旺盛，縱然申月之官殺透出，日主也能對抗。「逢水生」，指印綬化官殺，「而太過」，指日主比劫印綬一堆身強。「失時」，月令是日主胎絕之地；「不弱」，指原局整體還是很有元氣。

徐樂吾補注：旺衰強弱四字，昔人論命，每籠統互用，不知須分別看也。大致得時為旺，失時為衰；黨眾為強，助寡為弱。故有雖旺而弱者，亦有雖衰而強者，分別觀之，其理自明。春木夏火秋金冬水為得時，比劫印綬通根扶助為黨眾。甲乙木生於寅卯月，為得時者旺；干庚辛而支酉丑，則金之黨眾，而木之助寡。干丙丁而支巳午，則火之黨眾，木洩氣太重，雖秉令而不強也。甲乙木生於申酉月，為失時則衰，若比印重疊，年日時支，又通根比印，即為黨眾，雖失時而不弱也。不特日主如此，喜用忌神皆同此論。

按：旺（春木夏火秋金冬水為得時）、衰（春金夏水秋木冬火為失時）、強（比劫印綬通根扶助為黨眾）、弱（日主無根財官一堆），是四種情形。因此有「雖旺而弱者」，例如甲木生在卯月，但財生殺黨。喜忌用神也有旺衰強弱的情形。

88

原文：是故十干不論月令休囚，只要四柱有根，便能受財官食神而當傷官七煞。長生祿旺，根之重者也；墓庫餘氣，根之輕者也。得一比肩，不如得支中一墓庫，如甲逢未、丙逢戌之類。乙逢戌、丁逢丑、不作此論，以戌中無藏木，丑中無藏火也。得二比肩，不如得一餘氣，如乙逢辰、丁逢未之類。得三比肩，不如得一長生祿刃，如甲逢亥寅卯之類。陰長生不作此論，如乙逢午、丁逢酉之類，然亦為有根，比得一餘氣。蓋比劫如朋友之相扶，通根如室家之可住；干多不如根重，理固然也。

1、按：「十干不論月令休囚，只要四柱有根」，既然月令休囚，在月支不會有根，宜為三柱有根。有根能受用於財官食神，因為財官食神是順用；而傷官七殺是逆用（傷官也能順用），因此財能洩傷官，食神能制七殺。

2、十二生旺庫指長生、帝旺、墓庫，臨官與衰也有根，墓庫之根其力不如長生祿旺，但比得上天干的比肩，故「得一比肩，不如得支中一墓庫」。

3、何謂「得二比肩，不如得一餘氣」？所謂餘氣指辰戌丑未四庫中旺氣所「餘」，因此辰中乙木、未中丁火、戌中辛金、丑中癸水就是餘氣。

4、比肩是酒肉朋友，還會劫財，不如地支有根。何謂「得三比肩，不如得一長生祿刃」？理同千軍易得，一將難求。「陰長生不作此論」，因為以「陽死陰生，陰死陽生」而言，乙長生在午，丁長生在酉，以比劫為同五行才算根。

89

徐樂吾：此節所論至精。墓庫者，本身之庫也，如未為木庫，戌為火庫，辰為水庫，丑為金庫。不能通用，與長生祿旺同，餘氣亦然。辰為木之餘氣，未為火之餘氣，戌為金之餘氣，丑為水之餘氣。蓋清明後十二日，乙木猶司令，輕而不輕，在土旺之後，則為輕矣；然亦可抵一比劫也。若乙逢戌、丁逢丑，非其本庫餘氣，自不作通根論。至於陰長生，既云不作此論，又云亦為有根，可比一餘氣云云，實未明生旺墓絕之理，不免矛盾。木至午，火至酉，皆為死地，豈得為根（參觀論陰陽生死章）？蓋亦拘於俗說而曲為之詞也。比劫如友朋，通根如家室，有比劫之助而不通根，則浮而不實。譬如四辛卯，金不通根，四丙申，火不通根，雖天元一氣，仍作弱論。總之干多不如支重，而通根之中，尤以月令之支為最重也。

1、按：徐氏補述墓庫不能通用，例如辰中有乙木，未中也有乙木，兩者不同，餘氣大於入墓。比較的理論是「清明後十二日，乙木猶司令，輕而不輕，在土旺之後，則為輕矣；然亦可抵一比劫也」，此說有益學者分辨藏干輕重。

2、陰長生不作此論，如乙逢午，木氣焦枯；丁逢酉，日暮西山之類，與陽干有氣不同，因此陰干長生同陽干看法。徐樂吾總結「干多不如支重，而通根之中，尤以月令之支為最重」。

原文：今人不知命理，見夏水冬火，不問有無通根，便為之弱。更有陽干逢庫，如壬逢辰、丙坐戌之類，不以為水火通根身庫，甚至求刑冲以開之。此種謬書謬論，必宜一切掃除也。

1、按：夏天的水在其他三柱有根，冬天的火也有根，就不可輕易視為身弱。至於通根入庫「求刑冲以開之。此種謬書謬論，必宜一切掃除」，沈孝瞻反對雜氣財官喜冲的說法。實務見解未必盡然。

2、生旺庫都是根，旺最旺，生其次，庫也算有根。壬辰藏水庫，丙戌藏火庫，都算有根。至於刑冲開庫，各自表述。

徐樂吾補注：從來談命理，有五星、六壬、奇門、太乙、河洛、紫微斗數各種，而所用有納音、星辰宮度、卦理之不同。子平用五行評命，其一種耳。術者不知其源流，東拉西扯，勉強牽合，以訛傳訛，固無足怪，然子平既以五行為評命之根據，則萬變而不離其宗者，五行之理也。以理相衡，則謬書謬論，自可一掃而空矣。

按：徐氏補述命學琳瑯滿目，有五星、六壬、奇門、太乙、河洛、紫微斗數各種，而所用有納音、星辰宮度、卦理等。八字學用五行為評命之根據，萬變不離其宗。

十、論刑冲會合解法

原文：刑者，三刑也，子卯巳申之類是也。冲者，六冲也，子午卯酉之類是也。會者，三會也，申子辰之類是也。合者，六合也，子與丑合之類是也。此皆以地支宮分而言，斜對為冲，擊射之意也。三方為會，朋友之意也。並對為合，比鄰之意也。至於三刑取義，姑且闕疑，雖不知其所以然，於命理亦無害也。

按：本節提刑冲合會意義，不贅述。原文將三刑「姑且闕疑」。

徐樂吾補注：三刑者，謂子卯相刑、寅巳申相刑、丑戌未相刑、辰午酉亥自刑。刑者，數之極也，為滿招損之意。《陰符經》云：「三刑生於三會，猶六害之生於六合也。」（詳見《命理研究》）申子辰三合，與寅卯辰方相比，則寅刑申，子刑卯，辰見辰自刑。寅午戌三合，與巳午未方相比，則巳刑寅，午見午自刑，戌刑未。巳酉丑三合，與申酉戌方相比，則巳刑申，酉見酉自刑，丑刑戌。亥卯未三合，與亥子丑方相比，則亥見亥自刑，卯刑子，未刑丑。各家解釋不一，以此說為最確當也。

六沖者，本宮之對，如子之與午、丑之與未、卯辰之與酉戌、寅巳之與申亥是也。天干遇七則為煞，地支遇七則為沖。沖者剋也。

六合者，子與丑合之類，乃日纏與月建相合也。日纏右轉，月建左旋，順逆相值，而生六合也。

三合者，以四正為主。四正者，子午卯酉，即坎離震兌也。四隅之支，從四正以立局，木生於亥，旺於卯，墓於未，故亥卯未會木局。火生於寅，旺於午，墓於戌，故寅午戌會火局。金生於巳，旺於酉，墓於丑，故巳酉丑會金局。水生於申，旺於子，墓於辰，故申子辰會水局。

三刑、六沖、六害、五合、六合、三合，其中刑與害關係較淺。天干五合，地支六合、三合以及六沖，關係極重。八字變化，胥出於此，茲更詳之。三合以三支全為成局。倘僅寅午或午戌，為半火局，申子或子辰，為半水局。若單是寅戌或申辰，則不成局。蓋三合以四正為主也。若支寅戌而干丙丁，支申辰而干壬癸，則仍可成局，丙丁即午，壬癸即子也。又寅戌會，無午而有巳，申辰會，無子而有亥，亦有會合之意。蓋巳為火之祿，亥為水之祿，與午子相去一間耳。金木可以類推。此為會局之變例。又甲子、己丑為天地合，蓋以甲己合、子丑合也。而丙申、辛卯，亦可謂為天地合，蓋申即庚，卯即乙，乙庚合也。又如甲午、壬午，午中藏己，可與甲合，午中藏丁，可與壬合。辛巳、癸巳，巳中藏丙戊，可與辛癸合，是為上下相合也。又如辛亥月丁巳日，亥中之壬，可以合丁，巳中之丙，可以合辛。此為交互相合也。凡此為六合之變例（詳《訂正滴天髓徵義》天合地節）。

1、按：徐氏補述《陰符經》說法：「三刑生於三會，猶六害之生於六合也。」何謂「刑者，數之極也」？因為申子辰三合水對照寅卯辰三會木，依序造成寅申沖，子卯刑，辰辰自刑，故為「滿招損」，好事變壞事。

2、以三合原則上生旺庫到位，半合是俱備子午卯酉，帶上墓庫或長生其一。其次，「若支寅戌而干丙丁，支申辰而干壬癸，則仍可成局，丙丁即午，壬癸即子也」，指地支所缺專位可以由天干補足。三合中缺帝旺可由臨官替補，故「亦有會合之意」。

3、在地支藏干中，天干有相合，地支就有會合的情意。例如卯中有乙，申中有庚，即是卯申藉由乙庚有會合的情意。其次「甲午」干支甲己合。「壬午」干支丁壬合。「辛巳」干支丙辛合。「癸巳」干支戊癸合，稱「上下相合」；還有「交互相合」等，以上都是五合、六合的變例，學者自行通變使用。

> 原文：八字支中，刑沖俱非美事，而三合六合，可以解之。假如甲生酉月，逢卯則沖，而或支中有戌，則卯與戌合而不沖；有辰，則酉與辰合而不沖；有亥與未，則卯與亥未會而不沖；有巳與丑，則酉與巳丑會而不沖。是會合可以解沖也。又如丙生子月，逢卯則刑，而或支中有戌，則卯與戌合而不刑；有丑，則子與丑合而不刑；有亥與未，則卯與亥未會而不刑；有申與辰，則子與申辰會而不刑。是會合可以解刑也。

按：八字地支不喜刑與沖，用三合六合可以合住而止沖。用實例演練才有效果。

> 徐樂吾補注：會合可以解刑沖，刑沖亦可以解會合。此須看地位與性質之如何而定，亦有沖之無力，沖如不沖者，法至活變，無一定之方式也。又沖者，剋也，貼近為剋，遙沖為動，如年支與時支之沖是也。

按：八字地支的刑沖使得格局減分，依據「貪生忘剋」的原則，將其中一個地支合住，刑沖就被化解。徐氏補述「會合可以解刑沖，刑沖亦可以解會合」，變化無窮，隨機靈變。貼近論剋，遙沖為動，天干有搖旗吶喊的作用。舉例如下。

按：徐氏舉例，食傷生財，甲寅乙卯運財逢食傷，中運火土，傷官配印。

偏財	日主	食神	食神
甲申	庚辰	壬子	壬午
戊　壬　庚	癸　乙　戊	癸	己　丁
偏印　食神　比肩	傷官　正財　偏印	傷官	正印　正官
干祿　孤辰	華蓋　寡宿	將星　月德	月德
庚申　　己未	戊午　　丁巳	丙辰　　乙卯	甲寅　　癸丑

釋文：此陝西主席邵力子之造。因申子辰之會，而解子午之沖也。

1、原局地支申子辰三合，子水合住後不沖午火。此原則性論述，假設甲寅運戌年，其沖尤大或甲寅運甲辰年，照沖不誤。

2、戊午運雙沖月柱壬子，與年柱天剋地刑，凡子、午、戌年，慎防凶咎。傷官生財，時上偏財，日祿歸時帶貴人，庚不離丁，丁不離甲，甲不離庚。

按：徐氏舉例，原局缺水，卯木合戌化火，傷官生財，財生殺，原局無印綬化殺。

傷官	日主	七殺	正財
丙戌	乙卯	辛酉	戊午
丁 辛 戊	乙	辛	己 丁
食神 七殺 正財	比肩	七殺	偏財 食神
己巳 戊辰	丁卯 丙寅	乙丑 甲子	癸亥 壬戌

釋文：此陸榮廷之造。因卯戌之合，而解卯酉之冲也。

1、原局日月辛酉、乙卯雙冲；七殺三見，在月柱成七殺格。年干正財通根年支與時支，財格成立；時支財殺同根透。乙木自坐祿，原局無水化殺，格強身弱，須印比生扶。

2、癸亥、甲子印比之地，乙丑運天干比合夾出寅木，木火爭輝。丙寅運傷官燎原。丁卯冲合多見，卯酉復冲。乙木調候用神癸、丙、丁，原局無水，只能解釋胎元壬子儲水，大運有水。

按：徐氏舉例，六冲大於半會；癸水無根，財殺黨重，故趨炎附勢，木火土運，隨機攀升。

偏財	日主	七殺	偏財
丁巳	癸卯	己酉	丁巳
庚 戊 丙	乙	辛	庚 戊 丙
正印 正官 正財	食神	偏印	正印 正官 正財
天乙 驛馬	文昌 天乙 將星		天乙 驛馬
辛丑　壬寅	癸卯　甲辰	乙巳　丙午	丁未　戊申

釋文：此浙江督軍楊善德之造。因卯酉之冲，而解巳酉之會也。

1、癸水生在酉月，調候用神辛、丙俱全，但原局火太旺，反成忌神。提綱印綬，財殺成格原局日月雙冲，「卯酉之冲，而解巳酉之會」，因為半合之力較弱，Hold 不住六冲。

2、原局印比弱，正偏財四見，官殺三見，日主無根，格強身弱。行運南方丁未、丙午、乙巳財殺之地；甲辰運官殺化印；癸卯運雙冲己酉，反吟伏吟冲剋太多。

96

按：徐氏舉例，印比旺盛，身強喜洩，夾丑通關，以食傷生財為用。

比肩	日主	比肩	偏印
丙申	丙寅	丙子	甲子
戊　壬　庚	戊　丙　甲	癸	癸
食　七　偏 神　殺　財	食　比　偏 神　肩　印	正官	正官
文　驛 昌　馬	紅　孤 豔　辰		

甲申	癸未	壬午	辛巳	庚辰	己卯	戊寅	丁丑

釋文：此浙江鹽商周湘舲造。因寅申之冲，而解子申之會也。

1、「寅申之冲，而解子申之會」，指寅居在申子之間，申子自然無從半合。其次丙子、丙寅夾丑，子丑合住，自然申金無法半合子水。

2、原局年干偏印通根日支，洩水生火，一氣順遂。行運東方木地，印洩官殺；行南方火地，丑土洩火生金。水木火氣勢流暢，夾丑帶辰運，火有土洩，土又生金，丑土食傷生財，比偏印逢寅申冲好用；丑土結穴，忌未運未年。

原文：又有因解而反得刑冲者，何也？假如甲生子月，支逢二卯相並，二卯不刑一子，而支又逢戌，戌與卯合，本為解刑，而合去其一，則一合而一刑，是因解而反得刑冲也。

按：一般六合是一對一，例如一組卯戌合，柱運歲又逢卯或戌，就有一馬配雙鞍的矛盾，又恰有辰或酉來冲，冲刑就在時運的變化中呈現。分析因解反冲，因冲反解是基本功。

按：徐氏舉例，月令傷官為用，身強不用印喜財殺，超級羊刃格，
喜土金水，時上偏財。

偏財	日主	偏印	比肩
庚寅	丙午	甲午	丙子
戊　丙　甲	己　丁	己　丁	癸
食神　比肩　偏印	傷官　劫財	傷官　劫財	正官
壬寅　辛丑	庚子　己亥	戊戌　丁酉	丙申　乙未

釋文：此張國淦之造。一子不冲二午，因寅午之會，復引起子午
之冲也。

1、原局丙火生在午月，羊刃格；日支午火，又透出年干，刃力加倍
。月干偏印通根時支，偏印格。《三命通會》：「時上偏財不用多，
干支須要用蒐羅；喜逢財旺兼身旺，冲破傷官（印剋食傷）受折
磨。」怕印綬比劫運。

2、「一子不冲二午，因寅午之會，復引起子午之冲。」因為午午自
刑，寅午之半合往往因為流年大運的刑冲，以至破去半合，午午
自刑，子午必然還是六冲。丙申運，庚祿在申，四柱有祿。《三
命通會》：「比肩羊刃格非常，要見官星與煞鄉；元辰若無官煞制，
再行比劫（行運無火）禍難當。」《子平真詮評註》：「羊刃格最
為簡單，蓋月令羊刃而日元旺，非用官煞剋之，即用食傷洩之，
羊刃逢財非食傷通關不可，是其關鍵在食傷也；（逢印劫為專旺
除外）刃旺官煞輕，非用印通關不可。」行運食傷後即官煞

98

按：徐氏舉例，月令七殺透干為用，格強身弱，宜金水運。

比肩	日主	七殺	比肩
壬寅	壬寅	戊申	壬午
戊 丙 甲	戊 丙 甲	戊 壬 庚	己 丁
七殺 偏財 食神	七殺 偏財 食神	七殺 比肩 偏印	正官 正財
文昌 月德	文昌 月德	驛馬 孤辰	將星 月德
丙辰　乙卯	甲寅　癸丑	壬子　辛亥	庚戌　己酉

釋文：此張繼命造。因年時寅午之會，而引起月日寅申之冲也。寅午遙隔，本無會合之理，而引起冲則可能也。

1、釋文所述「年時寅午之會，而引起月日寅申之冲」，極為彆扭，蓋以戊申、壬寅就成立日月雙冲，無關年時刑冲合會。壬水申月調候用神戊、丁，原局官殺五見，戊土七殺格。比肩四見，格強身不弱。

2、戊土剋去比肩，年支財、官、月德貴人有出身。日月雙冲，互換長生無礙。七殺格帶驛馬、孤辰，單騎走天涯，走動不免帶是非。文昌月德，才華有人愛。庚運印綬生身。戌運七殺財生官。辛亥、壬子、癸丑運，比劫幫身，身殺兩停。甲寅、乙卯運，食傷制殺。

99

按：徐氏舉例，地支土多，印剋食傷，官輕印重要行官殺運；雙魁罡，普通格傷官無用，丙辰運上沖下洗。

比肩	日主	食神	傷官
庚辰	庚戌	壬戌	癸未
癸 乙 戊	丁 辛 戊	丁 辛 戊	乙 丁 己
傷官 正財 偏印	正官 劫財 偏印	正官 劫財 偏印	正財 正官 正印
寡宿	紅豔 華蓋	紅豔 華蓋	天乙
甲寅 乙卯	丙辰 丁巳	戊午 己未	庚申 辛酉

釋文：此茅祖權之造。一未不刑兩戌，本可不以刑論，乃因辰戌之沖，復引起戌未之刑。

1、釋文論「一未不刑兩戌，本可不以刑論，乃因辰戌之沖，復引起戌未之刑」，不論辰戌沖，除非卯戌合，否則戌刑未就存在。年干傷官格通根時支，傷官格。地支正偏印四見，接近偏印格。

2、庚日戌月調候用神甲、壬。原局地支土重，土厚埋金，需要運歲逢甲乙、寅卯。壬水坐戌月枯竭，格局坐絕，食傷混雜，何以成黨國高層？《三命通會》：「庚辰、壬戌、戊戌、庚戌，…此格須疊位重逢，經云：魁罡聚眾，發福非常。主為人性格聰明，文章振發，臨事果斷，秉權好殺。……運行身旺，發福百端，一見財官，禍患立至，或帶刑煞尤甚。」

100

按：徐氏舉例，年日雙合，解卯酉冲，月令偏印為用，財生殺黨，日主扛不住，有大運相生。土金水制木火，財殺黨眾，日主身弱無根，行運印綬比劫生扶剛好。

食神	日主	七殺	正官
己酉	丁酉	癸卯	壬辰
辛	辛	乙	癸　乙　戊
偏財	偏財	偏印	七殺　偏印　傷官
文昌　天乙　將星　大耗	文昌　天乙　將星　大耗		
辛亥　庚戌	己酉　戊申	丁未　丙午	乙巳　甲辰

釋文：此趙觀濤之造。一卯不冲二酉，乃以辰酉之合，引起卯酉之冲，與上張繼造相同。

1、丁火生在卯月，調候用神庚、甲；原局庚、甲不見，又日主無根，身弱。釋文論「一卯不冲二酉，乃以辰酉之合，引起卯酉之冲」，原局癸卯與丁酉干支雙冲，又與時柱己酉也是干支雙冲。而日時地支則是酉酉自刑，年日雙合，中將職銜何來？

2、原局官殺三見，七殺通根，七殺格。食神在年支酉傷官呼應。七殺配印，〈四言〉：「煞不離印，印不離煞，煞印相生，功名顯達。」身弱要行比劫印綬運，起運甲乙、丙丁，直到戊運合火。申運子年必衰。

101

原文：又有刑沖而會合不能解者，何也？假如子年午月，日坐丑位，丑與子合，可以解沖，而時逢巳（或）酉，則丑與巳酉會，而子復沖午；子年卯月，日坐戌位，戌與卯合，可以解刑，而或時逢寅（或）午，則戌與寅午會，而卯復刑子。是會合而不能解刑沖也。

按：子午沖，子去合丑；卯酉沖，卯去合戌；因合解沖。但六沖遇到半合，照沖不誤。其例無窮，其理一貫。

徐樂吾補注：刑沖而會合不能解者，本有會合，可解刑沖矣，乃因另一會合，復引起刑沖，或因第二刑沖引起第一刑沖，亦不一其例。

按：刑沖合會所引申出來的複式變化，極為複雜，讀者勤加練習自有心得。徐氏所謂「因另一會合，復引起刑沖，或因第二刑沖引起第一刑沖」，在原局算單純的，加上大運流年可觀者焉。

按：徐氏舉例，月令傷官生財不透干，取外格偏印；偏印重用偏財剋制，日支偏財辰酉合，巳酉合，喜財藏地支。

正印	日主	偏印	比肩
甲辰	丁酉	乙巳	丁亥
癸　乙　戊	辛	庚　戊　丙	甲　壬
七殺　偏印　傷官	偏財	正財　傷官　劫財	正印　正官
大耗	文昌　天乙　將星		天乙　驛馬
丁酉　戊戌	己亥　庚子	辛丑　壬寅	癸卯　甲辰

釋文：此招商督辦趙鐵橋造。巳酉會合，可解巳亥之冲，乃因辰酉之合，復引起巳亥之冲也。

1、釋文：「巳酉會合，可解巳亥之冲，乃因辰酉之合，復引起巳亥之冲」，過於彆扭。以巳亥六冲，辰酉六合，各自獨立存在。六冲或六合，其力勝過半合。

2、丁火生在四月，調候用神甲、庚。原局有甲，辰酉合金，富貴可許。原局正偏印四見，偏印格。《子平真詮》：「有印多而用財者，印重身強，透財以抑太過，權而用之。只要根深，無妨財破。」寅卯印地得用，辛丑運財重，庚運剋甲合乙，財破印，必衰。

103

按：徐氏舉例，月令傷官生財皆透出為用；偏財格，雜氣財透出，財旺用官殺洩，木火土旺，宜殺印之地。

偏財	日主	比肩	食神
戊辰	甲戌	甲午	丙子
癸 乙 戊	丁 辛 戊	己 丁	癸
正印 劫財 偏財	傷官 正官 偏財	正財 傷官	正印
壬寅 辛丑	庚子 己亥	戊戌 丁酉	丙申 乙未

釋文：此陸宗輿之造。午戌會可解子午之沖矣，乃因辰戌之沖，復引起子午之沖也。

1、「雙拳難敵四手」，午戌半合，如何能解開子午沖、辰戌沖？原局食傷三見，正偏財四見，偏財格。甲木生在午月，調候用神癸、丁、庚。年支癸水，月支丁火可用。

2、全局木生火，火生土，原局食傷生財，丙丁運財逢食傷，缺金由行運補齊，申酉運金地官殺鑿甲木成棟樑。戊戌運雜氣財透干，有食神不怕比劫。己亥運雙合月柱，巳年損耗。

按：徐氏舉例，日主有氣，月令傷官生財，庚辛官殺運透出，戊己財運透干，寅卯運有利傷官生財。

比肩	日主	正印	劫財
甲子	甲午	癸未	乙丑
癸	己　丁	乙　丁　己	辛　癸　己
正印	正財　傷官	劫財　傷官　正財	正官　正印　正財
月德　天德	紅豔　將星　月德　天德　大耗	天乙	天乙
乙亥	丙子	丁丑	戊寅	己卯	庚辰	辛巳	壬午

釋文：此齊耀琳之造。午未合本可解丑未之冲，乃因子午之冲，復引起丑未之冲也。

1、原局就是丑未冲，子午冲，沒有子丑的六合可言。至於午未固然六合，但因為丑冲去未，子冲去午，故午未談不上合。正印三見，月干通時支，正印格。調候用神癸、丁、庚。

2、正印格要貴人，辛巳運丙辛化水可用，巳午未傷官生財。庚辰運甲不離庚，必有風光，戊年帶衰。《三命通會》：「印綬比肩，喜行財鄉；印無比肩，畏行財鄉。…時逢生印，如甲日子時，取子中癸水為印，資助日主，其人足智多謀，安享時祿，年月上要見辛官生印。運行西北官印，乃為貴命。」喜官殺生印。

105

> 原文：更有刑冲而可以解刑冲者，何也？蓋四柱之中，刑冲俱不為美，而刑冲用神，尤為破格，不如以別位之刑冲，解月令之刑冲矣。假如丙生子月，卯以刑子，而支又逢酉，則又與酉冲而不刑月令之官。甲生酉月，卯日冲之，而時逢子位，則卯與子刑，而月令官星，冲之無力，雖於別宮刑冲，六親不無刑剋，而月官猶在，其格不破。是所謂以刑冲而解刑冲也。

按：月令為提綱，以不逢刑冲為妙；故「刑冲用神，尤為破格」。本節提到子卯刑，酉金冲卯木時，解去子卯刑，但「於別宮刑冲，六親不無刑剋」，終究還是囉嗦事一堆，只是用冲換刑，保住月令月神，死罪可免，活罪難逃。

> 徐樂吾補注：以別位之刑冲而解月令之刑冲者，有以冲而解，有以會而解，不一其例。

按：刑冲合會，不勝枚舉，徐氏舉例如下。

按：徐氏舉例，月令食神為用，財星遙格，殺星制不動；比劫偏印多見，無格有調候；身強，何須大運甲乙寅卯辰生身？

正財	日主	劫財	比肩
庚子	丁卯	丙午	丁亥
癸	乙	己 丁	甲 壬
七殺	偏印	食神 比肩	正印 正官
桃花	將星	干祿 月德 大耗	天乙 天德
戊戌　己亥	庚子　辛丑	壬寅　癸卯	甲辰　乙巳

釋文：此因子卯之刑，而解子午之冲也。為敝友陳君造。

1、釋文「因子卯之刑，而解子午之冲」，因為子卯相鄰，子午隔位不冲是很容易理解的問題。日柱與時柱天剋地刑，月時雙冲，根基必空。子卯刑解去子午冲，而形成水生木，木生火；午亥相合。

2、丁火生在午月，丙丁火透干帶卯木，身強，調候用神壬、庚、癸，喜金水。初運乙巳、甲辰生火。癸、壬帶水，甘霖解旱。辛丑、庚子金水之地，莫道青天無雨下。年月比肩劫財通根地支，三十歲前財來財去，女緣不定。地支午卯子三刑，桃花糾結，時柱正財坐桃花，梅開二度，歡喜就好。

按：徐氏舉例，月令建祿格，取透出月干財格為用，食傷為喜神，用木通關，水木火運皆宜。

劫財	日主	正財	傷官
壬戌	癸卯	丙子	甲戌
丁　辛　戊	乙	癸	丁　辛　戊
偏財　偏印　正官	食神	比肩	偏財　偏印　正官
月德	文昌　天乙　將星　大耗	干祿　桃花	
甲申　癸未	壬午　辛巳	庚辰　己卯	戊寅　丁丑

釋文：此因卯戌之合，而解子卯之刑也。為海軍總長杜錫珪造。

1、釋文：「卯戌之合，而解子卯之刑」，六合解子卯刑無庸置疑。食傷兩見，正偏財三見，卯戌合火，食傷生財干支成象。癸水生在子月，調候用神丙、辛。癸水有壬水通根子水，看似身旺，無印綬為源氣。而丙火透在月干，微根丁火入庫戊土兩見，卯戌合。因此原局是水火兩旺，有甲木通關，水生木，木生火，火生土，五行平順，格強身弱。

2、初運丁火晦於丑土；戊寅運土剋木洩水，春土生萬物。己卯運火土財官臨身，江湖變色。庚辰運雙冲年柱，身強何懼過關斬將。辛巳運水火交織，日月同光。桃花透干，自坐天乙、文昌、將星，八方玲瓏。

原文：如此之類，在人之變化而已。

按：多練習而已。

徐樂吾補注：命理變化，不外乎干支會合刑沖，學者於此辨別明晰，八字入手，自無能逃形。上述變化，尚有未盡，茲再舉數例於下：

按：練熟干支會合刑沖，八字自能一目了然。

按：徐氏舉例，乙庚合，辰酉合，卯申合，金生水，母旺子衰，宜行比劫之地。

正 印	日 主	食 神	正 印
庚 申	**癸 卯**	**乙 酉**	**庚 辰**
戊　壬　庚	乙	辛	癸　乙　戊
正　劫　正 官　財　印	食 神	偏 印	比　食　正 肩　神　官
紅　劫　月 豔　煞　德	文　天　將 昌　乙　星	大 耗	月 德
癸 巳	壬 辰	辛 卯	庚 寅	己 丑	戊 子	丁 亥	丙 戌

釋文：此行政院副院長孔祥熙之造也。卯酉之沖，似解辰酉之合，不知申中之庚，與卯中之乙暗合，因暗合而解沖，遂成貴格。

1、地支雖然卯酉沖。但天干癸水生乙木，乙庚合；地支辰酉合，卯藏乙，申藏庚金，兩者暗合。原局正偏印四見偏印格。食神三見，食神格。乙庚合，辰酉合，食神化印綬，若行西方金地，則梟印奪食。故以印綬為病。

2、初運丙火剋庚；戌運合卯，火剋金；丁運剋庚；亥運洩庚；戊運合癸有親近之情，戊子運干支合火剋金，子水洩金生木，通關有藥。己丑運食神制殺。庚寅運三會傷官沖印，毀譽參半。

110

按：徐氏舉例，月令財官印，天干傷官合去七殺，合殺留官；辛日主帶祿旺，身殺兩停帶三刑。

正官	日主	傷官	七殺
丙申	辛巳	壬寅	丁酉
戊 壬 庚	庚 戊 丙	戊 丙 甲	辛
正 傷 劫 印 官 財	劫 正 正 財 印 官	正 正 正 印 官 財	比 肩
亡 月 神 德		天 劫 大 乙 煞 耗	紅 干 將 天 豔 祿 星 德
甲 乙 午 未	丙 丁 申 酉	戊 己 戌 亥	庚 辛 子 丑

釋文：酉巳之會，因隔寅木而不成局；寅申之沖，亦因隔巳火而不成沖；且巳申刑而帶合，去申中庚金，使其不傷寅木，財官之用無損，便成貴格。此造摘自《神峰通考》。

1、按：巳酉隔位不論半會。寅申隔位雖不沖，但天干壬丙沖剋，連帶引動月時雙沖。巳申又刑又合，因天干丙辛合，故稱日時雙合。丁壬合木自坐寅化木。原局多合帶寅巳申三刑。傷官合七殺，解決官殺混雜，化財生官，原局帶印，完成官印相生，貴命。

2、「巳申刑而帶合，去申中庚金，使其不傷寅木，財官之用無損」，解釋很彆扭，因為寅巳與丙火，坐實正官格剋制比劫，足以保護甲木偏財。辛金祿旺交馳，身強，可以托財官。初運北地食傷生財。

徐樂吾補注：又四柱之中，刑冲俱非美事，此言亦未盡然。喜用被冲，則非美事，忌神被冲，則以成格，非可一例言也。舉例如下。

按：刑冲就是不好，但是喜用神留下，忌神被冲走，格局保住最妙。

按：徐氏舉例，光緒命造，月令財生官透干，用神為官，喜神為財。月時雙冲，調候俱全；財（丙辛合去）官（丁壬合去）印（寅亥合去），甚麼都有，就是命沒了。

正官	日主	劫財	偏財
壬寅	**丁亥**	**丙申**	**辛未**
戊　丙　甲	甲　壬	戊　壬　庚	乙　丁　己
傷官　劫財　正印	正印　正官	傷官　正官　正財	偏印　比肩　食神
戊子	庚寅	壬辰	甲午
己丑	辛卯	癸巳	乙未

釋文：亥未隔申，不能成局；寅亥之合，似可解寅申之冲，無如申金秉令，亥中壬甲休囚，不能解金木之爭；且丁壬寅亥，天地合而假化，旺金傷木，化氣破格。此遜清光緒皇帝造也。

1、釋文企圖解釋寅申隔位，但論冲的道理；指出亥未隔申無法成局，無卯何來成局？但以亥水壬甲休囚的理由，解釋寅申冲言之無理，應是天干壬丙冲，引動地支寅申冲。月時雙冲，根基一定空。

2、日時雙合成木局，假化；《滴天髓》：「日主孤弱而遇合神真，不能不化。但暗扶日主，合神又虛弱。及無龍以運之，則不真化。至於歲運扶起合神，制伏忌神，雖為假化，亦可取富貴。」原局「旺金傷木，化氣破格」，指癸巳運雙冲日柱，壬辰運拱卯合申，假化被剋制不成真。

按：徐氏舉例，八字全冲，干頭帶祿，子午卯酉，一路反剋，金水與木火對抗賽。

七殺	日主		正官	劫財
丙子	**庚午**		**丁酉**	**辛卯**
癸	己	丁	辛	乙
傷官	正印	正官	劫財	正財
	將星	月德	羊刃	桃花

己丑	庚寅	辛卯	壬辰	癸巳	甲午	乙未	丙申

釋文：煞刃格。天干丁火制辛，煞旺劫輕，喜子冲午，使火不傷金，酉冲卯，使木不助煞，此兩冲大得其用。此遜清乾隆皇帝之造也。

1、「煞刃格」，指原局正官七殺三見，官殺強；庚金生在酉月，羊刃格透出年干，身殺兩停。《三命通會》：「有制謂之偏官，無制謂之七殺；如日主健旺，有印綬助化，即經云：煞見印而顯殺助生，有財星生扶。即經云：煞看財，如身強煞弱，有財星則吉；身弱煞強，有財引鬼盜氣，非貧則夭；有食神透制。……殺無刃不顯，逢煞看刃。」

2、原局七殺正官三見帶卯木生火，日主有羊刃帶傷官，勢均力敵。子冲午官，酉制卯財，七殺就遭日主駕馭。〈四言〉：「煞不離印，印不離煞，煞印相生，功名顯達。」〈妙選賦〉：「煞為武藝，印為文華，有煞無印欠文彩，有印無煞欠威風；絕妙煞印雙全，宜其文武兩備。」

按：徐氏舉例，林森造，母旺（木旺）子衰（比劫）喜比劫運，子旺（土旺）母衰（比劫），不忌比劫，大運剛好丙丁巳午。

食神	日主	正印	傷官
己酉	丁卯	甲寅	戊辰
辛	乙	戊　丙　甲	癸　乙　戊
偏財	偏印	傷官　劫財　正印	七殺　偏印　傷官
壬戌　辛酉	庚申　己未	戊午　丁巳	丙辰　乙卯

釋文：寅卯辰氣聚東方而透甲，印星太旺，時上酉冲卯，損其有餘，去其太過，卻到好處。此國府主席林森之造。或云戊申時，然不論其為申為酉，用神同為取財損印，特藉以闡明刑冲會合之理而已。

1、原局地支寅卯辰三會，透甲木，偏印格。食傷四見，傷官格。傷官與印綬勢均力敵，必須用比劫通關，而丁火僅地支丙火長生，偏弱；但大運丙、丁、巳、午、戊、己、未，來的巧。《子平真詮》：「印綬而用傷食，財運反吉；傷食亦利，若行官運，反見其災。」

2、「印星太旺，時上酉冲卯，損其有餘」，「不論其為申為酉，用神同為取財損印」，指格局逆用，用偏財剋偏印，財由食傷四見所生；否則財薄亦不堪用。《滴天髓》：「兩氣雙清，非獨木火二形也。如土金、金水、水木、木火、火土相生各半…相生要我生，秀氣流行；相剋要我剋，日主不傷，相生必欲平分，無取稍多稍寡，相剋務須均敵，切忌偏重偏輕。若用金水則火土不宜夾雜；如取水木，則火金不可交爭。」木土兩行，大運比劫通關。

114

卷二、用神篇

山陰沈孝瞻原著　武原東海樂吾氏評註　常州於光泰疏

一、論用神

> 原文：八字用神，專求月令，以日干配月令地支，而生剋不同，格局分焉。財官印食，此用神之善而順用之者也；煞傷劫刃，用神之不善而逆用之者也。當順而順，當逆而逆，配合得宜，皆為貴格。

1、按：「八字用神，專求月令」，指提綱月令最重，例如甲木生在申月，七殺格，即以日干對應月令藏干主氣的十神關係論正財、偏財、正官、正印、食神等。

2、何謂「用神之善而順用之」？指本質顧名思義良善，可以生入或生出。例如正官格（月令地支主氣或別支天透地藏），宜接收財星生入，也可生印護身。反之，何謂「煞傷劫刃，用神之不善而逆用之」？指七殺、傷官、劫財、羊刃等，適合剋制為用；例如羊刃喜用七殺制伏，傷官可用印綬制伏（也可用財洩）。順逆並無命格高低之分，全在配合是否得宜。

> 徐樂吾補註：用神者，八字中所用之神也。神者，財、官、食、印、偏財、偏官、偏印、傷官、劫刃是也。八字中察其旺弱喜忌，或扶或抑，即以扶抑之神為用神，故用神者，八字之樞紐也。所取用神未真，命無準理，故評命以取用神為第一要義。

按：用神是財、官、食、印、偏財、偏官、偏印、傷官、劫刃等總稱。認錯用神，全盤皆墨。

按：本節討論取用神方法：

1、優先以月令提綱的「當旺之氣」十神取格。何謂「如月令無可取用」？例如壬水亥月，所藏之壬水比肩無以取格，而甲木又非「當旺之氣」。無從論食神格。其次「乃於年日時之干支中求之」，以數量最重，三合三會六合之類取格。

2、「用雖別求，而其關鍵仍在月令」，八字原局息息相關，必須通盤檢討，假設丙日主月令午火，透出年干，印劫太旺，身強；就必須在別柱干支尋找七殺（剋之）食神（洩之），雖然用神已經不在月令，但計算平衡的基準點還是從月令出發。如果剋洩太過，「日元轉弱」，也是觀察行運是否與月令相同相生的比劫印綬。因此「用神專求月令」，並非將用神定死在月令，而是取認知出發的基準點。

1、扶抑用神：即日柱衰弱，取比劫印綬「生扶」；日主旺盛，取官
　　殺食傷「剋抑」。
2、病藥用神：即傷害扶抑用神均屬之；例如丙日主自坐日刃與月刃
　　，以壬水為「剋抑」，戊土為病。
3、調候用神：即調節氣候之用，冬天要有火，夏天要有水。農業生
　　產要天時地利，適時適地，中和為用。
4、專旺用神：氣勢偏於一方，旺者成全其勢，例如曲直（格）、炎
　　上、從革、潤下、稼穡等。衰者從旺，例如從殺、從財、從兒。
5、通關用神：原局兩行成象對立，例如丙子、丙申、丙子、丙申，
　　水逢金旺作水論，水火兩局，以木通關。

按：取用神大約有扶抑、病藥、調候、專旺、通關等五種。並無財
官印就好，梟印殺傷就凶之類的定性吉凶，應以原局所須之五行為
準。另外要注意「干支之性情」、「生旺死絕會合刑冲之解救方法」
等。總之「在乎配合得宜而已」。

扶抑

> 徐樂吾補注：扶抑日元為用。扶有二，印以生之，劫以助之是也。抑亦有二，官煞以剋之，食傷以洩之是也。

按：「扶」是印綬相「生」與比劫相「助」。「抑」是官煞「剋」入與食傷「洩」出。因此扶是生助，抑是剋洩。扶抑用神有對於日主（強弱）而言，或對月令用神（格局）而言。

按：扶抑用神，月令財生官同根透，格局亮麗；年日雙合，無刑冲。

正官	日主	偏財	正財
己酉	壬寅	丙午	丁亥
辛	戊 丙 甲	己 丁	甲 壬
正印	七殺 偏財 食神	正官 正財	食神 比肩
	文昌 孤辰	將星 月德 大耗	干祿 劫煞 天德
戊戌	己亥	庚子	辛丑	壬寅	癸卯	甲辰	乙巳

戊戌	己亥	庚子	辛丑	壬寅	癸卯	甲辰	乙巳

釋文：財旺身弱，月令己土官星透出，財官兩旺而身弱，故用印而不用官，以印扶助日元為用神。為前外交部長伍朝樞命造。

118

1、壬日主有亥水比肩，酉金正印，而地支寅午半合火局，天干透出丙丁火帶正官，年日雙合，丁亥合木，寅亥合木，壬水的祿位之情向生寅木。明顯剋洩大於生扶，需要大運走印綬、比劫生扶之地。《滴天髓》：「日干不論月令休囚，只要四柱有根，便能受財官食傷而當（擋）傷官七殺。」

2、正偏財四見，偏財格。官殺三見，正官格。甲辰運合正官，辰酉合金化印，損有餘補不足。壬、癸、辛、庚、子、丑運，印比生扶。《三命通會》：「正官為六格之首，止許一位，多則不宜；正官先看月令，然後方看其餘。……支藏干透，餘位不宜再見，又須日主健旺，得財印兩扶。柱中不見傷煞，行運引至官鄉，大富大貴命。」

按：月令正官透出為用，丙火不畏水剋，得日照江湖，官殺四見調候壬水，偏弱不忌。

食神	日主	正官	劫財
戊子	丙申	癸丑	丁卯
癸	戊　壬　庚	辛　癸　己	乙
正官	食神　七殺　偏財	正財　正官　傷官	正印
將星	文昌　大耗	寡宿	

乙巳	丙午	丁未	戊申	己酉	庚戌	辛亥	壬子

釋文：丑中癸水官星透出，子申會局助之，水旺火弱，用劫幫身為用神。此為蔡子民先生命造。

1、丙火生在丑月，癸水正官透干，壬癸水官殺四見，食傷三見，財兩見，而僅年干劫財正印生扶日主，顯然身弱。行運西北之地不生扶日主，何以貴格？月時雙合，四柱無刑冲。

2、《滴天髓》:「天合地者，地旺喜靜。原注：如丁亥、戊子、甲午、己亥、辛巳、壬午、癸巳之類皆支中人元與天干相合者。……喜靜者，四支無冲剋之物，有生助之神也。天干衰而無助，地支旺而有生，天干必懷忻合之意；若得地支元神透出，緣上天下地，升降有情，此合似從之意也，合財似從財，合官似從官，非十合化之理也，所以靜則居安，尚堪保守，動則履危，難以支持，然可言合者，只有戊子、辛巳、丁亥、壬午四日。」原局水旺，戊癸合火，子丑合土，以致食神有力制殺。

120

按：月令劫財透出非用，取外格財殺制衡。丁巳、丁卯夾辰洩火，七殺格有根；身重殺輕，官煞運大發。

劫財	日主	比肩	七殺
丙午	丁卯 (辰)	丁巳	癸巳
己 丁	乙	庚 戊 丙	庚 戊 丙
食神 比肩	偏印	正財 傷官 劫財	正財 傷官 劫財
干祿	將星	驛馬	驛馬

己酉	庚戌	辛亥	壬子	癸丑	甲寅	乙卯	丙辰

釋文：日元太旺，取年上癸水抑制日元為用，行官煞運大發。為交通部長朱家驊命造。

1、丁火生在巳月、巳年、午時，偏印、臨官、帝旺兩見，旺到不行。原局丁巳與丁卯夾辰，辰土帶水化火，屋漏還有雨傘撐。原局露殺以殺為用，賴辰中癸水通根成七殺格，七殺有微財生助，雖不強亦不弱，原局身重格輕，假炎上格。

2、《玄機賦》：「身強煞淺，煞運無妨；煞重身輕，制鄉為福。」乙卯、甲寅印綬運，假炎上格成真。《三命通會》：「若七煞止一，而制伏有二三處，喜行煞旺地，倘運再遇制伏，則盡法無民，雖猛如虎狼，亦不能逞其技矣。是又不可專言制伏，要輕重得所。」。癸丑運與癸巳年柱拱酉，財生官，《子平真詮》：「其以財而助煞不及者，財已足，則喜食印與幫身，財未足，則喜財旺而露煞。」壬子（既濟）、辛亥運助起官殺。

121

按：申子辰透出壬水，巳申合水，月令殺化劫為用，喜神食傷生財。

傷官	日主	比肩	偏財
乙巳	壬申	壬辰	丙子
庚　戊　丙	戊　壬　庚	癸　乙　戊	癸
偏印　七殺　偏財	七殺　比肩　偏印	劫財　傷官　七殺	劫財
天乙　劫煞　大耗	月德　天德	華蓋　月德　天德	紅豔　羊刃　將星
庚子　己亥	戊戌　丁酉	丙申　乙未	甲午　癸巳

釋文：亦日元太旺，辰中乙木餘氣透干，用以洩日元之秀，亦抑之之意。為前財政部長王克敏命造。

1、「日元太旺」，指地支申子辰三合水局扶身。巳申合水，僅剩丙火、乙木唱反調。用乙木傷官格與丙火偏財格，傷官生財，日元旺氣引通，則其流行為福。

2、《滴天髓》：「順逆不齊也，不可逆者，順其氣勢而已。原注：剛柔之道，可順而不可逆，崑崙之水，可順而不可逆也；其勢已成，可順而不可逆也。權在一人，可順而不可逆也；二人同心，可順而不可逆也。」原局水旺以木生火，土金不宜。《滴天髓》：「天道有寒暖，發育萬物；人道得之不可過也。…適中而已矣，寒雖甚，要暖有氣；暖雖至，要寒有根，則能生成萬物。」水多火有根。《滴天髓》：「水太旺者而似土，喜木之制也。」水多應順勢洩出。原局比劫五見，《子平粹言》：「比劫奪財用食神，化劫生財為用；亦通關之意。」

如下諸例

按：月令正印與傷官同根透出，傷官格與印格鼎立，大運有丙丁巳午通關；土運就是傷官配印。

傷官	日主	正印	傷官
戊申	丁卯	甲寅	戊辰
戊　壬　庚	乙	戊　丙　甲	癸　乙　戊
傷官　正官　正財	偏印	傷官　劫財　正印	七殺　偏印　傷官
壬戌　　辛酉	庚申　　己未	戊午　　丁巳	丙辰　　乙卯

釋文：寅卯辰氣全東方而透甲，用神太強，取財損印為用，此國民政府林主席森之造也。

1、丁日主地支寅卯辰三會木透干，印綬格。傷官五見，傷官格。印剋食傷，木剋土，丁火僅丙火微根，大運是否有火通關？行運丙丁巳午扶身。「取財損印為用」，印綬根深，不忌財地，庚申、辛酉運平順。《子平真詮》：「有印多而用財者，印重身強，透財以抑太過，權而用之；只要根深，無妨財破。」

2、原局甲不離庚（申），庚不離丁，丁不離甲，用神圓滿。格局逆用以抑制月令。《滴天髓》：「木太旺者而似金，喜火之鍊。」印綬重亦有帶食傷而成貴格，但須印綬制住傷官。原局月時雙冲，根基一定空，卯申暗合。

按：月令七殺透干為用，金水為喜；五行木（食神）土（七殺）最旺，剋洩交加，日主偏弱。

食神	日主	偏財	七殺
乙卯	癸丑	丁丑	己卯
乙	辛 癸 己	辛 癸 己	乙
食神	偏印 比肩 七殺	偏印 比肩 七殺	食神
文昌 天乙	華蓋 寡宿	華蓋 寡宿	文昌 天乙
己巳　庚午	辛未　壬申	癸酉　甲戌	乙亥　丙子

釋文：月令七煞透干，取食神制煞為用，亦用神太強（七殺）而抑之也。為前行政院長譚延闓命造。

1、原局癸水生在丑月，坐下比肩、偏印。《滴天髓》:「日干不論月令休囚，只要四柱有根，便能受財官食神而當（擋）傷官七殺，長生祿旺，根之重者也；墓庫餘氣，根之輕者也。天干得一比肩，不如地支得一餘氣。」

2、年干七殺通干月支日支三見，七殺格；時干食神通根年支時支，食神格。雖然七殺剋身，食神洩氣，但食神洩之有情，原局食神制殺，梟印奪食。《三命通會》:「凡命遇財煞之地，食神旺相，煞被食制，不敢為禍；財被食生，充裕不竭，故食神一名壽星，一名爵星。」《三命通會》:「食神無損壽綿長，庶母逢之不可當；若無偏財來救護，命如秋草帶冬霜。」壬申、癸酉運，比劫剋財，梟印奪食。日時互換空亡五十歲夭。也算病藥用神。

按：月令傷官為用透干，原局食傷最重，用財（金）洩或印（木）剋，其餘平平，忌比劫。

偏財	日主	傷官	食神
庚寅	丙子	己未	戊戌
戊 丙 甲	癸	乙 丁 己	丁 辛 戊
食神 比肩 偏印	正官	正印 劫財 傷官	劫財 正財 食神
紅豔 驛馬	將星	寡宿	
丁卯 丙寅	乙丑 甲子	癸亥 壬戌	辛酉 庚申

釋文：丙火生於六月，餘焰猶存；時逢寅木，子水官星生印，日元弱而不弱。月令己土傷官透出，八字四重土，洩氣太重，用財洩傷為用，亦太強而抑之也。此合肥李君命造。

1、「日元弱而不弱」，丙火地支有丙丁火三見，正偏印各一。「四重土，洩氣太重」，指食傷五見，傷官格最強。時上偏財通根年支正財，財格。因財可洩食傷，故稱「用財洩傷為用」。

2、原局日主不旺，雖然食傷最旺，但五行無缺，因此上策以財洩食傷，初運庚申、辛酉，年柱食神格，出身優渥。《子平真詮》：「傷官用財者，蓋傷不利於官，所以為凶；傷官生財，則以傷官者生，生官之具，轉凶為吉，故最利；只要身強而財有根，便為貴格。」《三命通會》：「傷官雖凶，乃我所生，自家之物，傷盡則能生財；財旺則能生官，造化輾轉有情。……元犯傷官，須要見財則發，傷官最喜行財運。……四柱傷官多而見官者，不宜復行傷運。」丑運辰年定衰。洩也算扶抑的範圍。

125

按：月令七殺透出為用，己土未月身不弱，官殺太旺帶財，喜印比生扶。

食神	日主	偏財	七殺
辛 未	己 亥	癸 未	乙 亥
乙 丁 己	甲 壬	乙 丁 己	甲 壬
七殺 偏印 比肩	正官 正財	七殺 偏印 比肩	正官 正財
華蓋		華蓋	
乙亥　丙子	丁丑　戊寅	己卯　庚辰	辛巳　壬午

釋文：己土日元，通根月令，年上乙木微弱，取癸水潤土，滋煞為用。乃用神太弱而扶之也。此前交通總長曾毓雋造。

1、原局己土生在未月，調候用神癸、丙。偏印比肩兩見，官殺五見，正偏財三見，格強身弱，殺重印輕；以殺重用印，印洩殺即「抑」殺。「用神太弱」，指丙丁火。《子平真詮》：「煞用印綬，不利財鄉；傷官為美（有誤），印綬身旺，俱為福地。」午運、巳運印綬；庚運制殺，辰運、己運扶日主，卯運不利，戊運扶身，寅運不利，丁丑雙沖年月兩柱。亥子運，《子平真詮》：「財生殺，權勢衰退。

2、《三命通會》：「露煞藏官只論煞，露官藏煞只論官；身強遇此多為貴，身弱逢之禍百端。……煞旺無制引身旺（走比劫運），為煞專權富貴人；日主煞年傷不足（柱運歲合殺，原局傷官弱），藏官露殺起災迍。」

按：建祿格帶日刃，月令食神透傷官為用，身雖不弱，木火土更旺，以金水為喜運。

傷官	日主	傷官	正官
乙 巳	壬 子	乙 亥	己 巳
庚　戊　丙	癸	甲　壬	庚　戊　丙
偏印　七殺　偏財	劫財	食神　比肩	偏印　七殺　偏財
天乙　劫煞　天德	紅豔　羊刃　將星　大耗	干祿　亡神　天德	天乙　劫煞
丁 卯	戊 辰	己 巳	庚 午	辛 未	壬 申	癸 酉	甲 戌

釋文：年上己被乙剋，巳遭亥冲，置之不用，身旺氣寒。時支巳火微弱，取傷官生財為用，亦用神弱者扶之也。乃前內閣總理周自齊造。

1、壬水生在亥月，調候用神戊、丙、庚；官殺三見，透官論官。「年上己被乙剋」，指傷官剋正官，正官難用。「巳遭亥冲」，比肩剋財；食傷三見，透傷論傷。年月雙冲，家裡靠不到。

2、壬水亥月子日，祿刃交集，身強；傷官財殺五見，剋洩強於身旺，日主無庚辛為後援，水與木火土對抗賽，故食傷生財，財生殺，以庚辛印綬護身為妙。初運甲戌不利壬水。癸酉、壬申、辛運，金水生扶發跡。庚午運冲合太多。《滴天髓》:「天戰猶自可，地戰急如火。原注：干頭遇甲庚、乙辛，謂之天戰；而得地支順靜者無害。地支寅申、卯酉，謂之地戰；則天干不能為力，其勢速凶。蓋天主動，地主靜故也。庚申甲寅、乙卯辛酉之類是也；皆見謂之天地交戰，必凶無疑。」

病藥

按：月令偏財為用，月干正官為喜；原局甲己化土，帶辰戌巳火，至少論假化，行運丙丁戊辰己巳真化。

劫財	日主	正官	劫財
戊辰	**己巳**	**甲子**	**戊戌**
癸　乙　戊	庚　戊　丙	癸	丁　辛　戊
偏財　七殺　劫財	傷官　劫財　正印	偏財	偏印　食神　劫財
紅豔	天德　大耗	天乙	

壬申	辛未	庚午	己巳	戊辰	丁卯	丙寅	乙丑

釋文：月令偏財當令，比劫爭財為病，取甲木官星制劫為用，蓋制劫所以護財也。此為合肥李君命造（按此造須兼取巳中丙火。十一月氣寒，得火暖之，方得發榮，即調候之意也）。

1、己土生在子月，調候用神丙、甲、戊。原局比劫五見，月令偏財，稱「羣劫爭財」，靠月上正官制扶比劫，無奈正官合己土，歸降比劫，若行食傷運，洩比劫生財，有助病情。

2、原局子水無庚辛；早運乙丑，丑合子化土，全局土旺，順勢而為，格局假成論吉。《滴天髓》：「從旺者，四柱皆比劫，無官殺之制，有印綬之生，旺之極者，從其旺神也；要行比劫印綬則吉。如局中印輕，行傷食亦佳，官殺運謂之犯旺，凶禍立至，遇財星羣劫相爭，九死一生。」初運丙丁火化寅卯木從旺，戊辰、己巳運助旺。

按：月令偏財為用，逢食傷透出月干為喜，但食傷太重（土重埋金）用印綬治病；格強身弱，宜行木火運生扶為藥，有藥即食神生財能用。

正印	日主	食神	正官
甲辰	丁丑	己酉	壬戌
癸 乙 戊	辛 癸 己	辛	丁 辛 戊
七殺 偏印 傷官	偏財 七殺 食神	偏財	比肩 偏財 傷官
	華蓋	文昌 天乙 將星	
丁巳	丙辰	乙卯	甲寅	癸丑	壬子	辛亥	庚戌

釋文：月令財旺生官，己土食神損官為病，以甲木去病為用，故運至甲寅乙卯，富貴優游，此南潯劉澂如命造。

1、原局透官論官，有月令偏財生官。食傷四見，傷官格。「己土食神損官為病」，指壬水被己土混濁，官格不清純。「甲木去病為用」，忌神或剋或合即為有病得藥。「運至甲寅乙卯，富貴優游」，指月時雙合。

2、《滴天髓》：「從勢者，日主無根，四柱財官食傷並旺，不分強弱，又無劫印生扶日主，又不能從一神而去，唯有和解之可也，視其財官食傷之中，何者獨旺？則從旺者之勢。如三者均停，不分強弱，須行財運以和之，引通食傷之氣，助其財官之勢則吉；行官殺運次之，行食傷運又次之。如行比劫印綬，必凶無疑。」《滴天髓》：「大率傷官有財，皆可見官，傷官無財，皆不可見官。」

129

調候

按：月令食神透干為用，金水傷官喜見官，得時支午火調節氣候，甲木洩水生火當喜神。

正財	日主	食神	傷官
甲午	辛丑	癸丑	壬辰
己　丁	辛　癸　己	辛　癸　己	癸　乙　戊
偏印　七殺	比肩　食神　偏印	比肩　食神　偏印	食神　偏財　正印
天乙　桃花	華蓋　寡宿	華蓋　寡宿	
辛酉　庚申	己未　戊午	丁巳　丙辰	乙卯　甲寅

釋文：金寒水冷，土結為冰，取時上午火為用，乃調和氣候之意。此遜清王湘綺命造。

1、辛金生在丑月，調候用神丙、壬、戊、己。嚴冬先用丙火暖土，次用壬水淘洗辛金，使之光澤。日主有正偏印四見，比肩兩見，身不弱；食傷五見帶財格，剋洩更重，身輕格重，傷官配印，傷官傷盡。

2、《滴天髓》：「日主弱，傷官旺，宜用印，可見官而不可見財。」初運甲寅、乙卯財地剋印，故少時家貧。《滴天髓》：「身弱而傷官旺者，見印而可見官。」《三命通會》：「金水傷官要見官」，故丙丁、巳午運調候官星出頭。辰戌己未運印綬扶身，印剋食傷，土剋水，傷官格逆用。己未運雙冲月柱，雙合時柱，合去甲木，定有斬獲。

130

按：壬水亥月帶辛金，是否潤下格？正官格抵死不從，美其名官印雙清。

正印	日主	正官	正印
辛亥	壬午	己亥	辛亥
甲　壬	己　丁	甲　壬	甲　壬
食　比 神　肩	正　正 官　財	食　比 神　肩	食　比 神　肩
辛卯　壬辰	癸巳　甲午	乙未　丙申	丁酉　戊戌

釋文：雖己土官星透干，無午支丁火，則官星無用，亦調候之意。乃南通張退廠命造。

徐樂吾補注：病藥為用，如原局無去病之神，必須運程彌其缺憾，方得發展，調候亦然。倘格局轉變則不在此例。

1、壬水生在亥月，建祿格，財官透干就是好命。無奈亥水重疊，又得辛金為源；調候用神戊、丙、庚；強土制水，火為土源。

2、《滴天髓》：「天道有寒暖，發育萬物，人道得之不可過也。原注：陰支為寒，陽支為暖；西北為寒，東南為寒；金水為寒，木火為暖。得氣之寒，遇暖而發。得氣之暖，逢寒而發。……不可過也，適中而已矣。寒雖甚，要暖有氣；暖雖至，要寒有根，則能生成萬物。若寒甚而暖無氣，暖至而寒無根，必無生成之妙也。是以過於寒者，反以無暖為美；過於暖者，反以無寒為宜。」行運丙、丁、巳、午、未，甲乙洩水生火，故原局有運程彌其缺憾。

專旺

按：月令建祿格，尋外格成變格從殺，成局成方，丁壬化木，己土雖帶有比劫、印綬，陰干從勢無情義，宜水木助專旺從殺。

七殺	日主	偏印	正財
乙亥	己卯	丁未	壬寅
甲　壬	乙	乙　丁　己	戊　丙　甲
正官　正財	七殺	七殺　偏印　比肩	劫財　正印　正官
乙卯　｜甲寅	癸丑　｜壬子	辛亥　｜庚戌	己酉　｜戊申

釋文：丁壬寅亥卯未，氣偏於木，從其旺勢為用。此前外交總長伍廷芳命造，為從煞格也。

1、《滴天髓》：「從勢者，日主無根，四柱財官食傷並旺，不分強弱，又無劫印生扶日主，又不能從一神而去，惟有和解之可也；視其財官食傷之中，何者獨旺，則從旺者之勢。如三者均停，不分強弱，須行財運以和之，引通食傷之氣，助其財官之勢則吉，行官殺運次之，行食傷運又次之，如行比劫印綬，必凶無疑。」

2、陰干從勢無情義，己土見地支亥卯未三合木局，天干丁壬合木，陰干為真從，陽干為假從。行運由金地入水地，財生官，進入甲寅猶意氣風發奔走國事。《子平粹言》略謂：「旺神成方成局，得時秉令，而日干氣絕無根。天干必有損抑日干之神。四柱無印出干。從局以全局氣勢為主，必須純粹專一，無散漫雜亂或見剋洩旺神之物。」

132

按：月令食神，全局無搭配，取外格或變格，癸水是否阻止炎上格成立？卯木化癸水，七殺攔不住，故忌金水運；木火土不宜金水相混。

七殺	日主	比肩	比肩
癸卯	丁卯	丁未 （午）	丁巳
乙	乙	乙　丁　己	庚　戊　丙
偏印	偏印	偏印　比肩　食神	正財　傷官　劫財
將星	將星	紅豔　華蓋	驛馬

己亥	庚子	辛丑	壬寅	癸卯	甲辰	乙巳	丙午

釋文：雖有癸水七煞透出，而有卯木化之，亦宜順其旺勢。此前清戚楊知府命造。

1、原局丁火生在未月，年月丁巳、丁未拱午，三合火局。癸水生卯木，卯木生火局，真炎上格。《子平粹言》：「丁火衰退，無炎上（格）之理，故丁火無炎上格；如支聚火局或南方，則從其旺勢，看法相同，特貴較遜耳。」

2、《滴天髓》：「從旺者，四柱皆比劫，無官殺之制，有印綬之生，旺之極者，從其旺神也。要行比劫印綬則吉；如局中印輕，行傷食亦佳，官殺運謂之犯旺，凶禍立至，遇財星羣劫相爭，九死一生。」早運丙午、乙巳比劫運吉，出身旺。甲、寅、卯、壬合丁，均為印綬之地。辛丑、庚子財地犯旺。年柱傷官生財坐驛馬，比劫專旺用神，不當破財看。

按：月令建祿取外格，財印年支同根透出，財印雙清可用；又亥卯未三合透干帶癸水，曲直格；因己丑不真，宜水木之地。

偏印	日主	偏財	比肩
癸未	乙亥	己卯	乙丑
乙　丁　己	甲　壬	乙	辛　癸　己
比肩　食神　偏財	劫財　正印	比肩	七殺　偏印　偏財
辛未	壬申	癸酉	甲戌	乙亥	丙子	丁丑	戊寅

釋文：春木成局，四柱無金，為曲直仁壽格，乃段執政祺瑞命造也。

1、《滴天髓》：「五陽從氣不從勢，五陰從勢無情義。原注：五陽得陽之氣，即能成乎陽剛之事，不畏財殺之事（一息尚存，抵死不從）。五陰得陰之氣，即能成乎陰順之義，故木盛則從木，火盛則從火。……五陰之性柔順，故見勢忘義，而有鄙吝之心，其處世多驕諂。」簡單說，陰日主察言觀色，隨機轉舵。

2、原局乙木生在卯月，建祿格，日主得氣，然而地支亥卯未合成木局，年干透出乙木，時干癸水加持；年月偏財蓋頭截腳，格局難用，全局木氣強盛，即以水生木，木生火為用神。丁丑運雙冲時柱，丁火無根難用。丙子運印綬食傷兩旺，得地有功。乙亥運印綬掌權。甲戌運雙合月柱，傷官燎原，木火通明。癸酉、壬申金水之地，平淡遁身，了無罣礙。

按：月令偏印透干為用，丁壬化木成真，以火運洩其多餘；傷官無財，無子護母。

正官	日主	偏印	傷官
壬 寅	丁 未	乙 卯	戊 寅
戊　丙　甲	乙　丁　己	乙	戊　丙　甲
傷官　劫財　正印	偏印　比肩　食神	偏印	傷官　劫財　正印
癸 亥　壬 戌	辛 酉　庚 申	己 未　戊 午	丁 巳　丙 辰

釋文：丁壬相合，月時卯寅，化氣格真，化神喜行旺地，旺之極者，亦喜其洩。此丁壬化木格，孫岳之命造也（五十一歲戊辰年歿，木旺土崩）。

1、《滴天髓》：「化得真者只論化，化神還有幾般化。注：丁壬生於春月，獨自相合，又得龍以運之，此為真化矣。既化矣，又論化神；如甲己化土，土陰寒，要火氣昌旺；土太旺，又要取水為財，木為官，金為食傷，隨其所向，論其喜忌。再見甲乙，亦不作爭合忌合。」原局丁壬合木，生在卯月，除年干傷官外，全局皆為木。

2、原局正偏印五見，食傷四見，比劫三見，《滴天髓》：「如化神旺而有餘，宜洩化神之神為用，化神衰而不足，宜生助化神之神為用。」原局旺而有餘，以巳午未火土之地洩化神木局。以傷官帶印而言，《三命通會》：「傷官少者，又行印鄉，即梟印奪食。傷官若帶印，不宜逢財。傷官若帶官，不宜行制伏。傷官用財，不宜行比劫。傷官用印，不忌見官煞。」原局當普通格看，殊途同歸。

通關

> 徐樂吾補注：通關之法，極為重要，如原局無通關之神，亦
> 必運程彌其缺憾，方有發展。用神如是，而喜神與忌神之間，
> 亦以運行通關之地，調和其氣為美。如財印雙清者，以官煞
> 運為美；月劫用財格，以食傷運為美。即通關之意也。

按：八字要求氣勢流暢，原局有此要件固然是好，否則在大運之間
要有通關歲運。喜神與忌神之間也用通關用神調和矛盾，因此例如
財印兩行成象，原局要有官殺，若無只能依賴大運官殺之地。又例
如比劫與財星兩行成象，原局大運要有食傷通關。

按：月令建祿格，尋外格以偏財最重為用；火土金比劫生，食神生財一團旺氣；原局比劫與財，兩行成象，原局用食神格通關，宜行印綬（丁不離甲）與食傷之地。

食神	日主	劫財	比肩
己酉	丁酉	丙午	丁酉
辛	辛	己 丁	辛
偏財	偏財	食神 比肩	偏財
文昌 天乙 將星	文昌 天乙 將星	干祿 桃花 月德	文昌 天乙 將星
戊戌　己亥	庚子　辛丑	壬寅　癸卯	甲辰　乙巳

釋文：火金相戰，取土通關為富格，蓋無土則金不能用也。此名會計師江萬平君造。

1、「火金相戰」，指原局比劫三見，偏財三見，中間用食神格通關也算佳局。食神月支透出時干，食神格。《三命通會》：「食神大忌偏印，為倒食；主為人有始無終，容貌欹斜，身材瑣小。」

2、甲辰運濕土生木無妨；癸卯運殺生印，偏印逢酉金冲去，《滴天髓》：「旺者冲衰衰者拔，衰神冲旺旺神發」，指一卯冲三酉，偏財發。將星、天乙、文昌帶偏財，其人擅於山水繪畫。

137

按：月令七殺偏印同根透出為用，身強格弱，殺輕印重，原局殺化為印，何以為貴？丙丁巳午運駕殺，戊運與辰運，財生殺剋印。庚申、甲寅，正氣無刑沖。

劫財	日主	七殺	正印
乙亥	**甲寅**	**庚申**	**癸亥**
甲　壬	戊　丙　甲	戊　壬　庚	甲　壬
比肩　偏印	偏財　食神　比肩	偏財　偏印　七殺	比肩　偏印
劫煞	干祿　孤辰	驛馬	劫煞　天德
壬子　癸丑	甲寅　乙卯	丙辰　丁巳	戊午　己未

釋文：金木相戰，取水通關，以煞印相生為用。乃陸建章命造。

1、原局月柱庚申七殺格，印綬四見，殺輕印重，七殺臨身，正印在外不護身。《三命通會》：「假如甲見庚及申，乙見辛及酉，柱中殺旺有氣，宜行東南方運，制庚辛無氣方發。否則生寅、卯月或自坐長生、臨官、帝旺，更多帶比肩，同類相扶，則能化鬼為官，化煞為權，行運引至印鄉，必發富貴。」基於正印在外扶身（通關），但不護身，先取長生帝旺化出祿刃之力抗殺。

2、《三命通會》：「月支偏官最忌沖，傷官羊刃喜相逢；日干旺相皆為貴，制伏無過百事通。」甲木地支寅亥合，不沖七殺，等於自坐羊刃，羊刃駕殺。早年戊午、丁巳、丙運食傷運，兵威權重。乙卯運征戰屠戮後，羊刃歸煞，日月雙沖，歸於空亡。

原文：是以善而順用之，則財喜食神以相生，生官以護財。官喜透財以相生，生印以護官。印喜官煞以相生，劫財以護印。食喜身旺以相生，生財以護食。不善而逆用之，則七煞喜食神以制伏，忌財印以資扶；傷官喜佩印以制伏，生財以化傷。陽刃喜官煞以制伏，忌官煞之俱無；月劫喜透官以制伏，利用財而透食以化劫。此順逆之大略也。

1、按：順用的格局例如食神生財，財不宜剋；財生正官，而正官剋比劫護財。正官宜財星透干相生，正官生出印綬，用印授剋食傷「護官」。印綬喜官殺以相生，「劫財以護印」，因為印綬怕財剋，而比劫剋財。

2、「食喜身旺以相生」，因為身旺才有元氣可洩，食神順用不宜印綬剋制，生財之後以財剋印保護食神，即「生財以護食」。「不善而逆用之」，指七殺、傷官、羊刃等可以用剋制的格局。例如七殺宜用食神剋制，不宜用財星滋生；傷官宜配印，即「印剋食傷」；或傷官生財。

3、羊刃喜官印制伏，即「殺刃格」，羊刃格逆用所以不宜缺官殺。月柱劫財或羊刃，用食神通關保護財星。

139

徐樂吾補注：財喜食神以相生者，譬如甲以己土為財，以丙為食神，財以食神為根，喜丙火之相生也。生官以護財者，甲以甲乙為比劫，庚辛為官煞，比劫有分奪財星之嫌；財生官煞而官煞能剋制比劫，是生官即以護財也。官喜透財以相生者，如甲以辛為官，以己土為財，官以財為根，喜己土之相生也。生印以護官者，如甲以壬癸為印，庚辛為官，官生印也；以丁火為傷，丁火剋制官星，喜壬癸印制傷以護官，故云生印以護官也。印喜官煞以相生，劫財以護印者，甲以壬癸為印，戊己為財，忌財破印，得比劫分財，即所以護印也。食神者我生者也，喜身旺以相生。生財以護食者，譬如甲以丙火為食，己土為財，壬癸為印，食神忌印相制，得財破印，即所以護食也（上以甲為例，類推）。財官印以陰陽配合為順，食神以同性相生為順，循扶抑之正軌，此善而順用者也。七煞者，同性相剋（如陽金剋陽木，陰金剋陰木），其性剛強。身煞相均，最宜制伏。而財能洩食以生煞，印能制食以護煞，故云忌財印資扶也。傷官者，異性相生，日元弱，喜印制伏傷官，日元強，喜傷官生財；財可以洩傷官之氣，洩傷，即所以化傷也。陽刃喜官煞者，日元旺逾其度，惟五陽有之，故名陽刃。旺極無抑，則滿極招損，故喜官煞之制伏。月劫者，月令祿劫，日元得時令之氣，最喜官旺。若用財，則須以食傷為轉樞，以食化劫，轉而生財。用煞則身煞兩停，宜用食制。此皆以扶抑月令之神為用，為不善而逆用之也。

1、按：以上所提相生相剋的大原則是「以子護母」，所提「財能洩食以生煞」，食神為母，所生之財為子，食神怕印綬剋制，用所生的財剋印。「印能制食以護煞」，印綬是官煞所生，印剋食傷，官殺可保住。

2、羊刃「旺極無抑，則滿極招損」，則優先用官殺對抗，即羊刃駕殺；若以食傷洩去，必須要有財星輾轉接續，否則食傷運過，無財還是兩袖清風。「用煞則身煞兩停，宜用食制」，當身旺之時雖然以官殺制衡，行運則宜食傷。

> 原文：今人不知專主提綱，然後將四柱干支，字字統歸月令，以觀喜忌，甚至見正官佩印，則以為官印雙全，與印綬用官者同論；見財透食神，不以為財逢食生，而以為食神生財，與食神生財同論；見偏印透食，不以為洩身之秀，而以為梟神奪食，宜用財制，與食神逢梟同論；見煞逢食制而露印者，不為去食護煞，而以為煞印相生，與印綬逢煞者同論；更有煞格逢刃，不以為刃可幫身制煞，而以為七煞制刃，與陽刃露煞者同論。此皆由不知月令而妄論之故也。

1、按：「專主提綱」，是因為月令時段正是人生黃金歲月，又是出生季節，所以標誌個人性質最明顯，故「八字用神，專求月令」，以月令為計算用神的基準點，故以月令為格局，只是重「質」，至於「量」則是天透地藏，三合三會為主。

2、例如「財透食神，不以為財逢食生，而以為食神生財」，假設壬水生在甲午月，用神正財當令是主角為中心，稱「財逢食生」，不是「食神生財」，因為食神生財是將太極點轉到食神。

徐樂吾補注：正官佩印者，月令正官，或用印化官，或見食傷礙官，取印制食傷以護官也。印綬用官者，月令印綬，日元得印滋生而旺，別干透官，而官得財生，是為官清印正，官印雙全，雖同是官印，而佩印者忌財破印。印綬用官者，喜財生官，用法截然不同也。

1、按：何謂「正官配印」？月令是正官，周邊有印綬化官生身，或有食傷剋官，可以印綬制官殺，以保護正官。何謂「印綬用官」？指月令是印綬，日主得到印綬滋生，正官透出天干且周邊有財生官，官在則財不剋印，稱「官清印正，」，即官印雙雙保全。

2、兩者差異？「正官配印」，因為正官在地支，財來先剋出頭的印綬，忌諱財剋印。「印綬用官」，有官在上，財來優先生官，不剋印綬，故喜財生官。如果年月天干是正官與印綬，印綬要貼身。

徐樂吾補注：見財透食者，月令為財，餘干透食神，取以化劫護財。食神生財者，月令食神，見財流通食神之氣，見劫為忌。偏印透食者，月令偏印滋生日元，食神為洩身之秀，忌見財星。食神逢梟者，月令食神，別支見梟，為梟神奪食，宜用財制梟以護食。煞逢食制而露印者，月令逢煞，別支食神制之太過，露印為去食護煞。

1、按：月令是財（不分正偏），天干有食神，柱運歲比劫來，食神洩去比劫生財。何謂「食神生財」？月令食神，柱運歲財來得財；比劫則忌。何謂「偏印透食」？月令偏印生日主，食神在天干洩去日主元氣生財，財剋印綬。

2、何謂「食神逢梟」？月令食神，在其它地支有偏印，為免梟印奪食，宜用偏財剋偏印。「煞逢食制而露印」，指月令七殺逢別支食神制殺，而又見印綬透出，則七殺已經被印綬所化，再加食神則「制之太過」；印綬透出可以「去食護煞」。

142

1、按：何謂「印綬逢煞」？月令的印綬太輕，宜用七殺作為元神，是為「殺印相生」。何謂「煞格逢刃」？月令七殺則日主偏弱，日時地支有羊刃幫身。反之，何謂「羊刃露煞」？月令羊刃則日主偏強，柱運歲取七殺抗衡，稱「煞刃格」。

2、徐氏補述以上論點，在於強調月令為太極點，不容誤置；其次仍須全盤評估日主強弱，月令只是計算日主強弱的起始點。故「月令七煞，日元必衰」，豈知其它地支財殺黨重或印綬比刃之類？

按：與日主相同的五行是比劫，比劫不取格，用神如何取？不過是觀察其他四柱「有無財官煞食，透干會支」，換言之，月令之外有天透地藏，三合三會就是用神。然而月令是計算強弱，取用神的起始點，因此建祿格、羊刃格，雖說無格，實則有用之神，如此自圓其說完整包裝「八字用神，專求月令。」

> 徐樂吾補注：建祿月劫之格，非必身旺，旺者喜剋洩，取財官煞食
> 為用；弱者喜扶助，即取印劫為用。是用神雖不在月令，而取用之
> 關鍵，則仍在月令，所謂先權衡月令當旺之氣，再參配別神也。

按：建祿格、羊刃格未必身旺，如果原局身旺，取財、官、煞、食、
傷等有剋洩作用的十神平衡。反之，原局身弱，取比劫印綬生扶。「用
神雖不在月令」，指《子平真詮》以格局為用神，比劫不論格，所以
用神不在月令，但以其他干支取格，還是要「先權衡月令當旺之氣」，
以定出身強身弱與相應格局特性。

二、論用神成敗救應

> 原文：用神專求月令，以四柱配之，必有成敗。
> 何謂成？如官逢財印，又無刑冲破害，官格成也。

按：月令配合四柱，所生之格局有成有敗。「何謂（正）官格成」？
例如「官逢財印，又無刑冲破害」，指正官喜財生，或印洩生身，正
官格忌諱刑冲破害，孤官無輔。任何格局冲刑幾乎都算破格。

> 原文：財生官旺，或財逢食生而身強帶比，或
> 財格透印而位置妥貼，兩不相剋，財格成也。

按：何謂「財格成」？月令財星，財生官或柱運歲逢食神，而且身
強帶比劫；或者天干透出印綬，財印分隔不相剋。單用財格命值不
高，必須逢食傷來生或去生官。財怕比劫，以食傷洩之，官剋比劫。

> 原文：印輕逢煞，或官印雙全，或身印兩旺而用
> 食傷洩氣，或印多逢財而財透根輕，印格成也。

按：何謂「印格成也」？印輕逢煞，以七殺補充元氣。或「官印雙全」，以印剋食傷，以免傷官剋官。或比劫印綬一堆，柱運歲有食傷洩身。或「印多逢財而財透根輕」，指偏印用財剋，財輕不傷印。

> 原文：食神生財，或食帶煞而無財，棄食就煞而透印，食格成也。

按：何謂「食格成也」？食神在月令，天干有財。或食神制殺不帶財。或「棄食就煞而透印」，指殺印相生，印得殺助，印剋去食神，食神衰弱，犧牲自己，照亮別人。

> 原文：身強七煞逢制，煞格成也。

按：何謂「煞格成也」？身強足以對抗七殺或印綬化殺。

> 原文：傷官生財，或傷官佩印而傷官旺印有根，或傷官
> 旺身主弱而透煞印，或傷官帶煞而無財，傷官格成也。

按：何謂「傷官格成也」？傷官生財。或傷官配印但必須傷官強過印綬，印綬要有根。或傷官旺，日主弱，而殺印透出；以印生日主剋傷官，保護七殺。或傷官帶煞而無財，即「傷官駕殺」。

> 原文：陽刃透官煞而露財印，不見傷官，陽刃格成也。

按：何謂「陽刃格成也」？「透官煞而露財印」，指天干財生官或印化殺。月令羊刃，不見傷官，否則羊刃劫財，傷官直接剋正官。羊刃傷官同柱，傷官要生財，羊刃要劫財，很難調停。

原文：建祿月劫，透官而逢財印，透財而逢
食傷，透煞而遇制伏，建祿月劫之格成也。

按：「建祿月劫」，指月令臨官或帝旺，即身強可以托財官。天干有財印輔佐，透財有食傷生財，透煞而有食傷制伏或印綬洩去，是「建祿月劫之格成」，不可刑冲。

徐樂吾補注：用神既定，則須觀其成敗救應。官逢財印者，月令正官，身旺官輕，四柱有財生官，身弱官重，四柱有印化官。又有正官兼帶財印者，須財與印兩不相礙，則官格成也。刑冲破害，以冲為重，冲者，剋也。如以木為官，則冲者必為金為傷官，故以冲為重。刑破害須酌量衡之，非必盡破格也。

1、按：由用神觀察格局成敗。何謂「官格成也」？如果月令正官，身旺官輕，以財生官取得平衡；反之，身弱官重，用印化官，降低日主壓力；如果正官兼帶有財印，財印不可併臨，財印相成，官自然成就。

2、刑冲破害，雖有不同，以冲為重；冲者，剋也。例如甲祿在寅，絕在申，寅申冲就是金木交戰。至於刑破害各有輕重，以刑次重，破害更輕。

徐樂吾補注：財旺生官者，月令財星旺，四柱有官，則財旺自生官；或月令財星而透食神，身強則食神洩秀，轉而生財。財本忌比劫，有食神則不忌而喜，蓋有食神化之也。或透印而位置妥貼者，財印不相礙也。如年干透印，時干透財，中隔比劫，則不相礙；隔官星則為財旺生官，亦不相礙，是為財格成也。

按：何謂「財旺生官」？指月令主氣是財星，四柱周邊有正官，財旺則生官。或月令財星而透食神，身強則食神洩秀，轉而生財。若比劫來，有食神通關，不忌而喜。或財印相隔，財剋不到印。例如年干透印，時干透財，中間以比劫隔開。隔著官星，則是財生官，官護財，官生印；皆為「財格成也」。例如：丙寅、戊戌、壬戌、辛丑。財格不單用，若無官殺、食神，成就在印綬也好。

徐樂吾補注：印輕逢煞，或官印雙全者，月令印綬而輕，以煞生印，為煞印相生。以官生印，為官印雙全，如身強印旺，則不能再用印，最喜食傷洩日元之秀。若印太多，則須以損印為用，如土多金埋，水多木漂（參觀五行生剋制化宜忌節），必須去其有餘，補其不足，則用神方顯。故以財透根輕，運行財地，助其不足為美。若四柱財無根氣，則印雖多，不能用財破印；原局財星太旺，印綬被傷，則反須以比劫去財扶印為美矣。此則隨局取材，不能執一也。

1、按：何謂「煞印相生」？印綬輕但有七煞相生；或官印雙全，印綬在月令不甚重，以七殺生印，稱「煞印相生」。換成正官生印，稱「官印雙全」。如「身強印旺，則不能再用印」，因為身強遇印綬失去平衡，必須以食傷洩去日主元氣。

2、如果印綬太多「則須以損印為用」，例如以財剋印，故以「財透根輕，運行財地，助其不足為美」。為何須「財透根輕」？因為剋者宜透出，根輕則是避免傷印；但財浮於天干，印綬太重，財無法破印。反之，原局財星太旺，印綬扛不住，必須以印生比劫，比劫剋財扶印，以子救母。

徐樂吾補注：月令食神，四柱見財，為食神生財，格之正也。若四柱透煞，則食神制煞為用，忌財黨煞，故以無財為美。若煞旺而透印，則棄食就煞，以印化煞為用。但棄食就煞者，雖月令食神，不再以食神格論矣。四柱若見梟印奪食，則棄食就煞為真，斯亦格之成也。

1、按：何謂「食神生財」？月令為食神，四柱有財星，不可逢冲。若四柱天干七煞透出，則以食神制殺為用，忌財星通關，所以無財（僅指主氣）為美。何謂「棄食就煞」？當原局七煞帶印的比例偏重時，就以印化煞為用，換言之，行印地優於財地。原局雖然月令食神，但因為煞印在數量的優勢，不再以食神格論。

2、原局如果印綬偏重，而食神偏弱，就形成「梟印奪食」。「棄食就煞」，指不以食神為用神，因為食神在偏印眾多之下無能施展，此時財運能生煞制印，以子救母。

徐樂吾補注：月令偏官而身強，則以食神制煞為美，為煞格之成。若身強煞弱，或煞強身弱，皆不能以制伏為用，必身煞兩停者，方許成格。

按：如果月令七煞而且日主身強，則「食神制煞」最高檔；前提在原局七煞與日主比例偏重，且兩者能量必須半斤八兩。如果身強煞弱，要以財生煞；如果煞強身弱，要以印化煞生身，形成「身煞兩停」，才算七殺格有成。

徐樂吾補注：月令傷官，身強以財為用，為傷官生財；身弱以印為用，為傷官佩印。傷官旺，印有根，以運行印地為美。斯二者皆格之正也。若傷官旺，身主弱，而透煞印，則當以印制傷，化煞滋身為用。雖月令傷官，而其重在印。傷官帶煞而無財，與食神帶煞相同。蓋以傷官駕煞，即是制伏，忌財黨煞，故以無財為成也。

1、按：何謂「傷官生財」？即月令傷官，身強帶有財星。何謂「傷官佩印」？傷官旺於印綬，印有根，行運印地。何謂「化煞滋身」？傷官旺，則盜洩日主元氣太盛，用印綬滋身、化煞、制傷，一魚三吃。月令雖然傷官，還是以印綬最重要。

2、傷官與食神不帶財，就直接剋官煞；若財通關，財洩食傷元氣，轉生七殺就壞事。故「以無財為成」。

徐樂吾補注：月令陽刃，以官煞制刃，格局最美。刃旺煞強，威權顯赫，印滋刃，財生煞，故以財印並見為吉，但須不相礙耳。刃旺者，亦可用食傷洩秀，但用官煞制者，不能再用食傷，故以不見傷官為格之成也。

1、按：羊刃格以對等的官煞抗衡，即是以官殺制刃，格局最美。在官煞與日主羊刃之間，印綬滋生日主與羊刃，財生官殺，各取所需；所以羊刃駕殺要財印並見；但財印不要緊鄰相剋。

2、羊刃較強，官殺力有不逮，則追加食傷洩秀。但用官煞對抗比劫，不能再用食傷，因為官殺與食傷合併出剋洩交加，而傷官若不帶財，或原局無財，則食傷剋官殺，自亂陣腳。

徐樂吾補注：建祿月劫，透官而逢財印，即同官格；透財而逢食傷，即同財格；透煞而遇制伏，即同煞格。蓋祿劫本身不能為用，而另取扶抑之神為用，即與所取者之格相同也。

149

按：月令建祿劫財，透出正官又帶有財印，即算正官格。透財而逢食傷，就是財格；七煞透出有制伏，就是七煞格。換言之，財官煞是益身的生存籌碼，當月令被建祿月劫卡位時，建祿月劫不具有生存籌碼的作用，就另外取比例偏重，且透出天干的財官印食傷為用。

> 原文：何謂敗？官逢傷剋刑沖，官格敗也。財輕比重，財透七煞，財格敗也。印輕逢財，或身強印重而透煞，印格敗也。食神逢梟，或生財露煞，食神格敗也。七煞逢財無制，七煞格敗也。傷官非金水而見官，或生財而帶煞，或佩印而傷輕身旺，傷官格敗也。陽刃無官煞，刃格敗也。建祿月劫，無財官，透煞印，建祿月劫之格敗也。

按：格局有成敗，例如：

1、「官格敗」，指正官被傷官刑剋，無財生官。

2、「財格敗」，指財星弱而比劫羊刃強，不見正官；其次財生殺，殺作亂。

3、「印格敗」，指印綬輕而財星旺，財剋印；或身強、印綬重、透煞，三者齊聚，就是偏枯。

4、「食神格敗」，指印綬偏重，造成梟印奪食，或食神看似制殺，來個財星通關。

5、「七煞格敗」，指財生殺，有錢就吃喝嫖賭；「無制」，指食神生財，無法制殺；或七殺沒有對等的日主強度、羊刃等駕馭。

6、「傷官格敗」，金水傷官，金寒水冷，要用正官調節氣候。其次生財帶七殺，把七殺養肥了作亂。或傷輕印綬重，印剋食傷。

7、「刃格敗」，羊刃無官殺駕馭，自我膨脹；或無食傷洩日主元氣轉生財。

8、「建祿月劫之格敗」，建祿與月令劫財不如羊刃氣旺，駕馭不住七殺，管財官剛好；透出殺印，則殺生印，印生身，建祿又不弱，氣偏一方。

> 徐樂吾補注：敗者，犯格之忌也。月令用神，必須生旺。正官見傷，則官星被制，冲官星者，非傷即刃，同為破格也。財輕比重，則財被分奪；財透七煞，則財不為我用而黨煞，反為剋我者之助，為財格所忌也。

按：徐氏複誦原文，月令用神必須生旺，月令主氣作為用神，當然是祿旺的位置，「生旺」者，不見刑冲。剋正官是傷官，正官剋的住建祿，剋不住羊刃，故「冲官星者，非傷即刃」。其他例如：財輕比劫重，羣劫爭財。財去生煞，有錢不做好事，幹些吃喝嫖賭。

> 徐樂吾補注：印輕逢財，則印被財破；身強印重，須食神洩身之旺氣，若不見食神而透煞，則煞生印，印又生身，皆為印格之忌也。

按：「印輕逢財」，財剋印，但財印都是好事，只需財輕印重即可，否則財重印輕，看錢辦事，依於利而行。「身強印重」，就是日主旺相，以食傷洩身最宜，如果不見食傷而七殺透出，殺生印，身強印重還來個七殺，屋漏偏逢連夜雨，稱「印格之忌」。

> 徐樂吾補注：食神逢梟印，則食為梟印所奪矣；食神生財，美格也，露煞則財轉而生煞，皆破格也。七煞以制為用，有財之生而無制，則七煞肆逞而身危矣。

按：食神怕遇到梟印剋制，尤其柱運歲又同根透出；食神生財是好格局，但財露出天干，且鄰干是七殺，財轉生殺，有錢壞事，破格。因為七殺無制無用，必須制服為用，否則「肆逞而身危」。

徐樂吾補注：傷官以見官為忌。惟金水傷官，金寒水冷，調候為急，可以見官，除此之外，見官皆非用傷所宜。傷官生財，與食神生財相同，帶煞則財轉而生煞，為格之忌。身旺用傷，本無需佩印；傷輕見印，則傷為印所制，不能發舒其秀氣，故為格之敗也。

按：金水傷官要有火調節氣候，除此外「見官皆非用傷所宜」，傷官有財通關，見官未必即禍。食神與傷官都有生財的功能，帶煞就不行，地支餘氣無妨。傷官配印，必須傷重印綬輕，否則喧賓奪主，印剋傷官後，傷官的優點就無從發揮。

徐樂吾補注：陽刃以官煞制刃為用，若無官煞，則刃旺而無裁抑之神矣。建祿月劫，日主必旺，喜財生官，無財官而透煞印，則煞生印，轉而生身，其旺無極，皆為破格也。成格破格，程式繁多，亦有因會合變化而成敗者，參觀用神變化節。

按：羊刃太強要有對等的官殺，否則身強無依，自大自我無節制。建祿月劫也是身強，身強可以托財官，故「喜財生官」。反之，「無財官而透煞印」，則殺生印，印生日主，旺而無極，破格。總之，成格與破格，帶上刑冲合會，千變萬化，亂人眼目。

原文：成中有敗，必是帶忌；敗中有成，全憑救應。何謂帶忌？如正官逢財而又逢傷；透官而又逢合；財旺生官而又逢傷逢合。印透食以洩氣，而又遇財露，透煞以生印，而又透財，以去印存煞。食神帶煞印而又逢財；七煞逢食制而又逢印；傷官生財而財又逢合；佩印而印又遭傷；陽刃透官而又被傷，透煞而又被合。建祿月劫透官而逢傷，透財而逢煞，是皆謂之帶忌也。

1、按：何謂「成中有敗」？例如正官逢財，但又帶有傷官，傷官與
　　正官相鄰。正官透出天干，食神合去；或兩者均現。

2、月令印綬以透出食神洩氣平衡，但遇到財星透出，而財星遇到透
　　出天干的七殺，殺生印，而又透財，以「去印存煞」，指食神、
　　財、殺均透出的情況。

3、原文所指七種情況總結就是成格主動者，遇到洩出、合去、剋去
　　就是「帶忌」。因此食神制煞逢財。七殺用食神制殺卻生印。傷
　　官生財而財又逢合。配印而印又遭傷。羊刃透官而又被傷(傷官)，
　　透煞而又被合。建祿月劫透官而逢傷、透財而逢煞等。

徐樂吾補注：帶忌者，四柱有傷用破格之神，即所謂病也；
救應者，去病之藥也。正官逢財，財生官旺，為格之成；
四柱又透傷，則官星被傷而破格矣。月令正官，干頭透出，
格之所喜，而又逢合，如甲以辛為官，生於酉月，透出辛
金，正官格成矣；而又透丙，丙辛相合，官星不清而破格
矣。財旺生官者，月令財星，生官為用，與正官逢財相同；
逢傷則官被傷，逢合則財被合去，孤官無輔，同為破格。

1、按：徐氏補述：「忌神」就是「病」，「敗中有成，全憑救應」，有
　　藥治病，敗中有成。例如財生官旺，傷官透出就破格。又例如月
　　令正官，正官透出天干被合去。假設戊日月柱乙卯，年干庚金，
　　正官格就糊掉了。

2、月令財星生官，與正官逢財相同；「逢傷(官)則官被傷」以外
　　，正官也忌合去；「逢合則財被合去」，但不忌比劫，因為正官剋
　　比劫。換言之，正官弱要有財生，正官強要用印化去，「孤官無
　　輔」，總不能空手上任。

153

徐樂吾補注：印透食以洩氣者，月令印綬，日元生旺，透食以洩身之秀，印格成也；又遇財露，則財損印為病，而破格矣。透煞以生印，煞逢印化，印得煞生，格之成也；而又透財，則財破印黨煞而破格也。

按：月令是印綬，「天干透出食神以洩氣」，假設月令印綬生身，易使日主偏強，食神洩日主元（秀）氣剛好。但如果財星透出，財剋印，印不生身，誘引食神生財，則破格。反之，月令印綬得到七殺透出生印，殺印相生成格；如果不透七殺而透財，則財剋印生殺，日主扛不住破格。

徐樂吾補注：食神帶煞印者，月令食神而無財，棄食神而用煞印，最為威權顯赫；或以印滋身、以食制煞而不相礙，亦為成格。若見財，則食以生財，財來黨煞破印，格局俱破矣。七煞逢食制者，以食制煞為用，逢印奪食而格敗。

1、按：月令食神而無財（餘氣墓庫僅見無妨），原局中有七殺與印綬，則因不具備食神生財的作用，所以放棄食神轉用殺印相生，威權顯赫。或因食神七殺使日主偏弱，而以印綬滋身；或以食神制殺而不相礙，成格。反之，有財通關，財剋印，財生黨殺，破格。

2、食神制殺，格成；然而逢印綬，印剋食神，破格。因為七殺是逆用的格局，如果「以子救母」反而壞事。而正官是順用格局，當正官遇上傷官，用財星通官，成格。

按：傷官格可以順用，也可以逆用，當順用時月令傷官去生財，財星不可被合去，例如丁日主，戊午月柱，年干癸水。傷官逆用，指傷官配印，前提要件是傷官強日主不弱，印綬不可強過傷官，否則喧賓奪主。如果柱運歲財來，印綬被傷，則傷官作亂無制；因此逢傷官，財星與印綬強弱分判很重要。傷官見財不見印，見印不見財。

1、按：羊刃格宜用對等官殺，如果天干透出正官，在平衡時冒出傷官剋官，則官殺崩解；透出七殺而煞被合，煞被合則羊刃無制，破格。建祿與月劫雖然不如羊刃剽悍，但道理相同。

2、正官順用，宜用財生；正官剋制比劫，財星才能作用，一旦遇到傷官，依據「以子救母」的原則，傷官剋正官，正官不再剋比劫，比劫劫去財星，正官就衰了。「用財喜食傷之化」，羊刃格劫財喜歡食傷通關。「用煞須食傷之制」，羊刃駕殺又加上食傷，必須是日主強過七殺，否則變成剋洩交加。若七殺透出，財殺同黨，沒有食傷反剋七殺，老話一句「無子救母」，破格。

155

成中之敗，亦變化萬端，此不過其大概也。譬如財旺生官，美格也，身弱透官，即為破格。傷官見官，為格之忌，透財而地位配置合宜，則傷官生財，財來生官，反可以解，種種變化，非言說所能盡，在於熟習者之妙悟耳。成中有敗，或敗中有成，命造中每個有之，不能一一舉例。茲略舉數造，以見一斑。

按：徐氏結語：成敗萬端，不勝枚舉，在於學者妙悟。例如財旺生官成格，反之，身弱透官破格；換言之，如何分辨身強是基本門檻。傷官見官，用食傷通關，財來生官，反敗為成。命造千變萬化，徐氏提出練習實例，以見一斑。

按：月令偏財，財生官，食神為忌，剛好合去；日主偏弱，喜甲寅乙卯印綬運，土多有甲，出身肯定苦。

正印	日主	食神	正官
甲辰	丁丑	己酉	壬戌
癸　乙　戊	辛　癸　己	辛	丁　辛　戊
七殺　偏印　傷官	偏財　七殺　食神	偏財	比肩　偏財　傷官
丁巳　　丙辰	乙卯　　甲寅	癸丑　　壬子	辛亥　　庚戌

釋文：此南潯劉澄如造。月令財星生官，格之成也，而干透己土，官星被傷，成中有敗。時干透甲印，而財印不相礙，印綬制食，格局以成。年上官星破，故不貴；丁己同宮，財星有情，故為浙西首富。行官煞運有印化，為敗中有成也。

1、原局官殺三見，透官論官。食神在月干，食傷四見，傷官格。年月柱食神生財，財生官，論「格之成」，早運論吉。調候用神，甲、庚、丙、戊。綜觀地支，丁火入庫，乙木餘氣生身，辰土生甲木，丁不離甲。食傷最重剋正官，論「成中有敗」。「財印不相礙」，指時干正印透出，而偏財三見在地支；因為地支剋不上天干，所以干頭印綬剋制食神，稱「印綬制食，格局以成」。月時雙合，吉象。

2、「年上官星破」，指己土剋壬水，又以壬水自坐戌土，正官坐傷官，論破。「丁己同宮」，指酉、丑半合財局，得己土食神生財。亥子丑運，有印綬甲辰化煞，敗中有成，命好運也好。

按：月令傷官，取外格七殺帶印；原局木火土（財殺印）偏重，金水弱；金水運尚可，畏南方火局。

劫財	日主	七殺	正印
辛巳	**庚寅**	**丙子**	**己卯**
庚　戊　丙	戊　丙　甲	癸	乙
比　偏　七 肩　印　殺	偏　七　偏 印　殺　財	傷官	正財
戊辰　　己巳	庚午　　辛未	壬申　　癸酉	甲戌　　乙亥

釋文：此申報館主人史量才造。傷官帶煞而透印，格之成也。印坐財地，不能制傷化煞，成中有敗，所以僅為無冕帝王也。煞通根寅巳而旺，只能用傷官制煞。財為忌神，居於年支，早年必困苦。至未運，會卯化財，洩傷黨煞，被刺。

1、原局七殺三見透出月干，七殺格。正偏印三見透出年干，印綬格。原局透出的格局七殺坐傷官，傷官制殺；正印坐卯木，財剋印，如坐針氈。殺旺帶印，甲戌運雙合年柱，卯戌化火生土，殺印相生有成。癸酉運沖去卯財，實現殺生印。壬運食神制殺，申運剋財護印。辛運合丙化水，殺被合無功，食傷亦制不到殺。未運以辛未、辛巳拱午沖子，用神破耗；其次未卯半合財生殺，子未刑，甲戌年，卯戌合火，傷官衰，七殺轉旺，故稱「洩傷黨煞」。

2、原局之病在日主無根，身弱，逢殺強而印不受用，故以傷官為藥，逢沖刑必衰。「早年必困苦」，指正財桃花是忌神。《滴天髓》：「日主旺相可混，日主休囚不可混。」未運混到被刺；原局四柱干支相剋。

按：月令正官是用神，財官印相生，癸酉壬申運金水重，宜木火運。

劫財	日主	比肩	傷官
丁酉	丙子	丙子	己卯
辛	癸	癸	乙
正財	正官	正官	正印

戊辰	己巳	庚午	辛未	壬申	癸酉	甲戌	乙亥

釋文：此黨國元老胡漢民造。月令官星，年印時財，兩不相礙，格成三奇。惟官重宜行印劫，惜運不助耳。此造為生於光緒五年十一月初七日酉時，或有傳其為十月廿六日申時者，則成中有敗矣。

1、原局「格成三奇」，指卯為乙，日時兩干丙、丁。地支財生官，年支與天干木生火，木火與金水之間用土通關。大運行財地帶壬癸水，官重喜印運。格局佔據四個專位，格局有利，壞在干支都在打架。

2、《滴天髓》：「德勝才者，局合君子之風。才勝德者，用顯多能之象。原注：……大率陽在內，陰在外，不激不亢者為德勝才；如丙寅戊辰月日，己卯癸卯年時者是。陽在外，陰在內，畏勢趨利者，為才勝德。」《滴天髓》：「血氣亂者，生平多疾，原注：血氣亂者，不特火勝水，水剋火之類；五氣反逆，上下不通，往來不順，謂之亂，主人多病。」原局卯木剋己土，子水剋丙火，丁火剋酉金。丙子年腦溢血歿。

159

按：月令正官，丙子、丙寅夾丑，傷官生財。

比肩	日主	比肩	傷官
丙申	丙寅	丙子	己卯
戊　壬　庚	戊　丙　甲	癸	乙
食神　七殺　偏財	食神　比肩　偏印	正官	正印
文昌　驛馬　大耗	紅豔		桃花

戊辰	己巳	庚午	辛未	壬申	癸酉	甲戌	乙亥

釋文：月令官星，財印為輔，格之成也。惜寅申相沖，財印兩傷，主雖正，奈輔佐衝突，不得力何？為成中有敗也。又浙西鹽商周湘舲造，為甲子、丙子、丙寅、丙申（說明如下），兩造相似，均主輔佐傾軋，晚年寥落不得意也。

1、原局月令正官為用，「主雖正」，指丙火自坐長生。「奈輔佐衝突」，正官最忌孤官無輔，所以要用寅中偏印與申中偏財，然而寅申沖，偏財、偏印就失去輔弼的作用，其次子卯刑。

2、又丙子與丙寅夾丑土，傷官天透地藏成格，形成傷官見官。《三命通會》：「傷官火土要傷盡，金水傷官要見官。」《滴天髓》：「傷官用財，財星得氣，運逢財旺傷旺之鄉，未有不富厚者也，運逢印旺劫旺之地，未有不貧乏者也。」因此癸酉、壬申財殺之地，雖有斬獲礙於雙沖，癸酉小成，壬申沖合多，無功。時柱食神生財坐大耗驛馬文昌，晚年命值還是高。

160

按：鹽商周湘舲，正官為用神，帶印不喜食傷；寅申沖，財印泡湯。

比肩	日主	比肩	偏印
丙申	丙寅	丙子	甲子
戊　壬　庚	戊　丙　甲	癸	癸
食　七　偏 神　殺　財	食　比　偏 神　肩　印	正官	正官
文　驛 昌　馬	紅　孤 豔　辰		
甲申　癸未	壬午　辛巳	庚辰　己卯	戊寅　丁丑

按：兩者不同在上造是己卯年，本造是甲子年，以正官格為用，偏印格也成立，因此官印相生，食傷不輕，但大運不走財地。戊寅、己卯，印剋食傷，用神無傷，閑神不忌剋。庚辰運食神生財，辛巳運羣比爭財，必衰。壬午運水火既濟，大勢已去，時支食神偏財，老本無虞。兩者晚運都是比劫之地。

按：月令七殺，以外格偏財為用神；傷官為喜神；忌神劫財。

劫財	日主	偏財	劫財
癸卯	壬申	丙辰	癸巳
乙	戊　壬　庚	癸　乙　戊	庚　戊　丙
傷官	七殺　比肩　偏印	劫財　傷官　七殺	偏印　七殺　偏財
天乙	月德　天德　孤辰	華蓋　寡宿	天乙　劫煞
戊申　　己酉	庚戌　　辛亥	壬子　　癸丑	甲寅　　乙卯

釋文：此楊杏佛命造。時逢癸卯，身旺洩秀，干透丙火，通根於巳，為傷官生財，格之成也。年時兩癸，群劫爭財，成中有敗也。行運到子，申子辰比劫會局，流年癸酉，冲去卯木，被刺。

1、原局丙火通根巳火，偏財透干，即為用神。月令七殺，地支七殺三見；劫財比肩四見，對抗財生殺，身殺兩停。早運乙卯傷官，顛倒起伏。甲寅食神發秀，出國讀書回國出仕。癸丑運與年柱癸巳拱酉，酉合辰，又三合印綬局，冲卯，與時柱癸卯夾出寅木食神，冲申；地支冲合太多，流年變動就震盪。壬子運，地支三合水局即是超級羊刃，癸酉流年金生水，卯木傷官被冲只是傷官生財，間接削弱七殺，實則群劫爭財。「群劫爭財，成中有敗」，指原局之傾向尚須運歲連夜雨。

2、《三命通會》：「偏財非是自己財，最怕比肩同位來；劫敗不逢日主見，家資當發孟嘗財。」天干有財無官，怕比劫剋財。

按：月令七殺透出成格，癸水食神制煞，兩者為喜用，食神制殺而平衡。日主身弱剋洩交加，癸酉、壬申運金水生扶，論吉。

食神	日主	偏財	七殺
乙 卯	**癸 丑**	**丁 丑**	**己 卯**
乙	辛 癸 己	辛 癸 己	乙
食神	偏印 比肩 七殺	偏印 比肩 七殺	食神
文昌 天乙	華蓋 寡宿	華蓋 寡宿	文昌 天乙
己巳	辛未	癸酉	乙亥
庚午	壬申	甲戌	丙子

釋文：此前行政院長譚延闓命造也。食神制煞，而中隔以財，格之敗也。喜乙丁隔癸，木不生火，煞坐食地，為敗中有成。將煞安置一旁，不引生，則無礙。丁火藉以調候，不可為用，蓋丁火動則生煞也。用神專取食神，非但洩秀，兼以制煞。救應節云，財逢煞而食神制煞以生財，有救應，即是敗中有成，為貴也。申運庚午年，乙卯兩字均傷，又午年丁己得祿，煞旺攻身，突然腦充血逝世。

1、「食神制煞」，指乙木食神三見，食神格。七殺三見，七殺格。食神制殺若有財通關，則財生殺反而壞事。日主癸水生在丑月，調候用神丙、丁。原局獨見丁火偏財，不可無。財無根既不剋印，生殺加持有限，即不妨食神制殺成格。

2、《三命通會》：「食神制煞逢梟，不貧則夭。」壬申運，壬水合去偏財丁火（無財，印就囂張），而申金又合去卯，食神變梟神，柱運梟旺；庚午年合乙干也是梟印，午火助殺洩食，即「煞旺攻身」。

163

按：原局身弱，月令財生官，同根透干為用，喜金水生扶，濕木持平，忌火土運。

正官	日主	偏財	正財
己酉	壬寅	丙午	丁亥
辛	戊　丙　甲	己　丁	甲　壬
正印	七殺　偏財　食神	正官　正財	食神　比肩

戊戌	己亥	庚子	辛丑	壬寅	癸卯	甲辰	乙巳

釋文：此前外交部長伍朝樞命造。寅午會局，財官並透，但五月壬水休囚，財官太旺，身弱不能任用財官；喜年逢亥祿，時逢酉印，印祿幫身為用，乃敗中有成也。

1、「寅午會局，財官並透」，指月令正財正官，透出年干與時干，財格與正官格成立。壬水午月坐絕，身弱無法托財官，但因為年支亥水幫身，酉金生水，所以「敗中有成」。

2、壬水生在午月，調候用神癸、庚、辛。格強身弱。大運由南方進入東方之地，僅靠運干壬、癸水幫身。而壬寅運，丁壬合木，寅亥合木，皆為火源。年日雙合有祖蔭，靠財官格局成就事業。《滴天髓》：「五行和者，一世無災…是以旺神太過者宜洩，不太過宜剋；弱神有根者宜扶，無根者反宜傷之。」壬水生在午月，僅靠亥水幫身，原局缺陷在壬寅運，看似天干有壬水幫身，實則丁壬合木助火，寅亥亦助火，即原局勉強平衡之局勢，在壬寅運之干支合化中，亥水生成一堆以丙午為中心的木火局，扶神亥水被傷，出血性腦中風。

164

按：月令羊刃，取外格七殺為用，祿刃交集，申酉戌三會，從革格？羊刃駕殺？

七殺	日主	劫財	傷官
丙戌	庚申	辛酉	癸巳
丁 辛 戊	戊 壬 庚	辛	庚 戊 丙
正官 劫財 偏印	偏印 食神 比肩	劫財	比肩 偏印 七殺
癸丑 甲寅	乙卯 丙辰	丁巳 戊午	己未 庚申

釋文：此石友三命造，陽刃格。時透七煞，制刃為用，格之成也。無如月干辛金合丙，年上癸水制煞。為成中有敗也，又如郭松齡造，癸未、丙辰、丙午、戊子，亦成中有敗也。格之成者，如龍濟光造，丁卯、丙午、丙子、壬辰（解釋在 57 頁），煞刃格成也；建祿如江萬平造，丁酉、丙午、丁酉、己酉（解釋在 137 頁），用食神生財，亦格之成也。

1、按：庚金生在酉月，羊刃格；自坐臨官，日祿，帶戌，三會金局，超級羊刃格；巳酉透辛，似乎近從革格；身強無疑。《滴天髓》：「從旺者，四柱皆比劫，無官殺之制，有印綬之生；旺之極者，從其旺神也，要行比劫印綬則吉，如局中印輕，行傷食亦佳。官殺運謂之犯旺，凶禍立至。」因此巳、午、未運理應凶禍，足見七殺格阻止從旺，即阻止從革格成立。

2、《滴天髓》：「甲戊庚見刃，逢沖發禍多驗；壬丙逢刃見子午沖，多無禍，以丙見子，壬見午，俱為正官。」金木沖有事，水火則互濟，庚辰年歿。

165

原文：何謂救應？如官逢傷而透印以解之，雜煞而合煞以清之，刑沖而會合以解之。財逢劫而透食以化之，生官以制之。逢煞而食神制煞以生財，或存財而合煞。印逢財而劫財以解之，或合財而存印。食逢梟而就煞以成格，或生財以護食。煞逢食制，印來護煞，而逢財以去印存食。傷官生財透煞而煞逢合。陽刃用官煞帶傷食，而重印以護之。建祿月劫用官，遇傷而傷被合，用財帶煞而煞被合，是謂之救應也。

1、按：何謂「救應」？原局有缺陷，但得到改正。例如：正官遇到傷官，有印綬剋食傷；正官七殺夾雜，合煞留官；用神遇刑沖而有合會解救，是謂救應。

2、財為用神遇比劫，天干有食神洩去比劫，或有正官剋比劫，為救應。逢七煞忌財生殺，而有食神制煞生財，或存財而合去七殺。

3、印逢財，財剋印雖敗，但有比劫通關，或合去財星留印。食神遇到偏印「而就煞以成格」，指放棄食神，讓殺印相生；或生財用財剋印保護食神，是謂救應。

4、七殺遇到食神被剋是成格，若印綬來剋食神保護七殺是破格，然而逢財去印保存食神，是救應。傷官生財透出七殺，財生殺破格，但七殺逢合，使財不生殺，是謂救應。

5、羊刃用對等官殺剛好，如果夾帶食傷，剋洩交加，故以印化官殺，生日主，剋食傷，一魚三吃。建祿月劫以正官為對等，遇到傷官洩身，但傷官被合住；建祿剋財就差不多了，帶殺是財殺同黨，日主就扛不住，殺被合剛好，是謂救應。

166

按：月令正官透出傷官，就是傷官見官，以印綬剋制傷官就是救應。
甲日主生在酉月是正官，月干丁火剋正官酉金，正官格破局，若恰
逢年干壬水偏印，則壬水剋去丁火，傷官不能剋官，正官有救應。

	日主	傷官	偏印
	甲〇	丁酉	壬〇
		辛	
		正官	

徐樂吾補注：合煞如丙火生於子月，壬癸並透，官煞雜而破格，透丁，則丁壬合而官清矣。

按：丙日主子月是正官，壬水七殺與癸水正官都透出天干，官殺混雜破格，但年干丁火透出，劫財合去七殺，合殺留官，官格清新。

正官	日主	七殺	劫財
癸○	丙○	壬子	丁○
		癸	
		正官	

徐樂吾補注：刑冲者，如己土生於寅月，支逢申，則申冲寅破官，支又見子，則子申合而化水，反生寅木，所謂會合解冲也。

按：徐氏以此例解釋「會合解冲」不切實際，若改時柱為己巳，年柱為甲申，則可；若日支為亥水，則又不可。

正官	日主		
甲子	己○	○寅	○申
癸		戊 丙 甲	戊 壬 庚
偏財		劫財 正印 正官	劫財 正財 傷官

徐樂吾補注：財逢劫而食化者，如甲木生辰戌丑未月，乙木並透，比劫爭財，干頭透丙火，則比劫生食，轉而生財，而財格不破矣。或不透丙而透辛，則辛金剋制乙木，亦不爭財矣。

按：財星怕比劫剋，所以需要食神洩化比劫，轉生財。月柱劫財剋正財，丙火食神則「比劫生食，轉而生財」，月令財格就保住了。或者透出辛金，直接剋去乙木劫財，使劫財無力奪財。但丙辛不能同時出現在年月天干。

正官	日主	劫財	食神
辛○	甲○	乙丑	丙○
		辛　癸　己	
		正官　正印　正財	

徐樂吾補注：逢煞者，如丙火生於酉月，月令正財，干透壬水，則財生煞而格破。如又透戊土，則壬為戊制，而戊土又生酉金之財，或不透戊而透丁，則合煞以存財，皆敗中之救也。

按：月令正財，財生煞，破格。如果天干有戊土食神得以制殺，且戊土可以生財，或不透戊而透出丁火劫財，則劫財合去七殺，財格也就保住了。

食神	日主	傷官	七殺
戊 ○	丙 ○	己 酉	壬 ○
		辛	
		正財	

按：印綬怕財星剋制，乙木亥月，如果有劫財可以合去偏財，保護
印綬。又如果透出的是戊土正財，則以癸水透出合去戊土正財，則
印綬也可以保存。至於時柱戊土正財被地支劫財所剋，財不剋印。
若說合財存印，印格有成，不如說財印雙全。

正財	日主	偏財	劫財
戊寅	乙〇	己亥	甲〇
戊　丙　甲		甲　壬	
正財　傷官　劫財		劫財　正印	

徐樂吾補注：食神逢梟，如甲木見丙而又透壬，為食被梟奪而破格。若透庚煞，則可棄食就煞以成格；或不透煞而透戊土之財，則戊亦可制壬以護丙食，為食格成也。

按：「食神逢梟」，就是梟印奪食。例如甲木生丙火食神，而偏印壬水貼在食神鄰干，壬水剋去丙火，稱「食被梟奪」而破格。如果庚金七殺透出，以七殺生印也是好格局，可將丙火食神放棄，稱「棄食就煞」以成格。如果不透七殺改成戊土偏財透出，則偏財也可以剋去偏印，食神格有子護母，食神格生財成立。

七殺	日主	食神	偏印
庚○	甲○	丙○	壬○

徐樂吾補注：乙木生酉月而透丁火，食神制煞也。
煞以制為用，見壬癸去丁火食神，則破格矣。更見
戊己之土，去印以存食，不壞制煞之局，而格成也。

按：乙日主生在酉月是七殺當令，月干食神制殺成格，壞在癸水剋
去丁火食神，七殺格破局。假設戊己土財星透出，也將印綬剋合而
去，食神制煞還是成立。

正財	日主	食神	偏印
戊〇	乙〇	丁酉	癸〇
		辛	
		七殺	

徐樂吾補注：傷官生財透煞者，如甲木生午月而透己土，為傷官生財格，透庚金七煞而格破，如柱透乙木，則乙庚合而傷官生財，格成矣。

按：月令傷官生財，年干己土正財，即「傷官生財格」。月干七殺財生而破格，如果乙木透出天干合去庚金七殺，傷官生財還是成立。

劫財	日主	七殺	正財
乙丑	甲〇	庚午	己〇
辛 癸 己		己 丁	
正官 正印 正財		正財 傷官	

徐樂吾補注：陽刃格以官煞制刃為用，帶傷食制官煞而格破，若得重印以去食傷，則陽刃格成矣。建祿格，見劫用官而遇傷，用財而帶煞者，如甲木生寅為建祿，用辛金官星而遇丁火，用己土財星而透庚金，皆為破格。若遇丁火而透壬，丁壬合，不傷辛金，而官可用；見庚金而透乙，乙庚合，財不黨煞而格全。皆為敗中之救應也。

1、按：羊刃格以對等的官殺為用神，如果原局又有食神傷官剋制官殺，等於羊刃面對剋洩交加，兩面夾攻，此時以「重」印剋食傷，就是比劫印綬與官殺食傷的對抗賽，羊刃格雖成，財星成為關鍵。

2、建祿格不如羊刃格剽悍，有劫財對抗正官剛好，但遇到傷官，或有財生殺這些破壞平衡的現象就破格。若遇丁壬合，丁火傷官不傷正官辛金，建祿正官格成。或者庚金七殺透出遇到乙木，乙木奪財，財不生殺，合殺留官，敗部復活。

正官	日主	偏印	傷官
辛未	甲〇	壬寅	丁〇
乙 丁 己		戊 丙 甲	
劫 傷 正 財 官 財		偏 食 比 財 神 肩	

175

上述敗中救應之法，乃顯而易見者，救
應之例不一，茲略舉數造，以見一斑。

按：徐氏以舉例說明「敗中救應」如下。月令羊刃不用，己土正印
化官生身，遏止食傷洩氣，為救應之神，使羊刃官殺均等。

正官	日主	正印	正官
丁亥	庚子	己酉	丁巳
甲　壬	癸	辛	庚　戊　丙
偏財　食神	傷官	劫財	比肩　偏印　七殺
辛　　壬 丑　　寅	癸　　甲 卯　　辰	乙　　丙 巳　　午	丁　　戊 未　　申

釋文：朱古薇命造。月令陽刃用官，然重官不貴，妙在年上官星
隔以己印，官生印，印生身，專用時上官星，運行助官，迴翔台
閣，則因己土為救應之神也。

1、庚日主生在酉月，羊刃格。年上與時上正官兩頭掛，有子難留，
「重官不貴」，指官殺三見，官多不貴，財多不富。月干己土正
印，化官為權，使正官無法直接剋制日主。

2、原局羊刃對抗官殺，在官殺三見之下，似乎強過羊刃，然而日主
所生之亥子食傷，則直接剋制官殺，月干己土生金，剋制不到亥
子水；因此形成金水略旺於火的局勢。丁未、丙午、乙巳等運均
為官殺之地。甲辰運與月柱己酉雙合，轉為日主趨旺。癸酉金水
壓制官煞。《三命通會》：「比肩羊刃格非常，要見官星與煞鄉；
元辰若無官煞制，再行比劫禍難當。」意思說原局日主旺盛，就
要走官煞運造成身煞兩停的均勢，如果行比劫印綬則旺中更旺，
必凶。不見食傷運最妙。

按：月令傷官透干為用，乙庚合財，傷官格不生財，直接駕馭七殺，七殺格得用不破。

七殺	日主	正財	傷官
丙子	庚寅	乙丑	癸酉
癸	戊　丙　甲	辛　癸　己	辛
傷官	偏印　七殺　偏財	劫財　傷官　正印	劫財
	月德　天德　大耗	天乙	羊刃

丁巳	戊午	己未	庚申	辛酉	壬戌	癸亥	甲子

釋文：此浙江省長張載陽造。時上七煞透出，用年上癸水傷官制煞，中隔乙木，則傷官生財，財生煞，為格之敗。妙在乙從庚合，則癸水不生乙木而制煞，以本身之合為救應也。

1、原局七殺格成立，傷官生財，財又生煞，故七煞強旺。《三命通會》：「若乃時逢七煞，見之未必為凶；月制干強，其煞反為權印。經云：時上偏官身要強，羊刃冲刑煞敢當，制多要行煞旺運，煞多制少必為殃。」雖然原局七煞強旺，但日主年支羊刃，丑土生金，又得乙木財來投靠，癸水無木通關，就能直接傷官駕煞。

2、初運癸亥干支駕煞，中運辛酉、庚申，金地抗煞。原局高妙在傷官、財格、七殺，三格同時成立，理應格強身弱，但得月干乙木帶財投靠，敵減一分，我增一分，扭轉乾坤。《三命通會》：「時上偏官，不怕冲刃，為人性重，剛直不屈，煞無根要坐旺宮。」反之，煞有根而日主不旺，就是格強身弱，要行比劫印綬之地。

按：月令正印透干為用，生日主剛好；偏財無根，剋不住重印，還是官殺生印成格，年日雙冲。

正官	日主	偏印	偏財
甲寅	己卯	丁巳	癸酉
戊　丙　甲	乙	庚　戊　丙	辛
劫財　正印　正官	七殺	傷官　劫財　正印	食神
亡神　大耗	將星	驛馬	文昌
己酉　庚戌　辛亥　壬子		癸丑　甲寅	乙卯　丙辰

釋文：民初浙江省長褚輔成造，己土生於巳月，丁火透出，火炎土燥，得年上癸水破印生官，以癸水為救應之神也。巳酉會局，食傷礙官，妙在癸水透，則食傷之氣生財，故運亦僅癸運為美也。此造粗視之，財印相礙，官傷相礙，不知貴在何處，細按方知，《滴天髓》云：「澄濁求清清得淨，時來寒谷也回春。」正謂此也。

1、原局己土生在巳月，調候用神癸、丙，用神早現。但偏財無根，偏印以正印為根，正官以七煞為根，格局俱有不穩定現象。走官殺運有印綬化煞，走財運有官殺承接，正印化煞。

2、《滴天髓‧清氣》：「如正官格身旺有財，身弱有印，並無傷官七煞雜之，縱有比肩食神財煞印綬雜之，皆循序得所，有安頓；或作閑神，不來破局，乃為清奇；又要有精神，不為枯弱者佳。」原局何謂「清淨」？指天干財官印，地支食神生財，月令印綬相扶，時柱正官格，干支相生相扶。「財印相礙」，印強財無根，何礙？「官傷相礙」，指巳酉半合金剋制時柱甲寅。

178

按：年干七殺，年支傷官，七殺破格；月令財星喜食傷。年日雙冲。

正印	日主	正印	七殺
壬	乙	壬	辛
午	亥	辰	巳
己　丁	甲　壬	癸　乙　戊	庚　戊　丙
偏財　食神	劫財　正印	偏印　比肩　正財	正官　正財　傷官
紅豔　文昌　月德　天德		月德　天德　寡宿	驛馬
甲申	乙酉　丙戌	丁亥　戊子	己丑　庚寅　辛卯

釋文：此江蘇省長陳陶遺造。乙生辰月，日坐長生，用午中丁己，食神生財格也。年透辛金七煞為破格，喜得辰中透壬水，化煞生身，以壬為救應之神也。雖用食神生財，而運喜食忌財，則以食能洩秀而財破印也。凡八字多風浪起伏者，大多如此。

1、按：乙木生在辰月有比肩，亥日有正印、劫財，偏弱而不弱。弱則不喜七殺，為何「化煞生身，以壬為救應之神」？年上七殺，藉年支正官呼應。月干壬水化殺生日主，故能救應。

2、原局殺輕印重，喜行殺地；至於財地則因原局財三見，不宜再見財。戊子運與時柱壬午，互換祿。丁亥運雙冲年柱辛巳，雙合時柱壬午，戌年必有風浪起伏。丙戌運亥年巳年必凶。原局高妙在貴人多見、文昌、驛馬之助。

179

> 原文：八字妙用，全在成敗救應，其中權輕權重，甚是活潑。學者從此留心，能於萬變中融以一理，則於命之一道，其庶幾乎！

> 徐樂吾補注：八字中之成敗救應，千變萬化，非言說所能盡。上列變化，就月令用神舉其普通之方式而已。孟子云：「大匠能使人以規矩，不能使人巧。」學者熟習之後，自生妙悟。若論其變，則同一八字，地位次序，稍有更易，即生變化，或成或敗，或能救應，或不能救應，非可同論，亦非引舉方式所能盡。惟有一理融貫之，則自然權輕權重，左右逢源矣。

《子平真詮》原文與徐氏本節「成敗救應」收尾，勉勵學者權衡輕重，「同一八字，地位次序，稍有更易，即生變化」，救應之間「能於萬變中融以一理」，不贅述。

三、論用神變化

> 原文：用神既主月令矣，然月令所藏不一，而用神遂有變化。如十二支中，除子午卯酉外，餘皆有藏，不必四庫也。即以寅論，甲為本主，如郡之有府，丙其長生，如郡之有同知，戊亦長生，如郡之有通判；假使寅月為提，不透甲而透丙，則如知府不臨郡，而同知得以作主。此變化之由也。

1、按：用神以月令為基準計算點，然而月令藏干各有不同，輕重有別，以至於用神遂有變化。例如十二地支專位的子午卯酉外，其餘八個地支都有餘氣或墓庫之類。

2、以寅支藏干甲、丙、戊為例，甲是「本主」當家的；丙與戊是府官之下的幕僚參謀之類。假使寅月是提綱，不透甲木而由其下屬透出，則如當家不管事，派出代理人，自然會有曲折變化。

180

1、按：「子午卯酉為專氣，所藏僅一神」，子藏癸水，午藏丁己，卯藏乙木，酉藏辛金，其中因火土共長生，故午中藏丁與己，五行僅四生地。寅申巳亥為長生之地，木生在亥祿在寅，火土生在寅祿在巳，金生在巳祿在申，水生在申祿在亥。

2、陰長生者的算法是依據《莊子·齊物》：「方生方死，方死方生」，故陽死陰生，陽生陰死，並非正五行的生旺庫順序，因此乙木並非長生在午，故「子午卯酉中，無長生之神」。然而無論如何起算，陰陽祿旺之位均相鄰，無礙正五行旺相休囚死等意旨。

按：寅申巳亥是取祿位與長生，其中土是因為後天八卦艮坤屬土，所以寅與申都算土的長生位，因此戊土寄上一筆，何以至亥卻無戊土，因為戊土在寅位有丙火長生作為元氣，而在亥位卻是丙火絕地，元神不同，用神就被捨棄。

徐樂吾補注：辰戌丑未為墓地，所藏者即餘氣及入墓之物。辰為木之餘，水之墓，而土為其本氣，故所藏為戊乙癸也，戌丑未准此類推。故以寅而論，甲為本主，乃當旺之氣也；次者丙戊，亦已得氣。假使寅月為提，不透甲而透丙，是甲雖當旺，而在此八字中，非其所管轄；丙雖次要，而為此八字之主持者，勢須捨甲而用丙。此為變化之由也。

按：辰戌丑未，四墓之地，藏干以戊己為本氣，以方位五行為餘氣，以前一季五行入墓庫。地支為體，天干為用，月令本氣不透干，以餘氣透干，則此八字之主持者，捨去本氣以天透地藏為「主持者」，即所謂格局。

原文：故若丁生亥月，本為正官，支全卯未，則化為印。己生申月，本屬傷官。藏庚透壬，則化為財。凡此之類，皆用神之變化也。

按：何謂「用神變化」？假設丁火生在亥月，壬水是正官，但如果地支亥卯未全，即變化成三合印綬局。又例如己土生在申月，申中本氣雖是庚金傷官，但壬水透出天干，即是財格。

徐樂吾補注：丁生亥月，本為月令正官，支全卯未，則三合木局而化為印，此因會合而變化者也。己生申月，本屬土金傷官，藏庚透壬，則捨傷官而用財，此因藏透而變化者也。

按：徐氏解釋原文「用神變化」的意義，不贅述。

原文：變之而善，其格愈美；變之不善，其格遂壞，何謂變之而善？如辛生寅月，逢丙而化財為官。壬生戌月，逢辛而化煞為印。癸生寅月，藏甲透丙，會午會戌，則化傷為財，即使透官，可作財旺生官論，不作傷官見官。乙生寅月，透戊為財，會午會戌，則月劫化為食傷，如此之類，不可勝數，皆變之善者也。

1、按：變格變得好，變得妙，稱「變之而善」；反之「變之不善，其格遂壞」。假設辛金生在寅月，甲木是正官，但支中丙火透出變成天透地藏的正官格，而這個正官格有寅中本氣「財」的相生，格局就是財生官有成。又例如壬水戌月，支中戊土是七殺，但透出是辛金正印，有月令本氣殺生印，即七殺生印有成；此兩例善在格局得本氣為元氣。

2、又例如，癸水生在寅月，丙火透出變成正財格，地支帶有午、戌，就是三合火局，寅月本氣甲木既然是傷官，就是傷官生財格；假設改為透出戊土正官，因為地支三合火局，即是財生官，既有三合財局通關，不作傷官見官。

3、乙木寅月，戊土是正財，寅午戌三合傷官，月令劫財化出傷官局，傷官總比劫財好。以上「變之善者」。

徐樂吾補注：辛生寅月，月令正財秉令，透丙則以財生官旺為用，不專以財論。壬生戌月，月令七煞秉令，透辛則辛金餘氣作用，煞印相生，不專以煞論。此二者以透出而變化者也。癸生寅月，月令傷官秉令，藏甲透丙，會午會戌，則寅午戌三合，傷化為財；加以丙火透出，完全作為財論，即使不透丙而透戊土，亦作財旺生官論。蓋寅午戌三合變化在前，不作傷官見官論也。乙生寅月，月劫秉令，會午會戌，則劫化為食傷，透戊則為食傷生財，不作比劫爭財論。此二者因會合而變化者也。因變化而忌化為喜，為變之善者。

按：徐氏補述意旨與原文相同，不贅述。

原文：何謂變之而不善？如丙生寅月，本為印綬，甲不透干而會午會戌，則化為劫。丙生申月，本屬偏財，藏庚透壬，會子會辰，則化為煞。如此之類亦多，皆變之不善者也。

按：何謂「變之而不善」？例如丙火生在寅月，甲木是偏印，但地支三合寅午戌火局，竟然變成超級羊刃格，「化為劫」而不善。丙生申月，申中本氣庚金是偏財，壬水透出七殺，地支申子辰三合七殺，月令本氣偏財提油救火，財生殺，七殺逆用卻來順生，格局敗。

徐樂吾補注：丙生寅月，甲木秉令，本為偏印，甲不透干而透丙，或會午會戌，則三合火局，印化為劫。丙生申月，庚金秉令，本屬偏財，干不透庚而透壬，或會子會辰，則三合水局，財化為煞。因變化而喜化為忌，為變之不善。喜忌變化不一，特舉數造為例：

按：丙火生在寅月，寅中甲木是偏印，丙火透干是比肩，三合寅午戌是火局，火旺轉成羊刃格，故「印化為劫」。又例如丙火申月，庚金是偏財，壬水透干是七殺格，或申子辰三合七殺局，七殺又得到庚金相生，逆用卻來順生。以上「喜化為忌，為變之不善」。

184

按：月令建祿，丁壬合帶亥卯未，一團木氣，變格為從殺；喜無食傷制殺，宜水木財殺之地。

七殺	日主	偏印	正財
乙亥	己卯	丁未	壬寅
甲　壬	乙	乙　丁　己	戊　丙　甲
正官　正財	七殺	七殺　偏印　比肩	劫財　正印　正官
乙卯　甲寅	癸丑　壬子	辛亥　庚戌	己酉　戊申

釋文：此伍廷芳之造也。己生未月，干透丁火，正火土當旺之時，然支會亥卯未木局，干透壬水，丁合壬化木，年支寅，時透乙，以助之，丁未兩字，皆化為木，己土不得不從煞矣。四柱無金，全局純粹，從煞格成也。

1、己土生在未月，本論建祿格，然而亥卯未三合木局轉為七殺格。天干丁壬合木，轉進為從殺格。《滴天髓》：「四柱干支財殺過旺，日主旺中變弱，須尋其幫身制化財殺者而用之。」又說：「從得真者只論從，從神又有吉和凶。原注：日主孤立無氣，天地人元絕無一毫生扶之意；財官強甚，乃為真從也。」

2、如果作為一般普通格討論，官殺五見透出時干，印綬正偏印三見，月柱偏印格，殺重印輕，要行比劫抗殺，印綬化殺之地，言從旺。《子平粹言》：「陰干本為衰竭之氣，見全局偏旺何方，即棄其原來性質，而從旺神。……如旺神雖成方局，而月令非當旺之時，或日干未至衰絕之地，支有微根，此在陰干為真從。」

按：月令七殺，帶申子辰三合水局透出壬水，超級羊刃格。月令傷官透干，年干偏財通根時支，傷官生財洩去羊刃驕氣。喜木火之地。

傷官	日主	比肩	偏財
乙巳	壬申	壬辰	丙子
庚 戊 丙	戊 壬 庚	癸 乙 戊	癸
偏印 七殺 偏財	七殺 比肩 偏印	劫財 傷官 七殺	劫財
庚子 己亥	戊戌 丁酉	丙申 乙未	甲午 癸巳

釋文：此王克敏造也。壬生三月，本為墓地，戊土七煞秉令，然辰中不透戊而透壬乙，申子辰三合水局，則土旺變為水旺，春木餘氣，洩水之旺氣，丙火又得祿於巳，變為傷官生財格。

1、原局偏財丙火，通根時支，偏財格。辰中乙木透出時干，傷官格。全局傷官生財。何以「戊土七煞秉令」地支七殺三見，卻不論為七殺格？除了偏財與傷官天透地藏在數量上優勢外，壬辰、壬申、丙子，形成三合水局，巳申又是合水，因此「（七）殺皮，比（劫）骨」。

2、《滴天髓》：「何處起根源，流到何方住；機括此中求，知來亦知去。原注：不必論當令不當令，只論取最多最旺，而可以為滿局之祖宗者，為源頭也。看此源頭流到何方？流去之處，是所喜之神。……源頭者，即四柱中之旺神也；不論財官、印綬、食傷、比劫之類，皆可為源頭也，總要流通生化，收局得美為佳。或起於比劫，止於財官為喜。或起於財官，止於比劫為忌。」原局比劫旺，宜行食傷財地，不宜印綬運剋食傷。天干無庚辛，月令辰土，無緣潤下格。

按：月令卯木是羊刃，比劫偏重，月支羊刃暗合七殺不奪正財，月干正財合日主，乙木不剋財。財生殺；何時失衡，何時倒楣，戌運合卯，酉卯沖，一合一沖，羊刃劫財破格。

劫財	日主	正財	劫財
乙亥	甲申	己卯	乙亥
甲 壬	戊 壬 庚	乙	甲 壬
比 偏 肩 印	偏 偏 七 財 印 殺	劫 財	比 偏 肩 印
亡 神	月 天 德 德	羊 刃	亡 神
辛 壬 未 申	癸 甲 酉 戌	乙 丙 亥 子	丁 戊 丑 寅

釋文：此湖北都督蕭耀南之造。月令陽刃，申金制之，煞刃格成也。申中庚金，見卯中乙木暗合，氣協情和，正所謂「甲以乙妹妻庚，凶為吉兆」是也。陽刃合煞，煞不剋身，至甲運而開府兩湖；戌運生金合卯，格局盡破，不祿。

1、甲木生在卯月，羊刃格。「申中庚金，見卯中乙木暗合，氣協情和」，月令羊刃卯與申暗合，究竟羊刃卯木是否因合庚而化去羊刃之力，還是繼續存在扶助日主的能量？卯木是「劫皮殺骨」。

2、扣除月令羊刃，甲木還有比劫五見，偏印三見，足以對抗己土與申金財生殺之均勢，殺強身弱。子運、乙亥運、甲運，均為生扶日主之地，戌運拱酉財生殺，三合官殺局沖卯，丙寅年地支合沖太多，病歿。《三命通會》：「大率羊刃最壞造化，既是好命，卻帶刃劫；制按如法，須還他發福；後遇歲運併臨，或在刑合之位，依舊有禍。刃格，福自福，禍自禍，兩不相掩。」

187

按：月令偏財，財星五見為用，喜食傷來的巧。

偏財	日主	正財	劫財
丙午	壬午	丁巳	癸酉
己　丁	己　丁	庚　戊　丙	辛
正官　正財	正官　正財	偏印　七殺　偏財	正印
將星	將星	天乙　亡神	

己酉	庚戌	辛亥	壬子	癸丑	甲寅	乙卯	丙辰

釋文：此淞滬護軍使何豐林造也。月令財煞，日元弱極，妙在巳酉一合，財化為印，癸剋去丁，使丁不合於壬，亦不傷印，所謂用劫護印也。時上丙火透出，財旺生官，而財印不相礙，遂成貴格。設有癸水之救應，而無巳酉之變化，亦不成也。

1、原局年柱癸酉，印生比劫，生扶日主。除此外，月柱財格生殺，財星五見生官殺三見，格強身弱，日主無根。財殺強，用印綬護身，巳酉半合印綬，力挺日主。丁壬合木，周邊無木依靠，故不化。「時上丙火透出，財旺生官，而財印不相礙」，指巳中偏財情勢趨向於印綬。故癸水有印綬來生，為敗中有成。

2、《滴天髓》：「形全者，宜損其有餘；形缺者，宜補其不足。」原局日主身弱，柱中無食傷，即無洩化之虞；乙卯、甲寅食傷運，印綬無傷。癸丑運印綬、比劫生扶日主。壬子運與丙午時柱雙冲。辛亥運雙冲月柱，雙合時柱。

1、按：也有變化而不失原來的用神，例如辛金生在寅月，甲木是正財，丙火是正官，甲丙財官同時同根透出，以甲木正財為主格，丙火正官為兼格。又例如乙木申月，壬水透出是印格，戊土也透出是正財，財生官，壬水正印遇到正財，退位不當用神。

2、癸水生在寅月，丙火透干就是正財格，甲木也透出就是傷官格，合稱「傷官生財」；若戊土透干成正官格則不妙，不宜傷官見官，戊癸合。

3、若丙火寅月生，地支午火戌土，三合火局羊刃劫財，又透出甲木偏印太旺，或透壬水七殺，仍然不是劫財羊刃。《子平真詮》原文所述，不如以下徐氏所述清晰。

按：兼格者是兩個格局同時存在，但不是同時並用；因為甲木生丙火是甲木先來，丙戊比劫食神後到的關係。乙木申月是正官，壬水

透出是正印格，本來可以捨棄月令本氣正官，當用神是正印格，然而戊土正財也透干成為財格，結果出現財生官與財剋印的矛盾現象，取格就必須「棄印就財官」，為何如此？必須分開說，辛金寅月是甲木最旺，所以財旺生官在先。乙木申月，申中庚金最旺，壬水是正印，戊土是正財，先用當旺的正官，正官順用，財來生官才成格，故「先用當旺之神，次及得氣之神」，印遇財當然退位。總之，必須分辨當旺之氣為樞紐。

> 徐樂吾補注：癸生寅月，傷官秉令，甲丙並透，則先甲後丙，仍為傷官生財，而忌見官星矣。丙生寅月，印綬秉令，支會午戌，則化為劫。透甲則甲印當權，印格不變；透壬則印有煞生，劫被煞制，而印格亦不變。丙生申月，偏財秉令，透壬則水通源而化煞，又透戊，則財有食生，煞為食制，而財格亦不變。此為變而不變者之例。

1、按：癸水生在寅月，透甲是傷官格，透丙是正財格，傷官生財同根透，相生最有力；忌見官星，官星要財生，但傷官本氣最旺，傷官也有主張要見官，一團矛盾。

2、丙火寅月，偏印為本氣，地支三合寅午戌羊刃格（不能隔位）。透甲是月柱天透地藏，偏印格不變；透壬水七殺則殺生印，而丙火被壬水剋制，仍然還是印格不變。

3、丙火申月，庚金偏財是本氣；「透壬則水通源而化煞」，指壬水七殺強勢，要有甲乙寅卯印綬化煞；如果透出戊土食神，則食神生財，原來的月令本氣就是財格不變；又食神制殺，還是財格。以上都是「變而不變」。

> 原文：是故八字非用神不立，用神非變化不靈，善觀命者，必於此細詳之。

> 徐樂吾補注：看用神而不察其變化，則用神不能確定，宜細辨之。

按：原文與徐氏補述同列：所述不過在用神變化多端，宜慎觀其變，不贅言。

四、論用神純雜

> 原文：用神既有變化，則變化之中，遂分純雜。純者吉，雜者凶。

> 徐樂吾補注：用神純則氣勢純一，而能力易於發揮；用神雜則牽掣多端，而能力不顯。《滴天髓》云：「一清到底顯精神，管取平生富貴真，澄濁求清清得淨，時來寒谷亦回春」，即純雜之謂也（參看《滴天髓徵義》清濁節例證）。

按：用神「純者吉，雜者凶」，老生常談。徐氏用《滴天髓》說明，清氣有癸酉、甲子、丙寅、乙未。甲子、丙寅、己亥、辛未。癸未、甲子、丙寅、丁酉等例。而濁氣者：乙亥、庚辰、戊戌、丁巳。癸亥、己未、丙午、己丑。丁卯、丁未、庚午、己卯等例。讀者自行體會。

> 原文：何謂純？互用而兩相得者是也。如辛生寅月，甲丙並透，財與官相生，兩相得也。戊生申月，庚壬並透，財與食相生，兩相得也。癸生未月，乙己並透，煞與食相剋，相剋而得其當，亦兩相得也。如此之類，皆用神之純者。

按：何謂「純」？日主與月令有互補作用。例如辛金生在寅月，甲丙並透，則是財生官，格局同根透，兩者相得益彰。又例如戊土申月，庚壬並透，庚是食神，壬是偏財，食神生財。又例如癸水未月，食神與七殺同時透出，食神制殺。以上稱用神純者。

191

1、按：財官食印，指正偏財、正官、食神、正印；「互用為多」，指
　　食神生財，財生官，官生印等，必須符合日主需求。例如辛金寅
　　月，辛絕在寅，面對財生官，辛金要通根得祿（至少要有根）。

2、戊土生在申月，庚壬並透，即是食神生偏財，需要洩秀的本錢，
　　所以比劫印綬不可少。

3、癸水未月，乙己並透是食神制殺同根透，剋洩交加。也要身強。
　　不一定月令同根透，其餘年日時地支透出，也是要「互用」。

按：何謂「雜」？日主與月令湊不上格局。例如壬水生未月，乙己
並透，乙是傷官，己是正官，傷官見官。甲生辰月，戊壬並透，戊
是偏財，癸是正印，財剋印，諸如此類順用不宜相剋。

按：傷官見官，財剋印，老生常談；徐氏補述：假設壬水未月透出己土官星，乙木入庫又逢財洩氣，「無力以傷官」。又例如甲生辰月，透出壬水偏印，以癸水為根，「則辰土亦不能破印」，指印綬重，地支剋不上天干，除非「並透則為嫌」，指財星也透出天干力大。如果天干相隔，河水不犯井水，或另有剋制與相合，還有救應餘地。

按：月令七殺，官殺四見透干，透官論官，財生官，官生印，殺重印輕，喜行印地。不帶食傷夾雜。

劫財	日主	偏印	正官
戊辰	**己亥**	**丁卯**	**甲子**
癸　乙　戊	甲　壬	乙	癸
偏財　七殺　劫財	正官　正財	七殺	偏財
乙亥　甲戌	癸酉　壬申	辛未　庚午	己巳　戊辰

釋文：此楊增新之造也。亥卯會合，年透官星，好在子水財星生官，官生印，而印生身，財官印相得，純而不雜也。可惜時上少一點金，及身而止，不免後嗣艱耳。

1、原局子水生甲木，甲木生丁火，丁火生日主己土。故稱「財官印相得，純而不雜」。「少一點金，及身而止」，指原局缺庚辛金食傷（子息），故水木火土「及身而止，不免後嗣艱耳」。正官七殺四見，七殺格；正偏財地支三見，財生殺有力。日主有偏印劫財三見，日主不弱但格局更強，火運幫身剛好。

2、《滴天髓》：「道有體用，不可以一端論也；要在扶之抑之得其宜。原文：有以日主為體，提綱為用，日主旺，則提綱之食神財官皆為我用。日主弱，則提綱有物幫身，以制其強神者，亦皆為我用。提綱為體，喜神為用者，日主不能用乎提綱矣。提綱食傷財官太旺，則取年月時上印比為喜神。」己運，巳午未運為喜神。壬申運雙合月柱。戊辰年遇狙而斃。

194

按：月令正官透出成格為用，丙火子月身弱，喜配印剛好。日時雙合帶桃花，日主向財不向官。

正財	日主	偏印	正官
辛卯	丙戌	甲子	癸未
乙	丁　辛　戊	癸	乙　丁　己
正印	劫財　正財　食神	正官	正印　劫財　傷官

丙辰	丁巳	戊午	己未	庚申	辛酉	壬戌	癸亥

釋文：此梁鴻志之造也。月令官星透出，然月令子水，為戌未所包圍，而癸未又官坐傷地，丙辛相合，日元之情向財而不向官，各不相謀，似乎夾雜。但細按之，丙火合辛，使財不傷印，印制傷以存官，濁中有清，所以貴也。轉輾救應，非細辨不知耳。

1、天干財官印，門面清新。年干正官通根月令，正官格。偏印以年時正印為根，印綬格。時干正財通根日支，正財格。丙火生在子月，調候用神壬、戊、己。丙辛合日主向財。

2、壬運有用神，戌運不利官殺，辛酉、庚申轉財生殺。己未運傷官剋官。戊午運雙冲月柱，雙合年柱。丙戌年以漢奸伏法。《滴天髓》：「官殺混雜者，富貴甚多。總之，殺官當令者，必要坐下印綬，則其殺官之氣流通，生化有情，或氣貫生時（時支旺祿），亦足以扶身敵殺。若不氣貫生時，又不坐下印綬，不貧亦賤，如殺官不當令者，不作此論。」

> 原文：純雜之理，不出變化，分而疏之，其理愈明，學命者不可不知也。

按：學八字要能分辨「純」與「雜」，才能入木三分。

> 徐樂吾補注：變化之法，不外五合、三合、六合及生剋制化。凡八字佳者，用神未有不純者也，稍次則稍雜，愈次則愈雜。其例不勝備舉，多看八字自明。

按：徐氏本節末以多看八字勉勵學者，業精於勤，荒於嬉。

五、論用神格局高低

> 原文：八字既有用神，必有格局，有格局必有高低，財官印食煞傷劫刃，何格無貴？何格無賤？由極貴而至極賤，萬有不齊，其變千狀，豈可言傳？然其理之大綱，亦在有情無情、有力無力之間而已。

按：八字既有用神，用神即格局，在財官印食煞傷劫刃之中，貴賤判斷在有情無情、有力無力之間而已。有力指日主強，但格局則要有情，有力有情是順逆格局同一地支透出；缺一都是遺憾。

> 徐樂吾補注：凡八字同一格局而有高低。高低之別，從大體言之，即是成敗救應與用神純雜；若細論之，則干支之藏透，位置之配合次序，喜忌閒神與日元之間隔與貼近，或喜用與日元之進氣與退氣，皆為格局高低之分。故有情無情、有力無力八個字，各個命造不同。學者多看八字，神而明之，自然會悟，非文字所能詳說也。試舉一例於下：

按：八字同一格局之高低分別起因於「成敗救應與用神純雜」。細分：1、干支之藏透。2、位置之配合次序。3、喜忌閒神與日元之間隔與貼近。4、喜用與日元之進氣與退氣。運用之妙，只能多看八字，神而明之，自然領會。

按：月令七殺，透干四見為用，殺重印輕，喜行印地。日主自坐正印劫財，偏印則與七殺同根，洩的快，護的緊，財殺生，剋不到印；保鑣要貼身。

七殺	日主	七殺	比肩
甲寅	**戊午**	**甲寅**	**戊子**
戊　丙　甲	己　丁	戊　丙　甲	癸
比肩　偏印　七殺	劫財　正印	比肩　偏印　七殺	正財
壬戌　辛酉	庚申　己未	戊午　丁巳	丙辰　乙卯

1、原局七殺四見，天透地藏，七殺格。地支正偏印三見，七殺帶印，殺重印輕。比劫四見，日主有幫手，日刃格；日刃駕殺，但格重於身。水木與火土對抗賽，庚辛食傷作閒神。《三命通會》：「甲戊庚見刃逢冲發禍，多驗。壬丙逢刃見子午冲，多無禍。以丙見子，壬見午，俱為正官，反作貴氣論。又曰：甲以己為妻財，四柱卻有卯乙，己土受傷，不能扶甲，故主剋喪妻子，歲運復臨劫刃旺相，誠所不免。」

2、《三命通會》：「大運最怕與流年相會，旺財傷印，凶危；如柱中原有剋印之神，歲運更逢財星併剋，必遭凶暴死。如甲辰日生子月、申時，會起庚煞化印，貴至一品。運行丁未，歲在庚戌，冲起日下塵土，聚財壞印，印無化，戌年為事，辛亥年受刑。」乙卯運官助殺，丙辰運印綬、比劫護身。丁巳、戊午、己未等運均為生扶日主。庚申運七殺逢冲，辰年會財，財壞印或羣劫爭財均凶。

按：月令七殺四見透干為用，身弱用印，喜火土運；自坐正財，使印綬如坐針氈。〈否卦〉：「內小人而外君子，小人道長，君子道消。」佞臣貼身。

七殺	日主	偏印	劫財
甲寅	**戊子**	**丙寅**	**己亥**
戊　丙　甲	癸	戊　丙　甲	甲　壬
比　偏　七 肩　印　殺	正財	比　偏　七 肩　印　殺	七　偏 殺　財
驛馬　孤辰	將星	驛馬　月德　孤辰	亡神
戊午　己未	庚申　辛酉	壬戌　癸亥	甲子　乙丑

徐樂吾補注：此兩造同為煞重用印。上造日元坐午，兩寅夾拱，財在年支，助煞生印，印在坐下，貼近有力，兩煞拱護，相生有情。下造同一用印，印復透干，但日元坐財，忌神貼近。兩造同為貴格，同為財煞印相生，而下造不及上造，所謂同一格局而分高低。

1、按：原局七殺四見，七殺格。偏印三見透干，偏印格。戊土生在寅月，調候用神丙、甲、癸。本造與前造兩者均調候相當，格局亦為七殺格，甚且年時雙合可見天子，為何「下造不及上造」？

2、其一，本造為殺印相生，按部就班而上。上造羊刃駕殺，主動出擊；時效性不同。其二，下造原局日主僅有微根，而七殺得到偏財與正財為後援，明顯殺重印輕日主弱，如此應行印綬、比劫之地強化日主，然而大運卻是財地生殺，食傷生財，無視日主身弱之情況，僅靠印綬生身，一但財星膨脹，即為財制印生殺所困。

198

原文：如正官佩印，不如透財，而四柱帶傷，反推佩印。故甲透酉官，透丁合壬，是謂合傷存官，遂成貴格，以其有情也。財忌比劫，而與煞作合，劫反為用。故甲生辰月，透戊成格，遇乙為劫，逢庚為煞，二者相合，皆得其用，遂成貴格，亦以其有情也。

1、按：「正官佩印，不如透財」，因為財可生官；而配印則財來剋印，但前提是身強。為何「四柱帶傷，反推佩印」？因為傷官多洩身之餘，要印綬制傷護官，滋生日元。

2、甲透酉官正官格，透丁火傷官合住壬水偏印，是謂「合傷存官」，指傷官丁火與壬水羈絆（化不化另一回事），就不去剋正官，正官成貴格，「以其有情」。何謂「有情」？指兩個格局不協調，中間有洩化、通關、剋合等情形，達到格局成就的目的。又例如財忌比劫，而比劫與七殺相合，劫財反而不奪財。

3、例如甲生辰月，戊土透出偏財格，乙木劫財，庚金是七煞，乙庚相合，財格不破，七煞威權萬里，各取所需。

徐樂吾補注：身弱用官，宜於印化；身強用官，宜用財生。此官印格所以不及財官格之發皇也。若四柱帶傷，日元既有官剋制，又被傷洩弱，雖用財可以化傷，而身弱不能任用財官，反不如佩印之可以制傷護官，滋生日元，一印而三得其用也。

按：身弱用官印相生，身強用財生殺，所以官印格不及財官格的榮華富貴。如果四柱帶有傷官，日主遇到正官與傷官就是剋洩交加；雖然可以用財洩去傷官，但身弱無法托財官。如果配印，印綬可以：
1、制傷，剋制傷官，以免洩身太過。2、護官，正官所生，以子救母。3、印綬滋生日主。故「一印而三得其用」。

徐樂吾補注：甲透酉官者，甲生酉月，透出辛金官星，見丁火則官星被傷，有壬合丁，不但合去傷官，而丁壬化木，又助日元，化忌為喜，是為有情。

按：甲木酉月透出辛金就是正官格，見丁火傷官見官，破格；但如果有壬水偏印，不但合去傷官，丁壬化木成比劫，幫助日主甲木，「化忌為喜，是為有情」。

徐樂吾補注：財格忌比劫爭財，而透煞則財去黨煞，亦犯格之忌，然劫煞並透而合，反兩得其用。蓋煞可以制劫，使其不爭財，而劫可以合煞，使煞不攻身也。如甲生辰月而透戊，偏財成格也，乙庚並透，彼此牽制，財格藉以不破。此以忌制忌，為有情而貴也。

按：財格固然忌諱比劫爭財，若透出七殺則財生殺，殺作亂，也是格局忌諱；如果比劫七殺兩者相合，則七殺不攻身。例如甲木辰月，地支藏戊乙癸，戊土透出是偏財格，乙是劫財，庚是七殺，兩個逆用相合，彼此牽制，財不生殺，劫不爭財，以忌制忌，為有情而貴。

原文：身強煞露而食神又旺，如乙生酉月，辛金透，丁火剛，秋木盛，三者皆備，極等之貴，以其有力也。官強財透而身逢祿刃，如丙生子月，癸水透，庚金露，而坐寅午，三者皆均，遂成大貴，亦以其有力也。

1、按：日主強且七殺透干，而且食神又旺，例如乙木生酉月，辛金七殺透出，丁火剛猛，酉月秋木盛；「三者皆備」，指七殺、食神、日主旺，就是具備食神制殺的要件，尊貴極品。

2、又如丙生子月，癸水透出就是正官格，庚金露出是財生官，坐下寅午半合火局生扶日主，即身強且財生殺成立。「有力」指格局與日主搭配的剛好。

徐樂吾補注：此為用官用煞之別。身強煞旺宜食制，身強官旺喜財生。乙生酉月，辛金透出，七煞格也；乙木支坐寅卯亥，干透比劫，秋木盛也。丁火透出，木盛則火亦有力。三者皆備，運行制煞之鄉，必為極等之貴（參觀論煞節）。以身煞食神均旺而有力也。舉例如下。

按：正官順用與七殺逆用之不同有，日主強七煞旺，用食神制殺。身強正官旺，用財生官。假設乙木生在酉月（七殺強），但乙木坐下臨官帝旺，天干又透出比劫，即是日主身強；當丁火食神透出，日主盛則丁火旺；「運行制煞之鄉，必為極等之貴」。

按：月令七殺透干為用，喜印綬通根化殺生身，喜食神成格，大運火地食傷制殺，日主偏弱，借力使力。

食神	日主	七殺	偏印
丁 亥	乙 酉	辛 酉	癸 未
甲　壬	辛	辛	乙　丁　己
劫　正 財　印	七 殺	七 殺	比　食　偏 肩　神　財
驛 馬	將 星	將 星	
癸 丑　甲 　寅	乙 卯　丙 　辰	丁 巳　戊 　午	己 未　庚 　申

釋文：此閻錫山造。

1、原局乙木酉月生，七殺三見透出月干，七殺格。七殺用食神制，調候用神癸、丙、丁；癸水在年干，丁火時干通根年支；雖無丙火，殺重食神輕，然而行運未土、戊午、丁巳、丙運等，制殺為用。辰運合酉，七殺剋身太重。乙卯、甲寅，木堅金缺。

2、《三命通會》：「凡命遇財殺之地，食神旺相，煞被食制，不敢為禍；財被食生，充裕不竭；故食神一名壽星，一名爵星，良有以也。此格要日主、食神俱生旺，無沖破；主人財厚食豐，福量寬弘，肌體肥大，優游自足有子息，有壽考。四柱見財食在歲月上，祖父蔭業豐隆。」

按：月令七殺，透干有用成格；喜身弱有水木大運生扶。又六乙鼠貴，子多聚貴，不見午冲丑絆。

傷官	日主	七殺	正財
丙子	乙未	辛酉	戊子
癸	乙 丁 己	辛	癸
偏印	比 食 偏 肩 神 財	七殺	偏印
天 桃 乙 花	華 大 蓋 耗		天 桃 乙 花
己 戊 巳 辰	丁 丙 卯 寅	乙 甲 丑 子	癸 壬 亥 戌
釋文：此商震造。			

1、原局乙木酉月生，調候用神癸、丙、丁；用神不弱，細看金水多，月柱七煞格帶財，雖然有偏印與傷官還需大運相助。亥子印綬運，甲乙寅卯幫身，丙丁制煞。

2、《三命通會》：「陰木獨遇子時，為六乙鼠貴之地，乙以子申為貴神（天乙），獨遇子者，用鼠不用猴（乙木柔弱要印綬）。……若子字多，謂之聚貴，尤妙；年月中有午冲丑絆，則子不能遙祿；申庚為官露，酉辛為煞露，被丙傷子，反不中矣。」〈西江月〉：「乙日生逢丙子，名為鼠貴幽玄；無冲無破福周全，印食身旺多顯，子多名為聚貴，略逢冲破有愆，生春印地福滔天，歲運金鄉剋戰。」原局雖不生春月，但行木運，不見金鄉。

203

按：月令七殺透干為用，食傷財殺偏重，身弱，喜大運水木之地。卯戌合，解去日月雙冲，以原局財格而無印，故忌財不忌印。

傷官	日主	七殺	正財
丙戌	乙卯	辛酉	戊午
丁 辛 戊	乙	辛	己 丁
食神 七殺 正財	比肩	七殺	偏財 食神
	干祿 將星		紅豔 文昌

己巳	戊辰	丁卯	丙寅	乙丑	甲子	癸亥	壬戌

釋文：此陸榮廷造。

1、原局月柱七殺天透地藏，時支帶七殺，七殺格。正財年干通根時支，七殺有財為後援，又見食傷三見，格強身弱。又乙木生在酉月，調候用神癸、丙、丁；無印綬化殺；只能借力使力或強化日主。

2、初運癸亥，印綬化殺。甲運強身，子運化殺。乙運強身，丑運濕土生金，然而乙丑、乙卯拱寅藤蘿繫甲，可春可秋，酉月剛好制衡。丙寅運傷官駕殺，不逢拱合財年都好。丁卯運破卯戌合，帶卯酉冲。原局日月天剋地刑，卯戌合，天干有財，否則傷官駕殺，故原局還須印綬、比劫運。

204

按：七殺透出，格局有力；一般乙木月令七殺透干，格強身就弱，以上三造都是走食傷剋官殺，或印綬比劫之地，形成日主與格局制衡的情形。乙木柔弱不怕強金，且七殺要透出才有力。而丙丁食傷也以透出對等之力制殺為宜。

按：月令七殺透出為用，殺勢太猛，五陰從勢無情義，變從殺格。《滴天髓》：「木太衰者而似水也，宜金以生之。木衰極者而似土也，宜火以生之。」從格皆以所從之神為用，然偏印微根，大運不幫助成殺，徒呼奈何！

七殺	日主	七殺	偏印
辛巳	乙丑	辛酉	癸酉
庚 戊 丙	辛 癸 己	辛	辛
正官 正財 傷官	七殺 偏印 偏財	七殺	七殺
癸丑　甲寅	乙卯　丙辰	丁巳　戊午	己未　庚申

釋文：乙木太弱，雖印透通根，不作從論，究嫌秋木不盛，丙火藏巳，三合牽絆，制煞無力。雖同為貴格，而較上三造，有高低之分。如若丁火透出，而辛金不透，則制過七煞，庸碌之人耳。非秋木不作此論。

1、按：原局乙木生在酉月，調候用神癸、丙、丁；官殺六見，七殺格。是否從殺格？地支巳酉丑兩透辛金七殺。「不作從論」，因為乙木雖然無根，但印透通根。又說「丙火藏巳，三合牽絆」，只原局本可利用巳中丙火傷官駕殺，但巳酉丑三合，丙火反而投靠七殺陣營，故「制殺無力」。

2、如果「丁火透出」，指食傷聯手制殺，格局就拉高。《滴天髓》：「五陽從氣不從勢，五陰從勢無情義。原注：……五陰得陰之氣，即能成乎陰順之義。故木盛則從木，火盛則從火。……見其勢衰，則忌之矣。」指如果原局七殺被制，必然勢衰而忌之；則原局巳午未運，如何興旺？《滴天髓》：「從勢者，日主無根，四柱財官食傷並旺，不分強弱，又無劫印生扶日主，又不能從一神而去，唯有和解之可也，視其財官食傷之中，何者獨旺？則從旺者之勢。如三者均停，不分強弱，須行財運以和之，引通食傷之氣，助其財官之勢則吉；行官殺運次之，行食傷運又次之。如行比劫印綬，必凶無疑。」

按：月令七殺無權，取外格食神三見，偏財三見成格，日主不弱，食神生偏財，不見官殺混雜可見殺，木火不忌。

偏印	日主	偏財	食神
癸未	乙亥	己酉	丁未
乙 丁 己	甲 壬	辛	乙 丁 己
比肩 食神 偏財	劫財 正印	七殺	比肩 食神 偏財
辛丑 壬寅	癸卯 甲辰	乙巳 丙午	丁未 戊申

文：此造丁火透，秋木盛，而辛金不透也。不成格。

1、按：乙木生在酉月，調候用神癸、丙、丁。七殺當令不透干，但有己土偏財相生。年支與時支偏財食神，同根透出，即是食神生偏財之格局，為何「不成格」？這是指七殺雖然在月令，但不可論為七殺格而已，並非其他格局不成立。而食神偏財均三見，是以數量壓倒質量作為格局。這是對「八字用神，專求月令」的反思批判。

2、行運丁未、丙午、乙巳等，火土食傷財地，四柱無刑沖就是好命。《滴天髓》：「何知其人吉？喜神為輔弼。……喜神者，輔用助主之神也。凡八字先要有喜神，則用神有勢，一生有吉無凶。」原局偏財最旺，以財為用神，又有喜神食神洩比劫相生，天干財印隔開，財不剋印。

207

按：月令藏財印殺，取透干辛金七殺為用，外格傷官為輔，地支雖然巳酉丑三合，惟月令丑土合子，偏財還在；七殺在天干被傷官合去，七殺不帶印，傷官不生財，格局好看而已。

比肩	日主	七殺	傷官
乙酉	乙巳	辛丑	丙子
辛	庚　戊　丙	辛　癸　己	癸
七殺	正官　正財　傷官	七殺　偏印　偏財	偏印
將星	大耗	華蓋	天乙

己酉	戊申	丁未	丙午	乙巳	甲辰	癸卯	壬寅

釋文：此造辛金丙火均透，特為冬木而非秋木，不作此論。

1、按：乙木生在丑月，辛金入丑庫，七殺三見透干，七殺格成立。年干傷官通根日支，傷官格也成立。年月天干，七殺合傷官，更糟子丑合，格局泡湯。乙木雖有比肩、偏印，然而丑土生殺更銳利，格強身弱。原局雖有偏印，子丑合偏印變質，巳酉半合帶丑，傷官洩底，全局殺重印輕。

2、「特為冬木而非秋木，不作此論」，指如果在申酉月，則七殺格更凶，在丑月癸水印綬洩殺生乙木，還有一線翻身機會。《玄機賦》：「身強煞淺，煞運無妨；煞重身輕，制鄉為福。」早運壬寅、癸卯、甲乙運等，印綬化殺，比劫抗殺，應享祖蔭。乙木丑月調候僅用丙火，年干大運俱現，四柱無刑冲帶合多，也算好命。

208

按：徐氏又舉例如下：月令正官透出時干，正官為用，偏財月干財生官，財格有正官剋去比劫。金水勝於木火，身不弱；金生水，水生木，木生火，財官印比順生有力。

正官	日主	偏財	正財
癸巳	丙寅	庚子	辛酉
庚 戊 丙	戊 丙 甲	癸	辛
偏財 食神 比肩	食神 比肩 偏印	正官	正財
壬辰 癸巳	甲午 乙未	丙申 丁酉	戊戌 己亥

釋文：此造癸水透庚金露也。妙在日坐長生，時逢歸祿，身旺能任財官，而財生官旺也。此造錄自《滴天髓徵義》。

徐樂吾補注：丙生子月而癸水透，正官格也。支坐寅午祿刃之地，丙火身旺也。庚金露則官有財之生，財為官之引，官以財為根。運行財鄉，必然大貴，以日元與財官皆有力也。

1、按：原局丙火自坐長生、日祿歸時；月支癸水透出時干，正官格。正偏財四見透出天干，偏財格。財生官，格強身不弱。「財為官之引，官以財為根。運行財鄉，必然大貴。」指官為用神，財為喜神。宜行甲乙丙丁巳午未，木火生扶之地。

2、《滴天髓》：「用官用印有別，用官者，身旺可以財為喜神，用印身弱有劫，而後用官為喜神，使其劫去財星，則印綬不傷，官星無助之意也。如原局有用神，無喜神，而用神得時秉令，氣象雄壯，大勢堅固，四柱安和，用神緊貼，不爭不妒者，即遇忌神，亦不為凶。」

209

按：月令正官不透，靠撿拾大運透出，傷官無根靠夾丑，官被暗合，財印相沖，傷官有才學，配印發的早。

比肩	日主	比肩	傷官
丙申	**丙寅**	**丙子**	**己卯**
戊　壬　庚	戊　丙　甲	癸	乙
食　七　偏 神　殺　財	食　比　偏 神　肩　印	正官	正印
戊辰　　己巳	庚午　　辛未	壬申　　癸酉	甲戌　　乙亥

釋文：此胡漢民造。惜癸水不透，庚金不露，而申沖寅，傷丙火之根，雖懷寶迷邦名高天下，而用神不顯，輔助無力，主持中樞，霖雨蒼生，尚有待於歲運之扶助。蓋官逢財印無刑沖，為官格之成，沖官則破格。此造財印相沖雖不破格，而究嫌輔佐受損也。

1、按：原局月令癸水正官，不透干，傷官藉食神為根，格局不明。胡漢民何許人？竟無格局。以丙子、丙寅夾丑，食傷四見，數量取勝，定調傷官格。然而不論傷官配印或傷官生財，都逃不出寅申沖，正官子卯刑，故稱「用神不顯，輔助無力」，即財印相沖。日主丙火三見帶寅卯，身不弱可托財官。

2、丙火生在子月，調候用神壬、戊、己。行運甲戌雙合年柱，比劫生財；癸酉、壬申帶水論吉。《滴天髓》：「傷官見官果難辨，可見可不見。原注：身弱而傷官旺者，見印而可見官。身旺而傷官旺者，見財而可見官。傷官旺，財神輕，有比劫而可見官。……大率傷官有財，皆可見官。」原局申酉運財地，故可見官。

原文：又有有情而兼有力，有力而兼有情者。如甲用酉官，壬合丁以清官，而壬水根深，是有情而兼有力者也。乙用酉煞，辛逢丁制，而辛之祿即丁之長生，同根月令，是有力而兼有情者也。是皆格之最高者也。

按：「有情而兼有力」，指格局和諧，且兩者根深；「有力而兼有情」，指格局同根生，但要符合順生逆生的成格規定。例如甲生酉月正官格，丁火傷官剋正官，時干壬水合去丁火，使傷官不剋正官，且壬水有根，形成官殺生印，就是有情而兼有力。

偏印	日主	傷官	
壬申	甲〇	丁酉	〇〇
戊　壬　庚		辛	
偏財　偏印　七殺		正官	

徐樂吾補注：有情有力，前已分疏，兼而有之，更為美備。如正官佩印格，甲用酉官，壬合丁化傷護官為有情，壬水通根申亥為有力。食神制煞格，辛金透出，通根月令，為煞有力，丁火長生於酉，食煞同宮為有情，蓋喜神須其通根有力，而忌神則利其無力。如甲用酉官，壬為喜神，丁為忌神，故以壬通根為美。若丁火通根，則合之不去，為病不淨，反為無情。乙用酉煞，透丁火制煞為喜神，見壬合丁為忌神，若壬通根，則印深奪食，更為破格。故有情有力之中，先須辨其喜忌也。

按：徐氏所言，不出原文之意，不贅述。

原文：如甲用酉官，透丁逢癸，癸剋不如壬合，是有情而非情之至。乙逢酉煞，透丁以制，而或煞強而丁稍弱，丁旺而煞不昂，又或辛丁並旺而乙根不甚深，是有力而非力之全，格之高而次者也。

按：正官為丁火所傷，可以用癸水正印剋丁火傷官，或壬水合去丁火傷官，但用癸水剋去不如壬水合去，雖然都有情，但不是情到深處無怨尤，因為剋總比合的氣氛差。

偏印	日主	傷官	正印
壬〇	甲〇	丁酉	癸〇
		辛	
		正官	

偏印	日主	食神	七殺
癸未	乙〇	丁酉	辛〇
乙 丁 己		辛	
比 食 偏 肩 神 財		七 殺	

按：食神制煞必須食殺兩旺，日主也旺。如果「煞強而丁（食神）稍弱」或「辛丁並旺（七殺與食神都強）而乙根不甚深（日主中和）」，也算有力但屬次級格局。

按：徐氏補述甲日酉月，雖然癸水剋丁火與壬水合丁火，都是「去
傷護官」，然而癸水之剋不如壬水之合，因為合是「去之無形」，不
失和諧；且丁壬化木助甲日主。而癸水是以霸道為用，不如以「合」
為貴，化忌為喜。

按：乙日主月令七殺，食神制煞的要件是「身強、食、煞並旺為合
格」，若稍有「低昂，即非全美」，指日主、食神、七殺三者旺衰參
差不齊，必須靠歲運平衡。所以殺強丁火食傷弱，大運宜行食傷之
地；反之，行官殺旺之運。官殺、食傷皆旺，而日主衰弱則宜比劫
印綬之地。「低昂」，大運不濟，依然「蠖屈」（繫辭：尺蠖之屈，以
求信也。意思是坐冷板凳，吃不開），三者旺衰參差不齊，格局又打
落一層。

按：徐氏歸納「商陸兩造，所以不及閻（錫山）造」因為丁火制辛有
力，而丙火制辛則被合，其力滑轉，焉知禍福？逆用喜逢制，例如傷
官配印、羊刃駕殺、偏財剋偏印，富貴高於順用，但容易暴起暴跌。

原文：至如印用七煞，本為貴格，而身強印旺，透煞孤貧，蓋身旺不勞印生，印旺何勞煞助？偏之又偏，以其無情也。

按：身強身弱是判斷基準，因此印格用煞看似成格，還需抽絲剝繭。身強印旺，透殺不帶財則孤貧，身旺不需印綬作元氣；同理，印綬旺不需七殺作元氣。否則殺印比的五行偏重，謂之無情。

原文：傷官佩印，本秀而貴，而身主甚旺，傷官甚淺，印又太重，不貴不秀，蓋欲助身則身強，制傷則傷淺，要此重印何用？是亦無情也。

按：傷官配印，雖是好格局；秀氣清貴，若身強太旺，而傷官太淺，印綬太重，傷官無從發揮，故不貴不秀；此時印綬生助日主則印比太強，剋傷官則傷官根淺，禁不住摧殘，印綬幫倒忙。

原文：又如煞強食旺而身無根，身強比重而財無氣，或夭或貧，以其無力也。是皆格之低而無用者也。

按：食神制殺要食神、七殺、日主，三者俱強，如果僅七殺與食神相對兩強，日主卻無根，就是「格之低而無用」。又或身強比劫重，但無財星，則夭或貧，也算「格之低而無用」。

徐樂吾補注：用神配合輔佐，全在合於日主之需要。故合於用，則傷官可以見官；不合於用，則財官皆害身之物。如印用七煞，本以印化煞生身為用，若身強印旺，煞印皆失其用，而旺極無洩，反為日主之害，所謂偏之又偏也。

按：用神格局必須符合日主需要，合乎用神順逆的規則，即使傷官見官也無妨；不合順逆規則，財官也可能幫倒忙。例如印用七殺，印綬有化殺生身的作用，如果身強印綬就多餘，七殺來用印化煞，也無濟於中和，除非食傷洩之。因此「偏之又偏」，指日主強，印綬生身是「偏」，食傷不來，來七殺，是「又偏」。

按：傷官配印是因為傷官會洩身，若日主元氣不旺，就以印綬支援，以保持平衡；所以日主與傷官併旺，配印就無必要，反而以生財為優先。如果傷官淺印綬重，傷官被剋的很緊，印就是破格的忌神。

按：七殺強剋身，食神旺洩秀，必須身強方能制殺為用。如果日主無根，即無法面對剋洩交加。身強比劫重容易剋財，必須用食傷通關護財，或是官殺剋比劫護財。若財虛浮於天干無根，最容易被比劫爭奪；無財則官殺子息生不出，故貧夭無疑。

按：命格高低，變化甚微，牽一「字」而動全身，〈繫辭〉：「夫易，聖人之所以極深而研幾也。」

215

按：月令傷官透出成格，不見財，以配印為喜；奈何月時雙合，格局泡湯。戊日主身強，傷官為用，配印是多餘，丙火是忌神，宜財地。

偏印	日主	傷官	比肩
丙辰	**戊戌**	**辛酉**	**戊戌**
癸　乙　戊	丁　辛　戊	辛	丁　辛　戊
正財　正官　比肩	正印　傷官　比肩	傷官	正印　傷官　比肩
紅豔	華蓋		華蓋
己巳　　戊辰	丁卯　　丙寅	乙丑　　甲子	癸亥　　壬戌

釋文：辛金傷官為用，丙合辛金牽絆為病。

1、按：戊土生在酉月，土金傷官。《三命通會》：「傷官火土宜傷盡。金水傷官要見官。木火見官官有旺。土金官去反成官。惟有水木傷官格，財官兩見始為歡。」因為土以木為官，以金為傷，木畏金剋，金得木無益。原局無水，靠大運。

2、原局月令傷官透干，傷官格。有傷官用印，傷官用財，傷官用劫，傷官用傷官，傷官用官，假傷官等，如何分辨？原局傷官固然強盛，戊日主也是比肩四見，正偏印三見也不弱，最弱是木與水，正官正財隱伏在時支，更糟「辛金傷官為用，丙合辛金牽絆為病」，意思是丙辛合引動辰酉合，財官棄械投降，不降也被辰、戌冲搞爛。行運丙寅之前，財官之地論吉；丁卯運雙冲月柱，別說沒事，卯戌合火，一片印綬，傷官何地自容？

216

按：月令正官為用，官殺四見七殺格，正偏印四見，需配印，看似殺印相生，無奈丙辛合去，忌神傷官辛金合去丙火偏印，偏印群龍無首無用。

七殺	日主	傷官	偏印
甲寅	戊寅	辛卯	丙午
戊 丙 甲	戊 丙 甲	乙	己 丁
比肩 偏印 七殺	比肩 偏印 七殺	正官	劫財 正印
己亥 戊戌	丁酉 丙申	乙未 甲午	癸巳 壬辰

釋文：丙火化煞為用，辛金合丙牽絆為病。

徐樂吾補注：兩造同以合為病。上造丙辛遙合，牽制之力薄弱，下造丙辛貼近而辛在月干，牽制力強大；上造丙火生戊而戊洩秀，下造丙火須剋去辛金，方能化煞生身。格局高低因以懸殊，其中變化微之又微。

1、按：戊土生在卯月，正官得令，七殺坐寅，官殺甚強。正偏印四見，藉寅木長生，喧賓不能奪主，殺旺印弱。取火印化煞，戊己土比劫抗殺，庚辛食傷制殺。然而丙辛鄰位，偏印反作財生殺。行運巳午未、丙丁等運幫身。丙運喜印綬，申運沖合太多；丁酉運雙沖辛卯，子年有變。

2、《滴天髓》：「甲申戊寅，真為殺印相生；庚寅癸丑，也坐兩神興旺。原注：兩神者，殺印也。庚金見寅中火土，卻多甲木，而以財論。癸見丑中土金，卻多癸水則幫身。不如甲見申中壬水庚金，戊見寅中甲木丙火之為真。……身強殺淺，則以財星滋殺。身殺兩停，則以食神制殺。殺強身弱，則以印綬化殺。」

217

六、論用神因成得敗因敗得成

按：成中有敗，敗中有成，一陰一陽之謂道，不贅述。

按：成中有敗是帶著忌神，忌神化為喜神，則敗部復活。敗中有成，
是因為有救應；如果救應化為忌神，則因成而轉敗。刑冲合會都可
能改變原來的性質，又與日主息息相關，總結後才能判斷成敗。

1、按：何謂「因成得敗」？例如辛金生在亥月，亥中壬水是傷官，
甲木是正財，因此月令傷官生財是好格局；月干透出丁火是七殺，
地支未土藏七殺、偏財，卯未會財，財生殺謂「黨煞」，七殺逆
用不可用財生，故因成得敗。

2、印用七殺，例如癸水申月，怕金水太寒，故「略帶財以損太過」
，財為火，就是調候用神的概念。逢煞則土制水，七殺生印剛好，
財來水不流通，七殺忌財生，因成得敗。

218

徐樂吾補注：化傷為財者，如月支傷官，因會合而化傷為財，格因以成；然如辛生亥月，透丁，本金水傷官喜見官煞也，支逢卯未會財，則變為財黨煞之局矣。印用七煞者，身弱，用印以化煞也，見財則破印黨煞，本為所忌。如癸生申月，秋金重重，略見財則以財損印為用，去其太過，若逢煞則財去生煞，煞生旺印，為因成得敗。然此須看其位置如何，非可一例，隨步換形，即此可類推耳。

按：徐氏補述傷官生財成格者，財又去生七殺，七殺逆用不宜用財。其次，印格化煞，財來剋印，把用神剋去，因成而敗。如果印綬太重，則「以財損印為用，去其太過」。但是如果七殺出現，財不剋印，貪生忘剋，殺又生旺印，為「因成得敗」。

原文：官印逢傷，格之敗也；然辛生戊戌月，年丙時壬，壬不能越戊剋丙，而反能洩身為秀，是因敗得成矣。煞刃逢食，格之敗也，然庚生酉月，年丙月丁，時上逢壬，則食神合官留煞，而官煞不雜，煞刃局清，是因敗得成矣。如此之類，亦不可勝數，皆因敗得成之例也。

1、按：正官生正印格成，逢傷官見官，破格；例如辛生戊戌月，月令正印格，得年干正官相生，格成；時上傷官壬水被戊土剋住，剋不到正官，辛金撿到調候用神壬水，故「反能洩身為秀，是因敗得成」。

傷官	日主	正印	正官
壬 ◯	辛 ◯	戊 戌	丙 ◯
		丁　辛　戊	
		七　比　正 殺　肩　印	

食神	日主	正官	七殺
壬 ◯	庚 ◯	丁 酉	丙 ◯
		辛	
		劫財	

2、按：七殺與羊刃剛好，但食神制殺，七殺就扛不住，食神壬水合去正官，合官留殺，官殺不雜，使羊刃與七殺平衡，稱「煞刃局清，是因敗得成」。

徐樂吾補注：官印格以官生印為用，見傷官則破格，然辛生戊月，年丙時壬，則年干丙火，生月干戊土之印，印生日元，日元洩秀於壬，天干一順相生；壬丙之間，隔以戊土，壬不能剋丙火，戊不能剋壬水，丙火亦不能越戊而合辛金，而有相生洩秀之美，是反因傷官忌神而成格矣。

按：徐氏補述略同：強調天干一順相生，丙火生戊土，戊土生辛金，辛金生壬水。餘無新意，不贅述。

徐樂吾補注：煞刃格以煞制刃為用，見食神制煞則破格，然庚生酉月，年丙月丁，時上逢壬，則壬水食神，合官而不制煞，煞刃局清，是反因食神忌神而成格矣。此為因敗得成之例。

按：庚生酉月羊刃格見七殺，殺刃格之成，但帶食神會失去平衡；帶正官又官殺混雜，故食神合正官剛好因敗得成。餘無新意，不贅述。

原文：其間奇奇怪怪，變幻無窮，惟以理權衡之，隨在觀理，因時達化，由他奇奇怪怪，自有一種至當不易不論。觀命者毋眩而無主，執而不化也。

徐樂吾補注：因成而敗、因敗得成，其例不一，茲舉兩造如左：

221

按：月令偏印透干為用，戊癸化火印綬，火土並旺，全局變格，木火土成稼穡格；「八字用神，專求月令」，只是起手式，注意往後的變化。

偏印	日主	劫財	偏財
丁卯	**己巳**	**戊午**	**癸丑**
乙	庚 戊 丙	己 丁	辛 癸 己
七殺	傷官 劫財 正印	比肩 偏印	食神 偏財 比肩
庚戌 辛亥	壬子 癸丑	甲寅 乙卯	丙辰 丁巳

釋文：此南通張季直造。火炎土燥，賴癸水滋潤，戊癸一合，去財為敗；然因戊癸合化，格成專旺，此因敗得成也。

1、原局己土生在午月，調候用神癸、丙。癸水在年柱通根，偏財格。然而癸水與戊土合化成火，用神泡湯。時干偏印通根月令帶正印，偏印是主格。偏印要用偏財剋制，偏財被合不濟事。

2、「戊癸合化，格成專旺，此因敗得成」，何謂「專旺」？指戊癸化火後，除丑土外，卯木生一堆印綬，助長火生土，稼穡格成立，歪打正著，因敗得成。

222

按：月令財殺印，七殺透干為格局，七殺喜印綬化去，財剋去印綬，七殺逆用反用財生，破格。大運亥子丑庚辛壬，身重殺輕要財運。

偏 印	日 主	七 殺	偏 財
庚 子	壬 子	戊 戌	丙 子
癸	癸	丁　辛　戊	癸
劫 財	劫 財	正　正　七 財　印　殺	劫 財
紅　羊　將 豔　刃　星	紅　羊　將 豔　刃　星	寡 宿	紅　羊　將　月　天 豔　刃　星　德　德
丙 午	乙 巳	甲　癸 辰　卯	壬　辛 寅　丑	庚　己 子　亥

釋文：月令七殺，地支羊刃，煞刃格成也。時干透庚，偏印化煞，化煞本為美事，而在殺刃格需要七殺抑刃，則偏印破格，因成得敗矣。

按：月令七殺透干，七殺格，除此外地支皆為羊刃，七殺帶財，羊刃帶印，似乎勢均力敵，實則七殺被印綬洩去，因成得敗。

七、論用神配氣候得失

按：格局以月令為優先，然而八字也重視調候用神；格局是本事，
調候是時勢，想當英雄兩者不可缺。

按：徐氏提出扶抑用神、通關用神、病藥用神、專旺用神、調候用
神等理論。特別注意者，「用神雖乘旺氣而不貴者，則受氣候之影響」，
格局是本事，調候是機運，故事倍功半與事半功倍由此分別，調候
與格局就像先天與後天。

1、按：印綬為用神，天干是正官，稱為「官印雙全」，即官威在外
，學問在內，貴命。若冬木逢水，為何「雖透官星，亦難必貴」？
因為木的官殺是庚辛金，在冬天金寒水冷，「凍水不能生木」，印
綬不靈光，調候用神的概念。

2、為何「身印兩旺，透食則貴」？因為日主與印綬旺相互挺，剋不
動，轉用食傷洩氣。為何「用之冬木，尤為秀氣」？冬木表示印
綬（水）旺，因為水木火一路順生，冬木得火就是食傷也是調候，
火土同位，食傷生財。

224

徐樂吾補注：木生冬令，月令印綬，凍水不能生木，透官星則
金從水勢，益增其寒；透財星則水寒土凍，毫無生機，故財官
皆無所用。寒木向陽，惟有見丙丁食傷則貴。如庚寅、戊子、
甲寅、丙寅，財官皆閒神，無所用之，其時上丙火清純，以洩
身調候為用，所謂用之冬木，尤為秀氣。此前清某尚書之造也。

1、按：冬木月令是寒水印綬，凍水不生木，透出官星金寒，透出財
　　星土凍，植物不生，因此財官不好用。

2、食傷是丙丁火，冬天先用丁火保身，次用丙火暖氣，如下例。

食神	日主	偏財	七殺
丙寅	甲寅	戊子	庚寅
戊　丙　甲	戊　丙　甲	癸	戊　丙　甲
偏財　食神　比肩	偏財　食神　比肩	正印	偏財　食神　比肩
丙申　乙未	甲午　癸巳	壬辰　辛卯	庚寅　己丑

按：甲生子月，調候用神丁、庚、丙。偏財四見，偏財格生七殺；
食神四見，食神格，調候就是格局，四柱無刑冲，高命。月令正印
周邊都是偏財，取外格為用神，即食神生財。

225

徐樂吾補注：然不僅冬水冬木為然，冬土亦須調候，蓋土金傷官生於冬令，必須佩印也。如前清彭剛直公玉麟之造，丙子、辛丑、戊子、癸丑，丑中癸辛透出為貴徵，然冬土寒沍，非丙火照暖，則用不顯。喜其年上丙火，合而不化，運行南方，丙火得地，而戊土辛癸，皆得顯其用，亦調和氣候為急也（此造《命鑒》所批，誤以為倒冲，近方悟得；因悟古來奇異格局，大多類此耳。附識於此，以誌我過）。

按：冬土凍寒，土金傷官必須用火（印綬）調節氣候，稱「傷官配印」。這個八字妙在丙辛合，戊癸合，子丑合，八個字全合。調候要火，「喜其年上丙火，合而不化」，是否合化？姑且不論；原局傷官生財，地支濕土與金水，行運甲辰、乙巳、丙午、丁運等木火土運剛好。

正財	日主	傷官	偏印
癸丑	戊子	辛丑	丙子
辛 癸 己	癸	辛 癸 己	癸
傷官 正財 劫財	正財	傷官 正財 劫財	正財
己酉 戊申	丁未 丙午	乙巳 甲辰	癸卯 壬寅

226

原文：傷官見官，為禍百端，而金水見之，反為秀氣。非官之不畏夫傷，而調候為急，權而用之也。傷官帶煞，隨時可用，而用之冬金，其秀百倍。

按：傷官見官，為禍百端，是就五行性而言，例如甲木傷官丁火遇見辛金正官，傷官就是正官的七殺。但是就調候用神體系而言，冬天要火，夏天要水；金生在冬月，金寒水冷（傷官），火就是官殺，調候為急。傷官駕殺，因應時地可用，用在冬月，「其秀百倍」。

徐樂吾補注：此言金水傷官也。月令傷官，本以官煞為忌，獨有金水傷官，生於冬令，金寒水冷，以見火為美，不論官煞也。更須身印兩旺，財官通根，方為貴格。如甲申、丙子、庚辰、戊寅，木火通根於寅，庚金得祿坐印，貴為黃堂。又如己酉、丙子、庚辰、甲申，木火無根，雖小富而不貴，且不能用財官，身旺以傷官洩秀為用，特丙火調候，為配合所不可缺，否則，清寒之造也。更有調候雖得其宜而身弱者，如丁巳、壬子、辛巳、丁酉，丁火雖通根，而日元洩氣已重，須以酉金扶身為用，亦為貴格。隨宜配置，並無一定，特冬令金水，不可缺火，非定以為用也。

按：徐氏補述金水傷官，「見火為美，不論官煞」，但要件是日主與印綬有力，財官通根成格。徐氏舉出黃堂、清寒之造、貴格三例如下：

按：月令傷官不透干，結合地支水局，偏財透干成格，用神傷官生財更有力。七殺通根，偏印成格；三格鼎立就是後天有成。

偏印	日主	七殺	偏財
戊寅	庚辰	丙子	甲申
戊　丙　甲	癸　乙　戊	癸	戊　壬　庚
偏印　七殺　偏財	傷官　正財　偏印	傷官	偏印　食神　比肩
甲申 ‖ 癸未	壬午 ‖ 辛巳	庚辰 ‖ 己卯	戊寅 ‖ 丁丑

按：庚日主，地支申子辰，三合傷官局。庚生子月，調候用神丁、甲、丙不缺。偏印四見，偏印格。七殺通根，七殺格。正偏財三見，偏財格。妙在財印隔位，各自成章不相礙，三格鼎立。木火通根於寅，木運財生殺，火運殺印相生，庚金得祿坐印，貴為黃堂（約太守）。

按：月令傷官，申子辰三合水局還是傷官，傷官生財為用，大運無財；殺輕印重，沒有殺運。

偏財	日主	七殺	正印
甲申	庚辰	丙子	己酉
戊 壬 庚	癸 乙 戊	癸	辛
偏印 食神 比肩	傷官 正財 偏印	傷官	劫財

戊辰	己巳	庚午	辛未	壬申	癸酉	甲戌	乙亥

按：庚日主，祿刃交集，自坐印透印，身強，三合水局趨緩，強中帶洩。用月令傷官生財，木火無根，財官格局力道小，雖小富而不貴，特丙火調候，為配合所不可缺，否則，清寒之造。原局金冷水寒，大運壬申、癸酉、庚辛幫不上忙，靠傷官生財努力，調候機運差。

按：月令食神透出傷官，傷官壬水亦為調候用神，食傷無財可駕殺，大運亦無財地，庚戌、己酉、戊申運生扶日主剛好。

七殺	日主	傷官	七殺
丁酉	辛巳	壬子	丁巳
辛	庚　戊　丙	癸	庚　戊　丙
比肩	劫財　正印　正官	食神	劫財　正印　正官

甲辰	乙巳	丙午	丁未	戊申	己酉	庚戌	辛亥

按：辛金生在子月，格強身弱。金水傷官要見官，有丙火為調候，食神為用，傷官相混，七殺兩頭掛，殺多不貴，丁壬一合，殺傷合去各一，成全完美的食神制殺。庚戌、己酉、戊申幫扶日主，「亦為貴格」。丁未運無喜必有難。

230

原文：傷官佩印，隨時可用，而用之
夏木，其秀百倍，火濟水，水濟火也。

按：傷官可逆用，故「配印」好格局，不分水木、木火、火土、土
金、金水傷官等；尤其用在木火傷官，因為「配印」就是水，水在
夏月遇火既濟。

徐樂吾補注：此亦調候之意也。凡佩印必緣身弱，而木火傷官，
生於夏令之佩印，以潤土生木，得其中和為美。如庚辰、壬午、
甲辰、丁卯，夏木丁火吐秀，日辰時卯，身不為弱，然喜壬水
潤澤，更得庚金生印，兩辰洩火之燥，生金蓄水，配置中和，
為清某觀察造也。然夏木洩秀亦有不佩印者，則因身旺也。如
己卯、庚午、甲寅、丁卯，甲寅坐祿，時逢卯木，日元已旺，
不藉佩印，但貴小，不及佩印之秀耳，非如金水之必須見火也。

按：木火傷官，「配印」就是水木火相生，既濟之象。

231

按：月令傷官生財為用，即木火土具備，印綬壬癸水有降溫滋潤的調候作用。

傷官	日主	偏印	七殺
丁卯	甲辰	壬午	庚辰
乙	癸　乙　戊	己　丁	癸　乙　戊
劫財	正印　劫財　偏財	正財　傷官	正印　劫財　偏財
庚寅　己丑	戊子　丁亥	丙戌　乙酉	甲申　癸未

按：清某觀察造，甲木午月，調候癸、丁、庚，俱全。「丁火吐秀」，指月令傷官生財為用；正偏印三見，比劫三見，時上羊刃，身不為弱。「喜壬水潤澤，更得庚金生印」，指殺生印。「兩辰洩火之燥，生金蓄水」，指辰土帶水，可以生金、洩去午火燥熱，承載甲木生長，三用一體。妙在天干金生水，水生木，木生火，一路順生。

232

按：月令傷官生財，同根透出成格，宜木火土持平，不如七殺搞大的高命。

傷官	日主	七殺	正財
丁卯	甲寅	庚午	己卯
乙	戊　丙　甲	己　丁	乙
劫財	偏財　食神　比肩	正財　傷官	劫財
壬戌　癸亥	甲子　乙丑	丙寅　丁卯	戊辰　己巳

按：甲生午月，調候用神癸、丁、庚，夏月缺水，早運不行水地。祿刃交集，身旺，故「不藉佩印」，水是閒神。月令傷官生財，同上造丁火吐秀。木火見官官有旺，大運木火之地無官殺運，否則羊刃駕殺，故「貴小，不及佩印之秀」。

> 原文：傷官用財，本為貴格，而用之冬水，即使小富，亦多不貴，凍水不能生木也。

按：傷官用財本是好格局，「用之冬水」，指金水傷官，木是財星，冬水不生木，營養不夠，故「即使小富，亦多不貴」。

徐樂吾補注：承上文金水傷官而言。金水傷官，以木為財，傷官生財，本為美格，而冬令無火，見財無用，因凍水不能生木也。若為水木傷官，見財最美，蓋財即火也。總之以調候為急。如甲子、丙子、癸亥、乙卯，水木假傷官用財，名利兩全；又己未、乙亥、癸亥、丙辰，汪大燮之造也，用丙火之財，亦調候之意也。書云：「惟有水木傷官格，財官兩見始為歡」，其實水木喜財，金水喜官也。當分別觀之。

按：徐氏解釋金水傷官，若「冬令無火，見財（木）無用」，故「金水傷官要見官」。又說「水木傷官，見財最美」，火為財，木火通明。以調候為急。徐氏舉下列兩造為例：

按：月令比肩建祿格，要尋外格食傷為用；木火之地，食傷生財。

食神	日主	正財	傷官
乙卯	癸亥	丙子	甲子
乙	甲　壬	癸	癸
食神	傷官　劫財	比肩	比肩
甲申　癸未	壬午　辛巳	庚辰　己卯	戊寅　丁丑

按：癸水子月，要用丙火暖氣；月令比肩，取外格為用；食傷四見，傷官格。水旺不宜金運水運，水木兩局最宜火運，其次木運洩水，土運制水。水木假傷官用財，名利兩全。

234

按：月令日支劫財兩見，身不弱可洩秀，食傷五見更要洩，財運雖晚，但原局丙火借用未中丁火為根。

正財	日主	食神	七殺
丙辰	癸亥	乙亥	己未
癸 乙 戊	甲 壬	甲 壬	乙 丁 己
比肩 食神 正官	傷官 劫財	傷官 劫財	食神 偏財 七殺
丁卯 戊辰	己巳 庚午	辛未 壬申	癸酉 甲戌

按：癸水亥月即「月劫」，身不弱，食傷五見，正財通根偏財，水生木，木生火，火生土，五行缺金，走申酉庚辛運與巳午火運剛好。「用丙火之財，亦調候之意」，故「惟有水木傷官格，財官兩見始為歡」。火（財）土（官）同位，兩見皆歡。

> 原文：傷官用財，即為秀氣，而用之夏木，貴而不甚秀，燥土不甚靈秀也。

按：「木火傷官」，即甲乙木生於巳午月，因為甲木夏月要癸水，辰丑濕土也湊數，即「傷官配印」；「貴而不甚秀」要帶印綬（水），所以燥土不靈。簡單說，木火土一堆，少不得來點水。

> 徐樂吾補注：承上木火傷官而言。夏木用財，如戊戌、丁巳、甲寅、己巳，火旺木焚，而四柱無印，不得已取土洩火之氣，行印運被土回剋，非特不貴，富亦難期。

按：徐氏談「木火傷官」，夏木要有水，火土同位即強旺，印綬壬癸水來容易杯水車薪。「木火見官官有旺」，庚辛官殺雕琢木日主。

235

按：月令食財殺，以傷官與正偏財透出天干，食傷生財為用；衰在
官殺運。

正財	日主	傷官	偏財
己巳	甲寅	丁巳	戊戌
庚　戊　丙	戊　丙　甲	庚　戊　丙	丁　辛　戊
七殺　偏財　食神	偏財　食神　比肩	七殺　偏財　食神	傷官　正官　偏財
乙丑	甲子	癸亥	壬戌
辛酉	庚申	己未	戊午

1、按：甲木生在巳月，調候用神癸、丁、庚，無水金不生。食傷五
　　見，傷官格。正偏財六見，偏財格。月令食神生偏財。配印，用
　　水制火水運太遲。用土必須濕土，辰丑之謂。富貴難期，敗在夏
　　月無水，調候不濟事。

2、《三命通會》：「木以火為傷，以金為官，火雖剋金，若木繁火熄
　　，不得金削脫，難以通明；況金得火，成器物之象。」因為火土
　　同位，當地支進入火運之時，同時帶土通關，以至於火剋金有緩
　　衝，而甲木若旺盛，缺金不得；故木火傷官還是缺不得官殺。

1、按：「春木逢火」，指甲乙木生在寅卯辰月，原局中有丙丁巳午，稱為「木火通明」，但生在巳午月不算是，日主是太極點，不能算入。

2、秋金遇到水，例如辛金酉月，干支有壬癸亥子，稱「金水相涵」，但生在亥子月不算是，日主不能算入。

3、氣有旺衰，各有所宜；「春木逢火，木火通明，不利見官」，木在春月逢火，傷官生財甚旺，無須庚辛官殺為調候。反之，秋金遇水，金冷水寒，要丙丁火（官殺）作調候保暖。

按：庚金申月，「支中或子或辰，會成水局」，即是三合水局傷官，男利官場，女不利婚姻。「壬癸不透露干頭」，傷官格成局透干就太旺，驕盈必敗；雖然是庚金申月，但地支三合水局不必亥子月，稱為假傷官，因為三合力大反而更勝真傷官。與「金水傷官要見官」同理，用調候之故。井欄叉格。

比肩	日主	偏印	正官
庚辰	庚子	戊申	丁〇
癸 乙 戊	癸	戊 壬 庚	
傷官 正財 偏印	傷官	偏印 食神 比肩	

237

徐樂吾補注：春木逢火，木火通明。夏木逢火，火旺木焚。秋金遇水，金水相涵。冬金遇水，水蕩金沉。此乃氣候之衰旺，不能一例論。夏木冬金，真傷官也，反不及假傷官之美矣。春木逢火見官，如甲申、丙寅、甲申、庚午，木嫩金堅，庚金通根於申，必須取丙火制庚為用，為兒能救母。若庚金輕而無根，則置之不用，如戊寅、甲寅、甲寅、庚午，反可取貴也。庚生申月而合水局，為金水假傷官，喜見官星，與冬金真傷官相同。壬癸透露則傷害官星，不論秋冬，為忌亦同。

按：「兒能救母」，指甲木生在寅月，建祿格，看似不弱，然而七殺三見，庚金通祿，七殺更旺，所幸原局中的食神有根，傷官坐旺，日主抗殺外，合起食傷（兒），稱「食神制煞」。

七殺	日主	食神	比肩
庚午	甲申	丙寅	甲申
己　丁	戊　壬　庚	戊　丙　甲	戊　壬　庚
正財　傷官	偏財　偏印　七殺	偏財　食神　比肩	偏財　偏印　七殺

七殺	日主	比肩	偏財
庚午	甲寅	甲寅	戊寅
己　丁	戊　丙　甲	戊　丙　甲	戊　丙　甲
正　傷 財　官	偏　食　比 財　神　肩	偏　食　比 財　神　肩	偏　食　比 財　神　肩

按：「庚金輕而無根」，指七殺無根，面對寅午火局，偏財透干，財生殺，原局無印綬，故「置之不用」，無印制不住食傷，取木火通明，「反可取貴」。強眾而敵寡，勢在去其寡；乾脆剋去眼中釘七殺。

原文：食神雖逢正印，亦謂奪食，而夏木火盛，輕用之亦秀而貴，與木火傷官喜見水同論，亦調候之謂也。

按：食神順用不宜剋，「雖逢正印，亦謂奪食」，指正印一堆變偏印才算奪食。「夏木火盛」，指甲乙木月令食傷生財，「輕用之亦秀而貴」，指印綬不要太重，可得類似傷官配印的效果，其實也在印綬（水）有調節火土的作用，故與「木火傷官喜見水同論」，都是調候用神的考量。

徐樂吾補注：食神傷官同類，正印固可奪食，偏印亦可制傷。只要干頭支下不相冲突，則各得其用，此八字所以貴於配置適宜也。如一造甲寅、庚午、乙卯、丙子，食輕為印所冲，官輕無財，為丙所剋，乃乞丐之命也。

按：八字是論五行生剋制化，同類就有累積氣勢的道理，因此一堆正印可能就變成偏印，成為梟印奪食，由善變惡。偏印可以制傷官，由惡變善，只在於配置是否得宜。六乙鼠貴要月通木局，日下支神，皆是木旺之地，水印亦可。

傷官	日主	正官	劫財
丙子	乙卯	庚午	甲寅
癸	乙	己　丁	戊　丙　甲
偏印	比肩	偏財　食神	正財　傷官　劫財

按：徐氏補述一乞丐八字，〈喜忌篇〉：「陰木獨遇子時，為六乙鼠貴之地。」但《三命通會》：「乙木生臨丙子時，要無午破卯刑之；四柱不逢申酉丑，管教年少拜丹墀。」無奈月時雙冲，子卯刑，大運申酉（生印剋食神）。

原文：此類甚多，不能悉述，在學者引伸觸類，神而明之而已。

按：八字浩瀚，學者務必舉一反三，〈繫辭上〉：「神而明之存乎其人」。

徐樂吾補注：觀上述變化之法，可知用神以及輔佐，最要者在合於日主之需要。倘能合於需要，傷官不妨見官；不合需要，財官同為害物。更有兩神成象，如水火對峙，非木調和不可，即使四柱無木，亦必待木運，彌其缺憾，方能發跡。以其需要為木，所謂通關是也。取用於四柱之外，更為奇之又奇者矣。

按：用神喜神在於合乎日主的需要，傷官不一定凶，財官不一定吉，不用贅述。又說「兩神成象」要有通關，例如水火以木通關，木土以火通關；假使原局缺火，就需大運行火地。「取用於四柱之外，更為奇之又奇」，指通關用神不在原局之中，這與常情以為用神必在原局之內不同。

徐樂吾補注：凡八字必以中和為貴，偏旺一方，而無調劑之神，雖成格成局，亦不為美。如戊戌、己未、戊戌、丙辰，稼穡格也，但辰被戌冲，火土偏燥，氣不中和，戌中辛金不能引出，子嗣亦艱，不但不能富貴也。運以金地為美，運至財地，以原局無食傷之化，群劫爭財，不祿。此為舍侄某之造，可見調候之重要也。

按：八字以中和為貴，如果偏旺一方就要有調劑之五行（扶抑、病藥、調候）；否則格局雖美，成就不大。

偏印	日主	劫財	比肩
丙辰	戊戌	己未	戊戌
癸　乙　戊	丁　辛　戊	乙　丁　己	丁　辛　戊
正　正　比 財　官　肩	正　傷　比 印　官　肩	正　正　劫 官　印　財	正　傷　比 印　官　肩

1、按：此造稼穡格，稼穡格要件《三命通會》：「戊己生逢季月，喜見木為官，止得一木為妙，木多則土虛，主虛詐為破家不仁之人。辰未土聚之地，見巳午火，即貴亦不宜多，多則土燥，不能滋生萬物；丑戌之土，內懷金氣，不宜重見，恐存煞氣，不生萬物（金剋木）。又不宜見金，洩氣不貴。秋土不成器，為死土，因土內含金。冬土不成器，為泥土，因土內含水。……喜行財地嫌官煞，運到東方定有凶。」

2、原局辰戌冲，戌未刑，火土偏燥，氣不中和，土重金埋，戌中辛金（傷官）不能引出，子嗣亦艱。特別格成立，調候用神不必適用，但原局火土比例太重，水（財）木（官）入庫。壬戌運，壬冲剋丙，戊剋壬，三戌刑未，辰戌冲，全局撼動。

八、論相神緊要

> 原文：月令既得用神，則別位亦必有相，若君之有相，輔我用神者是也。如官逢財生，則官為用，財為相。財旺生官，則財為用，官為相。煞逢食制，則煞為用，食為相。然此乃一定之法，非通變之妙。要而言之，凡全局之格，賴此一字而成者，均謂之相也。

按：月令為用神，何謂「相神」？指「輔我用神者」，主要指病藥用神，其次扶抑、專旺皆能。例如「官逢財生」，財是相神也是官的元神。又例如「財旺生官」，旺宜洩，有病得藥。「煞逢食制」，指煞旺為病，食神為藥。官逢財生、財旺生官、煞逢食制等，這些是固定的法門，不足以應付全般變化，在觀察原局後發現的「關鍵字」就是相神。

> 徐樂吾補注：相神又名喜神。財官食印，互相為用，必有所主，主為用，佐其主者為相。如《三命通會》：正官格，逢官看財，以財為引，即以財為相也；以印為護，即以印為相也；正財格逢財看官，以食為引，即以官與食為相也。無財與印，不能用官；無官或食，不能用財，全局之格，賴此而成。推而言之，凡為全局之救應而藉以成格者，皆相也。

按：相神又名喜神，格局有財官食印，互相為用，輔佐用神稱相神，如宰「相」輔佐君「主」。故逢官看財，財為相。官印相生，印為相。食傷引財，食傷為相；凡此類均是。故救應全局以成格者之樞紐「關鍵字」即相神。

按：八字環環相扣，在不同的條件下各有輕重緩急，日主、用神、
相神，何者最脆弱，不一而定。徐氏所言如下：

	日主	傷官	偏印
	甲〇	丁酉	壬〇
		辛	
		正官	

按：月令正官為用，傷官蓋頭就是「病」，壬水合去傷官，保存正官
以成格，全賴壬水為相。

	日主	七殺	劫財
	戊◯	甲子	己◯
		癸	
		正財	

按：月令正財為用，月干七殺透出，七殺逆用不宜財生，劫財己土合去七殺，稱「合煞存財」，成格全賴己土相神。

正財	日主	偏印	食神
戊◯	乙◯	癸酉	丁◯
		辛	
		七殺	

按：月令七殺為用，癸水剋去丁火，食神無法制殺，用戊土合去癸水，使癸水不剋制丁火，以成全食神制煞，以戊土為相神。隔位合有爭議，讀者自行揣摩殺生印。

徐樂吾補注：成敗救應節云：「成中有敗，必然帶忌；敗中有成，全賴救應」，救應之神，即相神也。合去忌神者為相，制化忌神者亦為相。如甲用酉官，見丁為傷，透壬合丁，透癸制丁，合傷與制傷，同為去忌成格，皆相也。戊用子財，而有己劫爭財，干透庚辛食傷以化劫生財，亦相也（參見成敗救應節）。以上論天干之相。

按：徐氏按照原文補注，相神即救應之神，凡合去忌神，制化忌神，洩去忌神等均是相神（喜神）。

原文：癸生亥月，透丙為財，財逢月劫，而卯未來會，則化水為木而轉劫以生財者，全賴於卯未之相。庚生申月，透癸洩氣，不通月令而金氣不甚靈，子辰會局，則化金為水而成金水相涵者，全賴於子辰之相。如此之類，皆相神之緊要也。

七殺	日主	七殺	正財
己未	癸卯	己亥	丙〇
乙 丁 己	乙	甲 壬	
食 偏 七 神 財 殺	食 神	傷 劫 官 財	

按：月令劫財，年干透出丙火正財，既以劫財為用，年干財星對月令劫財等於報廢。恰逢卯未合去亥水，水性轉為木質生火（傷官），亥水忌神全失，卯未就是喜神（相神）。

	日主		傷官
○辰	庚子	○申	癸○
癸 乙 戊	癸	戊 壬 庚	
傷 正 偏 官 財 印	傷 官	偏 食 比 印 神 肩	

按：庚金生在申月是建祿格；癸水透出年干，傷官為用，申金雖可生水，但隔位不貼切，雖生不甚靈；但子辰三合水局，傷官格通根有力，化申金為水，變成金水相涵，故子辰為相神。

> 徐樂吾補注：此言地支之救應，三合六合，同一功用。如癸生亥月，不見卯未而見寅，則寅亥化木，轉而生財，亦相也。更有會合解沖為救應者，如庚用午官，而逢子沖，隔丑，則子丑合而解沖，官格以成，是以丑為相也。見寅卯，則水生木，木生午火以解沖，則寅卯為相也。更有甲用酉官，逢午為傷，得子沖去午而官格以成，是子為相也。千變萬化，要在隨局配置。以上論地支之相。

按：三合六合的變化可能改變相神、用神、忌神的五行性；因此亥月逢寅也是木，與亥水逢卯未同功。也有會合解沖的情況。

正官	日主		
丁 丑	庚 子	◯ 午	◯ ◯
辛　癸　己	癸	己　丁	
劫　傷　正 財　官　印	傷 官	正　正 印　官	

按：月令正官為用，子午沖傷官見官，官格被破，時支丑土合去子水，正官格保住，丑土就是相（喜）神。如果有寅卯木洩去子水，通關午火，寅卯就是相神。

比肩	日主		
甲 子	甲 午	◯ 酉	◯ ◯
癸	己　丁	辛	
正 印	正　傷 財　官	正 官	

按：月令正官為用，丁火傷官剋去酉金正官，正官格破壞。逢時支子水沖剋午火，酉金正官格保住，故子為相神。

按：相神無破，就是用神有輔佐。相神受傷，格局就失去輔佐而必敗。徐氏舉例說明，月令正官遇到干頭傷官破格，但年干是癸水印綬，則印剋傷官，正官就保住了。丁火月令酉金偏財，月干是癸水七殺，年干是己土食神，食神制煞生財，將七殺逆用不宜財生殺的狀況化解；假設又透出甲木，甲木合去己土食神，癸水七殺就無制。結果產生複式變化，故「有情而化無情，有用而成無用之格」。

按：徐氏歸納前述「相神有傷」類例，何為救應之神？救應如何被傷？不再贅述。讀者應於千變萬化中，抽絲剝繭，以竟其功。

按：八字排出後，必有最具特性的脈絡，代表其人命格，在大運流年中變化無窮，學者詳細觀察，不可輕忽。

徐樂吾補注：凡看八字，必合全局，何者為用？何者為相？必有一種理論，用必合於日元之需要，而相必合於用神之需要。分疏明白，自有一定不易之理。試舉一例：

按：論八字以原局全般觀察。以脈絡而言，先分析用神，再分析相神，在諸多理論中，以日主為太極點，月令為樞紐，用神先分析後，相神（喜神）必須輔佐用神，理雖殊途，道必合一。相神分析難於用神分析。

按：八字用神，專求月令，但調候為急，己土冬月，用神為火，甲木為相神。《子平粹言》：「化神喜行旺地，專取生我化神為用，甲己化土以火為用。此化格之定法也；與從格不純同看。化格必須見辰字，辰者，化氣元神所臨之支。」

劫財	日主	正官	劫財
戊辰	己巳	甲子	戊戌
癸 乙 戊	庚 戊 丙	癸	丁 辛 戊
偏財 七殺 劫財	傷官 劫財 正印	偏財	偏印 食神 劫財
壬申 辛未	庚午 己巳	戊辰 丁卯	丙寅 乙丑

釋文：月令偏財，為我之財，本當以財為用，但以生於十一月，水寒土凍，調候為急；故以巳中丙火為用神也。但比劫重重，爭財為病，甲木官星制住比劫，使群劫不能爭財，兼以生丙火，是以甲木為相神也。運行木火之地，富貴兼全。

1、按：原局己土生在子月，劫財五見，印綬兩見，身強。調候用神丙、甲、戊；用神兼備，往高命看。正官透出月干，日主合官，身強喜辰中七殺呼應，月令偏財相生，透官論官。

2、格論官印相生，《三命通會》：「支藏干透，餘位不宜再見，又須日主健旺，得財印兩扶，柱中不見傷煞，行運引至官鄉，大富大貴。大忌刑冲破害，傷官七殺，貪合忘官，劫財分福，為破格。」原局財官印居中。《滴天髓》：「源頭者，即四柱中之旺神也；不論財官印綬食傷比劫之類，皆可為源頭也，總要流通生化，收局得美為佳；或起於比劫，止於財官為喜。或起於財官，止於比劫為忌。」行運木火，官生印，富貴命。

251

九、論雜氣如何取用

原文：四墓者，冲氣也，何以謂之雜氣？以其所藏者多，用神不一，故謂之雜氣也。如辰本藏戊，而又為水庫，為乙餘氣，三者俱有，於何取用？然而甚易也，透干會支，取其清者用之，雜而不雜也。

按：「雜氣」，指辰戌丑未土中，夾雜水木金火，例如辰中戊土最盛，乙木為餘氣，又為水庫，三者如何取用神？「透干會支，取其清者用之，雜而不雜」，天透地藏，三會三合當用神最有力。

徐樂吾補注：金木水火，各旺一方，土居中央，無時不旺，而寄於四隅，辰戌丑未四個月，各旺十八日。何以謂之雜氣？十二支除子午卯酉為專氣外，寅申巳與辰戌丑未，皆藏三干。所藏多寡，似非雜之本義，特寅申巳亥所藏，乃方生之氣與當旺之氣，長生祿旺，氣勢相通，而辰戌丑未所藏，則各不相謀。如辰中戊為本氣，僅佔十八日，乙為餘氣，水為墓庫，意義效用各別，故為之雜。取用之法，如干頭透出，支辰會局，則以所透之干、所會之局為用，蓋透則用清，會則力大也。不透不會，則僅以土論，其所藏之物既不秉令，力量微弱，不能為用也。又辰丑為濕土，戌未為燥土，其用各別，亦不能概論也。

1、按：土居中央，流行於辰戌丑未月，「各旺十八日」（360 天÷五行÷四季＝18 天）。「雜氣」？金木水火，各旺一方，以子午卯酉代表。寅申巳亥是長生與臨官的位置，長生與祿旺氣勢相通，不像雜氣。而辰戌丑未所藏，癸水辰庫，乙木未庫，丁火戌庫，辛金丑庫，各不相謀。例如辰中戊土十八日，乙為餘氣，水為墓庫。

2、雜氣取用神之法，以天透地藏為格，透則用清，或三會三合力大為局。其次辰丑為濕土（利於生金、降火），戌未為燥土，用途有所不同。

原文：何謂透干？如甲生辰月，透戊則用偏財，透癸則用正印，透乙則用月劫是也。何謂會支？如甲生辰月，逢申與子會局，則用水印是也。一透則一用，兼透則兼用，透而又會，則透與會並用。其合而有情者吉，其合而無情者則不吉。

按：「透干」？甲日主生辰月，支藏戊乙癸。戊土透干是偏財格，透癸水是正印，透乙木是劫財，凡透出天干者為代表，勝於地支主氣、餘氣、入庫。「會支」？甲生辰月，申子辰三合水局，就算不透干，力量已足以成局，夠得上稱用神。「一透則一用」，透出成格算一個用神，「兼透則兼用」，同根若也有透出，再算一個用神。「透與會並用」，又透又會則併論用神；全部以其順逆原則論吉或不吉。

徐樂吾補注：透干者支中所藏之神，透於天干也。凡八字支中所藏，必須透干；天干所用，必須通根。《滴天髓》云：「天全一氣，不可使地德莫之載；地全三物，不可使天道莫之容。」三物者，即支中所藏三神也。透於干，即是天道能容；天干通根，即是地德能載。譬如辰土透戊，為當旺之氣，無論矣，乙癸雖力量不足，而透出干頭，其用顯著。會支者，支辰會合也。會子申則化水，合酉則化金。會合成局，其勢強盛，故不論為喜為忌，既透干會支，則不能不顧及。喜則為有情而吉，忌則為無情而凶。

1、按：天透地藏在於天干為現象，地支為本體，天透地藏就是體用合一，格局有力。「天全一氣」，指天干四甲、四乙、四丙之類；「地德莫之載」，指受剋於地支，或反剋地支，或天干不顧地支或地支不顧天干，例如甲申乙酉，宜地支之氣上升，天干之氣下降，流通而不偏枯。

2、「地全三物」，指三合三會，合會力量大，如果旺神在提綱，天干必須順其氣勢洩之。換言之，三合會透干要天干有反剋。「透干會支，則不能不顧及」，指透干會支力量大，超越月令提綱成為主角。

原文：何謂有情？順而相成者是也。如甲生辰月，透癸為印，而又會子會申以成局，印綬之格，清而不雜，是透干與會支，合而有情也。又如丙生辰月，透癸為官，而又逢乙以為印，官與印相生，而印又能去辰中暗土以清官，是兩干並透，合而有情也。又如甲生丑月，辛透為官，或巳酉會成金局，而又透己財以生官，是兩干並透，與會支合而有情也。

按：「何謂有情」？獨格不貴，兩個格局配合順用逆用就是有情。例如正官配印透財，正官帶傷配印，正官帶傷合傷，財遇比劫合殺等。徐氏舉例如下。

正印	日主		
癸酉	甲申	◯辰	◯子
辛	戊　壬　庚	癸　乙　戊	癸
正官	偏財　偏印　七殺	正印　劫財　偏財	正印

按：為何「合而有情」？辰月中的癸水透干，辰土中的癸水入庫原本無力，但會合申子後三合水局轉強，格局就「清而不雜」。月令中的偏財化為印綬，印綬格成立。徐氏下文認為：如果身強印旺，可以取食傷以洩秀，或者取財星以損印，但財星必須在時柱，否則在辰土會合化水局的情況中，不能再取以損印。

正官	日主	偏財	正印
癸巳	丙○	庚辰	乙○
庚　戊　丙		癸　乙　戊	
偏　食　比 財　神　肩		正　正　食 官　印　神	

按：丙火生在辰月，癸水透出是正官格，乙木透出是正印格，官印相生剛好。食神要生財，食神宜制殺，食神在月令就是多餘的，乙木天透地藏足以剋去食神閑神。故「兩干並透，合而有情」。

正財	日主	正官	正官
己巳	甲○	辛丑	辛酉
庚　戊　丙		辛　癸　己	辛
七　偏　食 殺　財　神		正　正　正 官　印　財	正 官

按：甲木生在丑月，地支有正財、正印、正官；正財與正官透干，就是符合正官順用，財生官同根透，有情有力。徐氏下文認為：癸己並透，官印相生為有情。身強用官，身弱用印，「雖云兼用，必有所注重，須看全局之喜忌，日元之需要而定之。」

徐樂吾補注：此專論透干會支之有情無情，非就全局之喜忌言也。如甲生辰月，為月令偏財，透癸而又會子會申，則財化為印，印綬之格成矣。然而身強印旺，或取食傷以洩秀，或取財星以損印（須時上另見財星，辰土會合化水局，不能再取以損印）。食傷與財，即上文之相神，賴以成格者，非干透支會，即可以為用也。丙生辰月，癸乙並透，官印相生為有情。身強以官為用，另取財以生官；身弱取印為用，即以印化官，甲生丑月亦然。雖云兼用，必有所注重，須看全局之喜忌，日元之需要而定之。

按：本節徐氏所述已經解釋於上三例，不贅述。

原文：何謂無情？逆而相背者是也。如壬生未月，透己為官，而地支會亥卯以成傷官之局，是透官與會支，合而無情者也。又如甲生辰月，透戊為財，又或透壬癸以為印，透癸則戊癸作合，財印兩失，透壬則財印兩傷，又以貪財壞印，是兩干並透，合而無情也。又如甲生戌月，透辛為官，而又透丁以傷官，月支又會寅會午以成傷官之局，是兩干並透，與會支合而無情也。

按：何謂「無情」？逆而相背，阻止格局成立，大約指「豬隊友」，幫倒忙的「字」。如下三例。

正印	日主	正官	劫財
辛亥	壬〇	己未	癸卯
甲 壬		乙 丁 己	乙
食神 比肩		傷官 正財 正官	傷官

按：月令正官透出即正官格，正官宜財生官或官生印，而亥卯未的
氣勢是傷官，正官不宜見傷官；故「透官與會支，合而無情」。徐氏
補注：壬水生在未月，正官透出成格，但地支隔位傷官局，正官遇
傷官而無情。若柱有重印（天透地藏），以印剋食傷，以子救母；或
身旺有財，化去食傷，皆是「所謂救應」。

偏印	日主	偏財	正印
壬申	甲〇	戊辰	癸〇
戊 壬 庚		癸 乙 戊	
偏財 偏印 七殺		正印 劫財 偏財	

按：甲木生在辰月，戊土透出偏財格，而正印偏印也透出天干成格，
故「戊癸作合，財印兩失」格局糊掉了。透壬雖不合，但戊土剋壬
水，財剋印，貪財壞印，合而無情。如果財印分隔在年干與時干，
中間有官化財，或比劫制財護印或丁火傷官合印生財，都算「救應」。

257

傷官	日主	偏財	正官
丁卯	甲午	戊戌	辛〇
乙	己 丁	丁 辛 戊	
劫財	正財 傷官	傷官 正官 偏財	

按：月令正官透出年干，正官格；偏財透出，偏財格；傷官透出，傷官格。如果月干沒有透出偏財，卻見午戌半合火，卯戌合火成為傷官，就是傷官見官而無情；有月柱偏財格通關，無情變有情。

> 徐樂吾補注：合而無情，即是帶忌，局中如無救應，則為敗格。如壬生未月，干透官而支會傷，柱有重印，制傷以護官，或身旺有財，化傷以生官，皆所謂救應也。甲生辰月，壬戊財印兩透，如財印分居年時，中隔以官，官能化財生印，隔以劫，制財護印，或隔以丁火傷官，合去印以就財，皆所謂救應也。甲生戌月亦然。如無救應，是為敗格，貧賤之局也。

按：本節徐氏所述已經解釋於上三例，不贅述。

> 原文：又有有情而卒成無情者，何也？如甲生辰月，逢壬為印，而又逢丙，印綬本喜洩身為秀，似成格矣，而火能生土，似又助辰中之戊，印格不清，是必壬干透而支又會申會子，則透丙亦無所礙。又有甲生辰月，透壬為印，雖不露丙而支逢戌位，戌與辰冲，二者為朋冲而土動，干頭之壬難通月令，印格不成，是皆有情而卒無情，富而不貴者也。

按：格局成立是好，而有情與無情則加減分。

	日主	偏印	食神
○○	甲申	壬辰	丙子
	戊　壬　庚	癸　乙　戊	癸
	偏財　偏印　七殺	正印　劫財　偏財	正印

1、按：甲生辰月，壬水透出印綬格；「印綬本喜洩身為秀」，指印格強身，喜食神洩（本例不然）；而食神丙火滋生戊土，遇到食神生財來混濁，所以「印格不清」，但申子辰三合印局力大，食神無根，生財也剋不動印綬，故「透丙亦無所礙」。

2、徐氏補述：若為丙寅時柱，與月令辰土相隔，故丙火洩秀不生辰土，與年干丙火會生財混淆印綬不同，因此「仍須看地位」。雖然壬水入庫癸水，畢竟不如亥、子、申諸水根深，因此辰戌冲，癸水冲去，僅剩壬水浮露，不能為用；印綬格命值降低並非完全不能用，而是濁而不清，准富不准貴，扣分而已。

259

	日主	偏印	七殺
	甲 ○	壬 辰	庚 戌
		癸 乙 戊	丁 辛 戊
		正 劫 偏 印 財 財	傷 正 偏 官 官 財

按：天干七殺生印，印生日主，七殺通根正官，偏印通根正印，格局似乎有成，然而辰戌沖，干頭壬水「危邦不入，亂邦不居」，扦格月令難以企合，印格不成；故「有情而卒無情，富而不貴。」凡格局被沖就是破格，但比沒格局好些。

徐樂吾補注：有情而卒無情者，須看地位配置如何。如甲生辰月，而為丙年壬辰月，則丙火為壬水所制，不能洩甲木之秀。若為甲日丙寅時，與辰土相隔，則丙火洩秀而不生辰土也。會申會子，則印格清，而能否用丙洩秀，仍須看地位，非可一例言也。蓋壬透自辰，雖云通根身庫，究非亥子申可比，故逢戌土朋沖，微根消滅，壬水浮露，不能為用，是為印格之成而不成。謂富而不貴者，以其濁而不清，非不用印即可以富格視之也。

按：有情無情關鍵在原局配置如何，徐氏所述已經解釋於上，不贅述。「非不用印即可以富格視之」，意思說，辰戌之中有財、官、傷、印，如果不用印綬格就可以成為富格嗎？沒這麼便宜的事，因為「濁而不清」，辰戌沖，諸事亂套，雜氣沖，各自表述。

原文：又有無情而終有情者，何也？如癸生辰月，透戊為官，又有會申會子以成水局，透干與會支相剋矣。然所剋者乃是劫財，譬如月劫用官（建祿正官對抗賽），何傷之有？又如丙生辰月，透戊為食，而又透壬為煞，是兩干並透，而相剋也。然所剋者乃是偏官（七殺欠剋），譬如食神帶煞，煞逢食制，二者皆是美格，其局愈貴。是皆無情而終為有情也。

按：有情就是成格，由於刑冲合會的變化，必須由月令與日主關係逐字判斷，最終以各章成格與否，大運是否相配為定。原局像發牌只是上半場，未知鹿死誰手？大運流年像下半場，扭轉乾坤大有人在。

正印	日主	正官	傷官
庚申	癸〇	戊辰	甲子
戊 壬 庚		癸 乙 戊	癸
正官 劫財 正印		比肩 食神 正官	比肩

按：月令透出正官格，申子辰會出水局劫財，「透干與會支相剋」？指透干正官格剋制三合隔位劫財，因為月令劫財造成身強，透干的正官格剛好平衡用，故「何傷之有」，指正官不傷身。

261

七殺	日主	食神	傷官
壬辰	丙○	戊辰	己○
癸 乙 戊		癸 乙 戊	
正 正 食 官 印 神		正 正 食 官 印 神	

按：丙火辰月，月令食神戊土透干，食神格；壬水七殺透出，有辰中癸水正官兩見微根，因此就是食神制殺，「無情而終為有情」。徐氏補述：「戊強而壬弱」，因為辰中戊土最旺，壬水僅微根入庫，氣勢明顯有別，因此壬水七殺要有財生，使兩者平衡。食重殺輕。

> 徐樂吾補注：無情而終有情者，相剋適以相成也。原文甚明，特用官更須官旺；若用財生官，須透露干頭，不為比劫所奪；或見食以化劫，與月劫用官同例。丙生辰月，戊壬並透，則戊強而壬弱，蓋戊為當旺之氣也，壬煞須有財生印化，方能用之，與食神帶煞、煞逢食制同例。如樂吾自造，丙戌、壬辰、丙申、丙申，辰中壬水透出，以辰中乙木化煞為用是也（生於清明後一日乙木司令，故可用）。

按：「無情而終有情者，相剋適以相成」，指七殺須逆用，食神制煞，才是格局有成。徐氏補述：用官須官旺，如果用財生官，正官要立在干頭，以免比劫剋財；或者有食神化去比劫。徐氏補充自己的八字如下。以月令食神不透干，官殺四見，格局取外格七殺格。七殺逆用，食神地支四見遇比肩，身弱，早運木火之地生扶，原局壬水為調候，出身世家。戊運戊子年，申子辰水旺土崩，歿。

徐樂吾自造

比肩	日主	七殺	比肩
丙申	丙申	壬辰	丙戌
戊 壬 庚	戊 壬 庚	癸 乙 戊	丁 辛 戊
食神 七殺 偏財	食神 七殺 偏財	正官 正印 食神	劫財 正財 食神

原文：如此之類，不可勝數，即此為例，旁悟而已。

263

十、論墓庫刑沖之說

原文：辰戌丑未，最喜刑沖，財官入庫，不沖不發。此說雖俗書盛稱之，然子平先生造命，無是說也。夫雜氣透干會支，豈不甚美？又何勞刑沖乎？假如甲生辰月，戊土透豈非偏財？申子會豈非印綬？若戊土不透，即辰戌相沖，財格猶不甚清也。至於透壬為印，辰戌相沖，將以累印，謂之沖開印庫可乎？

1、按：辰戌丑未稱「四庫」，以庫中土藏有金木水火，喜刑沖是因為八字由卜卦擴編而來，例如《增刪卜易》：「伏神得遇日月動爻沖剋飛神者。」故財官入庫，不沖不發。

2、然而徐子平建立的子平學並無這種說法，因為四庫透出就是格局，格局既然成立，刑沖即非必要。以甲木辰月為例，戊土透出就是偏財格，申子會辰就是印綬格。若戊土不透月令雖然偏財為主，但戌來沖辰，偏財格就動盪混濁，命值降低。「透壬為印，辰戌相沖，「將以累印」？辰中印綬是癸水，辰戌沖就是戊土旺氣對沖，土剋水，水受拖累，覆巢之下，焉有完卵？未沖先崩。

徐樂吾補注：財官入庫不沖不發之說，最為流俗謬談。沖者，剋也，剋而去之也。辰戌丑未，皆屬於土，同氣刑沖，最少妨礙。蓋餘支或因刑沖而損格破用，而四庫之土，則不因沖而破格也。支中所藏，因透出而用清，因會合而勢強，各支皆然，雜氣何獨有異？至於甲生辰月，透壬為印，以辰為壬水之根，被戌沖則根拔，不能謂無害，豈能因沖而發乎？足見俗說之無稽也。

1、按：徐樂吾反對「財官入庫，不冲不發」的說法。辰戌是戊土對冲，丑未是己土對冲，同五行的對冲沒這麼血腥，故「同氣刑冲，最少妨礙」，其它如寅申冲，子午冲，因五行不同氣而破格。

2、地支中藏干透出即是用神明確，三合三會勢強也是相同的道理，雜氣自然不例外，為何僅辰戌丑未有不冲不發之說？因此例如甲生辰月，壬水透出是印綬格，癸水微根入庫，受冲則根基不存，何來不冲不發之說。諸家見解不同，《神峰通考》:「雜氣從來自不純，天干透出始為真；身強財旺生官祿，運見冲刑聚寶珍。」

原文：況四庫之中，雖五行俱有，而終以土為主。土冲則靈，金木水火，豈能以四庫之冲而動乎？故財官屬土，冲則庫啟，如甲用戊財，而辰戌冲，壬用己官而丑未冲之類是也。然終以戊己干頭為清用，干既透，即不冲而亦得也。至於財官為水，冲則反累，如己生辰月，壬透為財，戊冲則劫動，何益之有？丁生辰月，透壬為官，戊冲則傷官，豈能無害？其可謂之逢冲而壬水之財庫官庫開乎？

1、按：土中雖藏有金木水火，當然以土為主，土冲必有其靈動性；土中所藏的金木水火，不因辰戌丑未相冲而動搖。故財官屬土，壬以火土為財官，甲以土金為財官，均要透出干頭。問題在透出干頭就成格，不冲也是財官有准。

2、己土生在辰月，以壬水為正財透干，通根癸水偏財，戊土來冲是戊土劫財動盪，劫財有力破財格，「何益之有」？又例如丁火生辰月，壬水透出是正官，戊土冲辰，戊土傷官發動，正官「豈能無害」？因此不宜一概以逢冲認為財官有准。

> 徐樂吾補注：財官屬土，冲則庫啟，亦是囿於俗說。要知甲生辰月，僅水為庫耳，土乃本氣，乙為餘氣，皆非庫也。如土為用，透則用清，何待於冲？特四庫同氣，雖冲無礙耳。若壬水為用，冲則土動，豈能無礙？以乙木為用，冲則戌中辛金起而尅木，亦非美事；若水木透干，則根受其損，不透則本非可用之物，冲否殊無關係耳。

1、按：徐氏認為財官屬土，冲則庫啟，也是俗話。因為甲生在辰月，僅「癸水入辰庫」，戊土本氣與乙木餘氣，皆非入庫，透出則用神清新，何須冲動？然而四庫同氣為土，冲而無礙。

2、若壬水為用神，冲則土（財）動，水（印）豈能無事。又若乙木（劫財）為用神，冲則戌中辛（正官）尅乙木，也非美事；若水木透干就是命格，根氣受損，而不透出也非用神，所以透出總比不透還管用，而逢冲不是用神，即無損。

> 原文：今人不知此理，甚有以出庫為投庫。如丁生辰月，壬官透干，不以為庫內之壬，干頭透出，而反為干頭之壬，逢辰入庫，求戌以冲土，不顧其官之傷。更有可笑者，月令本非四墓，別有用神，年月日時中一帶四墓，便求刑冲；日臨四庫不以為身坐庫根，而以為身主入庫，求冲以解。種種謬論，令人掩耳。

1、按：「出庫」，指癸水入庫在辰，壬水透在月干。「投庫」，指壬水在月干，逢辰入庫，若戌土冲辰，月令戊土傷官首當其衝，傷官動則月干正官必傷。

2、月令不是辰、戌、丑、未，用神即不是戊己土，其它地支一旦有辰、戌、丑、未，就尋求柱運歲刑冲之時。謬論者，日主自坐劫財入庫即是有根，根就應該保護，如今反而巴不得相冲「以解」，令人傻眼。要冲動的是人人喜愛的財與官。

按：徐氏批判「投庫入庫」之說。己土以壬水為財，癸水入辰庫成
為止水，稱「財歸庫」。日主改丁火，癸水就是七殺，稱「官投墓」。
如果墓庫在月令之外的年日時地支，有會合的五行，包含子辰半合
水，午戌半合火之類，就以合會的五行氣勢而論。三會「全一方」
就以三會局五行而論，因此月令辰戌丑未遇到三會，五行性會隨之
更改，若無會合一體而被分隔，五行仍舊是土。所謂「日臨四庫」，
指日柱壬辰、丙戌、乙未、辛丑四日，即劫財入庫。假設壬水生在
戌月，地支三合寅午戌火局，辰來沖戌，丁火出庫。

原文：然亦有逢沖而發者，何也？如官最忌沖，而癸生辰月，
透戊為官，與戌相沖，不見破格，四庫喜沖，不為不是。卻不
知子午卯酉之類，二者相仇，乃沖剋之沖，而四墓土自為沖，
乃沖動之沖，非沖剋之沖也。然既以土為官，何害於事乎？

1、按：沖歸沖，剋歸剋。剋大半是沖剋齊來（火剋金例外），例如
　　寅申沖是金剋木之外帶東西沖，巳亥沖是水剋火之外帶南北沖，
　　故「子午卯酉之類，二者相仇，乃沖剋之沖」。辰戌丑未是五行
　　相同，沖而不剋，故「四庫喜沖，不為不是」，與子午卯酉沖剋
　　齊來不同。

2、例如癸水日主，月柱戊辰就是正官格天透地藏，為何「與戌相
　　沖，不見破格」？因為天透地藏，透官論官，沖不到要害。

徐樂吾補注：癸生辰月，透戊土官星，逢冲不破格者，即因辰戌同氣，故少妨礙，並非喜冲也。十二支中以寅申巳亥之冲為最劇，以其為五行生地也。子午卯酉之冲，有成有敗，則以四皆敗地，亦是旺地。忌者冲而去之為成，喜者逢冲為敗，至於四墓之冲，最少關礙。然有須注意者，人元用事是也。如辰中乙木，在清明後十日內，乙木餘氣猶旺，則乙木尚可為用，特與冲否無關係耳。

1、按：徐氏補述前論：戊土官星逢冲，因為辰戌都是戊土本氣，所以妨礙不大，但逢冲都是不美，而非雜氣財官喜冲出庫。十二地支中以寅申巳亥最凶，因為是五行長生之地。子午卯酉對冲，有成有敗，因為既是四敗（沐浴）之地，也是四旺之地。

2、冲去忌神論吉，冲去喜神論凶；四墓庫之地，吉凶加減不多，故無關妨礙。然而須注意餘氣，例如辰中乙木，未中丁火，戌中辛金，丑中癸水。

原文：是故四墓不忌刑冲，刑冲未必成格。其理甚明，人自不察耳。

按：總之，辰戌丑未不忌六冲，刑冲未必成格，指因為戊己土的相冲不嚴重，重點在月令格局是否成立？否則閒神冲了也沒意義，用神冲了天干顯象更透。

徐樂吾補注：四墓不忌刑冲，刑冲未必成格。此十二字最精當，閱幸者注意及之。

按：徐氏補述無他意，不贅述。

十一、論四吉神能破格

按：四吉神是指順用的正偏財、正官、正印、食神等，但並非「吉神」就是高命，原局配合不當，亦能破格。

徐樂吾補注：官煞財印食傷，乃五行生剋之代名詞，以簡馭繁，並寓剛柔相配之義，故有偏正名稱，無所謂吉凶也。合於我之需要，即謂之吉，不合需要，即謂之凶。成格破格，繫乎喜忌，不在名稱也。詳成敗救應節。

按：徐氏補述官煞、印綬、正偏財、食傷，只是五行生剋的代名詞，陰陽相配即美利，雖有偏正之區別，合於子平術規則論吉，悖者凶，非顧名思義可也。

原文：如食神帶煞，透財為害，財能破格也。春木火旺，見官則忌，官能破格也。煞逢食制，透印無功，印能破格也。財旺生官，露食則雜，食能破格也。

1、按：食神與七殺勢均力敵，食神制煞剛好，但如果財星透出，食神喜生財，貪生忘剋，食神忘了制殺，七殺逆用得財生，故稱「財能破格」；若不帶煞，食神生財是好命格。春木火旺，例如甲午日，生在寅月，寅午半合火局是木火傷官，正官辛金，傷官見官扛不住，故「官能破格」。

2、煞逢食制，指食神制煞；「透印無功」，因為印綬從天而降剋制食神，七殺逆用要剋，無制不成材，故「印能破格」。財旺生官，因為官要順生，為何「露食則雜」？因為「露食」是在天干（地支未必），食神剋官殺，故「食能破格」。

269

徐樂吾補注：食神帶煞，以食制煞為用也。見財則
食生財黨煞，為破格；若不帶煞，則食神格喜見財
矣。春木火旺，為木火傷官，見官破格。煞逢食制，
見印奪食。財旺生官，見食則傷剋官星，並皆破格。

按：徐氏補述不離原文，不贅述。

原文：是故官用食破，印用財破。譬之用藥，
參苓芪朮，本屬良材，用之失宜，亦能害人。

按：原文以用藥比喻，因為中醫與命理都是用五行生剋制化的理論。

徐樂吾補注：官忌食傷，財畏比劫，印懼財破，食畏印
奪，參合錯綜，各極其妙。弱者以生扶為喜，強者因生
扶而反害；衰者以裁抑為忌，太旺者反以裁抑而得益。
吉凶喜忌，全在是否合於需要，不因名稱而有分別也。

按：五行各有宜忌：正官忌食傷，財星怕逢比劫，印綬怕財，食神
怕印綬。弱則宜生扶，反之，強則宜剋洩，若生扶反而幫倒忙。反
之，衰弱最忌裁抑剋制，是謂屋漏偏逢連夜雨；只能對強者裁抑而
得益。不必對名稱顧名思義，全在於原局架構如何，與行運取捨。

270

十二、論四凶神能成格

原文：煞傷梟刃，四凶神也，然施之得宜，亦能成格。如印綬根輕，透煞為助，煞能成格也。財逢比劫，傷官可解，傷能成格也。食神帶煞，靈梟得用，梟能成格也。財逢七煞，刃可解厄，刃能成格也。

按：七殺、傷官、偏印、羊刃，雖然是名稱驚悚，然而用得恰到好處，亦能成格。例如印綬輕，七殺有力，七殺生印，損多益少，故「煞能成格」。財逢比劫，以傷官通關，化劫生財，故「傷能成格」。食神過旺帶殺剋制太過不成格，以偏印制食神，印能護殺，故「梟能成格」。財生七殺，用羊刃奪財護日主，使殺刃平衡，羊刃駕殺，故「刃能成格」。

徐樂吾補注：四凶神能成格者，以煞傷梟刃為相神也。印輕透煞，以煞生印而成格。財逢劫奪，以傷化劫而成格。食神帶煞，以梟制食化煞而成格。財逢七煞，以刃分財敵煞而成格。合於需要，皆可以為我之助也。

按：七殺、傷官、偏印、羊刃，四凶神能成格，是因為凶神即是喜神。印輕殺重用印，財逢劫奪用食傷，食神帶殺用梟印，財逢七殺以刃分財；徐氏補述不脫原文，不贅述。

原文：是故財不忌傷，官不忌梟，煞不忌刃，如治國長鎗大戟，本非美具，而施之得宜，可以戡亂。

按：傷官名稱不雅，可生財，財為養命之源，故有通關「財不忌傷」。梟印名稱不雅，但可制食傷護官，故「官不忌梟」。七殺不宜順生，財來生破格，喜羊刃奪財駕殺，故「煞不忌刃」。以長鎗大戟比喻凶神，全在適得其用與否！

徐樂吾補注：財須根深，最宜食傷相生。官宜印護，梟印同功。劫刃
太旺，官煞咸美。用之合宜，皆為助我之神，豈因名稱而有分別哉！

按：「財須根深」，指財星必須通根地支，或得祿旺之位，財多不富，
虛懸於天干，容易被劫，宜有食傷相生化劫。正官生印，印剋去食
傷護官，「梟印同功」，偏印照常可以剋制食傷。「劫刃太旺」，指日
主身強，就要用對等的官殺平衡，故「官煞咸美」。總之，喜用神與
日主和諧，喜神又輔佐用神，無法由名稱吉凶辨別命格高低。

卷三、生剋喜忌篇

山陰沈孝瞻原著　武原東海樂吾氏評註　常州於光泰疏

一、論生剋先後分吉凶

> 原文：月令用神，配以四柱，固有每字之生剋以分吉凶，然有同此生剋，而先後之間，遂分吉凶者，尤談命之奧也。

> 徐樂吾補注：先後地位，最為緊要，有同此八個字，而在此為吉，在彼為凶，在此可用，在彼不可用者，貧富、貴賤、壽夭截然不同。此中變化無定，非程式可以說明。蓋生剋制化，如官忌傷，印忌財等，皆呆法也，而先後程式，則活法也。呆法可說，而活法無從說起，神而明之，存乎其人，在於學者熟習自悟而已。如鄙人賤造，丙戌、壬辰、丙申、丙申，生於清明後一日，乙木餘氣可用，以印化煞（見《命鑑》），今年屆知命，若生在清明十二日後，土旺用事，即非此論。舍親某甲，為丙戌、丙申、丙申、壬辰，八個字完全相同，而生於七月，乙木休囚，不能為用，財當煞以攻身，青年夭折。此其一例耳。

1、按：這節講述原則問題，略以八字先查月令用神，其次每個字的生剋制化，先後關係，才有吉凶定論。因為變化無常，所以並無定性規則可言，所謂官忌傷，印忌財等，皆是呆法，而先後程式，則活法。徐樂吾補述自己的八字，在第二章已有解釋，不贅述。

2、徐氏另外提出某人命造為財黨煞，青年夭折。

七殺	日主	比肩	比肩
壬辰	丙申	丙申	丙戌
癸　乙　戊	戊　壬　庚	戊　壬　庚	丁　辛　戊
正官　正印　食神	食神　七殺　偏財	食神　七殺　偏財	劫財　正財　食神
甲辰　　癸卯	壬寅　　辛丑	庚子　　己亥	戊戌　　丁酉

1、按：原局丙火三見於天干，地支拱酉，三合財局，日主自坐偏財，一堆火剋一堆金。《滴天髓》：「天全一氣，不可使地德莫之載。……地支不載者，地支與天干無生化也；非特四甲四乙而遇申酉寅卯為不載，即全受剋於地支，或反剋地支；或天干不顧地支，或地支不顧天干，皆為不載也。」

2、正官七殺四見，七殺格；地支食神四見，食神制煞可否？因為財局有力，食神生財黨殺，貪生忘剋不制殺。徐氏有辰中乙木餘氣印綬化殺，此造雖有時支辰土亦藏乙木，然而「此乙」與月令「彼乙」差別甚大。

按：如果月令正官，天干為傷官與財星，排列方式大有不同。丁先戊後，即傷官在前，偏財在後，因此財星化解傷官轉為生官，「後運必有結局」，指將來還是榮景可期。如果偏財在年，傷官在時，則是早期財生官，末期正官遇傷官，先有後無，倒楣的連子息都困難。

按：徐氏補述，正官格與天干傷官生財，因前後順序不同，而有天壤之別。

偏財	日主	正財	傷官
戊辰	甲〇	己酉	丁〇
癸 乙 戊		辛	
正印 劫財 偏財		正官	

釋文：是為財旺生官之局，傷官之氣洩於財，絲毫無損於官星。若易其地位，如下列格式：

按：指年干傷官生月干之正財，而天干正財生月支正官，傷官無法直接剋制正官。

傷官	日主	正官	偏財
丁卯	甲辰	辛酉	戊〇
乙	癸　乙　戊	辛	
劫財	正印　劫財　偏財	正官	

釋文：即為財生官而遇傷破局也。亦有雖是丁先戊後，亦不能解者。

按：年干偏財生月柱正官格，看似好；「遇傷破局」，指時柱丁卯雙沖月柱辛酉，不僅天干傷官剋正官，地支也是卯酉沖，正官剋劫財。《滴天髓》：「流住日時是財官食印者，必白手起家或妻賢子貴。流住日時，是傷劫梟刃者，必妻陋子劣，或因妻遭禍，破家受辱。」月時雙沖，根基一定空。

偏財	日主	傷官	正官
戊辰	甲午	丁酉	辛〇
癸　乙　戊	己　丁	辛	
正印　劫財　偏財	正財　傷官	正官	

己丑	庚寅	辛卯	壬辰	癸巳	甲午	乙未	丙申

釋文：辛金透出在年，酉金蓋頭丁火，雖戊土在時，亦不能解，蓋火金貼近也。

按：年干正官通根月支，正官格；然而傷官丁火在月干剋制鄰位辛金，正官格被破。「戊土在時，亦不能解」，指傷官雖然生財，但被日主隔開，只冲身邊的正官。壬辰運可解。傷官亦可有條件用官，《滴天髓》：「身弱而傷官旺者，見印而可見官。身旺而傷官旺者，見財而可見官。傷官旺，財神輕，有比劫而可見官。日主旺，傷官輕，無印綬而可見官。」

傷官	日主	正財	偏印
丁卯	甲辰	己酉	壬〇
乙	癸 乙 戊	辛	
劫財	正印 劫財 偏財	正官	
	乙卯 甲寅	癸丑 壬子	辛亥 庚戌

釋文：此雖丁火傷官在時，亦不害官星，蓋得己土化傷，壬印合傷以解也。丁年壬時同。

按：傷官在時干，正官在月支，相距甚遠，故「不害官星」。假設傷官能跨越日主，依據「貪生忘剋」的原理優先生財，故「得己土化傷」。至於丁壬相距太遠，除非地支也相合，否則章法無從所適。日月雙合，也有三十年好光景。

按：以財化傷如此，以印制傷護官，其理相同。

傷官	日主	正印	比肩
丁卯	甲辰	癸酉	甲〇
乙	癸　乙　戊	辛	
劫財	正印　劫財　偏財	正官	
	己卯　戊寅	丁丑　丙子	乙亥　甲戌

釋文：丁火傷官，為癸印所制，不害官星也。如易以己年，則印被財破，火仍傷官矣。

按：傷官丁火遙隔正官，正官之上的癸水可以剋制丁火，故「不害官星」。又如甲改為己，則己土滅去癸水，傷官復可剋官。言猶未盡者，原局月時雙冲，以己年換甲年，雪上加霜而已。

按：又如：

傷官	日主	正官	正印
丁卯	甲辰	辛酉	癸〇
乙	癸 乙 戊	辛	
劫財	正印 劫財 偏財	正官	

釋文：雖有癸水之印，丁火仍傷官星，以其相隔也；官星先受其傷，印不及救護矣。

按：原局論丁火隔日主仍傷官星，是以呼應地支相冲之能量。而年干癸水遠水救不到近火。不盡然者，地支辰酉合金，官殺之力足矣。《滴天髓》：「不若透出天干，取格為是。諸書所載，祿分四種：年為背祿，月為建祿，日為專祿，時為歸祿。又云建祿喜官，歸祿忌官，則又遺背祿、專祿矣。又云：日祿歸時沒官星，號為青雲得路……無非日干旺地之比肩也，不可認作食祿為王家之祿。如一字之祿可以格言，則四柱之神，竟同閑廢。」換言之，論命須全盤推定，原局月時雙冲，時柱傷官劫財就不妙，缺庚。

原文：印格同是貪財壞印，而先後有殊。如甲用子印，己先癸後，即使不富，稍順晚境；若癸先而己在時，晚景亦悴矣。

徐樂吾補注：月令印綬而見財星，非必不吉，所謂貪財壞印者，必也印輕財重。日元需要印綬滋生，而為財所破，又無比劫救應，方為壞印。同為壞印，而先後有別者，時為歸宿之地。時逢喜神生旺，晚福必佳；時遇忌神生旺，晚景必悴。故甲用子印，己先癸後，是雖逢財破，仍得印生。若癸先而己在時，是印之結局，為財所破也。然亦須看四柱之配合，如浙西某富翁子造，庚申、戊寅、丙申、乙未（八字盤如後），財星壞印，雖乙印在時，財先印後，而乙庚化合，得氣於申，有救應而不解，如中年後運佳，尚有結局，再行財運，必無善果也。

按：浙西某富翁子造，月令偏印不弱，壞在食傷生財不容印。

正印	日主	食神	偏財
乙未	**丙申**	**戊寅**	**庚申**
乙　丁　己	戊　壬　庚	戊　丙　甲	戊　壬　庚
正印　劫財　傷官	食神　七殺　偏財	食神　比肩　偏印	食神　七殺　偏財
寡宿	文昌　月德	紅艷　驛馬	文昌
丙戌　　乙酉	甲申　　癸未	壬午　　辛巳	庚辰　　己卯

釋文：財星壞印，雖乙印在時，財先印後，而乙庚化合，得氣於申，有救應而不解，如中年後運佳，尚有結局，再行財運，必無善果也。

1、原局偏財三見，偏財格。食傷五見，傷官格。正偏印三見，時柱正印格。何謂「財星壞印」？指偏財格由年干通根日支主氣，且又得到食神有力之後援，而日主丙火面對食、財、殺，無疑身弱。既然身弱即須印綬護身。正印在時柱剋不到，但失之太遲。「有救應而不解」，指寅中甲木是主氣，面臨兩申沖寅，偏印辦不了事。

2、「再行財運，必無善果」，指前運卯木印綬，庚辰運拱子，三合水局等同調候用神。辛巳與日柱丙申雙合水局。壬運不在話下。午運合寅、未，癸未運合出一片火土，火勢驟漲，食神化比劫，無事算平安，用神壬水有傷。甲申運，三申沖寅，後運佳否？難。

282

釋文：食神同是財梟並透，而先後有殊。如壬用甲食，庚先丙後，晚運必亨，格亦富而望貴。若丙先而庚在時，晚運必淡，富貴兩空矣。

按：假設月令食神即用神，財星與偏印並透，則順序先後有區別。例如壬水以甲木為食神，庚金是偏印，丙火是偏財，庚先丙後即印剋食傷在前，食神生財在後，故「晚運必亨」。反之，財在前偏印在後，晚運淡薄；因為食神是用神，財是喜神，先有用神才有喜神，喜神跑到用神之前容易被劫。其次，晚年印綬發作剋用神食神，故「晚運必淡，富貴兩空」。

徐樂吾補注：食傷生財，以梟印奪食制傷為病，若梟印在前，而食傷生財在後，則梟印滋生日元，日元旺而洩秀，與印旺用食傷相同，格取富貴。蓋食傷喜行財地，而財能制印梟以護食傷也。若無丙財，則為有病無藥。如庚申、戊寅、壬子、甲辰，庚梟奪食而無財為救應，運行財地，雖可補救一二，終嫌原局無財，一至申運，庚金得地，即難挽救（參閱《滴天髓》卷四真假節），斯乃無財之病也。若丙先而庚在時，則始而秀發，終被裁奪，富貴兩空，勢所必至也。如一女造：

按：食神生財，食神喜生財，所以食神是用神，財星是喜神；其一逢制，載沉載浮；食神與財兩者皆剋，皆墨無藥醫。

食神	日主	七殺	偏印
甲辰	壬子	戊寅	庚申
癸　乙　戊	癸	戊　丙　甲	戊　壬　庚
劫財　傷官　七殺	劫財	七殺　偏財　食神	七殺　比肩　偏印
丙戌　　乙酉	甲申　　癸未	壬午　　辛巳	庚辰　　己卯

1、按：月令食神透干，食神格為用；年柱偏印通根年支有力，隱伏「梟印奪食」，食神以子（財）護母，巳午癸運財地，財剋印，忌神被制；食神見財，格局有成。進入申酉之地，兩申沖寅，申子辰三合水局剋丙火食神，更糟，故「難挽救」。

2、如果改成丙火食神在年柱，庚金偏印在時柱，則早年食神制殺，到晚年進入偏印還是敗，故「始而秀發，終被裁奪」，敗在晚運的印剋食傷兼比劫奪財，財是喜神，即喜神遭水潑，用神被印剋。「有病無藥」，病，指原局「梟印奪食」的局面；藥，子也，食神所生的財，用財剋印。

284

按：木旺用火洩身；忌水喜火，丁壬合焉知禍福，火土金就是喜用之地。

偏財	日主	正印	食神
己卯	乙卯	壬寅	丁未
乙	乙	戊 丙 甲	乙 丁 己
比肩	比肩	正財 傷官 劫財	比肩 食神 偏財
庚戌　己酉	戊申　丁未	丙午　乙巳	甲辰　癸卯

釋文：乙木身旺，丁火洩秀，以丁為用神，壬水為病，己土制壬水為藥。惜丁壬合而化木，去水雖美，去火則不相宜。用神在年被損，故出身寒微。己土在時為救，故幫夫興家，子嗣繼美。運行南方得地，福澤悠長。男女一例也（參閱《滴天髓徵義》卷六女命章）。

1、乙木臨官、帝旺、墓庫，地支全見，身強。「丁火洩秀，以丁為用神」，指比劫旺就以食傷洩秀。「壬水為病，己土制壬水為藥」，指丁壬合，用神合去不利，己土隔位剋壬水，己土是治病良藥。「惜丁壬合而化木，去水雖美，去火則不相宜」，還是指丁火用神被合，化木洩水。年柱用神被合，應驗在早歲。

2、「己土在時為救」不盡然者，時干隔位如何作藥？以偏財通根年月地支所致。「幫夫興家，子嗣繼美」，《滴天髓》：「財神旺而洩食傷者，以比肩為子也，不必專執官星而論夫，專執傷食而論子；但以安祥順靜為貴。」丁火被合，有巳午未運無妨。身強何須用印？最喜食傷，財地平平。

285

原文：七煞同是財食並透，而先後大殊。如己生卯月，癸先辛後，則為財以助用，而後煞用食制，不失大貴。若辛先而癸在時，則煞逢食制，而財轉食黨煞，非特不貴，後運蕭索，兼難永壽矣。

按：月令用神七殺成格，財星與食神都是透在天干，孰先孰後大不同。「癸先」指早期財生殺，「辛後」，指後期食神制殺，不失大貴。反之，辛金食神在前，癸水偏財在後，則「煞逢食制」，指食神緊貼七殺，時上偏財生七殺，故「非特不貴，後運蕭索，兼難永壽」。

徐樂吾補注：煞用食制者，以煞為用，以食為相，透財為破格。然先後之間，有破格有不破格者，列式以明之：

按：徐氏補述當月令七殺格有力而為用神時，「以食為相」，食神為喜神，用食神制煞，所以透財生殺就破格。然而排列先後有破，也有不破。

食神	日主	七殺	偏財
辛未	己〇	乙卯	癸〇
乙 丁 己		乙	
七殺 偏印 比肩		七殺	

丁未	戊申	己酉	庚戌	辛亥	壬子	癸丑	甲寅

釋文：雖財生煞旺，而得時上食神制煞，不失富貴之局。

按：己日主面對財殺四見，僅未中丁、己生扶，身弱；亦必日支與年支比劫、印綬，相生相扶。七殺在前，食神在後，經常有先敗後成之現象。下例乙木改癸水，就是加大財星的力量，相對食神被洩，制殺無力。

按：如改為癸卯月如下：

食神	日主	偏財	正財 偏印
辛未	己〇	癸卯	壬〇 丁〇
乙 丁 己		乙	
七殺 偏印 比肩		七殺	
釋文：同為財先食後，亦不免食神生財黨煞矣。			

按：如果丁年財剋印生殺，殺無化；壬年則是正偏財齊透天干，食神所生者以天干為優先，生財即無法制殺。若「食神生財黨煞」，以印綬制食傷，化殺即可。《滴天髓》:「若官殺並透無根，四柱劫印重逢，不但喜混，尚宜財星助殺官也。總之，日主旺相可混也，休囚不可混也。」主旨在身殺兩停而已。

按：徐樂吾補注：至若食先財後，格局更迥然不同。如：

偏 財	日 主	食 神	正 印
癸 酉	己 亥	辛 卯	丙 ○
辛	甲　壬	乙	
食 神	正　正 官　財	七 殺	

釋文：丙火合去食神，酉金生財黨煞，無救應之神矣。以食制煞如此，以印化煞亦同。如癸年乙卯月己日丁卯時，財不破印，煞雖重印可化也。若丁年癸卯月，或甲己年丁卯月，而癸酉時，均為財破印以黨煞也。

按：己土生在卯月，調候用神甲、癸、丙。以己土地支食神、財官、七殺，無疑賴天干丙火相生，然而丙火合辛，用神被忌神合去。天干原本寄望的食神制殺，反作化水生殺。地支則是酉金生亥水，亥水生卯木，還是財生殺。原局無從旺、從勢條件，若年柱丙戌印綬加重，可扳回一城。

原文：他如此類，可以例推。然猶吉凶之易見者也，至丙生甲寅月，年癸時戊，官能生印，而不怕戊合；戊能洩身為秀，而不得越甲以合癸，大貴之格也。假使年月戊癸而時甲，或年甲而月癸時戊，則戊無所隔而合癸，格大破矣。

徐樂吾補注：此亦地位之殊也，列式觀之，即甚明顯：

按：如果月干甲木與戊對調，則戊癸合，格局泡湯。或甲木與癸水對調也論合，還是破格。

食神	日主	偏印	正官
戊子	**丙〇**	**甲寅**	**癸〇**
癸		戊　丙　甲	
正官		食　比　偏 神　肩　印	

釋文：官能生印，戊不能越甲以合癸也。

按：「官能生印」，年上正官生偏印，印剋食神，時上戊土食神合不動癸水，正是水生木，木生火，火生土，一路順生。《滴天髓》：「真者，得時秉令之神也；假者，失時退氣之神也；言日主所用之神，在提綱司令，又透出天干，謂聚得真，不為假神破損，生平富貴矣。縱有假神安頓的好，不與真神緊貼，或被閑神合住，或遙隔無力，亦無害也。倘與真神緊貼，或相剋相冲，或合真神，暗化忌神（閑神生忌神），終為祿祿庸人矣。如行運得助，抑假扶真，亦可功名小遂，而身獲康寧。故喜神宜四生，忌神宜四絕；局內看真神，行運看解神。」

按：徐樂吾補注：假使如下列兩式：

偏印	日主	食神	正官
甲午	丙○	戊午	癸○
己 丁		己 丁	
傷 劫 官 財		傷 劫 官 財	

按：戊癸合，食神格與正官格糊掉了，女命連老公都保不住，男命混吃等死沒出息。

食神	日主	正官	偏印
戊子	丙○	癸酉	甲○

釋文：第一式得甲木隔開，戊癸不能合，各得其用以成格。第二第三式，戊癸之合，非甲木所能隔，而格破矣。

按：戊癸隔位是否能合？讀者應有定見。

291

按：「傷因財間，傷之無力」，指傷官生財不剋正官。

傷官	日主	正財	正官
己丑	丙○	辛酉	癸○

按：此例財生官，至於傷官隔位是否能生財，見仁見智，用神取月令正財格，富貴是傷官與正官之間有財星通關。《滴天髓》：「月令乃提綱之府，譬之宅也，人元為用事之神，宅之定向也，不可以不卜。……月令者，命中之至要也；氣象格局用神，皆屬提綱司令，天干又有引助之神，譬如廣廈不移之象。……所以天氣動於上，而人元應之；地勢動於下，而天氣從之。由此論之，人元司令，雖助格輔用之首領，然亦要天地相應為妙，故知地支人元，必得天干引助，天干為用，必要地支司令。總之人元必須司令，則能引吉制凶，司令必須出現，方能助格輔用。如寅月之戊土，巳月之庚金，司令出見，可置弗論也。譬如寅月生人，戊土司令，甲木雖未及時，戊土雖則司令，天干不透火土而透水木，謂『地衰門旺』，天干不透水木而透火土，謂『門旺地衰』，皆吉凶參半。如丙火司令，四柱無水，寒木得火而繁華，相火得木而生助，謂『門地兩旺』，福力非常也。如戊土司令，木透干，支藏水，謂『門地同衰』，禍生不測矣，餘月依此而論。」

292

按：徐樂吾補注：假使如下式：

正財	日主	正官	傷官
辛卯	丙〇	癸酉	己〇

徐樂吾補注：辛金不能化傷，己土直接傷害官星，格盡破矣（癸年己月同）。

按：正官與傷官直接對槓，如果月柱的正官與正財上下對調，就免除傷官剋官之現象。《滴天髓》：「所謂傷官見官，為禍百端者，皆日主衰弱，用比劫幫身；見官則比劫受剋，所以有禍。若局中有印，見官不但無禍而且有福也。傷官用印，局內無財，運行印旺身旺之鄉，未有不顯貴者也。運行財旺傷旺之鄉，未有不貧賤者也。傷官用財，財星得氣，運逢財旺傷旺之鄉，未有不富厚者也；運逢印旺劫旺之地，未有不貧乏者也。傷官用劫，運逢印旺必貴。傷官用官，運逢財旺必富。傷官用傷，運遇財鄉，富而且貴。」丙辛合，故「辛金不能化傷」，指傷官生不出財。

293

原文：辛生申月，年壬月戊，時上丙官，不愁隔戊之壬，格亦許貴。假使年丙月壬而時戊，或年戊月丙而時壬，則壬能剋丙，無望其貴矣（忌神靠著用神）。

徐樂吾補注：辛日丙時，以官為用，以傷為病，以戊為救應之藥也。列式如下：

正官	日主	正印	傷官
丙申	辛○	戊申	壬○
戊　壬　庚		戊　壬　庚	
正　傷　劫 印　官　財		正　傷　劫 印　官　財	

徐樂吾補注：壬丙之間，得戊隔之，則壬水不能傷害官星也。

按：月柱正印格直接剋制傷官格，傷官格破耗難用。《三命通會》：「此格主聰明，多智慧，性慈惠，語善良遲納，體貌豐厚，能飲食，平生少病，不逢凶橫；但吝財爾，為官多為正官。……喜官星，以官能生印。……有官無印，即非真官；有印有官，方成厚福是也；忌財星，以財能破印……印綬生月，歲時忌見財星，運入財鄉，卻宜退身避位是也。歲運同論。……印綬不逢損傷，多受父母倚蔭，資財見成，安享富貴。」原文指正官為用神，怕壬水傷官剋官，有戊土正印，壬水受制，正官即無傷。

正印	日主	傷官	正官
戊子	辛〇	壬辰	丙〇
癸		癸 乙 戊	
食神		食 偏 正 神 財 印	

釋文：設或戊土在時，官傷並列。

按：天干換個排列，傷官壬水直接剋制正官丙火，破格。

傷官	日主	正官	正印
壬辰	辛〇	丙辰	戊〇
癸 乙 戊		癸 乙 戊	
食 偏 正 神 財 印		食 偏 正 神 財 印	

釋文：上兩式壬水直接傷丙火官星，戊不能救。

徐樂吾補注：以上舉官星為例，餘如印畏財破，財懼比劫，食傷忌梟印，意義相同。救應之法，亦可例推矣。

按：正印在年干，壬水傷官直接剋制丙火，戊土救不到。

按：上論字面上的刑冲合會與四柱前後位置的變化，僅談天干部分，其理易解，其言不盡。地支舉例如下：

干支順生，財生殺，殺生印，身殺兩停帶食神。

劫財	日主	正印	七殺
丙午	丁卯	甲子	癸酉
己 丁	乙	癸	辛
食神 比肩	偏印	七殺	偏財

徐樂吾補注：子午卯酉，四冲也，而此造則非但不冲，反為四助。卯酉之間，隔以子水，子午之間，隔以卯木，金水木火，以次相生，以印化煞為用。遇水得木引化，遇金得水引化，不傷印綬用神，雖冲而不冲也。

按：地支子午卯酉全，「非但不冲，反為四助」，指酉金生子水，子水生卯木，卯木生午火，次第相生；天干亦由酉金，金水木火順生。「遇水得木引化」，指癸水生甲木，子水生卯木，如此則七殺與印綬都天透地藏，格局完美。「遇金得水引化」，指財生官，又被七殺格開，無法財剋印，故「冲而不冲」，隔位本身就難論冲。

按：格局受冲，干支不容，四旺之地不比四庫之地。

比肩	日主	正印	傷官
戊午	戊子	丁酉	辛卯
己 丁	癸	辛	乙
劫財 正印	正財	傷官	正官

徐樂吾補注：此造土金傷官用印，然卯酉冲，官星不能生印；子午冲，印之根為財所破；地支木火被冲，天干火土亦成虛脫。不免一生落拓，有志難伸矣。

按：傷官由年干通根月支，傷官格。正官在年支受到酉金冲剋，又不相鄰丁火。子午冲，財剋印，印之根丁火被癸水正財所剋，所以月干丁火根基不穩，連帶比肩坐冲。與前造順生對比，干支冲刑太多，故「一生落拓，有志難伸」。

按：徐樂吾補注：更有喜其冲剋者，如遜清乾隆皇帝造。

七殺	日主	正官	劫財
丙子	**庚午**	**丁酉**	**辛卯**
癸	己　丁	辛	乙
傷官	正印　正官	劫財	正財
	將星　月德	羊刃	桃花

己丑	庚寅	辛卯	壬辰	癸巳	甲午	乙未	丙申

釋文：陽刃格局，以煞制刃為用。但秋金無印，不作旺論，而官煞通根卯午，制刃太過。妙在卯酉冲，使卯木不能生火，子午冲，使午火不破酉金，而丙丁官煞仍得通根。抑其太過，入於中和，是則玄之又玄，更難猝喻者矣。

1、按：為何上例子午卯酉冲，有志難伸，而本例卻乾隆皇帝？

2、前例日祿歸時，但子午冲破格；而本例則是真羊刃格。

3、前造是六個字相冲，本例八字全冲，但地支倒剋。

4、前造透出格局相剋，而本造官有財，日主有羊刃正印，羊刃駕殺，看似勢均力敵；但子冲午，官氣受損；酉剋卯，財難生官。但行運巳、午、未，補足官氣。

> 徐樂吾補注：以上舉子午卯酉為例，更有會合因先後而變其性質者，亦有非冲非合，而先後生剋之間，吉凶迴殊者。非可備舉，學者熟習之後，自能領悟耳。

按：徐氏補述上例，並說非冲非合，也會因會合刑冲之先後，生剋先後等而變化其性質，致使吉凶迴殊。總之，熟能生巧，神而明之。

二、論星辰無關格局

> 原文：八字格局，專以月令配四柱，至於星辰好歹，既不能為生剋之用，又何以操成敗之權？況於局有礙，即財官美物，尚不能濟，何論吉星？於局有用，即七煞傷官，何謂凶神乎？是以格局既成，即使滿盤孤辰入煞，何損其貴？格局既破，即使滿盤天德貴人，何以為功？今人不知輕重，見是吉星，遂致拋卻用神，不管四柱，妄論貴賤，謬談禍福，甚可笑也。

按：沈孝瞻不談神煞，認為星辰好壞與五行生剋制化無關；如果財、官、印尚能破格，神煞也幫不上忙。反之，格局有成，孤辰寡宿，亡神劫煞，「何損其貴」？命運造化非可隨意扭轉乾坤，神煞總有講故事的功能，貴人攸關機運，桃花觸及感情，孤辰寡宿述說其人性格，「謬談禍福，甚可笑」乎？笑看人間事，茶餘飯後聊八卦，諸家無須互相攻訐。

徐樂吾補注：今之妄談星辰者，皆未究其源流也。子平之法，從五星衍變而成，五星以年為主，以星辰判吉凶。星辰各有盤局，逐年不同，故子平法之初，亦以年為主。試觀古本，如《李虛中命書》、珞琭子《三命消息賦》，之徐子平、釋曇瑩、李同、東方明諸家註疏，可知其時看法，仍以年為主也。至明萬育吾氏之《三命通會》，乃有年為本，日為主之說，則看法之改變，實始於明代，距今數百年耳。《蘭台妙選》專談格局，而其星辰也，納音也，皆從年取，許多名詞，尚承五星之舊，未嘗改變。

1、按：命理地理皆由古代天文學為基源，春夏秋冬一年循環一次；子平學初時以年柱為主，有《李虛中命書》、珞琭子《三命消息賦》等書的解釋可證，因此唐代李虛中以年柱干支計算神煞。

2、明代萬育吾氏之《三命通會》，以年為本，日為主，應該是受到宋代徐子平影響。至於《蘭台妙選》專談格局，仍保留神煞與納音五行。

今之看法，既易年以日，星辰納音，已無所用。借以作參考，固未嘗不可，憑以斷禍福，寧不為識者所笑耶？更有江湖術士之流，並看星辰之法，未曾明瞭，以日代年，牽強附合，自作聰明，數典忘祖，更為可嗤。要知星辰看法，今之堪輿家，尚不失其真。子平堪輿雖不同道，天空星辰之行度，豈有二耶？是可知其妄矣。

按：至明朝萬育吾著作《三命通會》以年為本，日干為主。《蘭台妙選》專談格局，但談到星辰、納音，皆從年柱取。徐樂吾順著沈孝瞻原文提出反對神煞論命，其實自己的批命也經常輔佐以神煞。例如：《樂吾隨筆之一・姑妄言之》提出同治四年十月初九日午時，乾命，如下盤。所謂「時支午。為咸池桃花」，即是神煞，但以年支起算。原局如下。

按：天干隔位合，地支三合，金水傷官水冷金寒愛丙丁，見土則混濁。

食神	日主	正官	正財
壬午	庚子	丁亥	乙丑
己 丁	癸	甲 壬	辛 癸 己
正印 正官	傷官	偏財 食神	劫財 傷官 正印
大耗	將星	文昌 亡神	天乙 天德

76	66	56	46	36	26	16	6
己卯	庚辰	辛巳	壬午	癸未	甲申	乙酉	丙戌

釋文：庚金至亥病地，以臨官之旺水，洩病死之衰金，其弱可知。況亥子丑成方，傷官會黨，庚金無根，年支丑宮一點墓庫之金，洩耗盡矣。書云：傷官不忌劫財鄉。四柱雖不見比劫，不能不取比劫為用也。金水傷官喜見官，月干丁火，被壬水合去；午宮丁火，被子水冲破，聰明太過，官星可望而不可即，傷官旺而生財；乙木財星，情向於庚，一生惟財可念。祖基洩耗已盡，雖有若無，子午冲在妻、子兩宮，糾葛煩惱，均由此出。時支午，為咸池桃花；因桃色糾紛，引起妻宮之衝突，故意料中事也。丁火為子星，與金水之體，背道而馳，且起衝突，其父子各不相謀，情誼不洽，又可知也。

五福壽為先，庚金雖弱，而大運逆行，自西而南，綿綿不斷，須至寅卯方絕，則其壽元當在八旬外矣。一生運程，惟乙酉甲申二十年，財官並茂；西方比劫旺地，扶助日元，自能任用財官。癸未壬運，傷官生財。亥未會財局，當棄政而商矣。午運妻、子宮必起決裂。辛巳庚辰歲寒松柏，老而靡健。

1、按：庚金生在亥月，壬水在臨官，庚金在亥月是病；其次亥子丑三會傷官水局，庚金只有丑土的正印、劫財生扶，論身弱。「傷官不忌劫財鄉」，原局傷官重，就要行比劫運幫身，配印濁水。

2、「金水傷官喜見官」，水寒金冷要用火，火是官殺。月干丁火通根時支午火正官成格，但子午沖丁壬合，正官格難用，可望不可及。傷官三合透干，傷官旺喜財運洩秀。乙木合庚金，日主合財，不愛妻就愛財。乙木生丁火，祖基耗散。子午沖，妻宮與子息必有糾纏。

3、午火是「咸池桃花（以年支起算，月支起算子水也是桃花）」，容易有桃色糾紛。正官丁火是子息與原局金水旺盛相抗衡，父子各不相謀，情誼不洽。看壽元，庚金身弱，但初運西方金地扶身，南方火地食傷制殺，至東方財地方絕。甲申乙酉，財生官。癸未運，財官沖出，亥未會財局。壬午運合財，傷官生財。

原文：況書中所云祿貴，往往指正官而言，不是祿堂貴人。如正財得傷貴為奇，傷貴者，傷官也，傷官乃生財之具，正財得之，所以為奇，若指貴人，則傷貴為何物乎？又若因得祿而避位，得祿者，得官也，運得官鄉，宜乎進爵，然如財用傷官食神，運透官則格雜，正官官露，運又遇官，則重，凡此之類，只可避位也。若作祿堂，不獨無是理，抑且得祿避位，文法上下不相顧。古人作書，何至不通若是！

1、按：「書中所云祿貴，往往指正官」，寫書標新立異，古今皆然，又故意寫的隱晦，以免被抓包。「祿貴」，在《三命通會》有所謂的「互換貴祿」，例如庚寅見甲申日時之類。以日支求時干，以時干求日支，互換得驛馬，謂之「祿馬交馳」。貴人者，天乙、天德、月德、文昌等，均屬之；因此專有名詞的定義，往往要在特定的八字盤中下判斷。

2、格局之理重於神煞之論，例如財喜傷官食神，正官運反而攪亂一
池財水，柱中正官露出，大運又是正官，這種「傷官見官」的運
勢，最好避位（天山遁），「若作祿堂」，當作滿地油水可撈，道
理上不通。

> 徐樂吾補注：此即五星與子平中名詞之混淆也。祿，官也，
> 有時亦名貴。五行至臨官之位，亦名祿堂。馬，財也；德，
> 印也；天廚壽星，食神也。當時為便利起見，假用五星中
> 星辰之名詞，後人不得其解，乃牽強附會，以神其說。

按：陰陽五行學各有名稱，徐氏認為，祿與官貴聯名，五行的臨官
之地，也稱祿堂，例如甲祿在寅。馬是財星，德是正印。天廚壽星
是食神。如此四吉神正官（祿）、財星（馬）、正印（德）、食神（壽
星），各有名稱。

> 徐樂吾補注：又三奇祿馬，亦指財官而言（參閱起
> 例）。如丙年逢癸酉，為官星臨貴。丙日逢癸酉，官
> 坐財鄉。壬日坐午，名為祿馬同鄉，亦即財官同宮。
> 若此之類，自可借用，三奇祿馬，名異而實同也。

按：「三奇祿馬，亦指財官」？丙年逢癸酉，癸是正官，酉是正財，
酉也是丙的天乙貴人，財、官、貴人都在月柱之中，所以稱「官星
臨貴」。「官坐財鄉」，壬午日「祿（官）馬（財）同鄉」，亦稱「財
官同宮」，以上顧名思義，亦不遠矣。

徐樂吾補注：傷貴者，傷官而值天乙貴人，如壬用丁火為財，而值丁卯，甲用己土為財，而值己未皆是。然此亦不過解釋傷貴兩字，如為子平法而言，合於日元之需要，即為貴，不合於需要，即不為貴。傷貴云云，乃文字上之修辭，不可拘執也。

按：「傷貴」？指傷官與貴人同一柱，只是文字的修辭，不必拘泥。

徐樂吾補注：得祿避位，為官之祿堂乎？抑日元之祿堂乎？若官重而遇官之祿堂，自應避位，若官重而遇日元之祿堂，又當進爵矣。總以合於需要為貴，神煞吉凶，無關禍福也。

按：徐氏補述說，《子平真詮》的「得祿避位」，是得官而加重格局？還是日主得到臨官運而身強？官重加官，日主扛不住，「自應避位」。反之，官重而日主得祿，官身兩停則「進爵」。總之，子平法以平和順通為原則，神煞吉凶，無關禍福。徐氏於《命理一得》中：「官帶桃花，為誥封之命；煞帶桃花，多偏妻之命……如原命見文星而食神帶桃花，必有文名，見藝術星（華蓋），則以藝術著名。」故神煞論命，錦上添花。

原文：又若女命，有云「貴眾則舞裙歌扇」。貴眾者，官眾也，女以官為夫，正夫豈可疊出乎？一女眾夫，舞裙歌扇，理固然也。若作貴人，乃是天星，並非夫主，何礙於眾，而必為娼妓乎？

按：「貴眾則舞裙歌扇」，「貴眾」指女命正官多，天乙貴人多，自然聯想到風月場所。此類不宜單論而對號入座，尚須以三六合，天干五合，帶桃花、紅艷煞等並參。

> 徐樂吾補注：貴，即官也，貴眾，即官眾。如以天乙為言，
> 從夏至至冬至，用陰貴，從冬至至夏至，用陽貴。又須適為
> 用神，而宜生旺者。如甲以丑為貴，適以財為用，而又宜財
> 生旺也。若財多身弱，則須以比劫分財為美，貴多適為病耳。

按：徐氏進一步用子平法討論天乙貴人，貴人還須是用神，因此甲
日主以丑土為天乙貴人，天乙貴人就是正財，而財生官要身旺，這
個貴人必須順著子平法論述。反之，甲木生在申月申日身弱，甲木
剋不動丑未貴人，逢丑未運歲財生殺，更衰。反而用比劫剋去丑未
天乙貴人才順。

> 徐樂吾補注：至於貴眾，舞裙歌扇，正以官為夫星也。官多
> 須以損官化官為美，無損化之神，則有病無藥，其為下賤可
> 知。總之女命以用神為夫星，不必定用官。官煞者，剋我者
> 也。四柱中有官煞，先須安頓，非必為用，是則不論男女命
> 皆然。若用神非值天乙，或天乙適臨於忌神，陰陽並見，重
> 疊雜出，皆不足為吉凶，無關輕重，置之不論可也。

按：官殺多，用印綬化官殺，或比劫抗殺。或說「女命以用神為夫
星」，官殺剋我，必須旺衰剛好匹配日主，用神不一定要官殺。用神
也不一定要天乙，如果天乙的五行是忌神，重疊而見，皆與吉凶無
關。「置之不論」，是指不必認為天乙貴人多見，即是女命易於淪入
風塵。學者自行判斷。

> 原文：然星辰命書，亦有談及，不善看書者執之也。如「貴人頭
> 上帶財官，門充馳馬」，蓋財官如人美貌，貴人如人衣服，貌之美
> 者，衣服美則愈顯。其實財官成格，即非貴人頭上，怕不門充馳
> 馬？又如論女命云「無煞帶二德，受兩國之封。」蓋言婦命無凶

305

煞，格局清貴，又帶二德，必受榮封。若專主二德，則何不竟云帶二德受兩國之封，而必先曰無煞乎？若云命逢險格，柱有二德，逢凶有救，可免於危，則亦有之，然終無關於格局之貴賤也。

1、按：原文談到相關於神煞詩訣，認為部分是讀書不通又很固執的解釋，大約都是由象數易學引申至八字形象的擴充解釋，例如「貴人頭上帶財官，門充駟馬」，指天干財官冠冕堂皇，而驛馬貴人似冠蓋雲集的意象。

2、又說「無煞帶二德，受兩國之封。」無煞是不可官殺混雜（忌神也算），「二德」是天德與月德貴人，貴人可以解凶，受封還是要格局與用神的贊助；而貴人無法決定命格高低，只能添油加醋，綠葉配紅花。

徐樂吾補注：星辰之於用神，各有所宜。如官星宜天乙，印綬宜二德，財宜驛馬，食傷宜文昌詞館學堂。用官而官臨天乙，錦上添花；用印而印臨天月二德，素食慈心。美者愈增其美，凶者得減其凶，非藉以成格也。若捨用神而論星辰，則行運吉凶，如何取法乎？無煞帶二德，煞指忌神而言，亦非定指七煞也。閱者善會其意，庶不為古人所愚。總之，子平有子平之看法，勿混雜星辰，目眩而無所主也。八字之格局用神看法，於星辰無關，但有八字同一格局，而高低不同，則星辰之錦上添花，非盡無稽。舉例於右：

按：徐氏認為用神各有所宜，如官星配天乙，印綬配天月德，財星配驛馬，食神傷官配文昌、詞館、學館；故「美者愈增其美，凶者得減其凶，非藉以成格」。至於神煞是否有行運吉凶，配合柱運歲夾拱，運用之妙，存乎其靈。徐氏舉袁世凱的天乙貴人為例。

按：拱祿帶貴，陰刃駕殺，日月互換貴人。

比肩	日主	七殺	食神
丁未	丁巳	癸酉	己未
乙 丁 己	庚 戊 丙	辛	乙 丁 己
偏印 比肩 食神	正財 傷官 劫財	偏財	偏印 比肩 食神
紅豔		文昌 天乙 將星	紅豔

乙丑	丙寅	丁卯	戊辰	己巳	庚午	辛未	壬申

釋文：此袁項城（袁世凱）命造也。初視之，身強食神制煞而已，細辨之，以年為主，己未年命，未酉夾申，為貴；以日為主，丁貴在酉，以煞為用，煞貴在巳，身煞互換得貴。七煞者敵對之神，為受清廷知遇，而清廷亦受其覆育之兆。地支巳未酉夾祿夾貴，全盤祿貴擁護，宜為元首。至卯運，敵對之煞，臨貴得勢，而沖本身之貴，眾叛親離，至為顯然也。

1、丁火生在酉月，調候用神甲、庚、丙。食傷四見，傷官格；癸水七殺無根，得地支酉金相生；看似食神制殺。丁巳、丁未拱午祿。己未、癸酉夾申，以年命算天乙貴人，以日主算，天乙貴人在酉。以七殺算天乙貴人在巳，即天干在地支皆有貴人，因此「身煞互換得貴……地支巳未酉夾祿夾貴，全盤祿貴擁護」。

2、原局食傷最旺為病，靠財洩制衡為藥，沖財無藥可救。丁卯運拱辰合酉，雙沖癸酉運（大運的天乙與日主的天乙對沖）；甲寅年化殺剋食傷。乙卯年夾辰，填實合酉。丙辰年填實合酉，歿。

按：食神生財，原局身弱無七殺，不忌水木火。

正財	日主	正財	食神
丙辰	**癸酉**	**丙戌**	**乙卯**
癸 乙 戊	辛	丁 辛 戊	乙
比 食 正 肩 神 官	偏 印	偏 偏 正 財 印 官	食 神
月 天 德 德	將 星	月 天 大 德 德 耗	文 天 昌 乙
戊寅 己卯	庚辰 辛巳	壬午 癸未	甲申 乙酉

釋文：此徐東海命造也。初視之，財得食生而已，然癸貴在卯，丙貴在酉，辰卯酉戌，東西對峙，兩合解沖，水火相爭，而得乙卯貴人，調和其間，宜其終身善為和事老也。又袁為武人，用煞為權；徐為文臣，用食生財，是豈偶然哉？

1、原局癸水生在戌月，調候用神辛、甲、壬。食神三見，食神格。正偏財三見，財格；食神生財。原局貴人多見，辰戌、卯酉隔位不沖。年柱食神帶天乙、文昌貴人，故為文臣。

2、食神格要日主與食神兩旺，原局癸水偏弱，行運就要壬癸水、庚辛金生身。癸未、壬午運財多，用比劫扶身剋財。《三命通會》：「食神制殺吉非常，財旺妻榮子更強；柱中若無吞焰煞（偏印），管教金殿佐君王。」甲申運合印局，合卯助印，梟印奪食，喜神受剋，定有困蹇。

308

按：日主身強，正財格帶食傷，五行缺官殺，財重宜生官。

劫財	日主	正財	偏財
乙亥	甲寅	己未	戊寅
甲　壬	戊　丙　甲	乙　丁　己	戊　丙　甲
比　偏 肩　印	偏　食　比 財　神　肩	劫　傷　正 財　官　財	偏　食　比 財　神　肩
劫煞	干　月　天 祿　德　德	天　大 乙　耗	干祿
丁卯　丙寅	乙丑　甲子	癸亥　壬戌	辛酉　庚申

釋文：年戊日甲，同以未為貴人；甲木身旺任財，月令己土真貴透出為用神；更喜四柱無金，寅未藏火，食傷生財，清純之極。年月為祖基，其貴出於遺蔭，未貴直接為用，本身受貴人之提攜。此為合肥李國筠（李鴻章姪孫）命造，受項城總統之知遇，民國初年曾任廣東巡按使者也（袁項城造為己未命尤奇）。

1、甲木生在未月，調候用神癸、丁、庚。正偏財五見，偏財格。「甲木身旺任財」，甲祿在寅，寅祿兩見，寅亥合木，劫財透干。身強；帶天乙、天德、月德貴人。

2、《滴天髓》：「化得真者只論化，化神還有幾般話。注：如甲日主生於四季，單遇一位己土，在月時上合之，不遇壬癸甲丙戊，而有一辰字，乃為化得真。……化象作用亦有喜忌配合之理，所以化神還有幾般話……是化象亦要就其衰旺，審其虛實，察其喜忌……如化神旺而有餘，宜洩化神之神為用，化神衰而不足，宜生助化神之神為用。」木火土太重，原局有水要行金水運。

按：偏財有正官保護，財生官旺，官帶印綬制食傷。

劫財	日主	正官	劫財
戊辰	己巳	甲子	戊戌
癸　乙　戊	庚　戊　丙	癸	丁　辛　戊
偏財　七殺　劫財	傷官　劫財　正印	偏財	偏印　食神　劫財
紅豔	天德　大耗	天乙	
壬申　辛未	庚午　己巳	戊辰　丁卯	丙寅　乙丑

釋文：財生官旺，丙火調候為用。月令天乙，貴由祖蔭。貴人為財以生官，其貴為間接，更以臘月財官，須火調候，用神在巳，而非子，貴為間接之用。此亦為合肥李某某君之造。運至丙寅丁卯，繼承大宗，而本身之貴，則較上造稍次。更以己甲合官以護財，戊不能爭，所以獨得繼統，擁產甚鉅也。

1、己土生在子月，調候用神丙、甲、戊，萬物皆備。子月己土，最急用丙火生身。月柱財生官，官無根，官貴為間接。

2、「丙寅丁卯，繼承大宗」，身強逢官殺生印。「己甲合官以護財，戊不能爭」，指日主合官，官為喜神，用官制住一堆劫財，保住唯一偏財（老父），故「獨得繼統」。「本身之貴，則較上造稍次」，指本造甲己合不在四季，而在子月。

按：原局缺財，食傷弱，行木運羣劫爭財。

劫財	日主	劫財	劫財
辛巳	庚申	辛丑	辛巳
庚 戊 丙	戊 壬 庚	辛 癸 己	庚 戊 丙
比 偏 七 肩 印 殺	偏 食 比 印 神 肩	劫 傷 正 財 官 印	比 偏 七 肩 印 殺
劫煞	干 月 天 孤 祿 德 德 辰	天乙	劫煞

癸巳	甲午	乙未	丙申	丁酉	戊戌	己亥	庚子

釋文：寒月土金，宜用火調候。而巳丑會合，巳申刑合，格局轉換。氣全金水，反宜順其旺氣，以行土金水運為美。此為合肥李國杰命造（李鴻章長孫）。辛金雜出而庚金獨得貴，所以昆仲甚眾，而彼獨得襲爵，貴由遺蔭，故年月合貴。幼行土金水運，受慈禧太后愛護，視同子侄。現行乙未運，兩貴相冲，加以甲戌流年，三刑會合，刑傷兩貴，而受牢獄之災。此造如時透一水，晚運即不致顛沛。可見星辰不盡無稽也。又李氏之貴，始於文忠公，文忠造癸未、甲寅、乙亥、己卯，曲直仁壽格，至李國杰金局而貴絕，襲爵至此而終，亦一奇也。此為貞元之運，八字研究不盡，附誌於此。

從革格，獨象喜行化地而化神要昌。《子平粹言》：「專旺格局用神，不外乎印與食傷，然有宜印而見食傷，或宜食傷而見印，則格局之高低分矣。⋯運程西北為美，東南為忌，火鄉必死。用神雖有取印、取食傷之別總以洩秀為美（印宜為調候），所謂強金得水，方挫其鋒。」

三、論外格用捨

按：八字用神，專求月令，指月令為用神計算基準點，月令並非定性為全局的用神，凡有原則，必有例外。何謂「外格」？如果月令並非用神，就須往下計算到月令之外的干支，作為權變之用。

1、按：用神是全局的樞紐，「月令之神，不能為全局樞紐」，因為月令是八字最重要的樞紐，固然先作為考量，屬於「質」的考量；如果透出天干就是「量」的表現，優先作為格局。如果月令不透干，而其餘地支透干多見，就以數量多者為格局，權而用之。

2、木生冬月，水（印）旺木漂，取財（土）剋印；冬月寒冷，取火（食傷）調候。木生在秋月金堅，官殺剋比劫，取食傷（火）制官殺，取水（印）化官殺；這一類不是外格，因為還在常軌之內。

原文：如春木冬水、土生四季之類，日與月同，難以作用，類象、屬象、沖財、會祿、刑合、遙迎、井欄、朝陽諸格，皆可用也。若月令自有用神，豈可另尋外格？又或春木冬水，干頭已有財官七煞，而棄之以就外格，亦太謬矣。是故干頭有財，何用沖財？干頭有官，何用合祿？書云「提綱有用提綱重」，又曰「有官莫尋格局」，不易之論也。

1、按：「春木」「冬水」「土生四季」，即月令就是比肩劫財羊刃之類，不是食傷生財、財生官、官生印之類的用神首選；所以「類象、屬象、沖財、會祿、刑合、遙迎、井欄、朝陽諸格，皆可用」。

2、月令取用神最先，如果建祿羊刃在天干有財星與官殺，財官就是用神，無須另尋外格。所謂「有官莫尋格局」，遠在天邊，近在眼前，財要藏在祿旺位，官要顯。

徐樂吾補注：春木冬水，乃陽刃建祿也。要知刃祿雖不能為用，而用之關係，仍在月令。如煞刃格，以官煞制刃，是用在官煞也；建祿身旺，以洩秀為美，是用在食傷也。土生四季，用木疏土，或用金洩秀，用在木金，此類皆非外格也。

按：羊刃格與建祿格，雖然不是財官印之類的用神，而不用以為用，即在羊刃與建祿的基礎上，尋找是否有成格的現象，例如殺刃格是羊刃駕殺，七殺就是用神。又例如建祿格身旺，用神是食傷洩秀。土生四季，用木疏土，或用金洩秀，用神七殺或食傷，這種盤算出來的用神，還是在「專求月令」的範疇，故皆非外格。

徐樂吾補注：必四柱氣象偏於一方，如春木而支連寅卯辰，或亥卯未，四柱無可扶抑。日與月同，則從強從旺；日不與月同，而日元臨絕，則從官煞、從財、從食傷。或日干化合，則為化氣，如類象屬象之類，方為外格也。

按：如何才算「外格」？例如：曲直格、炎上格、稼穡格、從革格、潤下格、從殺格、從財格、從兒格、子旺母衰、母旺子衰、化氣格、類象（乙巳、乙酉、乙酉、乙酉）、屬象（乙酉、甲申、甲申、甲戌）等，方為外格。

徐樂吾補注：外格雖非常軌，而自有一種意義，合於五行正理，方有可取。若倒冲、刑合、遙迎、朝陽等格，理不可通，亦不足信也（井欄即食傷格）。至於月令有用神、四柱有扶抑，豈有捨之別取之理？「提綱有用提綱重」者，言用神以月令為重也；「有官莫尋格局」者，言四柱有扶抑，不必別尋格局（不可拘執官字）。是誠取用神不易之法也。

按：外格雖然已經脫離用神的理論，但其意義仍須合於五行正理，方為可取。例如倒冲、刑合、遙迎、朝陽等格，道理不通順，如果月令取用神的方法可以適用，不必捨近求遠。所以「有官莫尋格局」，徐氏解為「四柱有扶抑」，只要中庸平和不偏枯，五行不缺就是佳局。

原文：然所謂月令無用者，原是月令本無用神，而今人不知，往往以財被劫官被傷之類。用神已破，皆以為月令無取，而棄之以就外格，則謬之又謬矣。

按：因為月令本無用神，所以會在月令之外產生一個相對關係即用神；故扶抑、通關、病藥、專旺、調候等均屬之。用神已破，皆以為月令無取，而棄之以就外格，是不知太極點不易之理。

> 徐樂吾補注：財被劫官被傷者，當觀其有無救應之神，無救
> 應則為破格（參觀成敗救應節）。本來八字佳者少，不佳者
> 多，故富貴之人少而貧賤之人多，成功之人少而失敗之人多。

按：原局財遇比劫，官遇傷官，雖然論破格，但先在原局中觀察，
是否有救應的八字？否則再由大運流年分析。大有原局雖美，行運
不當；或原局有病，大運有藥。

> 徐樂吾補注：無如以命就評者，每懷挾未來之希望而來，問凶不
> 問吉，不過口頭之詞，若聞財劫官傷之說，有不掩耳欲走者乎？
> 於是術士之流，迎合來者之心理，往往屏用神而不談，專以星辰、
> 格局、納音為敷衍。此謬之所由來，亦談命理者所當知也。

按：然而實務論命時，客戶總是懷著未來的憧憬，所謂「問凶不問
吉」只是高調用詞，包裝之語；若擅論用財被劫，官運被傷等語，
術師等於自斷財路，因此與客戶談用神，不如以星辰、格局、納音
為敷衍或收攝人心。論命當知權變，上者「心理建設」，中者「心理
輔導」，下者至少要「心理安慰」。

四、論宮分用神配六親

> 原文：人有六親，配之八字，亦存於命。
>
> 徐樂吾補注：六親之名，由來甚古，義簡而賅。漢代京焦
> 說卦，以剋我為官鬼，我剋為妻財，生我為父母，我生為
> 子孫，同氣為兄弟，並本身為六親（詳見《命理尋源》）。
> 命理之配六親，實脫胎於此，名目雖殊，其理則一也。

按：六親指父母、兄弟、妻財、子息、官殺，由漢代焦延壽、京房
所建立的卜卦系統，由此影響陰陽五行術數達數千年。

原文：其由宮分配之者，則年月日時，自上而下，祖父妻子，亦自上而下。以地相配，適得其宜，不易之位也。

按：八字年月日時如同人生的時序，《滴天髓》：「源頭者，即四柱中之旺神也。不論財官印綬食傷比劫之類，皆可為源頭也。總要流通生化，收局得美為佳，或起於比劫，止於財官為喜，或起於財官，止於比劫為忌⋯⋯阻節之處，即來龍破損隔絕之意。」

徐樂吾補注：宮分者，地支之宮分也。年支為祖基，月支為父母，日支為妻宮，時支為子孫宮，自上而下，以支辰之地位相配也。凡喜用聚於年月支者，祖基必豐，父母之蔭庇必厚，幼年享用現成。喜用聚於日支者，妻宮必得力；聚於時支者，子孫必得力，晚運尤佳。年為出身之區，時為歸宿之地，出身美則祖基蔭庇可知，結局佳則子孫得力可知，亦自然之理也。

按：地支宮位年支為祖基，月支為父母，日支為妻宮，時支為子孫宮，凡是喜用神出現在年月地支，代表祖基豐盛，享受父母之庇佑。喜用神在日支妻宮，必得力於妻財。聚於時支，子孫得力，晚運佳換言之，根苗花果配年月日時。這一段以《滴天髓》所述最精要，節錄如下：

1、如起於日時是財官，住於年月是食印，則上與祖父爭光，下與子孫立業。

2、或起於日時是財官，住於年月是傷劫，則祖業難享，自創維新。流住年是官印者，知其祖上清高。是傷劫者，知其祖上寒微。流住月是財官者，知其父母創業。是傷劫者，知其父母流敗。流住日時是財官食印者，必白手成家，或妻賢子貴。流住日時是傷劫梟刃者，必妻陋子劣，或因妻招禍，破家受辱；然又要看日主之喜忌斷之，無不驗也。

3、如源頭流止未住之地，有阻節隔絕之神，是偏正印綬，必為長輩之禍。柱中有財星相制，必得妻賢之助。如有比劫之化，或得兄弟相扶。

4、如阻節是比劫，必遭兄弟之累，或不和。柱中有官星相制，必得賢貴之解。如有食傷之化，或得子姪之助。如阻節是財星，必遭妻妾之禍。柱中有比劫相制，必得兄弟之助，或兄弟愛敬。如有官星之化，或得賢貴提攜。

5、如阻節是食傷，必受子孫之累。柱中有印綬相制，必叨長輩之福，或親長提拔。有財星之化，必得美妻，或中饋多能。

6、如阻節是官煞，必遭官刑之禍。柱中有食傷相制，必得子姪之力。有印綬之化，必仗長輩之助。然又要看用神之宜忌論之，無不應也。如源頭流住是官星，又是日主之用神，就名，貴顯者，十居八九。如是財星，又是日主之用神，就利，發財者十居八九。如是印星，又是日主之用神，有文望而清高者，十居八九。如是食傷，又是日主之用神，財子兩美者，十居八九。

7、如日主以官星為忌神，為官遭禍傾家者有之。如日主以財星為忌神，為財喪身敗名節者有之。如日主以印星為忌神，為文書傷時犯上而受殃者有之。如日主以食傷為忌神，為子孫受累而絕嗣者有之。此窮極源流之正理。

原文：其由用神配之者，則正印為母，身所自出，取其生我也。若偏財受我剋制，何反為父？偏財者，母之正夫也，正印為母，則偏財為父矣。正財為妻，受我剋制，夫為妻綱，妻則從夫。若官煞則剋制乎我，何以反為子女也？官煞者，財所生也，財為妻妾，則官煞為子女矣。至於比肩為兄弟，又理之顯然者。

按：六親關係不出現世倫理，正印生我為母親；為何我剋偏財為父？因為我的母親正印被偏財剋制，古時男尊女卑，能剋正印者是偏財。我剋正財是正宮，然而官殺剋我，為何竟為子息？因為我的妻財生出官殺，就是我的子息。

徐樂吾補注：偏財為母之正夫者，譬如甲以癸為正印，戊為偏財，戊癸合也；丙以乙為正印，庚為偏財，乙庚合也。餘可類推。

按：偏財既然是母親的正夫，先以陽干而論，例如甲的正印是癸水，偏財是戊土，戊癸合，夫婦正合是天理。其餘類推。

徐樂吾補注：五陰干從陽干取，如六乙日生，亦以癸為母，以戊為父也。甲乙日干如有戊無癸，則以壬水為父母。總之，言父母則庇我者皆其類，言妻財則奉我者皆其類，言官鬼則制我者皆其類，言子孫則後我者皆其類，言兄弟則同氣者皆其類。非可刻舟求劍，以為論定。

按：何謂「五陰干從陽干取」？因為以陰干而論，乙日主的正印是壬水，偏財是己土，兩者並無五合的關係，所以陰干論六親還是用陽干，即乙當甲看。父母為庇佑我之類，妻財供我侍奉使喚運用，官鬼是管束懲處糾紛，子孫為後代從我之類，兄弟則同聲相應，同氣相求；務必舉一反三，不可刻舟求劍，不知主客觀環境變化。

318

徐樂吾補注：至如我剋之偏財，何以為父？剋我之官煞，何以為子女？乃出於自然之理，凡人受父母之禁約少，受子女之拘束多也。《滴天髓徵義》以印為父母，以食傷為子女，頗合於京焦之易，理論相通，無須拘執。又有以偏印為繼母，比肩為兄，劫財為弟者，亦每有驗。總之，以用神配六親，更須察其宮分地位，以及喜忌，則大致不謬。

按：徐氏認為我剋偏財，是凡人心繫子息，制約子息；子息是父母用財所養育，故年月偏財旺，出身自然優渥。以正印為嫡母，以偏印為繼母，比肩為兄，劫財為弟，大數據經常靈驗，也就一路相傳。但是用神配六親，必須配合四柱與喜忌用神論述。而《滴天髓》則以印為父母，以食傷為子女，契合於焦延壽與京房的漢代象數學。

徐樂吾補注：命運吉凶，以切於本身之利害為限，如於本身利害無大關係，則亦不甚顯著。譬如前清時代，父母丁憂，為仕宦升沉一大關節，命運之中，每顯而著，今者禮制廢除，父母存亡，無關進退，則命運中亦不甚顯著矣。妻宮為一生幸福所繫，得力與否，最為明顯，學者神而明之，自能了解也。

1、按：八字反映命運吉凶，以切身者為限；在時空變化中，例如古代父母丁憂，依照古制度，子息為官者必須守喪在家長達兩年餘，可能就失去陞官的機會，而現在父母存亡，對官途幾無影響。

2、妻宮（日支）與日主最近，未有不能齊家而能治國者，影響日主命格最鉅，時效最久，最宜為喜用神、貴人之類。

原文：其間有無得力，或吉或凶，則以四柱所存或年月或日時財官傷刃，係是何物，然後以六親配之用神。局中作何喜忌，參而配之，可以了然矣。

319

按：觀察原局有無得力，吉凶等，就以四柱年月日時財星、官殺、食傷、羊刃的性質，搭配六親作出複式判斷。

> 徐樂吾補注：以印為母，以財為妻，局中如無財印，則將如何？用食而逢印奪食，用印而逢財破印，又將如何？是則當參合活看，未可拘執也。

按：原局經常有五行缺漏的現象，若無財印，即論為無妻無母，可乎？若用神是食神，遇印綬來剋食神；或者用印綬，逢財剋印等，類似狀況層出不窮，只能靈活運用。

> 徐樂吾補注：大抵從印之喜忌看父母，非必以印為母也；從財之喜忌看妻宮，非必以財為妻也。日主喜印而逢財破，則敗祖業；日主忌印而逢財破，則興家立業矣。身旺喜財而逢比劫分奪，則剋妻；反之身弱財重，則以無比劫分奪為剋妻矣。傷刃參配喜忌，見下論妻子節。六親配合，以《滴天髓徵義》卷五六親節所論為最詳，宜參閱之。

1、按：印是長輩，是否得到祖上遺蔭，由印之喜忌看父母，所以無印也能判斷，換言之，日主喜印而被財星所破，則祖業敗。從財星喜忌看正妻，無財也能判斷太座高低；假設日主忌印，而逢財來剋印，則太座幫忙興家立業。

2、日主身強喜財，逢比劫爭財，其人為何剋妻？因為喜神被奪，逢正官或食神不至於如此。反之，身弱財重，財多身弱則忌財，無比劫分奪為剋妻之象，是因為身弱急須比劫扶身，剋去忌神財星，破財事小，妙在日主與格局平衡，反此則是低命，故必剋妻。傷官、羊刃，往後討論。

五、論妻子

原文：大凡命中吉凶，於人愈近，其驗益靈。富貴貧賤，本身之事，無論矣，至於六親，妻以配身，子為後嗣，亦是切身之事。故看命者，妻財子祿，四事並論，自此以外，惟父母身所自出，亦自有驗。所以提綱得力，或年干有用，皆主父母雙全得力。至於祖宗兄弟，不甚驗矣。

按：八字的靈動力於人愈近，其驗益靈。自身的富貴貧賤最貼切，至於六親中妻與子息最切身。因此「妻財子祿，四事並論」，除此外，父母生我血脈相連，當然也應驗，所以「提綱得力，或年干有用」，皆得力於父母照顧，但祖宗兄弟，不甚靈驗；因祖宗太遠，兄弟牽連到日時。

徐樂吾補注：命運吉凶，屬於本身之利害，富貴貧賤，進退順逆，皆為本身之事，故可於八字中推之。妻財子祿，以本身利害相關，榮辱與共，故亦可推。若將來歐風東漸，父子分立，夫妻異產，利害不相連屬，吉凶即無可徵驗。如子貴而父賤，妻富而夫貧，各不相謀，即無可推算。

按：八字屬於個人的，攸關各人吉凶，因此富貴貧賤，進退順逆僅就反應在自身，故以個人八字推算國家社會大事，就像沖天炮射飛機。但妻財子祿與本身利害相關，故可推算，假使歐風東漸，家庭與社會型態改變，「父子分立，夫妻異產，利害不相連屬，吉凶即無可徵驗」。此語在徐樂吾當時立說，至今近百年，社會結構雖有改變，然而至親之間仍然吉凶與共。

按：因為六親有親疏遠近之分，利害關係相連屬者，才能論出吉凶，因此假設夫妻離異，男婚女嫁，各不相干，互不往來，八字必無線索。年柱管祖基，或出身高低，或兄弟互助相害等情節；若分家各自立業，八字即無關聯可循，故「近驗而遠無驗」。

原文：以妻論之，坐下財官，妻當賢貴；然亦有坐財官而妻不利，逢傷刃而妻反吉者，何也？此蓋月令用神，配成喜忌。

按：例如日柱壬午，日支就是正財正官，應該正妻賢能，為何仍有坐下財官而妻財無助益？反而是自坐傷官、羊刃，而正妻相夫教子立家業？因為日支與月令搭配的絕妙。

原文：如妻宮坐財，吉也，而印格逢之，反為不美。妻宮坐官，吉也，而傷官逢之，豈能順意？妻坐傷官，凶也，而財格逢之，可以生財，煞格逢之，可以制煞，反主妻能內助。妻坐陽刃，凶也，而或財官煞傷等格，四柱已成格局，而日主無氣，全憑日刃幫身，則妻必能相夫。其理不可執一。

1、按：例如日支是財星，卻碰上印綬格；或妻宮坐正官，而月令傷官。例如日柱甲子，子是正印，月令是午，己是正財，子午沖。又例如日支是傷官，而月令是財格，財逢食傷，來的巧；若是月令七殺，傷官妻制住七殺夫，故「妻能內助」。
2、日支羊刃，看似凶，但如果是正偏財、正官、七殺、傷官等格局成立，但格強身弱，而日主無氣，全憑日刃幫身，就是賢妻相夫。

322

1、按：身弱是日主無根、微根，補上印綬格可以抗殺、制食傷，免除剋洩交加的窘境，而達到護身的目的。但是日支如果是財星，對印綬格就不利，即使印綬格不在月令，也有財剋印的憂疑。

2、傷官為用神，忌見正官；如果日支是正官，正是日月對冲；例如庚金子月是傷官，日支午中丁火是正官，「豈能順意乎？」

1、按：冬天的金水傷官，急需一把火（官殺），日支是官，妻星是木，木火解凍是「吉兆」。又例如妻宮坐傷官，財格來，傷官得財，殺格來，傷官駕殺，都是佳局。

2、日支是羊刃，例如丙午、壬子，身弱可以扶身；日支是喜神或忌神，以喜神輔佐用神，關係男命甚大。俗話「男怕入錯行，女怕嫁錯郎」，反之亦同。

按：「妻宮」，專指日支；「妻星」，則是天干的正偏財。財星天透地藏成格，即便不成財格，天干財星有「官格透財」，輔佐正官格；「印多逢財」，壓制重（偏）印；「食傷透財」，食傷格局逢財等作用，也是有賢內助的現象。

原文：妻透而破格，若印輕財露、食神傷
官透煞逢財之類，即坐下有用，亦防刑剋。

按：如果印輕財透，財剋印。或食神傷官帶七殺格，財來生殺，即
使日支財星是喜神，「即坐下有用」，無奈受限於大局，太座獨力難
撐天，若遇羊刃格身強為夫，羊刃駕殺，連續劇沒完沒了。

原文：又有妻透成格，或妻宮有用而坐下刑沖，未免得美妻而難偕
老。又若妻星兩透，偏正雜出，何一夫而多妻？亦防刑剋之道也。

按：財格雖成或妻宮是喜神，但遇到刑沖，老婆雖美人人愛，此時
要看太座命格，怕桃花、天乙貴人、三合三會聚攏。若天干既有正
財又有偏財，「何一夫而多妻」？雙手一攤，奈何多妻也是命，但還
是要防備妻財多而生殺端。

徐樂吾補注：妻透成局者，謂財透露干頭為喜神、用神也。
若官格透財，以財生官為用。印重透財，以財損印為用。
食傷透財，以食傷生財為用。若此之類，皆藉財以成局，
即使日支無喜神用神，亦主內助得力，蓋財為妻星也。

按：天透地藏就是格局，財透天干即為喜用神。如果月令正官格順
用，遇到財格就是財生官，格局有成。「印重」就變成偏印格，偏印
要用偏財損印，就是成格。食神與傷官在月令，透財就是食傷生財。
諸如此類，利用財星輔佐成格，即使日支無喜神用神，都是有賢內
助，修身、齊家沒問題。治國、平天下，沒喜用神搭配還差一大截。

324

徐樂吾補注：若財透破格，如身弱用印，而逢財破；食神制煞，而見財化食生煞之類，即日支之神有用，亦防刑剋，蓋財為忌神也。

按：財為養命之源，財星天透地藏利弊不定，破格者，例如：身弱用印綬生身，遇到財星破印。或食神制煞，大運流年殺出程咬金，逢財而破，即「見財化食生煞」。如果原局是身弱或食神制煞的架構，即使日支是喜用神，歲運也要防備刑剋，因為財星有轉為忌神的潛在性。

徐樂吾補注：又或坐下財星透干成局，則妻宮妻星皆美矣。而逢刑冲，冲者，剋也。財為喜用，則冲剋者必為忌神，如壬午日支坐財，而逢子冲，戊子日支坐財，而逢午冲，為美難偕老之徵。又財星偏正雜出，勢必財旺身輕，而財為忌神，若無比劫分奪，亦主剋妻。是須以喜忌配合，非可執一也。

1、按：又或者坐下財星透干成格有力，格局有成就是其人特質優越性，則妻與財應有所成；然而財星地支逢冲，冲去喜神就是忌神。例如壬午日柱，丁火是正財，遇戊子日，癸水是劫財，妻宮正財正官，妻賢淑端莊，卻難攜手偕老。日月雙冲的現象。

2、正偏財透出天干，財多身弱，財是忌神，「若無比劫分奪，亦主剋妻」，指比劫運扶身，雖破財也算順境；其次以建祿強身，耗財總比破財好。總之，原局要總體判斷。

原文：至於子息，其看宮分與看子星所透喜忌，理與論妻略同。但看子息，長生沐浴之歌，亦當熟讀，如「長生四子中旬半，沐浴一雙保吉祥，冠帶臨官三子位，旺中五子自成行，衰中二子病中一，死中至老沒兒郎，除非養取他之子，入墓之時命夭亡，受氣為絕一個子，胎中頭產養姑娘，養中三子只留一，男子宮中仔細詳」是也。

325

按：沈孝瞻論子息喜用旺衰，理論同於妻宮前述看法，不贅述。至於上述子息數字是徐氏運用《長生沐浴歌》詩訣；另外尚有調候用神論子息（造化元鑰），或時支與十神（三命通會）等方法。

> 原文：官煞者，子星也；時支者，子息之宮分也。配合喜忌，與論妻略同，但有須注意者。看官須兼看財，看煞須兼看食，此就身強論也。若身弱須看有無印綬，所以《滴天髓徵義》以食傷為子。又云「身旺財為子，身衰印坐兒。」雖說法不同，其理則一也。

按：子息看官殺，官殺財所生；四柱以時支為準，喜忌依照格局理論，與看妻財略同。特別注意，身強看正官要有財作為喜神，看七煞要有食神制煞。身弱看殺要印綬化殺。《滴天髓》：「身旺財為子，身衰印坐兒」，身旺喜財生官，身弱用印化煞，子息是喜神。女命以食傷為子是普遍看法。

> 徐樂吾補注：以財為妻，財旺暗生官煞，即使四柱不明見子星，亦必多子；如食傷生財格等是也。官煞旺而無制化，身輕而財旺破印，亦必無子，故論妻子，均須參配活看，執一而論，必無是處。詳《滴天髓徵義》六親節。

按：男命以財為妻，財旺生官，四柱雖然不見官殺，但仍然有子息；例如食傷生財。「官煞旺而無制化」，因為官殺旺又無制化，就反剋食傷，所謂「金能剋木，木堅金缺」。其次「身輕而財旺破印，亦必無子」，身輕要用印綬扶身，財不生官殺（子息），卻去剋印，背道而馳。總之，靈活變通，死法不用。

徐樂吾補注：《長生沐浴歌》者，官煞之長生沐浴也。如時支為官煞之長生，則應有四子；中旬半者，司令之權已退也。如寅為丙戊長生，而中旬之後，甲木司令，丙戊退氣，故減其半。沐浴之位二子，與中旬後之寅同，冠帶臨官之位三子，旺位五子，以五子為止。衰位二子，病位一子，死與墓位均無子，絕位一子，胎位女，養位三子留一。此歌訣僅可供參考，萬不可拘執，看子息者僅可看其有無多少，決不能定其數目，如歌訣以五子為最多數，而子女多者一二十人不等，將從何定之耶？從喜用之生旺衰敗斷其多少，以喜用之成敗救應決其有無，如是而已。幸勿為古人所欺也。

按：假設甲木戊時，官殺是庚辛金，金在衰位是兩子，此法碰運氣成分很大。徐氏認為以喜用神的生旺衰敗判斷多寡，以喜用成敗救應是否有成決定；古訣不可盡信。

原文：然長生論法，用陽而不用陰。如甲乙日只用庚金長生，巳酉丑順數之局，而不用辛金逆數之子申辰。雖書有官為女煞為男之說，然終不可以甲用庚男而用陽局，乙用辛男而用陰局。蓋木為日主，不問甲乙，總以庚為男辛為女，其理自然，拘於官煞，其能驗乎？

按：上述《長生沐浴歌》十二生旺庫，不用「陽死陰生，陰死陽生」，一律是陰陽共長生而順數。「雖書有官為女，煞為男」，以男命而言，女是陰，陰陽是官，反之陽陽是七殺。

徐樂吾補注：十干即五行也，僅有五行長生而無十干長生。所謂陽長生與陰長生者，乃後人不知原理，妄加揣測而推定者也。所謂官為女煞為男者，乃陽干為男，陰干為女。以甲為例，則辛官為女，庚煞為男。若以乙為例，即庚官為男辛煞為女矣。不可誤會。

按：徐氏擁護依照五行立十二生旺庫，反對加入「陽死陰生，陰死陽生」，而將五行變成十干的說法，這在八字學計算五行衰旺是對的，但其它陰陽學（尅擇講義）則遵循陽死陰生的算法。所謂的「官為女煞為男」，是以日主陰陽為太極點，陽干相對的陰干為女，陰干相對的陽干為男。

> 原文：所以八字到手，要看子息，先看時支。如甲乙生日，其時果係庚金何宮？或生旺，或死絕，其多寡已有定數，然後以時干子星配之。如財格而時干透食，官格而時干透財之類，皆謂時干有用，即使時逢死絕，亦主子貴，但不甚繁耳。若又逢生旺，則麟兒繞膝，豈可量乎？若時干不好，子透破局，即逢生旺，難為子息。若又死絕，無所望矣。此論妻子之大略也。

按：八字到手以時支看子息，例如甲日主，以庚辛為子息，例如巳時子息坐長生，申時子息坐祿位，以此判斷子息多寡。其次，看時干是否用神或喜神？例如財格喜食傷，正官格喜歡透財等；如果時干具有喜神的作用，即使時支坐在死絕之位，「亦主子貴」但子息不多。如果地支逢生旺之地，則「麟兒繞膝」瓜蒂綿延。反之，時干不是喜用而為忌神，地支生旺也沒用，坐死絕更沒指望。

> 徐樂吾補注：時干有用者，看時干所透之神，為喜為用，即有用，不必定是官煞也。以官煞之生旺死絕，假定子息之數目，再參以時干喜用，亦是活法，特未可拘執耳。附多子大王王曉籟君之造，生於前清光緒十二年十二月廿四日申時。

按：時干若是用神，看時干所透喜用神的性質，不必是官殺，但先以官殺在地支的生旺死絕計算子息數目，再參酌時干性質與對全局的喜用程度。

按：多子大王，財殺印成格有力，時干時支皆用神，官殺時支是病，中運丙、丁、巳、午、未，財旺生官殺。

七殺	日主	正印	偏財
戊申	壬午	辛丑	丙戌
戊　壬　庚	己　丁	辛　癸　己	丁　辛　戊
七殺　比肩　偏印	正官　正財	正印　劫財　正官	正財　正印　七殺
驛馬	將星		華蓋
己酉　　戊申	丁未　　丙午	乙巳　　甲辰	癸卯　　壬寅

釋文：戊土七煞，透於時干，土居中央，寄生於寅申，是申亦土之生地也。以長生歌訣論，當有四子。丙辛相合，壬水通源，身旺敵煞，而壬日坐午，祿馬同鄉，取財生煞為用神。時干有用，可為多子之徵；財為喜神，亦內助得力之徵。然倍之亦僅得八。今王君子女多至三十餘人，更從何處看之乎？

1、釋文是討論《長生沐浴歌》論子息數量。徐氏取某君子女三十餘人為特例推翻古訣立論。既然子女多達三十餘人，應為事業有成之人。子息時柱七殺成格，即不論官煞之生旺死絕。

2、原局壬水生在丑月，調候用神丙丁甲；丙丁不缺，無甲；初運東方之地帶寅卯甲乙，可用。「祿馬同鄉」，祿指正官，馬指正財。「取財生煞為用神」，指官殺五見，看似多到有餘，然而正偏印四見，官殺生印，印綬強旺，取火運財星制印，木運食傷生財。

329

六、論行運

原文：論運與看命無二法也。看命以四柱干支，配月令之喜忌；而取運則又以運之干支，配八字之喜忌。故運中每運行一字，即必以此一字，配命中干支而統觀之，為喜為忌，吉凶判然矣。

1、按：原局代表命格高低，而大運又有話語權，大運可以錦上添花、雪中送炭、當豬隊友、落井下石等。看命格以月令為用神，其餘干支是否輔相；月令無用神轉用外格，再回頭看月令喜用如何。

2、看大運則以大運干支配合八字喜忌，而大運究竟是以天干論前五年，地支論後五年？還是干支並論十年。運用之妙，存乎一心。

徐樂吾補注：富貴定於命，窮通繫乎運，命如植物之種子，而運則開落之時節也。雖有佳命而不逢時，則英雄無用武地，反之八字平常而運能補其缺陷，亦可乘時崛起。此所以有「命好不如運好」之說也。

按：富貴有命，窮塞通達，在於行運配合。例如種籽落地的時間與空間，關係日後花繁葉盛的條件。總之，英雄造時勢，時勢造英雄，「命好不如運好」，老生常談，不贅言。

徐樂吾補注：看命取用之法，不外乎扶抑、去病、通關、調候、助旺諸法（詳論用神節）。取運配合，不過助我喜用，補其不足，成敗變化，大致相同，原文甚明不贅。

按：扶抑、去病、通關、調候、專旺，徐氏在前解釋過，不贅述。看大運在於是否幫得上原局喜用神。衰者扶之，強者抑之，有病取藥，不通者過關，化者行化地，專旺者附庸不可逆。

1、按：大運重地支，也就是以河圖五行性為基準。因此庚申辛酉，甲寅乙卯，干支相同，五行性甚明。其次，甲午、乙未、丙寅、丁卯，木生火同氣；庚子、辛丑、壬申、癸酉，金生水同氣，喜忌容易判斷。

2、丙子、丙申，火不通根；庚寅、辛卯，金不通根，則天干力微，而地支力重；即截腳者無話語權，故「干為喜則為福不足，為忌則為禍亦不足」。總之，大運要干支並論，不能將干支切割論喜忌。有原則就有例外，學者明辨。

1、按：喜神就是幫助我用神的五行字眼。例如，正官用印綬剋制傷官，大運果然走到印綬。身弱但財生官的架構，就宜比劫運。印綬帶財，財就是忌神，大運行劫財運，剋去財星則順運。食神制殺成格，身輕就要印綬運，印綬可以化殺、生身、制食神；反之，煞重食神輕，就用食神幫忙制殺。

2、「傷官配印而運行官殺」，傷官配印是傷官強過印綬，傷官逆用，官殺運有利奪權爭勢，生印制傷，以子護母。「月劫用財，而運行傷食」，指建祿格喜財官，食傷運化比劫生財。以上都是好運。

> 徐樂吾補注：命中喜神或用神，行運助之，即為吉運。官格見傷，忌也，用印制傷，可以去病。行運助印者，如以木為印，而行東方甲乙是也。如印露傷藏，官煞運亦美。傷露印藏，忌見官煞，而財運破印，則大忌矣。

1、按：原局的喜用神在大運實現，就是吉運。因此原局傷官見官是病，雖凶，然而用印剋食傷，可以去病。如果丙丁日主，以木為印綬，行運至寅卯就是印運。

2、「印露傷藏」，印剋食傷，印綬在天干，傷官在地支，即傷官有制，為何「官煞運亦美」？因為被制的傷官傷不到官殺，官殺得用，官場職場風生水起。「傷露印藏」，傷官透出天干，印綬藏在地支，印綬剋不到傷官，則「忌見官煞」運來，會與傷官搏鬥。如果此時財運也來破印綬，屋漏偏逢連夜雨。

> 徐樂吾補注：財官格，身弱喜行助身之運，印鄉劫地是也。身旺則喜行財官旺鄉矣。身弱用印，帶財為忌，運行劫財，則去其病。身強印旺，喜財損印，則以財鄉為美，而忌劫財矣。

1、按：財官成格局，身弱喜行比劫印綬的大運，身旺則喜財官大運；即弱者喜扶，強者喜制財官為用。如果身弱用印生身，原局財剋印，財是病，恰好比劫運來，不但去財病，還可扶身。

2、反之，換成身強印綬旺，則財來損印，偏印喜重財剋制（帶貴人更妙，人無橫財不富），故「以財鄉為美」，又身強當然忌劫財。

徐樂吾補注：食神帶煞，身弱則剋洩交加，運逢印綬，制傷化煞
滋身，三得其美。若身強煞旺，以食制煞為用，則喜行食傷運矣。
傷官佩印者，月令傷官，日元恃印，印露通根，運行官煞，生起
印綬為美，若印藏傷露，則官煞忌見矣。更有傷官太旺，運喜財
鄉，洩傷之氣，四柱雖佩印而不為用，則不能以官煞為美也。

1、按：身弱而食神帶煞，食神洩身，七殺剋身，雖說食神制煞，又
　　剋又洩，故不宜身弱；最宜印運，因為印綬制傷官、化七殺、滋
　　生日主，一魚三吃。反之，身強七殺旺，用食神制殺，喜行食傷
　　大運。
2、「傷官佩印」者，即月令是傷官，而日主也有印綬成格，運到官
　　殺，官殺可生印，傷官逆用，印綬制住傷官即是佳運。反之，印
　　綬藏地支，傷官露出等著官煞來相鬥。
3、為何「傷官太旺，運喜財鄉」？因為元氣撐太飽，洩氣就是「藥」
　　。為何「四柱雖佩印而不為用，則不能以官煞為美」，意思說傷
　　官雖然可以配印，當傷官可以生財時，不宜以印剋傷官，喜官煞
　　運為首選。畢竟有錢最好。

徐樂吾補注：陽刃用官煞，而原局刃旺，則喜行財鄉，
生起官煞，若刃輕而官煞重，則宜助其刃。月劫用財，
則惟有食傷為美，若行財運，要四柱原有食傷方可，
即通關之意也。此其大概，更於八格取運篇詳之。

1、按：羊刃用官殺，就是殺刃格。原局羊刃重官殺輕，用財生殺，
　　殺制羊刃，財不受剋，以子護母的概念。反之，羊刃輕而官殺重，
　　則宜用羊刃比劫扶身。
2、「月劫」，例如甲木寅月，建祿喜財官；用食傷生財通關，如果原
　　局沒有食傷，一發即滅；原局無財，運過還是水無痕。

1、按：何謂「忌神」？凡唱反調、幫倒忙、豬隊友等就是。例如正官無印綬，卻行傷官運，致使傷官見官。又例如財星為用，天干沒有食神，殺運而財生殺亂。印綬用官，而食神合去正官。

2、食神為用神，天干帶七殺，財運來生殺，食神管不到七殺。食神制煞為美，無奈半路殺出偏印剋去食神。傷官配印，大運走財，印綬被剋去。羊刃用七殺，大運食神制殺，七殺兩面受敵廢用。建祿格用官剛好，大運逢傷官剋去正官。以上都是破敗之運。

按：喜用神都是要生旺，但是在行運中受到壓抑，就是逆運；哪壺不開提哪壺。如果正官為用神，宜用財生殺；卻是走食神傷官運。若原局有印綬，尚可利用印剋食傷，以保護正官。無印綬正官就等著被侵凌。

按：「財不透食」，指用神是財，而食神沒有透出天干，當大運七殺時，財生殺沒好事，但偶爾流年透出食傷，或大運地支七殺而天干是食傷，「尚可回剋以護財」，指大運流年透出的食傷，回頭剋制七

殺，則財不生殺。食傷不透出只能生財，制不了殺，致使財生殺。殺攻日主。換言之，透出的食傷才能制殺。

> 徐樂吾補注：印綬用官者，月令印綬而透官星，以官生印也。運合官者，如甲生子月，透辛為用，而運行丙火。（或）丙生卯月，透癸為用，而運行戊土。合去官星，為破格也。

按：「印綬用官」，指月令印綬而天干有正官，官可生印，順用遇上順用，門當戶對兩相宜。「大運合官」，例如甲日主子月，子是癸水正印，天干是辛金正官，逢丙運，丙辛合，正官合去，破格。或丙生卯月（正印），天干癸水正官，戊運來，戊癸合，也是正官合去，破格。正官被合比正官被剋更衰。

> 徐樂吾補注：食神帶煞，謂月令食神而干帶煞也，運行財地，則財化食以生煞。七煞食制者，月令七煞，取食制煞為用也。運行梟地，則梟奪食以護煞，同為破格矣。

按：「食神帶煞」，指月令食神，天干有七殺，運行財地財生殺，財化去食神生助七殺，論破格。「七煞食制」，指月令七殺，用食神制煞；運行偏印，就是「梟印奪食」，由七殺生印，也算子能護母幫倒忙，但七殺逆用，失去食神的剋制，論破格。

> 徐樂吾補注：月令傷官，身強用財，身弱佩印。用財而行劫財之鄉，佩印而行財破印之地，是為破用。

按：月令傷官，身強直接用財化傷官。身弱配印，印綬生日主，制傷官，「傷官配印」成格。反之，用財而遇到比劫之地，傷官配印的「印綬」被財剋去，用神被破。

335

1、按：羊刃剛猛，以七殺制衡。建祿也強，以正官對抗。取日主與官殺的平衡，才能使用官殺爭權奪利；因此遇到食傷運剋去官殺，則羊刃與建祿失去天敵，旺而無制，上帝要毀滅一個人，必先使其自大瘋狂。

2、看大運與原局原則一樣，日主是太極點，「合我之需要為用神，助我之需要為喜神」，順則吉，逆則敗運。

原文：其有似喜而實忌者，何也？如官逢印運，而本命有合。印逢官運，而本命用煞之類是也。

按：有些原局的架構是佳局，但隱藏地雷區；例如甲木辛酉月是正官格，遇上印運，印綬運是壬、癸，原局中有丁火化比劫，有戊土化傷官，都是攪亂官生印的和諧。又例如正印格逢官運，而原局的架構是宜用七殺，反成官殺混雜。

徐樂吾補注：凡取運必兼顧四柱之神，方能定其喜忌，所謂「運行一字，必以此一字配命中干支而統觀之」是也。官逢印運而本命有合者，如甲木日元，辛酉月，戊辰年，行癸水印運，則戊癸合，反傷官星也（如下表）。用官星者以財印為輔，如用財生官者，亦忌印運，洩官之氣，不必定有合也。

按：何謂「運行一字，必以此一字配命中干支而統觀之」，這一「字」指大運的天干或地支。又何謂「官逢印運而本命有合」？例如甲日主，月柱正官天透地藏，年柱則是偏財格天透地藏，標準的財生官

格局。大運癸亥似乎印綬化官，然而戊癸合火，火是甲木的食傷，故「反傷官星」。用正官不宜「孤官無輔」，身強用財生官，忌印運，忌諱正官洩氣，也忌諱身強又補上印綬，不一定被合去，才算破格。

		日主	正官	偏財
		○○ 甲○	辛酉	戊辰
			辛	癸 乙 戊
			正官	正印 劫財 偏財

己巳	戊辰	丁卯	丙寅	乙丑	甲子	癸亥	壬戌

徐樂吾補注：用印逢官，本為吉運，然原命為煞重身輕，用印化煞之局，則以印劫扶身為美，再行官煞，均非所宜，非指官煞混雜論也。

按：月令正印，大運正官來，官生印皆順用，故吉運；然而原局煞重身輕，即格局強日主弱，有印綬化殺剛好，所以大運比劫印綬最美，美在柱運歲的平衡。如果再行官殺運，又失去平衡，變回殺重身輕，故「均非所宜」，並非「官煞混雜論」，此指柱運歲失去中和，並不是官殺混雜的不宜。因為官殺混雜在某些條件下不忌反宜，中庸平衡最優先。

原文：有似忌而實喜者，何也？如官逢傷運，
而命透印。財行煞運，而命透食之類是也。

按：何謂「似忌而實喜」？例如正官遇到傷官，但天干有印綬剋制
傷官。又例如財格遇到七殺運，而原局天干有食神傷官，制伏七殺。

徐樂吾補注：用官星者以傷官為忌，若原局透印，
則可以制傷護官，不畏傷食之運。用財星者，以七
煞為忌，若原局透食神，則可以生財制煞，不畏官
煞之地。雖非佳運，而有解神，所謂逢凶化吉是也。

按：正官格不宜遇到傷官，「制傷護官」是印綬的功能，故「不畏傷
食之運」。財星為用神，不宜財生七殺運，若原局透出食神，食神可
以生財制煞，故「不畏官煞之地」，雖非佳運，而有解神制衡，也算
逢凶化吉。

原文：又有行干而不行支者，何也？如丙生子
月亥年，逢丙丁則幫身，逢巳午則相冲是也。

按：何謂「行干而不行支」？例如丙火生在子月亥年，基於調節氣候，
急須丙丁火幫身，逢巳午地支，則巳亥冲，子午冲，所以宜取天干丙
丁火運。《滴天髓》：「天戰猶自可，地戰急如火」，天戰而得地支順靜
者無害，地戰則天干不能為力，其勢速凶，蓋天主動，地主靜。

徐樂吾補注：丙生子月亥年，壬癸水秉令乘旺，行丙丁運則為比
劫幫身，行巳午運則為衰神冲旺，反增水勢，是行干而不行支也。

按：徐氏補述「衰神冲旺」的道理。《滴天髓》：「旺者冲衰衰者拔，
衰神冲旺旺神發……子旺午衰，冲則午拔不能立，子衰午旺，冲則
午發而為福。」

338

1、按：丙火生在亥月，透出壬水七殺，如果逢丙運幫身好事，逢丁
運合去壬水七殺，雖然都是好運，但道理不同。因為丙運僅在幫
助身旺，而丁火合去七殺，化成印綬，印者，權也。丁火生在亥
月，月令正官，壬水透出年干是正官格，丙運劫財幫助日主，逢
丁運合去壬水正官，格局泡湯是忌運。

2、丁生亥月，透壬是正官格，透戊是傷官格，原局正官遇傷官，稱
「官星遇傷」，在癸丑運「化傷為劫」，指戊（時干）癸（第二大
運）合火，丁火亥月寒冬正好來把火，不但幫身，而且減免正官
被傷。此類不勝枚舉，喜或忌，須原局全盤分析。

傷官	日主	偏財	正官
戊申	丁○	辛亥	壬○
戊 壬 庚		甲 壬	
傷官 正官 正財		正印 正官	

己未	戊午	丁巳	丙辰	乙卯	甲寅	癸丑	壬子

原文：又有支同一類而不兩行者，何也？如戊生卯月，
丑年，逢申則自坐長生，逢酉則會丑以傷官之類是也。

按：又有「支同一類而不兩行」，例如戊生卯月丑年，逢申暗合卯，
乙庚會金，酉運半合丑也是金局，都是傷官運。

徐樂吾補注：支之變化，較之天干尤為複雜。如上例戊
生卯月，生於子年，逢申則會水生官，逢酉則傷剋官星。
丁生酉月，逢午為祿堂劫財，逢巳則會成財局；丁生酉
月辰年，辰酉本可合金，而又生財，運逢子，子辰會起
水局，反洩財之氣。若此之類，亦不勝備舉也。

1、按：地支有十二，三刑自刑，六冲六合，三合三會六害，而地支
　　只有十干冲剋，因此「支之變化，較之天干尤為複雜」。例如上
　　述戊日卯月子年，申運半合水局，財生官；如果逢酉運食神，酉
　　與子沒有合會的問題，故酉「傷剋官星」。
2、丁生酉月，午是「祿堂劫財」，丁火祿在午，火是劫財，逢巳合
　　酉為金就是財局。如果丁生酉月再加上辰年為條件，子運來，子
　　辰會水變出官殺，酉金財氣洩去。故變化多端，學者應通變之。

原文：又有同是相冲而分緩急者，何也？冲年月則急，冲日時則緩也。

按：沈孝瞻此論除非另有密旨，否則以冲年月論急，冲日時則緩，
在無前提要件下，過於泛論失焦。以徐氏下述為中肯。

徐樂吾補注：此說未可拘定。冲提綱月令為重，餘支為輕；冲喜
用所在地為重，非喜用所在地為輕。又有就支神性質分別者，蓋
寅申巳亥四生之地為重，氣尚微弱，逢冲則壞也。子午卯酉氣專
而旺，或成或敗，隨局而定，而辰戌丑未為兄弟朋冲，無關緊要。
《滴天髓》所謂「生方怕動庫宜開，敗地逢冲仔細推」是也。

1、按：徐氏補述前說：認為「冲年月則急，冲日時則緩」，不可固執。冲提綱月令最重要，其餘則輕。冲喜用神為重，其餘則輕。

2、以四生之地寅申巳亥為重，長生氣弱，故「逢冲則壞」。四旺之地子午卯酉，專位氣盛，逢冲成敗須依全局而定。辰戌丑未，戊土己土一家親，故無關緊要。《滴天髓》：「生方怕動庫宜開，敗地逢冲仔細推」。

原文：又有同是相冲而分輕重者，何也？
運本美而逢冲則輕，運既忌而又冲則重也。

按：這段是說原局美惡，大運吉凶，逢冲又分輕重。「運本美而逢冲則輕」，大事化小，小事化無。「運既忌而又冲則重」，指屋漏偏逢連夜雨。

徐樂吾補注：冲剋須看喜忌，運喜而冲忌則輕，運忌而冲喜則重。更須推看流年，或運雖為喜而流年併冲，亦不為吉。

按：命格高，行運得地，冲則輕；反之冲則大忌。流年才是關鍵。《滴天髓》：「旺者冲衰，衰者拔；衰神冲旺，旺神發。」

原文：又有逢冲而不冲，何也？如甲用酉官，行卯則冲，而本命巳酉相會，則冲無力。年支亥未，則卯逢年會而不冲月官之類是也。

按：何謂「逢冲而不冲」？指貪生忘剋，貪合忘剋，衰冲不動旺之類。例如甲日主酉金是正官，卯冲酉，但原局有巳酉半合，卯木以衰冲旺，則冲無力。若年支亥或未，則半合木局，不冲正官酉金。

徐樂吾補注：逢冲不冲者，因有會合解冲也。甲用酉官，原局有巳、丑，則官星會局，卯冲無力；原局有亥或未，運至卯則三合會局而不冲。（參閱刑冲會合解法）

按：解釋同上，不贅述。

> 原文：又有一冲而得兩冲者，何也？如乙用申官，兩申並而不冲
> 一寅，運又逢寅，則運與本命，合成二寅，以冲二申之類是也。

按：何謂「一冲而得兩冲」？指原局兩不冲一，然後歲運加入一冲，就形成二比二，碰碰胡，再度冲動。應注意是否形成三合三會拱冲的力量為最大。

> 徐樂吾補注：兩申不冲一寅之說，未可盡信。冲者，剋也，寅即
> 甲，庚即申，甲遇兩庚，豈不剋乎？特兩申一寅，氣不專注，譬
> 如兩庚一乙，妒合不專，運再逢乙，則兩庚各合一乙而情專。冲
> 亦如是，運再逢寅，以一冲而引起兩冲也（參閱刑冲會合解法）。

按：兩不冲一，未可盡信。「甲遇兩庚，豈不剋乎？」，指地支之冲剋，溯及本源是藏干的冲剋。說法就是「氣不專注」，「妒合不專」之類，如果大運流年出現前述「逢冲不冲」或一冲引起兩冲，都是運勢變化的現象，學者多揣摩。

> 原文：此皆取之要法，其備細則於各格取運章詳之。

按：以上原則散見諸章細則。

七、論行運成格變格

> 原文：命之格局，成於八字，然配之以運，亦有
> 成格變格之權。其成格變格，較之喜忌禍福尤重。

按：原局柱運歲是車子的品質，大運是道路的好壞。原局成格後也可能因為大運的加入而造成變格，變化後的話語權比喜忌禍福更重要。

> 徐樂吾補注：八字格局，有成而不成者。逢運配合，突然變換，
> 其喜忌禍福，有非常理所能推測者，與行運助用害用有別。惟此
> 類命運，為不常見耳。如吾鄉姚文敷君造，即其一例：

按：大運突然變化，經常就是吉凶的猝然轉變，上下震盪，並非八字常理所能推論，如果用一般的幫助喜用神、剋去忌神等理論，可能差之毫釐，失之千里。

按：母旺子不衰，《滴天髓》：「強眾而敵寡者，勢在去其寡」。

食神	日主	偏印	正財
戊 戌	丙 申	甲 午	辛 未
丁　辛　戊	戊　壬　庚	己　丁	乙　丁　己
劫財　正財　食神	食神　七殺　偏財	傷官　劫財	正印　劫財　傷官
丙戌　　丁亥	戊子　　己丑	庚寅　　辛卯	壬辰　　癸巳

釋文：月令陽刃，而丙臨申位，旺而不旺，雖以食神為用，究嫌氣勢不足。至寅運，格局突然變換。寅午戌三合，身旺洩秀，為陽刃用食，氣勢迥殊，格局頓清。因原局午戌半會而隔申，逢寅沖而會齊火局，否則，不能去申而代之也。

徐樂吾補注：姚君在此運中，一躍而為兩淮鹽運使。特此類命造，須原局本美，成而未全，逢運成之也。既可以變格為貴，亦可以變格為賤，其為福為禍，自較常理為尤重。若原局不佳，則暴興暴落，殊不足取耳。

1、丙火生在午月，得令，羊刃格。食傷五見，傷官格最重；財星兩見，財格；正偏印兩見，印綬格。《滴天髓》：「身弱而傷官旺者，見印而可見官。身旺而傷官旺者，見財而可見官。傷官旺，財神輕，有比劫而可見官。日主旺，傷官輕，無印綬而可見官。傷官旺而無財，一遇官而有禍。」

2、「寅運格局突然變換」，原局屬於「旺而不旺」，傷官旺，印綬弱，寅運透出月干，轉傷官配印，此運印比傷一氣，不容財殺。原局地支連茹，丙申、戊戌暗拱酉金天乙貴人，原局本美。

> 原文：何為成格？本命用神，成而未全，從而就之者是也。如丁生辰月，透壬為官，而運逢申子以會之；乙生辰月，或申或子會印成局，而運逢壬癸以透之。如此之類，皆成格也。

按：何謂「成格」？指欠缺臨門一腳，當歲運來臨而成就格局。細說如下。

> 徐樂吾補注：丁生辰月，壬水墓庫，雖用官星，其根未固，運逢申子，則官星根固而力顯。乙生辰月，雖會水局，印星夾雜，運逢壬癸，則印透清。此為補其不足，格局因此而完成也。

按：丁日辰月（偏弱），辰中藏癸水是入庫，七殺入庫，故「其根未固」，大運申或子可加強七殺元氣，稱「根固而力顯」，成格。乙生辰月（偏強），申或子運來，半合水局，「印星夾雜」，入庫印星無力微根，宜逢壬癸運透出天干。為何前者喜「固根」？後者卻要「透清」？殺透怕日主不強，印不透學問不出門。

345

原文：何為變格？如丁生辰月，透壬為官，而運又逢戊，透出辰中傷官。壬生戌月，丁己並透，而支又會寅會午，作財旺生官矣，而運逢戊土，透出戌中七煞（如下盤）。壬生亥月，透己為用，作建祿用官矣，而運逢卯未，會亥成本，又化建祿為傷。如此之類，皆變格也。

按：變格舉例，月令財殺印均透出成格，戊辰運干支七殺運，官殺混雜變七殺格。

正官	日主	偏印	正財
己酉	壬午	庚戌	丁○
辛	己　丁	丁　辛　戊	
正印	正官　正財	正財　正印　七殺	

壬寅	癸卯	甲辰	乙巳	丙午	丁未	戊申	己酉

按：原局之中藏干，逢大運透出就格局，故「力量甚重」。例如丁生
辰月，癸水是七殺，天干壬水透出正官，如果逢戊運就是十年傷官
見官。又例如壬水戌月，丁（正財）己（正官）並透，以七殺透出
正官，有官論官，逢戊土七殺運，就是「官煞混雜無二」。上述是大
運忌害到用神，不算變格。

1、按：如果壬水生在亥月（建祿格），水勢強盛，己土是正官，稱
　　「建祿用官」，如果寅卯運，寅亥合木，卯亥半合木，都是傷官，
　　稱「建祿化傷，格局變換」。前姚文敷命造，因冲而成就寅午戌
　　三合火局，本例則是會合而成的變格。

2、然而變格只是在五年地支運中，如果是未運，「亥未雖然會，虛
　　而不實」，指缺乏卯木專氣，無望成木局。未土旺氣是己土正官，
　　所以「格局變而不變」。

按：變格是否成格？或許變出忌神之類，反而論不吉。例如壬水生
在午月，逢大運己土正官，而原局有甲乙食傷之類；因為甲木合去
己土，乙木剋去己土，日主得不到官威。

按：壬水午月，己土運就是官威顯達，官星透清，遇上甲木反而因剋合而失效。原局丁甲並透，丁是正財，甲是食神，食神生財好用；然而己土正官合去甲木食神，喜神甲木被合，財無源頭相生為忌。

原文：又有逢變格而不忌者，何也？如丁生辰月，透壬用官，逢戊（運）而命有甲。壬生亥月，透己用官，運逢卯未，而命有庚辛之類是也。

1、按：「逢變格而不忌」，指格局雖變化，仍可持平。例如丁生辰月，透壬用官，地支藏干是傷官、偏印、七殺，月干透出壬水正官，就是正官格，逢戊運是傷官運，原局帶甲木正印，剋去戊土傷官，只是保住原局正官，沒撈到好處。（如下盤）

正印	日主	正官	○○
甲辰	丁○	壬辰	○○
癸 乙 戊		癸 乙 戊	
七殺 偏印 傷官		七殺 偏印 傷官	
庚子	己亥	戊戌	丁酉	丙申	乙未	甲午	癸巳

348

2、壬生亥月，以甲木食神為用，透出己土是正官，大運卯未都是加
　　強食傷，有食傷剋官殺的憂慮，但原局有庚辛印綬剋制食傷，來
　　去抵銷。蓋大運食傷不生財而去剋官，不行正道，必凶；日主有
　　印綬剋去食傷的欲望，無欲則剛，有驚無險，故「變格而不忌」。

徐樂吾補注：丁生辰月，壬甲並透，有印護官，不
畏傷官之運。壬生亥月，官透而支有申酉之印，則
運逢寅卯，有申酉回冲，不能會局變格（見下盤）。
庚辛，即申酉也，運逢未，則會局本虛。見上變格。

1、按：丁火辰月，壬（正官）甲（正印）並透，正官用七殺微根，
　　正印用乙木餘氣，有印護官，不忌傷官運。
2、壬生亥月，己土正官透出，地支申是偏印，酉是正印，當大運到
　　寅卯之地，有申酉地支回剋，「不能會局變格」，未運與亥合不出
　　食傷運，但柱運歲年三合木局還是變。

正官	日主	正官	偏印
己酉	壬〇	己亥	庚申
辛		甲　壬	戊　壬　庚
正印		食　比 神　肩	七　比　偏 殺　肩　印

丁未	丙午	乙巳	甲辰	癸卯	壬寅	辛丑	庚子

> 原文：成格變格，關係甚大，取運者其細詳之。

按：大運的變化成為原局與流年的橋樑，關係甚大。

> 徐樂吾補注：逢運配合，與局中原有相同，其關係豈不巨哉！

按：原局只有四柱，大運就是第五柱，與原局輕重相同。

八、論喜忌干支有別

> 原文：命中喜忌，雖支干俱有，而干主天，動而有為，支主地，靜以待用，且干主一而支藏多，為福為禍，安得不殊？

按：干支各有特性，皆各自負擔喜忌；天干動而有為，地支靜以待用，其次天干是唯一，地支則藏有多干，變數大。《滴天髓》：「陽干動且強，速達顯災祥；陰支靜且專，否泰每經年。」

> 徐樂吾補注：兩干不並行，兩支亦不並行，前於行運節曾言之。運以方為重，即地支之方也，如寅卯辰東方，巳午未南方，申酉戌西方，亥子丑北方之類。行運十年並論，庚寅庚午，金不通根，木火之氣為重；丙子丙申，火不通根，金水之氣為重。

按：六十甲子的干支五行，有寶義制伐專等類型。大運以地支方位為重，例如東方寅卯辰，南方巳午未之類。一個大運十年，原則十年干支並用計算吉凶。例如庚寅、庚午，金氣不通根，地支寅午半合木火，為喜為忌？丙子、丙申，火不通根，申子金水重，為喜為忌？還是要全盤觀察。

> 徐樂吾補注：若庚辰辛丑，金得土生，丙寅丁卯，火得木生，即干之力為鉅。此統論干支之力也，若分別干之與支，原局喜在去病，則干之力為專；喜在得地，則支之力為美。至於干支喜忌不同者，下詳之。

按：例如，庚辰、辛丑，土生金，丙寅丁卯，火得木生，就是天干力量大。將干支分別討論，若原局優先去病，天干好用，「陽干動且強，速達顯災祥」，藥效就快。喜神在地支，就以地支分析。

> 原文：譬如甲用酉官，逢庚辛則官煞雜，而申酉不作此例。申亦辛之旺地，辛坐申酉，如府官又掌道印也。逢二辛則官犯重，而二酉不作此例。辛坐二酉，如一府而攝二郡也，透丁則傷官，而逢午不作此例。丁動而午靜，且丁己並藏，焉知其為財也？

1、按：又例如甲用酉金正官，逢庚辛是官殺混雜，而申酉在地支就不能這樣解釋。因為申金是酉官的旺地，辛坐申酉是官有印護。辛運辛年是官多不貴，沒是非就是好事；酉運酉年不這樣解釋，只怕原局帶卯。

2、辛坐二酉，類似當官還兼差，如果透出丁火傷官有事，逢午運午年不同，甲木地支午火是傷官生財，不剋官。故「丁動而午靜，且丁己並藏，焉知其為財也？」干支大不同。

> 徐樂吾補注：官煞，兄弟也，對內各分門戶，對外則合力同心。申酉金之根地，官之家，亦煞之家也，故甲用辛官，庚辛並透為混雜，申酉並見，不以雜論。

按：徐氏補述，正官與七殺像兄弟，對內各有門戶，對外同心協力。同理，庚辛雖分官殺，而申酉同是官殺之根，因此「官之家，亦煞之家」，因此庚辛在外就是官殺混雜，在地支申酉並見，一家人不算雜。

> 徐樂吾補注：二辛並見為重官，二酉並見，不為重也。官煞並見，非定作混雜論（詳見《滴天髓徵義》），而混雜亦非定以為忌。大致用印化煞，不忌混官；用財生官，則忌混煞矣。用食制煞，而原局官煞並見，則官多從煞，亦不作混論也。

1、按：二辛重官，二酉不為重，不贅述。官殺並見不一定就是官殺混雜，而官殺混雜不一定就是忌諱。原則大致是用印化煞，不忌混入正官；但用財生官，則忌諱混入七殺；因為印化煞比化官有效，財生官，官順用則受用，而七殺逆用，拿到財就吃喝嫖賭。

2、用食神制殺，而「原局官煞並見，則官多從煞，亦不作混」，因為食神制煞要平衡，七殺不夠力就連正官都算進去，真人可以打仗，草人借箭也湊數。

> 徐樂吾補注：八字之中如此，行運亦同。甲用酉官而透辛，行運見庚為混，見申不見混；見辛為重，見酉不為重也。甲用酉官而透己土，見丁為傷官，見午則己土財星得祿，不以傷論也。

按：八字看原局的原理，看大運也相同。干支論官殺混雜已如上，不贅述。

> 徐樂吾補注：又干支喜忌，更須視原局配合。譬如甲用酉官，官藏財露，見甲乙則爭財，見寅卯則幫身。甲用己財，財露則忌干見比劫，而支不忌。若原局官星透，或食傷透，則干有制化之神，亦不忌矣。甲用癸印，見戊己為財破印，而見四庫不作此論。餘可類推。

1、按：干支喜忌要原局與大運全盤計算，例如甲用酉官，官藏財露（警衛躲在裡面，鈔票堆在門口），見甲乙比劫則財被劫，因為干自干，支自支，寅卯在地支幫身不劫財。甲木用己土為正財，在天干浮露，比劫年運就劫財；《易‧解》：「負且乘，致寇至」，在地支是暗財，天干劫不到。

2、若天干有官星剋比劫，食傷化比劫，則年運的天干比劫不忌破財。甲用癸水正印，見戊己是財星，財破印，但辰戌丑未不論，因為是土對土，不忌；而餘氣與入庫之氣又次要，非首當其衝。

原文：然亦有支而能作禍福者，何也？如甲用酉官，逢午本未能傷，而又遇寅遇戌，不隔二位，二者合而火動，亦能傷矣。即此反觀，如甲生申月，午不制煞，會寅會戌，二者清局而火動，亦能制煞矣。然必會而有動，是正與干有別也。即此一端，餘者可知。

按：地支能影響吉凶禍福的狀況，甲用酉官，逢午傷官生財，故「未能傷」官，但地支又遇到寅、戌，有合會火局的現象，還是有傷官的能力。反觀，例如甲生申月，庚金是七殺，午火不制殺，柱運歲寅午戌三合火局，力量足夠制殺，天干無此功能。

徐樂吾補注：支因冲而動，因會而動，動則能作禍福。如甲用酉官而辛透，雖別支有午，不能傷官星也，運遇寅戌會局，則火動傷官。

按：地支冲動，會產生刑冲合會的變化，進而有禍福吉凶。例如甲木酉金正官透干成格，在隔位地支有午火中的丁火傷官與己土正財同宮，且天干的正官還在，故「不能傷官星」。但柱運歲寅午戌就冲動正官了。

徐樂吾補注：甲用申煞而庚透，別支逢午，不能制煞也；運遇寅戌會局，火動而制煞；然此指干支相隔而言。若辛金不透，午酉緊貼，官星未必不傷。特支神各守範圍，不動則力不顯，不比干之動而力強也。茲取數造以為行運干支不同之例：

1、按：甲用申中庚金為七殺，別支是午火，不同柱不能制殺。大運逢合會火局，即傷官制殺，這是干支相隔也適用的論述。若辛金正官不透干，且午酉緊貼，則官星可能被傷害。

2、特別提出，地支各自有範圍，不動（指刑冲合會）則力量不明顯不比天干明擺著冲動。

按：財在地支，印在天干，財印雙清。

正印	日主	偏印	比肩
甲辰	丁酉	乙巳	丁亥
癸 乙 戊	辛	庚 戊 丙	甲 壬
七殺 偏印 傷官	偏財	正財 傷官 劫財	正印 正官
大耗	文昌 天乙 將星		天乙 驛馬
丁酉	戊戌 己亥	庚子 辛丑	壬寅 癸卯 甲辰

釋文：清光緒十三年閏四月初十日辰時，為招商局督辦趙鐵橋之造。財格佩印，巳酉合而化財，甲乙透干，財不礙印也。行運辛金從酉中透清，辛為柔金，不傷甲木；丑會巳酉，三合金局，貴為招商局督辦。此所謂因會而動，能作禍福也。至庚，合乙傷甲，兩印均破，被刺遇害。

1、原局丁火生在巳月，調候用神甲、庚；天干乙木生火，身強，巳酉半合財，辰酉合財，年柱亥水合丁，解巳亥冲。正偏印四見帶官殺助生。財雖旺，剋不到印，故「財不礙印」，只怕變天。

2、庚子運庚午年，「合乙傷甲」，指原局財剋印勢均力敵，庚子運，庚合乙剋印，瞬間財漲印消，至庚午年更甚，除「合乙傷甲」外。子午冲，子水官殺遭午火冲起，夾帶庚金財運財年，完封印星。財印兩局，亥水通關，午年合去亥水。

354

按：五行倒生，刃強殺弱，月令傷官格，喜財地，用殺運。

偏印	日主	傷官	七殺
庚子	壬子	乙卯	戊午
癸	癸	乙	己　丁
劫財	劫財	傷官	正官　正財

癸亥	壬戌	辛酉	庚申	己未	戊午	丁巳	丙辰

釋文：生於清咸豐八年二月初六日子時，為康有為造。水木傷官，而水旺木浮，戊土制水，所以生木，故取煞制刃為用神。午運沖子，以一沖而引起兩沖。喜神沖忌，聲名揚溢，己未均土也；然己有助煞制刃之功，未運會卯化木，喜化為忌，傷官動而制煞。戊戌政變，年四十一，正入未運，猶幸戊戌流年為美，得死裏逃生也。

1、壬水生在卯月，調候用神戊、辛、庚。原局月柱傷官格，日刃、時刃幫身駕殺。子午沖，子卯刑，看似沖刑甚多。然而原局五行倒生，由時干庚金發源生壬子水，再由壬子水生乙卯木，乙卯木生戊午火土，富貴險中求。

2、「以一沖而引起兩沖」，不如說戊午、壬子水火既濟。指原局外，己未運南方火土財官旺地。「未運戊戌年，釀維新政變」，指己未、戊戌年官殺（午未、卯未、午戌、卯戌）滯水刃，大難未死，死道友不死貧道。

355

按：表面是化土格，辰土帶槍投靠酉金，很難真化，大運有話語權。

劫財	日主	正官	偏印
戊辰	己酉	甲辰	丁未
癸　乙　戊	辛	癸　乙　戊	乙　丁　己
偏財　七殺　劫財	食神	偏財　七殺　劫財	七殺　偏印　比肩
丙申　　丁酉	戊戌　　己亥	庚子　　辛丑	壬寅　　癸卯

釋文：此舍侄某造，甲己化土格也。戊土元神透出，年上丁火助化，格局極真，以丁火偏印為用神。初運寅卯，化神還原，壬癸傷用，皆非美運。然壬癸有戊土回剋，卯運有酉金回沖，原局有救應，逢凶化吉。至寅運，甲木得祿，化神還原，四柱無救，一敗塗地。可見行運救應之一斑。

按：《子平粹言》：「化神喜行旺地，專取生我化神為用，甲己化土，以火為用。……化格必須見辰字；辰者化氣元神所臨之支。……全局氣勢若不旺盛，則不足以轉移變化，即不能成格，雖見辰巳亦無益也。生我化神為用，化氣元神出干，無非生助化神而已。既以生旺為喜，必以剋洩為忌。逆旺氣者破格，洩化神之氣者，暗損格局，其害有甚於明剋也。……1、日主無根，而化神成方成局，得時令當旺之氣，方成化格。化神之氣必須純粹專一；若雜亂散漫則不成化。2、化氣元神（辰巳）及生我化神，均須出干，方為化之真。」辰土兩見合酉為金，看得見吃不到。「壬癸傷用」，指「生我化神為用」的火。「卯運有酉金回沖」，為何「原局有救應」？因為甲木得到寅卯運就自我膨脹，想擺脫化合格，而被酉金制住。

356

九、論支中喜忌逢運透清

按：地支論喜忌與天干不同，但大運讓地支的用神透出，就是等到
時機，稱「靜而待用」，喜忌在此時實現。何謂「透清」？如甲用酉
金正官，逢辰未戊己土就是財，而大運透出戊己土，地支午未帶火
就是傷官生財。大運透丁地支不帶巳午未，只是傷官不帶財。

按：「逢運引出，其用方顯」，地支所藏藉大運天干出頭，不贅述。

按：原局兩支與大運地支可以論三合三會，此運格局雖清楚，但須
分別變化後是喜或忌。例如甲用酉金正官，地支有午火，逢寅或戌
半合火局。為何月支酉金正官，大運寅或戌出現「在年則重」？因
為年支半合火已是傷官，年支最先最貼近，傷官出現不利正官，三
十歲前泡湯。為何「在日次之」？同理，四十五歲前正官還在煎熬。
為何「時生於午，而運逢寅戌會局，則緩而不急」？時柱與正官隔
位，合火只是隔山觀虎鬥。

原文：雖格之成敗高低，八字已有定論，與命中原有者不同，而此五年中，亦能為其禍福。若月令之物，而運中透清，則與命中原有者，不甚相懸，即前篇所謂行運成格變格是也。

按：雖然原局決定命格高低，但地支合會的變化，也能在五年中決定禍福吉凶。如果是月令用神，在大運透出而清，則與原局不大懸殊，但限定條件在月令用神的五行沒有變化，也就是月令用神是喜是忌沒改變。

徐樂吾補注：命與運二支會局者，如上康造，未為火土運，會卯而成木局，化傷破格。此為取運之法，隨處有之。如：

按：未為火土運，會卯變成半三合傷官木局，忌神傷官加重就壞事。

按：火金兩局用土忌木，癸卯運雙冲日柱，傷官用財，無印不宜見印。

比肩	日主	比肩	比肩
丁未	丁酉	丁未	丁丑
乙 丁 己	辛	乙 丁 己	辛 癸 己
偏印 比肩 食神	偏財	偏印 比肩 食神	偏財 七殺 食神
己亥 庚子	辛丑 壬寅	癸卯 甲辰	乙巳 丙午

釋文：此為敝戚姚君造；火旺遇金而有食神生之，富格也。火旺金衰，至巳運，巳酉丑三合會齊，最為活動得意，餘均困守。卯運會未，忌神透清發動，不祿。

徐樂吾補注：運中透清或會合，與原有者不甚相遠，特僅此五年耳，過此則依然如故。至於在年或在日時，未可拘執。總之，喜忌清則吉凶之驗顯，若為閒雜之神，則關係亦輕耳。

1、原局月令食神三見；丁未、丁酉夾兩申，暗財甚旺，等於食傷強旺當用神，利於生財。原局火土金水雖有，缺木；巳運合酉丑，三合財運，正是調候用神。比肩五見，身強生食神有力。忌神印綬，用神食傷，喜神用財。《滴天髓》：「傷官用印，無財不宜見財。傷官用財，無印不宜見印。…傷官用財者，日主旺，傷官亦旺，宜用財。…傷官用財，財星得氣，運逢財旺傷旺之鄉，未有不富厚者。」

2、「忌神透清發動」，指卯運合未兩組，印綬增強，癸水七殺生印綬卯木，卯木冲用神。原局比劫太旺，出干爭財為病，專取戊己土食傷化劫生財為用，亦通關為用，土破則衰。

359

釋文：故凡一八字到手，必須逐干逐支，上下統看。支為干之生地，干為支之發用。如命中有一甲字，則統觀四支，有寅亥卯未等字否，有一字，皆甲木之根也。有一亥字，則統觀四干，有壬甲二字否。有壬，則亥為壬祿，以壬水用；有甲，則亥為甲長生，以甲木用；用壬甲俱全，則一以祿為根，一以長生為根，二者並用。取運亦用此術，將本命八字，逐干逐支配之而已。

按：八字到手，逐字觀看，天干是現象為用，地支是本質為體，體用合一。例如原局有甲，則統觀四地支，是否有寅亥卯未之類同聲相應者。有其中一個字，就是有根。反之，從地支看亥字，天干是否有壬、甲？天干有壬，則壬祿在亥，壬水為用；有甲，甲長生在亥，以甲為用；如果壬甲皆有，就是格局相生，二者並用。大運雷同。

徐樂吾補注：「支為干之生地，干為支之發用」二語，實為看命之要旨，並透兼用之說，似未盡合。地支之中，雖所藏多神，然亦有次序可循。如寅中藏甲、丙、戊三神，甲，當旺之氣也；丙，方生之氣也；戊，寄生之氣也，次序先甲次丙次戊，顯然可見。又如辰中藏戊、乙、癸三神，戊，土之本氣也；乙木，春之餘氣也；癸，水之墓也。先戊次乙次癸，次序亦顯然可見。如：

按：《滴天髓》：「天地順遂而精粹者昌；天地乖悖而混亂者亡，不論有根無根，俱要天覆地載。」指支為生地，干為發用，兩者間相生相成，即天覆地載。各地支所藏不同，透干後有生剋制化不同的現象，不勝枚舉。

按：日主無根，木運從財，火運從殺，五行缺金水，財無食傷。

偏印	日主	七殺	偏財
戊寅	庚寅	丙寅	甲寅
戊 丙 甲	戊 丙 甲	戊 丙 甲	戊 丙 甲
偏印 七殺 偏財	偏印 七殺 偏財	偏印 七殺 偏財	偏印 七殺 偏財
甲戌 癸酉	壬申 辛未	庚午 己巳	戊辰 丁卯

釋文：寅中甲、丙、戊並透，然地支全寅，甲木當旺，當以從財為用。若地支寅午會局，則以丙火為用矣。

1、原局地支寅木四見，寅中藏干甲、丙、戊，凡透即可論格；但因為甲木在寅臨官，故以偏財格為主，丙火七殺透干也算七殺格，原局財殺兩旺，偏印四見。「地支全寅，甲木當旺，當以從財為用」。

2、《滴天髓》：「日主孤立無氣，天地人元，絕無一毫生扶之意，財官強甚，乃為真從也。既從矣，當論所從之神；如從財，只以財為主；財神是木而旺，又有意向，或要火要土要金，而行運得所者吉；否則凶，餘皆仿此。金不可剋木，剋木財衰矣。」原局財最旺，無食傷，最怕比劫與印綬運生扶。財運最優，官殺運次之。辰運最佳，巳運申年，申運巳年必衰。

361

按：月令甲丙戊同根透，食神生偏財，財生殺；喜用神取數量勝出者。

偏財	日主	食神	七殺
丙午	壬戌	甲寅	戊辰
己　丁	丁　辛　戊	戊　丙　甲	癸　乙　戊
正官　正財	正財　正印　七殺	七殺　偏財　食神	劫財　傷官　七殺
壬戌　辛酉	庚申　己未	戊午　丁巳	丙辰　乙卯

釋文：此浙東施再邨命造。寅中甲丙戊齊透，而支逢寅午戌三合會局，以丙火從財為用。

徐樂吾補注：所謂並用，乃一為用，一為相耳，未可誤會。亦有雖透而不用者，如彭玉麟造，戊生丑月，辛癸並透，而用丙火；伍朝樞造，壬生午月，丁己並透，而用酉印（詳見配氣候得失篇）。可知取用之法，必須體察全局，配合日元之需要，未可呆執也。

1、原局地支寅午戌，雖然食神為月令用神，但偏財透出時干，以寅午戌透干帶食神格論從財（假從），故以「丙火從財為用」。食神在月柱天透地藏，食神格。「一為用，一為相」，用為用神財格，相神則是喜神食傷。年日雙冲。庚申運剋去甲寅用神，必衰。

2、例如戊土生在丑月，丑中癸透是正財格；透辛是傷官格，傷官生財雖然成立，但冬土要丙火調候，寧願一個丙火不成格也無所謂，或者大運走巳午未。「伍朝樞造，壬生午月」，丁己並透，即財官成格，格強身弱，故用酉印，化煞生身。調候用神不一定要成格。

十、論時說拘泥格局

按：八字用神，以月令為優先，為「本」。其次尋找天透地藏（格），
三合三會（局），為「末」。有輕重次序可循。

按：徐氏補述看命步驟，不贅述。又強調「月令為當旺之氣」，日主
與格局的分判以此為樞紐。如果月令無用神而取外格，也要有充分
的理由，合乎正五行之理。

按：先看月令主氣，即是用神，用神透干就成格。不透干也是尋找
用神的樞紐，如果地支有三合三會就是「局」。如果在月支以外的年、
日、時，藏干有透出天干者，即可論為「格」；局歸局，格歸格。格
局也可以同時存在，除印綬格之外，此時大致都是格局強於日主。

按：例如戊生甲寅月，時柱庚申，月時雙冲。以月令為用神就是七
殺格，七殺格逆用，遇上食神格在時柱，先敗後成。莫將食神格當
第一用神看，因為月令成格就是主流派。如果將食神格當第一主流，
習慣上會先找財運，殊不知財運來，真正的第一用神七殺格就搞亂
了。除非七殺無根，是個弱殺，則宜財運生殺。

食神	日主	七殺	
庚申	戊〇	甲寅	〇〇
戊 壬 庚		戊 丙 甲	
比 偏 食肩 財 神		比 偏 七肩 印 殺	

徐樂吾補注：《喜忌篇》云：「庚申時逢戊日，名食神專旺之方，歲
月犯甲丙卯寅，此乃遇而不遇。」夫時上食神專祿亦多矣，何以必
取戊日庚申時？則以庚申暗合乙卯，為戊土之官星也。暗合取用，
是否可信，姑置不論，《三命通會》明言：「月令若值財官，當以財
官論」。財官即用神，月令有用，從月令取也。又云「戊午、戊寅
（二日），難作此格」，可見不僅月令，四柱有扶抑，即當別取也。

1、按：上述《喜忌篇》所說，：「歲月犯甲丙卯寅」，指官印運，印剋食傷，庚祿在申，食神格有用。「遇而不遇」，指食神制煞原本是好格局，但官印運符合月令甲丙殺印相隨，故食神呼應不上月令用神主流派，只是晚年食神生財也不錯。

2、《子平真詮》借用《三命通會・倒冲祿》內容，說明格局用神的判斷，不僅用月令，四柱有扶抑，即當別取。如果戊午日，午火剋申金；戊寅日，寅申冲；時上食神通根就壞了。簡單說，八字要全盤判斷。徐氏還是強調「月令若值財官，當以財官論」。

> 原文：丙生子月，時逢巳祿，不以為正官之格；歸祿幫身，而以為日祿歸時，逢官破局。

按：丙生子月，癸水是正官，時支巳火，時干就是癸水正官，正官格為用神。《三命通會》：「丙日見癸巳時，是官星顯露；辛日見丁酉時，是時上偏官，不作歸祿格。」還是老話：「月令若值財官，當以財官論」。所以徐氏後面補述：「日祿歸時沒官（殺）星，號曰青雲得路」，日祿歸時是日主有幫身，月令有財官就是看財官，別被專有名詞迷惑了。

> 徐樂吾補注：《喜忌篇》云：「日祿歸時沒官星，號曰青雲得路。」夫時逢日祿幫身為用，如：

按：時柱有祿，年月還須財官，但若財官多見（例如丙申日子月），時祿也無法承受。〈元理賦〉：「歸祿得財而獲福，無財歸祿亦須貧……日祿歸時，四柱歲運，皆不喜官星，有刑害，其福減半。」

日主身弱靠時柱，歸祿逢財，食神制煞，財印不相剋，大運假化成真更妙。

正印	日主	正財	正財
丁巳	戊子	癸亥	癸酉
庚　戊　丙	癸	甲　壬	辛
食　比　偏 神　肩　印	正 財	七　偏 殺　財	傷 官
干　劫 祿　煞	將 星	亡　孤 神　辰	桃 花
乙卯	丙辰	丁巳	戊午	己未	庚申	辛酉	壬戌

釋文：鹽業總商王綬珊君命造。

徐樂吾補注：王君月令正財太旺，歸祿幫身，運至比劫而致富，所謂「四柱沒官星，青雲得路」也。

1、祿有多種：聚福歸祿、互換祿、分祿、官星坐祿、歸祿逢二德、歸祿逢印綬、歸祿逢傷官、歸祿逢煞、歸祿逢財等。

2、《滴天髓‧假化》：「日主孤弱而遇合神真，不能不化。但暗扶日主，合神又虛弱，及無龍以運之，則不真化。至於歲運扶起合神，制伏忌神，雖為假化，亦可取富貴。」戊午運雙合月柱，合出木火土生扶日主。若不論假化，運至比劫己未、戊午、丁巳，也是歸功扶抑用神。

按：真從殺？假從殺？木火之地，抵死不從；不想從又駕不動。

正官	日主	七殺	七殺
癸巳	丙申	壬子	壬辰
庚　戊　丙	戊　壬　庚	癸	癸　乙　戊
偏財　食神　比肩	食神　七殺　偏財	正官	正官　正印　食神
庚申　己未	戊午　丁巳	丙辰　乙卯	甲寅　癸丑

釋文：小日報主人黃光益君命造。

徐樂吾補注：此兩造皆日祿歸時也。黃君官煞太旺，恃巳祿為日元之根，尚須通關用印，運至印地最美。比劫幫身敵煞雖為美運，巳落二乘，歸祿以見官為破格者，正以身煞相敵，故以不見（巳）為美也。

1、按：「黃君官煞太旺」，指官殺六見，從殺否？申子辰三合水局；日祿歸時的「巳」與「申」有歸化為水的趨勢，至少可論為假從殺格。其次，官殺太旺又有食神生財為後盾，所以格強身弱，辰中乙木正印獨見勢孤，難以化煞，故「尚須通關用印，運至印地最美」，所以甲寅、乙卯印綬之地化殺美運。「比劫幫身敵煞」，指丙辰、丁巳、戊午（水火既濟）等論為美運；然而從殺可化不可擋。

2、《子平粹言》：「如旺神雖成方局而月令非當旺之時，或日干未至衰絕之地，支有微根，此在陰干為真從，陽干為假從或不從，即從氣、從勢之別。」即便原局巳申合水，然而陽干有巳火從氣不從勢，火運就是糾結。「巳落二乘」，巳合申子辰水局，反助官殺。

367

按：原局缺金水，水運好，庚運不用，辛運好。

偏財	日主	傷官	偏財
己卯	乙未	丙寅	己巳
乙	乙 丁 己	戊 丙 甲	庚 戊 丙
比肩	比肩 食神 偏財	正財 傷官 劫財	正官 正財 傷官
干祿 將星	華蓋	亡神 月德	驛馬
戊午　己未	庚申　辛酉	壬戌　癸亥	甲子　乙丑

釋文：為先叔某命造。傷官生財為用，雖受遺蔭，富而不貴，且無子嗣。

1、按：乙木時支坐卯，日祿歸時。食傷四見，月令傷官格為用。正偏財五見，偏財格。傷官生財，格局固然好，然而乙木生在寅月調候用神丙、癸。丙火太旺，乙木不弱，食傷有比劫依靠，財運無虞，偏財坐驛馬，有遺蔭。

2、原局缺金水，甲子、癸亥相挺，辛酉、庚申運「藤蘿繫甲，可春可秋」。「富而不貴」，傷官生財，洩秀挺立。「無子嗣」，原局缺官殺。徐樂吾此例在證明日祿歸時並非斷然為佳造，八字本來就是要全盤分析。《三命通會》：「歸祿逢傷官，忌見官。」正官換七殺就好，五行缺一還是有遺憾。

368

按：月令七殺為用，日祿歸時，子丑合去七殺沒官星，為何沒有「青雲得路」？沒格局用神就吃虧。

劫財	日主	傷官	正財
丙午	**丁丑**	**戊子**	**庚寅**
己 丁	辛 癸 己	癸	戊 丙 甲
食神 比肩	偏財 七殺 食神	七殺	傷官 劫財 正印
干祿 桃花	華蓋 寡宿		劫煞
丙申　乙未	甲午　癸巳	壬辰　辛卯	庚寅　己丑

釋文：此則月令官星被傷，子丑合住官星，為族弟某之造。

徐樂吾補注：可見日祿歸時，不過幫身，不可以沒官星，便作貴論。若月令官星清，身旺用財生官，何嘗非貴格乎？

1、按：「月令官星被傷，子丑合住官星」，指月支子水是七殺，但與月干戊土合化，傷官七殺都糊了；子丑化濕土，本錢還留底。年柱庚寅，用神早見，出身如意。年時互換空亡，桃花帶劫財，晚年火運比劫太重，床頭金盡。

2、「若月令官星清」，指沒有傷官剋（合）七殺，丑土合去子水，則丁火有寅、午、丙「類」火局，則身旺用財生官，何嘗非貴格乎？

原文：辛日透丙，時遇戊子，不以為辛日
得官逢印，而以為朝陽之格，因丙無成。

按：丙與戊是火土共長生，因此辛金子時，時干是正印，丙戊共長生，將丙正官一併看待，得官逢印。「因丙無成」，丙辛合，反而不宜見食神。

徐樂吾補注：《喜忌篇》云：「六辛日時逢戊子，嫌午位運喜西方。」以戊丙同祿於巳，戊為辛印，牽動丙來為辛之官星也。如：

按：徐氏舉例六陰朝陽，還是要有月令用神。

按：六陰朝陽，缺丙火正官，有南方大運；用月令偏財，喜金水。

正印	日主	偏財	正印
戊子	辛亥	乙卯	戊申
癸	甲　壬	乙	戊　壬　庚
食神	正財　傷官	偏財	正印　傷官　劫財
文昌　桃花	孤辰	將星　大耗	劫煞　天德

癸亥	壬戌	辛酉	庚申	己未	戊午	丁巳	丙辰

釋文：此滬上名人朱葆三命造，相傳為朝陽格也。其說支離，姑置勿論，即以朝陽格言，《三命通會》明言生甲寅乙卯月，只以財論，是以財為用也。又云生四季月以印論，丙午丙寅丙戌月以財官論，是仍以月令為重，四柱扶抑為也。

1、按:「朝陽格」,《三命通會》:「六辛日時逢戊子,嫌午位,運喜西方……柱中只宜子字一位,多則不中;怕午沖丑絆,則陰不能朝陽。丙巳填實,運行西方金旺之地,故喜;東北財傷次之,南方死絕,則忌。此格只宜生申、辰、亥、卯、未、酉月。若生四季,以印綬論。丙午、丙寅、丙戌月,以財官論。甲寅、乙卯月,只以財論。月令為主,行運不拘南北,身旺為妙。」

2、「以月令為重,四柱扶抑」,指某些特別格還是以五行生剋制化為本旨。原局正印三見,正印格;正偏財三見,月柱偏財格為主。財剋印,有巳午未運通關。《景鑑》云:「朝陽喜忌,怕丙丁而嫌離位(午),忌丑運,運喜西方。」庚申運比劫之地,雙合月柱。以調候用神分判,辛金生在卯月用壬、甲,壬水在亥日申年無虞,正偏財三見,恰到好處。有食傷不怕比劫剋財。亥酉拱戌,暗合官殺,有錢就想弄官。總之,特別格要有正五行依據。

原文:財逢時煞,不以為生煞攻身,而以為時上偏官。

按:「財逢時煞」,指月令有財,時柱有七殺;月令財格生時上七殺,可能就是格強身弱,與「時上偏官身要強」定義不同。

徐樂吾補注：財逢時煞者，月令財而時逢煞也。《喜忌篇》云：「若乃時逢七煞，見之未必為凶，月制干強，其煞反為權印。」原文甚明，干強者，身強也。七煞本為剋身之物，然日元強，七煞有制，反為權印。不僅時上如是，凡用煞皆然也。若以時上偏官，不問日元強弱，不問制化之有無，即以為合於一位貴格，則大謬矣。

1、按：「時上一位貴」有條件限制，必須身殺兩停。《三命通會》：「時上偏官身要強，陽刃冲刑煞敢當，制多要行殺旺運，煞多制少必為殃。」古訣：「時上偏官一位強，本身健旺富非常；年時並無官財殺，獨於時位反相當。」年時沒有財官殺，就是印綬比劫強，如果時柱沒有七殺制衡，日主就身強無格。若不僅獨在時位，年月日官殺也一堆，就變成格強身弱，都是失去中庸平和。

2、換言之，原局身強身弱就是八字到手的當務判斷，其次，強弱在年月日時的攤分比例。

按：如《神峰通考》例，乍看建祿格，再看三合金局，中運官殺之地。

正財	日主	偏財	偏財
甲午	辛巳	乙酉	乙丑
己　丁	庚　戊　丙	辛	辛　癸　己
偏印　七殺	劫財　正印　正官	比肩	比肩　食神　偏印
丁丑　戊寅	己卯　庚辰	辛巳　壬午	癸未　甲申

釋文：東鄉徐少初，貴命金火相停，金重火輕格。辛生酉月，喜得巳酉丑全成金局，喜得時上一點火神得祿，時上一位貴也，明矣。大批金氣全局，金氣還勝，所以行午運，甲午流年，中鄉試，聯登黃甲。有乙未年生人，少了一點金，午字運不好，所以金宜旺也（指日主要強）。

1、按：辛金地支三合巳酉丑，陰刃身強，用時柱甲午財生官制衡。壬午運，甲午年，丁為七殺，己是偏印，身強得七殺制衡，身殺兩停，中試。正是三午（七殺）對三合陰刃。

2、《三命通會》：「時上偏官一位強，日辰自旺喜非常；有財有印多財祿，定是天生作棟樑。」又說：「時逢七殺是偏官，有制身強好命看，制過（身強殺弱）喜行煞旺運，三合得地發何難？」原局財官印比，不雜傷官。

373

按:《神峰通考》例,金白水清,丁壬合要走晚運,殺弱要財殺運。

七殺	日主	傷官	七殺
丁酉	辛巳	壬子	丁亥
辛	庚　戊　丙	癸	甲　壬
比肩	劫財　正印　正官	食神	正財　傷官

甲辰	乙巳	丙午	丁未	戊申	己酉	庚戌	辛亥

釋文:臨川舒尚書,貴命金白水清,水制火過格。去留舒配,二格明矣。年上七殺壬水去之,日上正官亥中壬水去之。惟存時上丁火,作時上一位貴格。十一月之火,風寒之候,火氣衰弱為病,畏金水之鄉,宜丙丁戊己(官殺)之運,真貴人也。蓋丙丁能助起衰殺也,戊己能制壬癸水。

1、按:原局金水比劫傷官,多於木火財殺;換言之,比劫抗殺,傷官制殺,官殺處於劣勢。「去留舒配」,指丁壬合,年干與月干的七殺、傷官合化;「二格明矣」,指時上七殺獨存,月支食神不受傷官相混,故食神制殺,格局清明。

2、殺重身輕,走比劫運;殺輕身旺,走官殺運。《三命通會》:「時逢七煞是偏官,有制身強好命看;制過喜行殺旺運,三合得地發何難?」三合得地,指七殺被一堆比劫、食傷剋制,逢柱運歲三合官殺,必發。丁未運拱卯,財生殺。

原文：癸生巳月，時遇甲寅，不以為暗官受破，而以為刑合成格。

按：癸水生在巳月，支藏丙戊庚，月令即正財、正官、正印，以透出五行優先成格；而時柱甲寅，甲是傷官，支中正官即使透出天干，也被傷官等著，所以稱「暗官受破」。特別格中的「刑合得祿」正是「六癸日時逢寅位」。

徐樂吾補注：《喜忌篇》云：「六癸日時逢寅位，歲月怕戊己二方」，即指刑合格而言。格局之中，刑合、遙巳、遙丑等格，最不可信，較之暗冲之說，尤為支離。巳遇申為刑合，巳見寅則刑而不合也。總之不明其原理，雖書有此格，亦不知其用法。譬如醫家診病，不知病理，而抄服舊方，寧有對症之理？雖知舊有此格，存而不論可也。

按：《三命通會》：「六癸日時逢寅位，歲月怕戊己二方。此格以六癸日為主，癸用戊土為官星，戊祿巳，用時上甲寅刑出巳中戊土，是癸日得官星也，喜見財星或印助，行財印刑冲會合皆美。歲月干支怕見戊己字。時中喜逢空亡，若月令在偏正官位，即不以時喜忌言矣。……以上諸遙合、暗刑、飛冲等格，淵源十八格，格內原無財官方用。」說到底，先看月令財官印食，透干為用，成用為喜，反悖者為忌。

按：例如《三命通會》閣老例：壬申、癸丑、癸丑、甲寅。

傷官	日主	比肩	劫財
甲寅	癸丑	癸丑	壬申
戊　丙　甲	辛　癸　己	辛　癸　己	戊　壬　庚
正官　正財　傷官	偏印　比肩　七殺	偏印　比肩　七殺	正官　劫財　正印
辛酉　庚申	己未　戊午	丁巳　丙辰	乙卯　甲寅

釋文：柱中帶申，有破病；運行庚申，遇壬申流年罷官，幾致大禍。

1、按：癸水丑月，調候用神丙、丁。原局金水太重，印比偏旺，靠傷官洩秀平衡。地支官殺四見，接近官殺格；時柱傷官格，以傷官生財（調候用神）為通關。一路甲乙、寅卯、丙丁、巳午，過關斬將。

2、早運甲寅、乙卯食傷洩水生火；丙辰、丁巳、戊午財地。己未運雙冲日月兩柱，庚申運「壬申流年罷官，幾致大禍」，指大運雙冲時柱，三申冲寅，印剋傷官，用神盡廢。子平學究以五行為主流，配合刑冲合會。

按：癸水子月是建祿格（見下盤），誤以為年柱正官格，而癸酉、癸
亥夾戌土，而認為填實不利，而不當建祿格喜財官。

比肩	日主	傷官	正官
癸亥	癸酉	甲子	戊戌
甲　壬	辛	癸	丁　辛　戊
傷　劫 官　財	偏 印	比 肩	偏　偏　正 財　印　官

按：辛日坐丑，寅年，亥月，卯時，月令傷官生財，寅亥合木論用
神財格。辛丑、辛卯夾寅，甲木為財，但不以為正財之格，而以為
填實拱貴（六辛逢馬虎）。

比肩	日主		
辛卯	辛丑	○亥	○寅
乙	辛　癸　己	甲　壬	戊　丙　甲
偏 財	比　食　偏 肩　神　印	正　傷 財　官	正　正　正 印　官　財

按：以上《子平真詮》所述，強調「八字用神，專求月令」，論八字
不可喧賓奪主，拱祿、拱貴、填實俱有其可採納之處。

徐樂吾補注：拱祿夾貴，四柱不明見祿貴，而地支整齊，亦足以增旺助用。如袁項城命造是也（見星辰無關格局篇）。究之八字本佳，喜用清純，錦上添花，益增其美，若八字平常，雖有拱夾，何所用之？祿貴不可以為用，況虛而不實之拱夾乎？填實亦未見破格，如袁項城造，初運壬申，非填實貴人乎？庚午運非填實丁祿乎？足見當以用神喜忌為主，不可執枝葉而棄根本也。至於夾官拱庫，究以何意義而取，殊不可解。

1、按：「癸生冬月，酉日亥時，透戊坐戌，不以為月劫建祿」，指癸酉日生在亥時，時干也是癸水，如此就夾出戌土。如果天干有戊土，就是正官格，戌運戌年填實不利。這段是說明拱祿拱貴必須慎查。請讀者自行參閱本書袁世凱命造。

2、拱祿拱貴在《三命通會・卷六》雜格有論述，說：「拱祿拱貴，填實則凶；拱，向也，夾也，祿是臨官之祿，貴是官星之貴或指天乙貴人。拱祿有五日五時：癸亥癸丑、癸丑癸亥，拱子祿。丁巳丁未，己未己巳，拱午祿。戊辰戊午，拱巳祿。拱貴有五日五時：甲申甲戌拱酉。乙未乙酉拱申，是官貴。甲寅甲子拱丑。戊申戊午拱未，辛丑辛卯拱寅，官貴兼天乙貴。凡拱格，須日時同干；貴祿與月令通氣，運行身旺，及貴祿旺地大好。印綬、傷官、食神、財運亦吉。」拱的論法以天干相同為準，至於同一旬是否有同論見仁見智。其餘未免過於散論，但徐氏此種論法甚多。但所拱出在用神、神煞、空亡等，均有意義可稽。

原文：乙逢寅月，時遇丙子，不以為木火通明，而以為格成鼠貴。

按：六乙鼠貴，指六乙日生在子時，時干為丙火，乙木是農作物，調候正是癸水丙火，但乙木柔弱，故《三命通會》：「此格要月通木局，日下支神，皆是木旺之地；水印亦可；忌見金火，若歲運逢申酉凶悔；東方漸退，午運則亡。如一命：壬寅、辛亥、乙未、丙子合格。」

傷官	日主	七殺	正印
丙子	乙未	辛亥	壬寅
癸	乙　丁　己	甲　壬	戊　丙　甲
偏印	比　食　偏 肩　神　財	劫　正 財　印	正　傷　劫 財　官　財

己未	戊午	丁巳	丙辰	乙卯	甲寅	癸丑	壬子

1、按：《三命通會》：「乙用庚金為官星，得丙子時，以子上丙火，遙歸巳中本祿，巳來合申，申來動子，是謂申子辰三合貴會。」乙木生在亥月，調候用神丙、戊。乙木如果時支子水，起五鼠遁，時干為丙火；正是乙木調候用神。「月通木局」，要有比肩劫財幫身，丙火才有足夠燃料，寅亥未藏有比劫。最妙午運七旬外。

2、原局正偏印三見，正印格；傷官食神三見，傷官格。《滴天髓》：「傷官用印，局內無財，運行印旺身旺之鄉，未有不顯貴者也。……傷官用劫，運逢印旺必貴。」原局大運有印綬、比劫之地。鼠貴還須用神、大運、格局等配合。

3、乙木地支有寅、亥、未通根，日主才有元氣洩秀給傷官，「鼠貴」，並非說子水是乙木的天乙貴人，還是要在調候用神與格局上站得住腳。

徐樂吾補注：《喜忌篇》云：「陰木獨遇子時，為六乙鼠貴之地。」以六乙起例為丙子時，丙之祿在巳，巳合申，為乙木官星；子又會申，為三合貴會也。又《神峰》云：「子中癸水合戊為乙財」，戊祿在巳，巳合申，為乙官星，其說更為支離。總之此種格局，不可盡信，存而不論可也。如此謬論，百無一是，此皆由不知命理，妄為評斷。

按：數落之詞，不贅述。

十一、論時說以訛傳訛

原文：八字本有定理，理之不明，遂生異端，妄言妄聽，牢不可破。如論干支，則不知陰陽之理，而以俗書體象歌訣為確論；論格局則不知專尋月令，而以拘泥外格為活變；論生剋則不察喜忌，而以傷旺扶弱為定法；論行運則不問同中有異，而以干支相類為一例。

1、按：八字是源遠流長，理論是隨時琢磨而變遷，例如納音五行轉出河圖五行，年柱太極點轉成日柱，水土共長生，火土共長生等諸多變化，因此異端叢生。

2、沈孝瞻接著數落，因不知陰陽之理，而以俗書「體象」歌訣為確然之論。其次，論格局不知專求月令，而以拘泥在外格自以為靈活變通，即輕率放棄以月令為計算樞紐，而直接在外格打轉。再次，論生剋制化，而不察喜神、用神、忌神；專持扶抑之法，認定旺則損抑，弱則生扶。末次，論行運不問同中有異，而以干支相類而論，例如甲日主，戊運戊年戊月，一概為偏財運。

徐樂吾補注：八字定理者，五行生剋制化之正理也。不虛心研究，而先入為主，一知半解，自作聰明，皆所以致訛。俗書體象，如破面懸針格，以甲、辛二字為懸針，巳、酉二字相合乃配字，為破面也。命理非測字，其荒謬可見一斑。拘泥外格，如不重用神，而以星辰納音取格局之類，不察喜忌及不問同中有異者，所見未到，而自以為是也。

1、按：徐樂吾雖然主張解釋八字，應該用五行生剋制化之正理，然而偶爾在著作中，也隱隱約約使用神煞等輔助解釋。例如《命理一得》論桃花：「官帶桃花，為誥封之命；煞帶桃花，多偏妻之命，此外如食神帶桃花，傷官帶桃花，亦各有分別，女命簡單，男命複雜，如原命見文星而食神帶桃花，必著文名，見藝術星（華蓋），則以藝術著名。……臨官逢驛馬，名桃花馬；臨官逢劫煞，名桃花煞。」

2、其餘「俗書體象」、「拘泥外格」、「不重用神」、「星辰納音」等，不贅述。

原文：究其緣由，一則書中用字輕重，不知其意，而謬生偏見；一則以俗書無知妄作，誤會其說，而深入迷途；一則論命取運，偶然湊合，而遂以己見為不易，一則以古人命式，亦有誤收，即收之不誤，又以己意入外格，尤為害人不淺。

按：沈孝瞻《子平真詮》繼續數落當代人學習八字的誤謬，其一，則用字輕重，不知其意，這是國文老師沒教好，可以推給國家教育政策。其二，則以俗書無知妄作，誤會其說，希望本書能跳脫此迷途。其三，則以論命時東拼西湊，妄作己見，自由發揮。其四，古人命式，亦有誤收；若無誤收，則閉門造車，外格變格，諮議囝論。以上諸項辯證至今，非但無解，尚發展出電腦論命，劣幣驅逐良幣，莫此為甚。

徐樂吾補注：古人命書，喜用韻語，限於字數平仄，詞不達意，易起誤會，而俗書無知妄作，亦間有之。如五星以年為主，用星辰納音起格局，而子平以日為主，亦用星辰納音以自眩博覽，自欺欺人，此一類也。古人命式，誤收甚多，如《神峰通考》，即常見之；亦有並非誤收，特借以說明一節，而後人誤會為格局者亦有之。古來命書之中，如《三命》、《通考》、《子平》、《淵海》，收羅雖廣，雜而不精，編次亦少條理，僅能供參考之用。《窮通寶鑒》精矣，而只談經驗，不說原理；《神峰通考》，不免偏執。欲求一完善之書，殊不易得也。

1、按：徐氏補述「用字輕重，不知其意」，是因為韻語、字數、平仄的限制。其次，「俗書無知妄作」。例如神煞用年起，加上納音關煞，而子平術以日為主，術士無法自圓其說，自欺欺人。誤收命例以《神峰通考》常見之。

2、自古文人相輕，徐樂吾認為《三命通會》、《神峰通考》、《子平真詮》等雜而不精，又說《窮通寶鑒（造化元鑰、欄江網）》《滴天髓》只談經驗，不說原理，似乎也未必盡然，惟有漏掉數落《滴天髓》，學者自行參悟，各取所需。

原文：如壬申、癸丑、己丑、甲戌（如下），本雜氣財旺
生官也，而以為乙亥時，作時上偏官論，豈知旺財生煞，
將救死之不暇，於何取貴？此類甚多，皆誤收格局也。

1、按：原文認為此八字生在甲戌時，正偏財五見，時上正官，屬於
「雜氣財旺生官」。《三命通會》：「時上官星與月亦同，但力輕微，
發福多在晚年，或生賢子，要有印助。月令通生旺官氣，及見財
生或行財官印生旺方，方可發福，破傷不中。」本例日主不弱，
比劫不透，用神財星，可生官，不可生殺。

2、若改為乙亥時，時柱七殺坐正官，財生殺，「旺財生煞，將救死
之不暇，於何取貴？」原局高下懸殊可辨。然而大運丙丁巳午未
就是印綬，官殺皆可化。原局己土丑月甚寒，甲戌藏火暖身，換
成乙亥無火生發。

正官	日主	偏財	正財
甲戌	己丑	癸丑	壬申
丁　辛　戊	辛　癸　己	辛　癸　己	戊　壬　庚
偏　食　劫 印　神　財	食　偏　比 神　財　肩	食　偏　比 神　財　肩	劫　正　傷 財　財　官
辛酉	庚申	己未	戊午	丁巳	丙辰	乙卯	甲寅

1、按：月令食神生財透天干，好格局；何謂「戊日庚申合祿之格」？專食合祿。《三命通會》：「庚申時逢戊日，名食神干旺之方，歲月犯甲丙卯寅，此乃遇而不遇。戊以庚為食神，庚祿在申，食神建旺，戊以乙為官，庚能虛合卯中乙木為貴氣；庚申二字合乙卯二字，要無甲木傷戊土，卯字填實，寅字沖提，丙字傷庚，則庚申方能轉合，歲月若犯甲丙卯寅，壞了貴氣，故皆不宜。」

2、合祿格限制很多，外格還是要在「子平術」範圍內受到檢視。原局食神生財，不宜印綬運，戊己土運可用。宜卯運正官，丙寅運七殺雙沖月時兩柱，必衰。

食神	日主	偏財	劫財
庚申	戊子	壬申	己未
戊　壬　庚	癸	戊　壬　庚	乙　丁　己
比肩　偏財　食神	正財	比肩　偏財　食神	正官　正印　劫財

甲子	乙丑	丙寅	丁卯	戊辰	己巳	庚午	辛未

徐樂吾補注：常見妄人自作聰明，八字入手而不能解，即謂時辰錯誤，擅為改易，不知一時之差，喜用運途，截然不同，反使他人無從索解。今閱此節，始知此類妄人，自古有之矣。

按：徐氏數落古之作者自作聰明，擅改八字，使後人無從索解。古有之，今傳之，不足為奇。

徐樂吾補注：如壬申一造，財旺生官，甲戌藏火調候，至為明顯。若易為乙亥時，旺財生煞，而煞無制，水寒土凍，木不發榮，以為合於時上一位貴格，豈不可嗤？己未一造，食神生財，亦極明顯，明見之食財，有何不美，而必用暗合之官星，合祿，謂合官也？此種見解，皆自作聰明所為，非可理喻者。

1、按：本節認為一般人對自己八字年月日尚能記憶，但時辰經常混淆不清，因此實務上論命時，經常會有提出不同時辰的情況，以致命師必須用結果倒推時辰。例如上例甲戌或乙亥時，孰真？孰偽？上帝才知道，學者由其中學習子平正理。

2、雜氣指辰戌丑未，辰有戊乙癸，未有己丁乙，戌有戊辛丁，丑有己癸辛。《三命通會・論雜氣》：「看我日干，或為官，或為財，或為印；官係福身之物，財為養命之源，印乃資身之本。……看天干透出何字為福。次分節氣淺深，何物當令，大概透財者富，透官者貴，印綬享父祖見成之福。」

3、原局水旺，時柱甲戌能洩水制水；若將時柱改成乙亥，惟一的丁火偏印熄滅，更糟是亥水使財更旺，羣財生殺，無印化殺。又將時上乙木七殺，作為「時上一位貴」；竟不知時上一位貴的條件是原局要身強。

385

原文：人苟中無定見，察理不精，睹此謬論，豈能無惑？何況近日貴格不可解者，亦往往有之乎？豈知行術之人，必以貴命為指歸，或將風聞為實據，或探其生日，而即以己意加之生時，謬造貴格，其人之八字，時多未確，即彼本身，亦不自知。若看命者不究其本，而徒以彼既富貴遷就其說以相從，無惑乎終身無解日矣！

按：沈孝瞻奉勸學者要有定見，否則面對一堆謬論，自然迷惑而出入無門。「日貴格」，指丁酉、丁亥、癸巳、癸卯四日。術士以飯碗為重，一柱即可論命，「以貴命為指歸」，隨便探聽個生日生年生時，即可「謬造貴格」，說的賓主盡歡，或許八字根本不確實。沈孝瞻感嘆，還是回歸子平術根本，不可遷就富貴貧賤看人說故事，否則「惑乎終身無解日矣！」

徐樂吾補注：貴格不可解者常有之，我人研究學理，知之為知之，不知為不知，正不妨留待研究，不必強作解人也。

按：《論語・為政》：「知之為知之，不知為不知，是知也。」八字是很大的學問，無須以己意量身打造、射箭畫靶、託言鬼神等。畢竟眾生大有超脫五行生剋制化之外之高人，又後天環境不同，宇宙造化之妙，何能侷限在子平學中？

386

卷四、財、官、印、食篇

山陰沈孝瞻原著　　武原東海樂吾氏評註　　常州於光泰疏

一、論正官

原文：官以剋身，雖與七煞有別，終受彼制，何以切忌刑沖破害，尊之若是乎？豈知人生天地間，必無矯焉自尊之理，雖貴極天子，亦有天祖臨之。正官者分所當尊，如在國有君，在家有親，刑沖破害，以下犯上，烏乎可乎？

按：正官是日主的管理者，任何人間事物，一物剋一物，必無自我為尊之理；即便國君也有天帝祖先管束。因此正官、七殺逢冲，視為權勢、生病、官非等凶禍。七殺逆用，可以食神制殺，或印綬化殺；正官則生印，或喜財相生。

徐樂吾補注：官之與煞，同為剋身制我之物，而有陰陽配合之不同，故其用大同而小異。如身強官輕，宜用財生官，身弱官重，宜用印化官，此官煞所同也。日主與官煞旺弱相等，名為兩停。

按：正官與七殺都是剋日主，而剋日主的能量殺重官輕，但如果四個正官也就論為七殺。重點在「身強官輕，宜用財生官，身弱官重，宜用印化官」。就是讓日主與官殺互相制衡。日主與官煞旺弱相等，名為「身殺兩停」。

徐樂吾補注：在煞宜用食傷制之，而官不宜制，仍須用財生之，有食傷者更須以印護之。蓋官與日主，為陰陽配合有情，日主原不畏其剋，若見食傷，既傷官星，又洩日元，為不可耳。至於刑沖破害，成格皆忌，不僅官星為然也。

1、按：七殺可以逆用格局，故以食傷制七殺，但財來通關壞事。而正官只能順用，所以用財相生，不宜剋制。有食傷者更須以印綬護衛，因為印綬為官殺所生，以子護母。

2、正官與日主，為陰陽配合有情，日主原不畏其剋，若見食傷，既傷正官又洩日元，原局不宜出現。「至於刑冲破害，成格皆忌，不僅官星為然」，任何具有用神性質的格局，都忌諱刑冲破害。

> 原文：以刑冲破害為忌，則以生之護之為喜矣。存其喜而去其忌則貴，而貴之中又有高低者，何也？以財印並透者論之，兩不相礙，其貴也大。如薛相公命，甲申、壬申、乙巳、戊寅，壬印戊財，以乙隔之，水與土不相礙，故為大貴。

按：官殺忌刑冲破害，反之，喜相生（財）護衛（印）。存喜去忌之間有高低之分，原則是財印透干格開，財剋不到印綬，如此財官印三喜臨門，自然高貴。參考薛相公命盤。（解釋在 397 頁）

> 原文：若壬戌、丁未、戊申、乙卯，雜氣正官，透干會支，最為貴格，而壬財丁印，二者相合，仍以孤官無輔論，所以不上七品。（兩造在之後正官取運詳細說明）

按：壬戌造，雜氣正官，丁壬相合，財印泡湯，孤官無輔論。（解釋在 399 頁）

徐樂吾補注：存喜去忌，即《神峰》病藥之說，誠不易之論也。貴之高低，全在八字配合之清濁純雜。如薛造官印相生，財旺而不破印，官星秉令，真神得用，宜其貴也。然亦有小病，寅申巳三刑，不免刑傷貴氣，運至乙亥四冲，未必無風浪。其八字之清純，更運行西北官印之地，宜為大貴之徵（薛造解釋在 397 頁）。雜氣正官一造，未為木庫，官星不秉令，丁壬一合，財印兩失，卯申一合，官星被傷。氣勢不流通，其為孤官無輔，固顯而易見者也。（雜氣正官解釋在 399 頁）

按：八字難得完美，往往是存有缺陷，而在行運之間彌補之。正官必須有財有印，權勢才能發揮，所以要財生官，官生印在柱運歲之間流行貫通，清純而不濁雜。《三命通會》：「凡用官，日干自坐財印終顯；如甲子、甲辰之類。自坐傷煞，終有節病，如甲午、甲戌、甲申之類，須斟酌。又曰：取官星不必專泥月令支辰，或月干，或年日時支干，只一處有不曾損傷，皆可取用。」

按：舉《三命通會》例：相刑遇貴，尚書。

食神	日主	正印	正官
戊子	丙戌	乙卯	癸未
癸	丁 辛 戊	乙	乙 丁 己
正官	劫財 正財 食神	正印	正印 劫財 傷官
丁未 戊申	己酉 庚戌	辛亥 壬子	癸丑 甲寅

徐樂吾補注：日時相刑得遇貴，執法有權勢。又云，寅刑巳，巳刑申，庚辛逢寅是貴人，卯刑子，子刑卯，癸乙雙雙富又清。未刑戌，戌刑未，甲戌逢羊貴自榮，不利文官主武權，如劉應節尚書，癸未、乙卯、丙戌、戊子；子卯刑而得乙癸，未戌刑而得戊，所以官歷兵刑，縱有文名，不居學翰。

1、按：天干癸水生乙木，乙木生丙火，丙火生戊土，就是吉兆。正官由年干通根時支，正官格；正印由月干通根年月地支，正印格。時干食神通根日支，食神格。官印雙清，四柱無刑沖。五行不缺。調候用神壬、己；原局無壬水，行運有癸丑、壬子、辛亥。己土有傷官食神。

2、日月地支卯戌合火，等同羊刃格，身強；行運亥子丑，柱運歲官殺齊來，羊刃駕殺，故「官歷兵刑，縱有文名，不居學翰」。

按：《三命通會》：有壬寅、壬辰、丙申、癸巳。以丙日癸巳時，官星日祿，刑入主申，合格。

正官	日主	七殺	七殺
癸巳	丙申	壬辰	壬寅
庚　戊　丙	戊　壬　庚	癸　乙　戊	戊　丙　甲
偏財　食神　比肩	食神　七殺　偏財	正官　正印　食神	食神　比肩　偏印
庚子	戊戌	丙申	甲午
己亥	丁酉	乙未	癸巳

1、按：原局官殺五見，巳申合水，即懷疑是否從殺或殺重身輕？然而年月壬寅、壬辰拱卯，三會木局，即將七殺兩位化殺生身，解除從殺或殺重身輕之疑慮。其次，「官星日祿」，指時上正官搭配日祿歸時，食神生偏財，即是佳造。「刑入主申，合格」，指巳申又刑又合，合又化水，增加官殺之力，其實不然，以天干丙火癸水即無合化之可能，故以巳刑申論之。

2、寅卯辰三會木局洩壬水，殺印相生，全局殺重印輕。南方印綬比劫之地，日主增強，身殺兩停。西方金地比劫剋財，維持均衡。戊戌運拱不住，必有蹉跎。

原文：若財印不以兩用，則單用印不若單用財，以印能護官，亦能洩官，而財生官也。若化官為印而透財，則又為甚秀，大貴之格也。如金狀元命，乙卯、丁亥、丁未、庚戌（金狀元造解釋在 401 頁），此並用財印，無傷官而不雜煞，所謂去其忌而存其喜者也。

按：財剋印，故難言兩全其美，寧願選擇財生官，因為印雖能護官，但也會洩去正官元氣。最好化官為印，而財能自行挺立，則財官印三喜臨門。例如金狀元例可參酌。

徐樂吾補注：印為生我，受人之庇；財為我剋，管轄他人。用印者必身弱，用財者必身旺。身旺任事，自較受庇於人為顯赫，若身弱，則轉不如受庇之為安逸矣。金造亥卯未三合，官化為印，木盛火塞，用財損印，乃《滴天髓》君賴臣生之理也。似非並用財印，亦非官用財生，列入正官，似非其類。

按：對正官而言，忌孤官無輔；用印或財如何取捨？「印為生我，受人之庇」，所以身弱用印。「財為我剋，管轄他人」，所以身強用財。用印則名聲大於財富，用財則財多，不免有風聲，最好在年月官印相生，日時有食傷生財，財透干。申論金狀元命造如下：

原文：然而遇傷在於佩印，混煞貴乎取清。如宣參國命，己卯、辛未、壬寅、辛亥（宣參國造解釋在 404 頁），未中己官透干用清，支會木局，兩辛解之，是遇傷而佩印也。李參政命，庚寅、乙酉、甲子、戊辰（李參政造解釋在 406 頁），甲用酉官，庚金混雜，乙以合之，合煞留官，是雜煞而取清也。

按：官殺為用神，遇到傷官配印綬對抗，如宣參國命，遇傷而配印。官殺混雜則剋合其一，莫混之，如李參政命，合煞留官。

徐樂吾補注：遇傷佩印，混煞取清，自是不易之論。但如宣造，支全木局，官化為傷，傷旺洩氣，用印制傷為用；己官之氣，盡洩於金，豈能以其為官星而另眼相看？即全局關鍵，亦在印而不在官也（此命造解釋在後），李造酉為庚金旺地，乙庚之合，緩其相剋之勢，所謂「甲以乙妹妻庚，凶為吉兆」是也。甲木通根，子辰相合，財化為印，以印化煞，用亦在印，特官有財之生、印之化，氣勢流轉，格局因合而清，此即所謂取清也。

1、按：傷官格可以逆用，取印剋食傷。本節僅討論正官，「混煞貴乎取清」，指官殺不宜混雜，透干論干。「遇傷而佩印」，指傷官太強，以印綬為病藥用神。徐樂吾認為：宣參國命造不是以正官格為重點，而是印與食傷的平衡性，當傷官重印輕時，忌諱財來剋印。

2、「甲以乙妹妻庚，凶為吉兆」，指庚是甲的七殺，如果乙木架在兩者中間，庚合乙就不剋甲木。子辰半合水局，有印化煞。「官有財之生、印之化，氣勢流轉，格局因合而清。」《滴天髓》：「如正官格，身旺有財，身弱有印，並無傷官七殺雜之；縱有比肩、食神、財殺、印綬雜之，皆循序得所，有安頓，或作閑神，不來破局，乃為清奇。」

原文：至於官格透傷用印者，又忌見財，以財能去印，未能生官，而適以護傷故也。然亦有逢財而反大貴者，如范太傅命，丁丑、壬寅、己巳、丙寅（范太傅命解釋在 407 頁），支俱巳、丑，會金傷官，丙丁解之，透壬豈非破格？卻不知丙丁並透，用一而足，以丁合壬而財去，以丙制傷而官清，無情而愈有情。此正造化之妙，變幻無窮，焉得不貴？

按：月令正官為用神，透出傷官就是剋官，可以運印綬制殺官，然而旁邊有財星，財又剋印不生官，故財「適以護傷」，財子救傷母。然而亦有逢財而大貴，例如范太傅造，官生印，面臨食傷生財，以丁火合財，以丙火制傷官，化解忌神於無形。故「官清，無情而愈有情」。

> 徐樂吾補注：此節所論甚妙。范造丁壬之合，逢寅月寅時，財印化為官星，格因合而轉清；丙火自寅透出，得祿得生，初春木旺土虛，真神得用。官清印正，而又同宮並旺，大貴奚疑？巳、丑之合非真，三合會局，以四正（子午卯酉）為重心，無酉而隔寅，寅又為金之絕地，豈能傷害官星乎？蓋巳為火土之祿地，非復金之生地也。

按：徐氏補述大抵同原文，僅不贊同「巳、丑，會金傷官」，缺旺氣酉，不論合，不贅述。

> 原文：至若地支刑沖，會合可解，已見前篇，不必再述，而以後諸格，亦不談及矣。

按：地支刑沖合會是基礎功夫，但嵌合後的五行變化很複雜，可利用本書前述實例熟練，不贅述。

二、論正官取運

> 原文：取運之道，一八字則有一八字之論，其理甚精，其法甚活，只可大略言之。變化在人，不可泥也。

按：八字各有理路，變化在人，不可拘泥。

徐樂吾補注：同一官用財生，而取運不同，斯何以故？蓋八字用神、喜神、忌神之外尚有閒神，用神喜忌有定，而閒神無定也。如官用財生，正官，用神也；財，喜神也；傷官，忌神也。而閒神之夾雜，則不一律；地支之位置先後配合，則無一定。故一八字有一八字之論也。（於下例證時詳之）。

按：八字原局中有財、官者，比比皆是，即使月令用神相同，何以命格仍高低不同，主要原因在天干與地支排列不同；排列不同，大運就不同。其次既然本節談正官，正官就是用神（與調候用神意義不同），正官格只能順用，財生官，官生印皆好。傷官一般通論是正官的忌神，如果大運是食傷之地，就不妙。至於閒神在某些特定條件下，可能翻臉變忌神、仇神（生忌神者我之仇人），只能說八字要活看活用。

原文：如正官取運，即以正官所統之格分而配之。正官而用財印，身稍輕則取助身，官稍輕則取助官。若官露而不可逢合，不可雜煞，不可重官。與地支刑冲，不問所就何局，皆不利也。

按：正官用財或用印，身輕用大運助身，官稍輕則用大運助官。若官露則不可被合去，也不可官殺混雜，官官相護。地支帶冲，官運起伏不定。

徐樂吾補注：取運喜忌，各個不一，故僅能於論八格篇中所引各造，配其運之喜忌，以供閱者之參考而已。正官而用財印者，雖云兼用，必有所主。身稍輕則取助身，即以印為主也；官稍輕則取助官，即以官為主也。然財印並透者，最喜官煞運，蓋財生官煞，官煞生印，一氣相通，此官煞乃生印而不剋身也。至於官星透露干頭，合官、雜煞、重官、地支刑冲，同為官格所忌。如官藏支，則地支之會合刑冲亦忌。

1、按：每個格局大運喜忌不同，要個別討論。「官露而不可逢合」，用神被合壞事。「不可雜煞」，官殺不可混雜，但日主太強，類似祿刃交集，殺來混也算助力。「不可重官」，官多不貴，女命猶忌。

2、原局正官格僅是好看而已，最重要看行運如何？正官格既然順用，「正官而用財印者，雖云兼用，必有所主」，指財或印應有強弱，必須先分辨清楚。所以「身稍輕則取助身，即以印為主」，指官重身輕，用印生身。「官稍輕則取助官，即以官為主」，指身強用官，用財與官生扶，傷官太重，剋去亦有福祿。

3、「財印並透者，最喜官煞運」，財印同時透出天干可能交戰，用官殺通關，財生官殺，官殺生印，故「一氣相通」。其餘官被合，煞來混，官疊官，官被刑冲，都是正官格忌諱，地支看法相同。

按：薛相公，官有干頭印，不忌傷官年運，印有比劫不怕財。

正財	日主	正印	劫財
戊寅	乙巳	壬申	甲申
戊　丙　甲	庚　戊　丙	戊　壬　庚	戊　壬　庚
正財　傷官　劫財	正官　正財　傷官	正財　正印　正官	正財　正印　正官
劫煞		天乙　亡神　月德	天乙　亡神

庚辰	己卯	戊寅	丁丑	丙子	乙亥	甲戌	癸酉

徐樂吾補注：此為論正官篇薛相公命，月令正官，兼用財印，喜其財印之間，中隔乙木，兩不相礙，故可兼用也。然秋木凋零，官逢生逢祿，財亦逢生逢祿，財官太旺，所謂身稍輕，宜取助身者也。酉運七煞，洩財生印最美，甲運幫身亦吉。若甲申年易以己酉年，行甲運合劫破印，即不美矣。所謂因閒神之配合而喜忌不同也。戌運財旺；然喜其不傷印，故無礙也。乙亥之後，運行北方印地，但亥運逢四沖，未必無風浪，所謂因地支配合而異其喜忌也。丑運財星破印，寅運兩寅沖官，皆不為美，殆至此終矣。

397

1、按：「月令正官，兼用財印」，指原局月支正官，雖不透干，但地支佔據長生與臨官位置；《子平真詮》取格先重質再重量。正印三見天透地藏，正印格；正財五見，偏財格。顯然原局以財官印比例較重，喜在財印被日主隔開，既不相剋，兼而得之論吉。

2、「秋木凋零，官逢生逢祿」，逢「生」指巳支庚金長生；逢「祿」指庚金臨官在申；「財亦逢生逢祿」，指財星也是長生、臨官。「財官太旺」，喻指格強身弱。故「宜取助身者也」

3、「酉運七煞，洩財生印最美」，酉運用官殺得官殺，用神得地。「甲運幫身亦吉」，《滴天髓》：「藤蘿繫甲，可春可秋」，指天干前五年幫身，不畏秋令官殺斬斷；後五年三會拱出官殺，更吉。4、「若甲申年易以己酉年，行甲運合劫破印，即不美矣」，指甲運合己土，首先，甲被合拱不出官殺局。其次，「所謂因閒神之配合而喜忌不同也」，指己土閒神合掉甲木變有力的「旺土」，直接剋壬水正印。戌運財旺；然喜其不傷印（夾拱三合金運是生印，不傷印），故無礙也。

5、中運亥子丑以乙亥之後，運行北方印地，但亥運逢「寅申巳亥」四沖，故「未必無風浪」。「丑運財星破印」，指丁火洩日主，生丑土（傷官忌神）。「寅運兩寅沖官」，伏吟時柱帶雙沖年月兩柱，全局撼動，皆不為美。由此可見徐氏格局與柱運歲刑沖合會兼看，非用神得地即論吉格。原局寅巳申三刑，寅運屋漏偏逢連夜雨。

按：戊土未月，等同羊刃，格弱身旺宜水木。丁壬合而不化，不利財印，殺不成，官星稍輕。

正官	日主	正印	偏財
乙卯	戊申	丁未	壬戌
乙	戊　壬　庚	乙　丁　己	丁　辛　戊
正官	比肩　偏財　食神	正官　正印　劫財	正印　傷官　比肩
乙卯　甲寅	癸丑　壬子	辛亥　庚戌	己酉　戊申

徐樂吾補注：此為論正官篇中雜氣正官造，雖財印並透，而丁壬一合，財印兩失其用（參閱十干配合性情節），故以孤官無輔論。加以卯申相合（乙庚暗合），戌未相刑，官星之根被損，此為八字根本之弱點。論運則日元當旺，官星稍輕，宜取助官。庚戌之前無佳運，亥壬子、癸丑二十年財地，生助官星，為一生最得意時也。

1、按：原局時干正官通根未土與卯木，雜氣正官格。月干正印通根戌土未土，正印格。年干偏財通根日支，偏財格。丁壬合，致使偏財正印兩格局，不夠彰顯。地支卯申合，乙木坐下不給力。戌刑未，「官星之根被損（刑近於沖）」，年月兩柱，貌合神離。總之，本來門面亮麗的財官印格局，都被糊掉了。

2、「論運則日元當旺」，指戊土生在未月，等同羊刃格，又帶上正印格。「官星稍輕，宜取助官」，官星地支被合，面對印比強勢，需要補強財官。「庚戌之前無佳運」，指行運申酉戌，食傷剋官殺。「亥壬子癸二十年財地」，亥運三合官殺，壬運解五合，財生官。

> 原文：正官用財，運喜印綬身旺之地，切忌食傷。若身旺而財輕官弱，即仍取財官運可也。

按：正官順用，原局財生官；大運就宜印綬生身，以免財殺太重，忌食傷生財剋官。身旺財輕官弱，則宜財官之地。

> 徐樂吾補注：正官用財，須分身旺身弱，二者截然不同。身弱喜印綬身旺之地，忌行食傷；身旺則喜行財官旺地，參閱上兩造自明。

按：正官格用財相生的前提是，身弱宜走印綬運，忌諱食傷運，因為食傷使日主更弱，也剋去正官。身旺則直接走財官之地，有官不怕財被劫奪。

> 原文：正官佩印，運喜財鄉，傷食反吉。若官重身輕而佩印，則身旺為宜，不必財運也。

按：正官配印，運喜財鄉，「傷食反吉」，可生財。必須天干有比劫護印，比劫有能力扶日主，生食傷，用食傷通官生財，用財鄉。官重身輕而配印，正好平衡，因此不必財運，因為財剋去印生官，日主扛不住。

> 徐樂吾補注：正官佩印，亦分身旺身輕兩節。身旺印重，運喜財星損印，行傷食之運，洩身之秀而生財，自為美運。若官重身輕而佩印，則用印滋身，財運破印為忌，食傷之運亦不美，宜行比劫祿印之地也。

1、按：日主強，八字原局偏頗要靠大運平衡，身旺印重，行運用財剋印，或行食傷運，洩去日主元氣而生財。

2、日主弱，若官重身輕而配印，則用印綬運生身，忌諱財運剋去印綬；身輕也不宜遇上食傷行運洩氣；身弱宜比劫、祿印之地。

3、《滴天髓》將官殺分類如下：

    （1）、財滋弱殺格，己酉、丙寅、庚申、庚辰。

    （2）、殺重用印格，戊子、甲寅、戊午、甲寅。

    （3）、食神制殺格，戊辰、戊午、壬辰、甲辰。

    （4）、合官留殺格，癸丑、戊午、丙午、壬辰。

    （5）、官殺混雜格，壬辰，壬子，丙寅，癸巳。

    （6）、制殺太過格，辛卯、戊戌、丙辰、己亥。以上讀者自行玩味。

按：金狀元，月令正官生印，又三合印局，官洩於印。印綬比劫多身強，甲乙（忌）運截腳，申酉（喜）運得地剛好，巳午未撐爆。

正財	日主	比肩	偏印
庚戌	丁未	丁亥	乙卯
丁　辛　戊	乙　丁　己	甲　壬	乙
比肩　偏財　傷官	偏印　比肩　食神	正印　正官	偏印

己卯	庚辰	辛巳	壬午	癸未	甲申	乙酉	丙戌

徐樂吾補注：化官為印而透財，正官章金狀元命也。亥卯未三合，官化為印，乙木透出，身旺印重。用財損印，時逢庚戌，財星有根。初行申酉西方財地，甲不通根，乙從庚化，自為美運。癸未之後，運轉南方，日元太旺，壬癸官煞洩財生印，亦不為美。此所謂身旺佩印，喜食傷財鄉也。

1、按：原局壬水正官孤獨見於月支，亥卯未三合木局透出乙木，等
同甲木。丁火干支比肩三見，論「身旺印重」。時柱財格伺機制
印。丁火亥月調候用神甲、庚。年時乙卯、庚戌干支相合，年時
雙合，可見天子；指八面玲瓏。

2、偏印格適合逆用，「初行申酉西方財地」，指伺機而動的財格，結
合西方財地，足以制梟。「甲不通根」，甲絕在申運沒用。乙化於
庚反助金，故「自為美運」。癸未運轉入巳午未比劫之地，「壬癸
官煞洩財生印」，癸水生木，亥卯未也是木，財盡制不住梟神，
木火燎原，故不為美。「身旺配印」，指身強就是要洩去生財，即
「喜食傷財鄉」。

3、徐樂吾認為：「官化為印（正官捲進三合木局），木盛火塞，用財
損印，乃《滴天髓》君賴臣生之理也。似非並用財印，亦非官用
財生，列入正官，似非其類。」徐氏為正解，以偏印逆用格局偏
財，身強不怕刑，年干天德貴人。

402

按：正官帶食傷，用印制去食傷，「喜官旺」，官生印有力，官能對抗食傷；「印旺」，才能制住食傷。財運來剋去喜神印綬，大忌。若印綬疊出，財運制不動重印，非比劫無妨。

1、按：正官帶有食傷，用印剋食傷，一般取喜用神喜歡在財官印之間尋找，而食傷既非權勢（官殺），又會剋制正官，又不如財能滋身，印能護身。因此在優先保護正官的情形下，用印制住食傷。「財運切忌」，因為財剋住印，傷官就侵犯正官。「若印綬疊出，財運亦無害」，指印綬強，財星弱，以致財星剋不住印綬則無害。

2、印剋食傷如果是傷重印輕，喜行印綬地加強；或以官生印，最忌財運破印綬。反之，傷輕印重，宜行食傷之地，洩日主之氣，既得財反剋印綬；即「食傷喜行財地，更取其損印」。

403

按：宣參國命造，「遇傷而佩印」，表面官印雙清，由地支寅亥合，亥卯未隔位三合，稱「遇傷」，忌行財運。

正印	日主	正印	正官
辛亥	壬寅	辛未	己卯
甲　壬	戊　丙　甲	乙　丁　己	乙
食神　比肩	七殺　偏財　食神	傷官　正財　正官	傷官

癸亥	甲子	乙丑	丙寅	丁卯	戊辰	己巳	庚午

徐樂吾補注：此〈正官篇〉宣參國命。亥卯未三合木局，官化為傷，日元又坐寅木，寅亥又合而化木，傷官重重。日元洩氣太甚，以辛印制傷滋身為用。己土官星雖透，取其生印而已，乃傷官重而印輕也。己巳戊辰二十年，官煞旺地，滋生辛印，自是美運；交入丁字之後，財星破印，不能行矣。

1、按：壬水生在未月，調候用神辛、甲，用神得宜。亥卯未隔位三合傷官，寅木食神，地支食傷四見接近傷官格。正官由年干通根月支帶七殺，正官格。「官化為傷」，指月支的己土正官化為傷官，寅亥化木也是傷官。傷官洩氣太重，用辛金正印剋制食傷；傷官重，正印輕；年干己土生印也有作用。日主得印化官，由弱轉強。

2、行運己巳、戊辰，官殺生印；丁卯、丙寅運，食傷洩水，生財壞印，丁運卯木帶三合木局生火，財剋去正印辛金。

404

原文：正官而帶煞，傷食反為不礙。其命中用劫合煞，則財運可行，傷食可行，身旺，印綬亦可行，只不可復露七煞。若命用傷官合煞（陰日主），則傷食與財俱可行，而不宜逢印矣。

按：正官夾帶七殺，不畏食傷，因為七殺逆用不怕剋，正官幫忙敲邊鼓。若日主有劫財合住七殺，七殺有羈絆，得財是生官。食傷可行，生財抗殺，不無小補。逢印綬不宜，因為官殺與食傷的平衡，會被印綬化官殺剋食神所破壞。

徐樂吾補注：此節文義，宜會其意，未可執著。本來行運喜忌，須看四柱配合，無一定也。用官本忌傷官，而帶煞則不忌，取其可以制煞也。合煞有二，陽干合煞用劫，陰干合煞用傷。用劫合煞，最忌再行煞運。蓋財食傷印，均有可行之道，身旺本不宜印，而用劫合煞者，煞未合去，即使身旺，究為官煞兩見。故用印化煞，亦有可行之道。獨有再見七煞混局，則不論四柱配合如何，決無相宜之理，用傷合煞者亦同。傷食與財，在配合適宜之條件下，均有可行之道。獨有梟印剋去傷官，破合煞之局，則決不可也。

1、按：原則上正官忌諱傷官，為何「帶煞則不忌」，因為正官帶七殺力量加大，傷官就制不了；其次，日主劫財合七殺（羊刃駕殺），陰日主七殺與傷官相合，七殺合住傷官，正官就保住了。

2、「身旺本不宜印，而用劫合煞者，煞未合去，即使身旺，究為官煞兩見。故用印化煞，亦有可行之道。」指用劫財合七煞是恐怖平衡，不如追加使用印綬化殺風險較低。

3、「用劫合煞，最忌再行煞運」，因為一個劫財合不住兩個七殺，或柱運歲三合三會的七殺。「傷食與財，在配合適宜之條件下，均有可行之道」，《滴天髓》：「大率傷官有財，皆可見官。傷官無財，皆不可見官。」「獨有梟印剋去傷官，破合煞之局，則決不可」，

405

因為見梟印是助旺，傷官剋去，日主無處可洩，更旺；殺不合則
生印，剎那時日主暴旺，必凶。

按：李參政造，七殺劫財相合，解除官殺混雜，財可生官，劫財是藥。

偏財	日主	劫財	七殺
戊辰	甲子	乙酉	庚寅
癸　乙　戊	癸	辛	戊　丙　甲
正印　劫財　偏財	正印	正官	偏財　食神　比肩
華蓋	將星	桃花　大耗	干祿　驛馬　月德　天德
癸巳　　壬辰	辛卯　　庚寅	己丑　　戊子	丁亥　　丙戌

徐樂吾補注：為論正官篇李參政命。乙庚合煞留官，丙戌丁食傷
運，亥子丑印運，戊己財運，均可行得，特庚運重見七煞混局，
決不相宜也。

1、按：月支專位正官就是正官格，時干偏財通根年支與時支，偏財
格。「合煞留官」，指月支正官一位，不喜七殺透出天干，由乙庚
合去殺留官。日主得印綬比劫，不弱。

2、初運「丙戌丁食傷運」，等於日主有氣，財逢食傷，閑神得用。「亥
子丑印運」，原局不用食傷，印綬無妨。「戊己財運」，財生官，
有印化官殺。「庚運重見七煞混局」，庚再來，劫財一個合不住七
殺，就是官殺相混，絕不相宜。

按：范太傅，丁壬合坐寅化官，正印成格，官清印正同根透。

正印	日主	正財	偏印
丙寅	己巳	壬寅	丁丑
戊　丙　甲	庚　戊　丙	戊　丙　甲	辛　癸　己
劫財　正印　正官	傷官　劫財　正印	劫財　正印　正官	食神　偏財　比肩
甲午　乙未	丙申　丁酉	戊辰　己亥	庚子　辛丑

徐樂吾補注：官格用印，本忌見財，此造丁壬相合，財化為官，忌神變為喜神，格局亦因合而清，宜為大貴之格。巳丑中之金，藏而不露，氣又休囚，本可不論，惟值庚辛運，將金引出為不宜，喜得原局有丙火回剋，印可護官也。用印不宜見財，子亥運亦不利，喜其在支，不傷丙火而生官星，則為吉矣。己、戊、丁幫身助印，皆為吉運，至酉三合會齊，傷剋官星，為不利也。丙運最吉。此正官篇范太傅命也。

1、按：「官格用印」，指正官在月令、時支寅中甲木，當正官格。正偏印五見，偏印格。正財月干通根年支，財格。「忌神變為喜神」，指丁壬合，財印合反助正官。「格局亦因合而清」，指官印雙清。

2、巳丑藏食傷，辛丑、庚子運透干成格，傷官見官，幸好原局丙火透出印綬成格，制住食傷運。印綬格不喜見財，亥子運傷不到天干丙火。格重身輕，故「己、戊、丁幫身助印，皆為吉運」；酉運三合，傷官剋官。官重印輕，丙運官行印地最吉。《三命通會》：

407

「逢官看印，柱中原有印……身弱印輕，要補其印。」

3、徐樂吾局部不同意，略謂「巳、丑之合非真，三合會局，以四正（子午卯酉）為重心，無酉而隔寅，寅又為金之絕地，豈能傷害官星乎？」丁壬化正官，原局印多，官多來的正好；財運五行氣順。

> 原文：此皆大略言之，其八字各有議論。運中每遇一字，各有講究，隨時取用，不可言形。凡格皆然，不獨正官也。

按：八字態樣層出不窮，每個大運也都有變化，不獨正官如此。

> 徐樂吾補注：運之喜忌，隨八字配合，無一定之法。如上兩造，兩庚合乙為煞混局（李參政），而范造丁運，兩丁合壬為無礙，蓋煞剋身、偏印幫身為不同也。若遇壬運，兩壬合丁，即不可行，蓋財破丙印為忌神也。隨局變換，即此可悟。

按：李造是在庚運時七殺加重，乙木合不住兩個七殺，「蓋煞剋身」變衰。范太傅「兩丁合壬為無礙」，因為多出的丁火是「偏印幫身」；若是壬運來，一個丁火合不住，壬水財去生殺又剋調候用神丙火，壬水就是忌神。

三、論財

> 原文：財為我剋，使用之物也，以能生官，所以為美。為財帛，為妻妾，為才能，為驛馬，皆財類也。

按：財為養命之源，財生官，物質與權勢是人生追求的目標。意喻貨財、妻妾、珠寶、才能、驛馬、錢糧，一切使用財物什器。

408

> 徐樂吾補注：財為我剋，必須身強，方能剋制。若身弱，雖有財不能任，則財反為禍矣。財為人生不可少之物，然必須有才能勢力，方能保守運用，可以獲福，否則小人懷璧，徒獲罪戾耳。格局之中，單用財者甚少，如身強露官，用財生官；身強煞弱，用財滋煞；身強印旺，用財損印。身強喜洩露食傷者，用食傷生財；財旺身弱，用比劫分財為美。皆非單用財也。

按：財官人人愛，必須身強方能掌握。單單一個財格不成大器。

1、身強露官，等於日主強過官殺，用財生官，增加官殺元氣。

2、身強煞弱，用財生煞。

3、身強印旺，用財剋印。

4、身強用食傷生財。

5、財旺身弱，用比劫扶身。單用財表示五行不夠通暢。

> 原文：財喜根深，不宜太露，然透一位以清用，格所最喜，不為之露。即非月令用神，若寅透乙、卯透甲之類，一位亦不為過，太多則露矣。然而財旺生官，露亦不忌，蓋露以防劫，生官則劫退，譬如府庫錢糧，有官守護，即使露白，誰敢劫之？如葛參政命，壬申、壬子、戊午、乙卯（葛參政命解釋在 424 頁），豈非財露？惟其生官，所以不忌也。

1、按：財透出要有地支收藏，不宜多見，最多一位；財要坐旺位。
   即使不在月令，在他柱寅透乙、卯透甲之類，即正偏財同柱，餘
   位不要再多見，露出則比劫年運破財。

2、財旺生官，官制比劫，故天干有官，不忌劫財。官者，管束。譬
   如「府庫錢糧，有官守護」，現代則是保全在銀行門口站崗。

409

1、按：根深，指天干的財星，通根地支，否則浮見天干容易遭比劫所奪。上例葛參政年月皆是財局，時柱正官格，財生官，官制比劫護財。提綱是財格，用神是官，喜神是財。如果用食傷生財，比劫來被食傷化洩，貪生旺剋，財也保住了。

2、月令提綱最重，葛參政子水專位在月令，雖然「八字用神，專求月令」，然而徐氏認為時柱正官根深，以正官為用神喜財生，故取外格正官為用神，月令反而是成全用神的喜神。

原文：財格之貴局不一，有財旺生官者，身強而不透傷官，不混七煞，貴格也。

按：姑不論沈孝瞻與徐樂吾對葛參政八字用神的喜或用，見解不同，當月令財格為用神，良好的格局搭配有財旺生官，但要身強而傷官不可透出，若傷官在地支旺位與正官相鄰亦不妙。或者七殺不來相混，或相混而被合去，皆成貴格。

按：用神在官，固然看財，但如果正官無運可濟，而原局食傷四見，占有數量上的優勢，則以財為月令用神，取食傷為喜神，例如下盤原局就是很完美的傷官生財，執著於財生官之類，即是刻舟求劍。正官如何生存於火運之中？

偏財	日主	正官	傷官
庚寅	丙寅	癸酉	己巳
戊　丙　甲	戊　丙　甲	辛	庚　戊　丙
食神　比肩　偏印	食神　比肩　偏印	正財	偏財　食神　比肩
乙丑　　丙寅	丁卯　　戊辰	己巳　　庚午	辛未　　壬申

1、按：正偏財三見，食傷四見，傷官生財無疑。正官單獨浮在月干，傷官是否剋官？「巳酉拱合，己土之氣洩於金」，指傷官貪生忘剋，不如說「用之官星不可傷，不用官星（閑神）盡可傷，用之財星不可劫，不用財星盡可劫。」《滴天髓》解說：「大率傷官有財，皆可見官。」

2、財旺生官者，用神在官，故以不透傷官、不混七煞為美。或是如此，用神若為官，庚午、己巳運財運受剋，官坐絕，必然困蹇，如何名利兩全？解釋上以原局傷官與財偏重，而日主生在酉月，日落西山，身偏弱，喜巳午未運比劫扶身。

原文：有財用食生者，身強而不露官，略帶一位比劫，益覺有情，如壬寅、壬寅、庚辰、辛巳（楊侍郎造解釋在 426 頁），楊侍郎之命是也。透官身弱，則格壞矣。

按：楊侍郎命，身弱，如果以財生官為喜用，日主扛不住。月令固然偏財為用神，然而喜神壬水從干而降，木火財殺運靠食傷保護日主。辰土辛金，維護日主元氣洩秀。

徐樂吾補注：食神生財者，用在食神，故以不露官星為貴。比劫生起食傷，益覺有情。若用財豈宜比劫哉？楊造庚金坐印，洩秀於壬；春木初萌，賴水培養，秀氣流通；寅巳藏火，氣象和煦，木得滋養。若丙火透則當用官，不能以食神生財為用矣。

《滴天髓》：「上下貴乎情協。原注：天干地支雖非相生，宜有情而不反背。任氏曰：上下情協者，互相衛護，干支不反背者也。」

1、官衰傷旺，財星得局（用財洩傷生官）。

2、官旺財多，比劫得局（財官多身弱，用比劫扶身，不可用印，財剋印）。

3、殺重用印，忌財者財臨劫地（比劫剋財，斷絕官殺後援，使殺印平衡）。

4、身強煞淺，喜財者財坐食鄉（財得食神，生殺有力）。

5、財輕劫重，有官而官星制劫（官殺剋比劫，財不受劫可生官）。

6、無官而食傷化劫。（無官比劫不受剋，用食傷洩化比劫）

以上皆謂有情。楊侍郎造，年月天干生地支，食神生財即上下情協。辰土生金，辛巳火剋金，丙辛藕斷絲連，剋中帶合。

原文：有財格佩印者，蓋孤財不貴，佩印幫身，即以取貴。如乙未、甲申、丙申、庚寅（曾參政造解釋在 428 頁），曾參政之命是也。然財印不宜相並，如乙未、己卯、庚寅、辛巳（解釋在 429 頁），乙與巳兩不相能，即有好處，小富而已。

按：單獨的財格，稱「孤財不貴」。錢財要有官威保障，若無則借力使力，以學問化官煞，故印綬也是選項之一。然而「財印不宜相並」，參考曾參政造。徐氏又舉例財印相臨而剋，僅是小富，「即有好處」，指財與印畢竟是好東西，成格比沒格還好。

徐樂吾補注：財印並用，最不易取，不比正官格之財印並用，其用神在官也，蓋需要佩印，必是身弱，而四柱又別無可取，財印相戰，不得已而用之。然財印雙清，隔離不相礙，往往富貴，非謂佩印即為貴徵，蓋無印則財多身弱，再露官煞，則棄命相從耳。

1、按：財格印格同時成立，必須分隔在日主兩邊，隔位財就剋不到印。如果正官格成立，財生官不剋印；官生印不剋日主。換言之，財官印一氣順生，總比財印交戰還好，而正官就是財與印的通關。總之，財無官，備位用印不得已然。

2、印與財的選擇原則是：身弱強調印綬重要，身強強調財星重要。如果沒有食傷或正官，四柱又別無可取，只能用印，因為「孤財不貴」，因為孤財不貴可能落入比劫與財星兩行最旺，所以寧可有印綬。

3、「財印雙清，隔離不相礙，往往富貴」，條件在財印隔離，財富與學問名聲雙雙落袋；非謂財格配印就能算貴格。因為無印則財多身弱，柱運歲會合官殺，日主即難承擔一堆財官。反之，身弱有印綬，行官殺運，洩財生印，財官印一路順風，論吉。無印，財殺同黨，違法亂紀。

徐樂吾補注：身弱得印，用神即在於印，以行官煞運為佳，既可以洩財之氣，又可生印，亦和解之法也。曾造甲乙通根於寅，財印雙清，斯為佳耳。近見一造，癸巳、壬戌、乙巳、戊寅（解釋在 415 頁），亦財印雙清，中隔乙木，兩不相礙。壬癸雖不通根而進氣，傷官暗藏而旺，土燥木枯，非用印不可。為人絕頂聰明，早年享蔭庇，出仕為全省公路局長；逝於戊運亥年亥月申日申時，財破印，又值四沖也。又一造，癸酉、癸亥、戊子、丁巳（解釋在 416 頁），財印雙清，兩不相礙，時逢歸祿。行比劫運發財數百萬，為江浙之鉅商，蓋以劫護印分財為用也。

按：身弱用印，印就是用神，官煞運來，官殺生印，「既可以洩財之氣，又可生印，亦和解之法」，使元氣飽滿。財印雙清，也是佳局。「以劫護印」，指印生比劫，比劫剋財護母；「分財為用」，分財買人心，正是財星的妙用。上述兩造財印雙清，請讀者翻頁參酌。

按：徐樂吾補注例，財印雙清，用神冲合即翻盤，上下反背。

正財	日主	正印	偏印
戊寅	乙巳	壬戌	癸巳
戊　丙　甲	庚　戊　丙	丁　辛　戊	庚　戊　丙
正財　傷官　劫財	正官　正財　傷官	食神　七殺　正財	正官　正財　傷官
甲寅　　乙卯	丙辰　　丁巳	戊午　　己未	庚申　　辛酉

1、按：乙木戌月。調候用神癸、辛。年月天干正偏印無根。時干戊土正財通根地支五見，食傷四見，偏財格遇食傷。「壬癸雖不通根而進氣」，除巳、戌地支藏庚、辛外，主要指早運辛酉、庚申金生水，故「早年享蔭庇」。「為人絕頂聰明」，指食傷生財外，帶木火通明。

2、「逝於戊運亥年亥月申日申時」，午運寅午戌三合傷官，更糟戊午運與年柱癸巳，化出一團「類火局」，亥年寅亥合，火得木源，巳亥冲。以原局偏重傷官生財，凡柱運歲合會木火土，用神為水即凶。

按：徐樂吾補注例，江浙鉅商；財印不相礙，食傷首尾財居中透干。

正印	日主	正財	正財
丁巳	戊子	癸亥	癸酉
庚 戊 丙	癸	甲 壬	辛
食神 比肩 偏印	正財	七殺 偏財	傷官
乙卯	丙辰	丁巳	戊午	己未	庚申	辛酉	壬戌

1、按：正偏財四見，偏財格；印綬格在時柱，財格與印格以日主分開，兩不相礙。原局傷官、財星、七殺，比例偏重，靠日祿歸時與丁火強身，更喜癸酉、癸亥，拱戌制水。

2、「行比劫運」，指己未、戊午運，火土制水「發財數百萬」。凡財多制印，要比劫保護印綬，而後可言制財為用。辛酉、庚申運，財逢食傷。每逢辰年雜氣財透干。《星平會海》：「雜氣者，蓋謂辰戌丑未之位也。……大抵雜氣要財多為貴，經曰；雜氣泛來福不輕，天干透出始為真；身強財旺生官祿，運見刑冲聚寶珍。」

原文：有用食而兼用印者，食與印兩不相礙，或有暗官（財官同根而財旺）而去食護官，皆貴格也。如吳榜眼命：庚戌、戊子、戊子、丙辰（吳榜眼造解釋在 431 頁）。庚與丙隔兩戊而不相剋，是食與印不相礙也。如平江伯命：壬辰、乙巳、癸巳、辛酉（平江伯造解釋在 433 頁）；雖食印相剋，而卻存巳中戊官，是去食護官也；反是則減福矣。

按：印剋食神，能用食神而兼用印的條件，是「食與印兩不相礙」，以日主分隔或上下隔開。上述兩造「食印不相礙」與「去食護官」，請讀者翻頁參酌。

徐樂吾補注：此節殊足以淆亂閱者耳目，以吳造論，子月正財秉令，辰中乙木餘氣，財旺自生官，所謂暗官也。年上庚金閒神，財已旺不須食生，食亦不能傷暗官，得時上丙火去之，乃附帶之作用耳。仲冬水寒土凍，焉能生木？得丙火照暖，水得活動，木有生機，是以調候為急而用丙火，即無食神，亦當用印，豈以不相礙而用印哉？平江伯造，癸水日元，年有壬申，時逢辛酉，雖四月水臨絕地，而印旺身強，乙木無根，梟印奪食，自當以巳中之財破印為生官為用。乙木生財，並不礙官，何用梟印去食護官乎？

1、按：徐氏批原文「淆亂閱者耳目」，確有所本。戊土子月就要丙火，庚金使子水更冷是忌神，用神剋去忌神好事，講成「暗官而去食護官」，「去食」，非剋去食神，而是洩去食神，達到「護官」目的。

2、平江伯造原局癸水生乙木食神，食神生財，財生官，一路順風，官生印，而原局又是偏印最重，食神最輕，故申、酉、庚、辛運，食神受剋。「乙木生財，並不礙官，何用梟印去食護官乎？」指食神貪生忘剋，財可生官剋印，「何用梟印去食護官乎？」古人辯證，觀之在前，忽焉在後，風雲莫測。

417

原文：有財用傷官者，財不甚旺而比強，略露一位傷官以化之，如甲子、辛未、辛酉、壬辰（汪學士造解釋在 435 頁），甲透未庫，逢辛為劫，壬以化劫生財，汪學士命是也。財旺無劫而透傷，反為不利，蓋傷官本非美物，財輕透劫，不得已而用之。旺而露傷，何苦用彼？徒使財遇傷而死生官之（工）具，安望富貴乎？

按：原局有財用傷官，就是傷官生財，若比劫強就劫財，因此必須露出傷官洩去比劫，沈孝瞻舉汪學士命造，認為財旺沒有比劫可以壓制，又透出傷官生財更不利，因為傷官會剋官，「本非美物」，是因為財怕比劫，權充作通關之用。若日主強，喜官殺，徒然使傷官剋官，財不生官，安望富貴乎？徐氏不同意，看法如下。

徐樂吾補注：此節議論亦有未當。比劫旺而財輕，自當以食傷生財為美，蓋財官印食，不過五行生剋之代名詞，剋官者名之為傷官耳。用傷官者，不乏富貴之造，豈以名詞之惡而憎之？汪造比劫誠旺，生於六月，土燥金脆，需要水以潤之，亦調候之意；更洩金之秀，化劫生財，當以傷官為用也。財旺無劫而透傷，則須佩印；若無劫又無印，則財多身弱，安望富貴？所謂死生官之具云者，不免故作迂曲之詞耳。

1、按：徐氏不同意沈孝瞻論述，認為傷官被冤枉了，傷官有化劫生財的作用；如果財星不夠旺，且比劫強盛，可能落入羣劫爭財的局面；最宜天干露出傷官，得以洩化比劫生財。「財旺無劫而透傷，反為不利」，指財官印優先喜用，傷官本非美物，因為財不旺，比劫又強勢，不得已用來通關。

2、徐氏有修正意見：不必以傷官剋官忌諱，比劫旺「化劫生財，當以傷官為用」，通關之意。「財旺無劫而透傷，則須佩印」，「無劫」，身弱，「透傷」則洩日主元氣，有印生日主，且壓制傷官，正好平衡。

418

原文：有財帶七煞者，或合煞存財，或制煞生財，皆貴
格也。如毛狀元命，乙酉、庚辰、甲午、戊辰（毛狀元
造解釋在 437 頁），合煞存財也；李御史命，庚辰、戊子、
戊寅、甲寅（李御史造解釋 439 頁），制煞生財也。

按：七殺逆用，單純的財運論凶，但七殺被合，用情不在財；或傷
官制殺生財，皆為貴格。上述兩造「合煞存財」與「制煞生財」，請
讀者翻頁參酌。

徐樂吾補注：毛狀元造，乙庚合而煞仍留，辰酉合而財化煞，
所謂合煞存財，義殊未當。甲木生三月，木餘氣，火進氣，
而金休囚時也。丁火揚威，制煞為用，而行運己卯、戊寅、
丁丑、丙子，制煞幫身，所以貴也，豈合煞存財之意乎？李
御史造，身煞兩旺，食神制煞為用，更喜土金水木相生相制，
一氣流通，制煞生財，確為貴徵，特非財為用耳。

1、按：徐樂吾認為「合煞存財」說法不恰當，所謂「合煞」指乙庚
　　合，七殺還在，不合一般定義。「存財」指辰酉合，時支辰土仍
　　在。「制煞幫身」，指有丙丁運制煞，水木運幫身。
2、「制煞生財」，指食神制殺是對的，但食神生財，財生殺，就無法
　　制殺；戊子、戊寅夾丑合去癸水較合理。

419

原文：有財用煞印者，黨煞為忌，印以化之，格成富局，若冬土逢之亦貴格。如趙侍郎命，乙丑、丁亥、己亥、乙亥（趙侍郎造解釋在 441 頁），化煞而即以解凍，又不露財以雜其印，所以貴也。若財用煞印而印獨，財煞並透，非特不貴，亦不富也。

按：財格遇上七煞與印綬，財生煞黨，用印綬化煞，格成富局。如趙侍郎命，因為財以不露為原則，且不露就不剋印，從而成全七煞生印。月令財格，優先反映在富局。若改成財透出，日主扛不住財煞黨眾。

徐樂吾補注：趙侍郎造，財藏而不破印，丁火化煞解凍，誠富貴之造也。特其樞紐在印，用神為印而非財，若財透則黨煞破印，豈能望富貴乎。

按：徐氏論述如原文，唯認為「樞紐在印，用神為印而非財」，其餘不贅述。

原文：至於壬生午月，癸生巳月，單透財而亦貴，以月令有暗官也。如丙寅、癸巳、癸未、壬戌（林尚書造解釋在 442 頁），林尚書命是也。又壬生巳月，單透財而亦貴，以其透丙藏戊，棄煞就財，美者存而憎者棄也。如丙辰、癸巳、壬戌、壬寅（王太僕造解釋在 444 頁），王太僕命是也。

按：「壬生午月，癸生巳月，單透財」，指財星坐旺透干，財生煞為暗官，指同宮地支藏有官煞，只待大運天干官煞皆應，即財生官煞。而壬生巳月，指地支丙戊庚即財煞印，財當令，透財有財，透官得官。請讀者翻頁參酌。

420

1、按：徐樂吾認為「理論似欠圓滿」，林尚書是假從，王太僕則是
普通格，這是日主有根無根的區別，導致用神南轅北轍。

2、《滴天髓》：「旺則宜洩宜傷，衰則喜幫喜助，子平之理也。然旺
中有衰者存，不可損也；衰中有旺者存，不可益也。旺之極者不
可損，以損在其中矣。衰之極者不可益，以益在其中矣。至於實
所當損者而損之，反凶；實所當益者而益之，反害；此真機，皆
能知之，又何難於詳察三命之微奧乎？」

3、子平學不離中國傳統哲理，「旺則宜洩宜傷，衰則喜幫喜助」，指
中庸精神。「旺中有衰者存，不可損」，指眾不凌寡，仁道精神。
「衰中有旺者存，不可益」，指慎防狼子野心，死灰復燃。「旺之
極者不可損，以損在其中」，指專旺曲直格、炎上格之類，不宜
財煞損其旺勢，無為則無不為的精神。「衰之極者不可益，以益
在其中」，指物極必反，順其自然，不須人為造作。

按：丙日主申月，地支藏偏財與七殺，但申辰拱出三合水局成七殺
透干，稱「變之又變」。

> 徐樂吾補注：此造日元坐刃，煞露刃藏，身強敵煞，
> 雖秋水通源，而身更旺，若非劫刃重疊幫扶，固不能
> 用煞也；加以中年運程西北，化煞為權，才從煞化，
> 當歸入偏官格中。今於財格中論之，誠變之又變者矣。

1、按：月令用神財煞變成羊刃駕煞。〈明通賦〉中記載：「月令七煞
　　而煞身俱強，當為黑頭宰相。解釋：此月令七殺格也。大抵月令
　　煞要身殺兩強，方主大貴。若身強煞淺，須財以生；煞強身弱，
　　須印以助，或羊刃合之，皆為貴命。若印合與制星相攻，身弱必
　　夭，不然殘疾。」

2、「月刃、日刃及時刃，逢官煞榮神，功名蓋世。解釋：此三刃格，
　　要官煞印綬相制化；榮神，印綬異名；有官殺無印，有煞無官俱
　　得，有印化煞尤佳。只怕羈絆，如有官不可見傷。有印不可見財。
　　有煞不可見食傷壓之。或制去合去，皆不成正格。如壬申、壬子、
　　戊午、乙卯。」

四、論財取運

> 原文：財格取運，即以財格所就之局，分而配之。其財旺生官者，
> 運喜身旺印綬，不利七煞傷官。若生官而復透印，傷官之地，不
> 甚有害。至於生官而帶食破局，則運喜印綬，而逢煞反吉矣。

1、按：財格者，順用就宜生官，財官比例重，大運宜行印綬，其次
　　比劫。「不利七煞傷官」，因為七殺來變成官殺混雜，日主加重負
　　擔；傷官則是剋官。

2、「若生官而復透印，傷官之地，不甚有害」，指印透出，傷官年運
　　來，印剋食傷，正官不受傷害。「生官而帶食破局」，因日主食神合
　　正官，正官破局；則以印綬剋食傷為用，當七煞來又能化殺為權。

3、月令財格，即以財格為起點，分配脈絡。財旺生官，就要對等的身強，因此喜比劫印授；反之，七殺混官，傷官見官皆不宜。若生官又透出印綬，有印不怕傷官。如果財格生官帶食神，正官與食神剋合，皆破局；則大運印授去食神，有印綬七殺來混官也論吉。

徐樂吾補注：財旺生官者，與正官格相同，一為月令正官，一為月令財耳。財官旺而身輕，運喜身旺印綬；財官輕而身旺，則宜財官運。七煞混局，食傷礙官，同為所忌也。

按：徐氏所述與原文大約相同，「財旺生官」，月令是正官、正偏財或兩者同宮。財官強身輕用印比；反之，財官輕身強用財官。又說七殺混官，食傷剋官等，不贅述。

423

按：壬子、戊午水火雙冲，原局財官成格，宜木火官印之地。

正官	日主	偏財	偏財
乙卯	戊午	壬子	壬申
乙	己 丁	癸	戊 壬 庚
正官	劫財 正印	正財	比肩 偏財 食神
桃花 大耗	羊刃 將星	月德	文昌 驛馬 月德
庚申 己未	戊午 丁巳	丙辰 乙卯	甲寅 癸丑

徐樂吾補注：論財篇葛參政造，用在乙木官星，月令財旺生官也。甲運七煞混，不利；寅運則會午成火局，解子午冲，亦幫身美運也；乙卯十年，官星清，雖旺無礙；丙辰、丁巳、戊午、己未皆美運，惟忌金水之地耳。

徐樂吾補疏：若局中透印，行食傷而無礙，蓋有印回剋護官也（參觀上范太傅造）。若局中帶食傷，則為官星有病，行印運剋制食傷，為去病之藥，最為佳運。煞運反吉者，以有食傷回剋，不為害耳，非可認為吉運也。

1、按：戊土子月，調候用神丙、甲。「用在乙木官星」，為何不用財？財遇羊刃，財輔佐官，日主喜忌是甲，無甲用乙坐卯，大運有甲寅、乙卯，加重官殺之能量，論吉。

2、「甲運七煞混，不利」，徐樂吾忽略卯木生午火官消刃長，與水火既濟通關作用。「寅運則會午成火局，解子午冲」，木通關水火。「忌金水之地」，因正官格忌食傷，又財重印輕故忌水。

3、以官星為用神，只要原局透出印綬，不怕食傷運。如果原局帶食傷，雖然不利正官，但仍須對比兩者能量，例如本造食神在年支，礙不到時柱正官。其次，既然食傷是病，行印綬運得藥論吉。行殺運會合正官之力，回剋食傷，雖不為吉，打平而已。

原文：財用食生，財食重而身輕，則喜助身；財食輕而身重，則仍行財食。煞運不忌，官印反晦矣。

1、按：財星在月柱，要食神來生財；如果食神與財格偏重，日主可能就偏弱，宜柱運有生扶。食神與財比例偏輕而日主旺盛，則仍然行食傷生財之地，洩日主生財剛好。

2、「煞運不忌」，因為身強，但不一定好。「官印反晦」，因為官與印都要順用，但財剋印，食傷剋正官。總之，用身強身弱二分法，身弱用比劫祿刃最好，身強直接食神洩秀最好。

徐樂吾補注：財用食生者，即食神生財格也。特財在月令，故名財用食生。亦分身輕身重兩節，身輕宜助身，身重宜財食。

按：身輕身重兩節，平衡就好，不贅述。

按：楊侍郎命例，天干金水，地支木火帶土，上下貴乎情協。

劫財	日主	食神	食神
辛巳	庚辰	壬寅	壬寅
庚 戊 丙	癸 乙 戊	戊 丙 甲	戊 丙 甲
比肩 偏印 七殺	傷官 正財 偏印	偏印 七殺 偏財	偏印 七殺 偏財
劫煞 孤辰	華蓋	驛馬	驛馬
庚戌 己酉	戊申 丁未	丙午 乙巳	甲辰 癸卯

徐樂吾補注：此論財篇楊侍郎命，食神生財格也。日元財食相均，行食傷財運為美，如癸卯、甲辰、乙巳是也。丙火煞運不忌，以有食傷回剋，又得暖局。春初水木，得火而發榮也。何以官印反晦？蓋丁火官星，合壬用神。戊土印綬，剋制壬水，則用神被傷，故反以為晦也。

1、按：食傷三見，食神透出論食神。地支正偏財三見，食神生財論。「日元財食相均」，指食神與財星勢均力敵，以食傷生財最宜。故以癸卯、甲辰、乙巳（偏印四見化殺）運為佳。

2、「丙火煞運不忌」，指壬水食神制殺，且「春初水木，得火而發榮」，指寅月初春尚有餘寒，大運丙午逢壬寅，水木相生，木火通明。「何以官印反晦」？官指丁運，丁火合去壬水；印指戊土，剋去壬水。

3、「有財用食生者，身強而不露官」，指食神要生財，必須身強才有
　元氣，露官則剋身。原文：「略帶一位比劫，益覺有情」，指比劫
　可生食傷。「若丙火透則當用官」，指地支丙火三見，再透丙火殺
　重印輕，用神反在印綬。凡五行力量均等無偏枯，財運最平穩。
　財坐驛馬大吉。

原文：財格佩印，運喜官鄉；身弱逢之，最喜印旺。

按：財印雙清不相礙，官殺通關；身弱用印，身強用財。

徐樂吾補注：財格佩印，其最要之條件，
即為財印兩不相礙。如論財篇曾參政命。

按：財與印都是好東西，但要分開在日主兩端，則財剋不到印。「財
格佩印，運喜官鄉」，官是財印的通關用神。「身弱逢之，最喜印旺」，
指身弱時印能化煞，而印旺不忌財輕，除非柱運歲合會之財星。

按：曾參政命，財印雙清，偏印用偏財，金木兩局，月時正氣換祿。

偏財	日主	偏印	正印
庚寅	丙申	甲申	乙未
戊　丙　甲	戊　壬　庚	戊　壬　庚	乙　丁　己
食神　比肩　偏印	食神　七殺　偏財	食神　七殺　偏財	正印　劫財　傷官
紅豔　驛馬　大耗	文昌　孤辰	文昌　孤辰	
丙子　　丁丑	戊寅　　己卯	庚辰　　辛巳	壬午　　癸未

徐樂吾補注：寅中丙火長生，甲木得祿，而庚金祿於申，甲庚並透而隔丙火，此為財印不相礙，然究嫌身輕印弱。庚金秉令而旺，故運以幫身為美，所以最喜印旺也。然何以又喜官煞耶？蓋財生官而官生印，亦通關之意也。

徐樂吾補疏：財印並透，以不礙為條件。

1、按：正偏印四見，偏印格。偏財三見天透地藏，偏財格。財印分開在日主兩端，不相礙。「身輕」，指日主面對一堆食傷生財（皆主氣），只有長生與甲乙木抗衡；「印弱」，指寅木蓋頭，甲木坐絕。反之，偏財通根祿位。日主與格局對比，數量相當，質量差很大。

2、日主偏弱，行運就喜幫身，印綬好運，官殺運可以使財印通關。其實這個八字月柱甲申，時柱庚寅就是高命。

按:《子平真詮》:財印相礙例,財重印不輕,糾結行事。

劫財	日主	正印	正財
辛巳	庚寅	己卯	乙未
庚 戊 丙	戊 丙 甲	乙	乙 丁 己
比 偏 七 肩 印 殺	偏 七 偏 印 殺 財	正 財	正 正 正 財 官 印
亡 神	大 耗	桃 花	天 乙
辛 未	壬 申	癸 酉	甲 戌	乙 亥	丙 子	丁 丑	戊 寅

徐樂吾補注:乙己財印並透而相並,則財破印,日元庚金又弱,當以劫為用。運以劫財扶身為美,印運亦佳。官煞可行,食傷財運則不相宜。雖四柱格局清,而有相當之成就,不過小富而已,不能貴也(見論財篇)。

1、按:正偏財四見,偏財格;正偏印四見,偏印格。財印併臨年月天干。乙木有寅卯旺祿,財重印輕。日主坐絕,雖有劫財截腳,印綬又受制於財星;身弱無疑。

2、四柱缺食傷,不宜有亥子丑食傷運生財(財殺旺),丙丁官殺運化財生印可行,亥運、甲運生財不宜。「小富而已,不能貴」,庚不離丁,丁不離甲,調候用神是旺運機制;反之僅能用兩個矛盾的格局,摩擦生熱,艱辛有成。財無食傷,賺小錢。戌運午年有難。

按：月令財格為用，帶食神與印綬；身重喜歡食神洩秀生財與財運
直接來；身輕喜歡比劫印綬。「官運亦礙」，指所用的食神合住正官，
造成食神不生財，正官無管制作用。官運剋身也不宜；七殺則因食
神制殺，印化殺，反而不忌。

按：財用食傷來生，或財生官；至於用印，以偏印格格局逆用，故
用偏財剋偏印格，剋正印不行，亦須財印雙清。財輕則行運要食傷
或財運，身輕財重，則用比劫幫身剋財，或重印護身。然而法無定
法，千變萬化，神而明之。

按：吳榜眼命，金水與火土兩局，寅卯運通關，印隔兩戊剋不到食神，食神生財不透干，也無財運，故財剋不到印，正是要關係有關係，沒關係就沒關係。

偏印	日主	比肩	食神
丙辰	戊子	戊子	庚戌
癸 乙 戊	癸	癸	丁 辛 戊
正財 正官 比肩	正財	正財	正印 傷官 比肩

丙申	乙未	甲午	癸巳	壬辰	辛卯	庚寅	己丑

徐樂吾補注：月令財旺，年庚時丙，食印遙隔而不相礙，其樞紐在時上丙火。財藏支而印透。財印不相礙為貴，年上庚金，無足輕重也。戊土身輕，運喜比印，何以官運礙而煞不忌？官運為乙木，乙庚化合為食神，增財之勢，煞為甲運，生助丙火也。然庚寅辛卯，金不通根，木助火勢，宜為美運；壬辰丙火受傷，子辰合局，恐貴而不壽也。

431

1、按：戊日主生在子月先用丙火暖身（丙印不宜受冲），比肩戊土天透地藏，足以制水；日主衰中轉旺。印在時干，剋不到食神。食傷為喜，財為用，但必須丙火平衡。「年上庚金，無足輕重」，比肩太重，還是要個食神緩衝。

2、「官運礙而煞不忌」？乙木正官助長食神，生財破印；而七殺洩水生印，五行相同，作用大不同。庚寅、辛卯食傷坐絕，大運重地支，洩水生印，故「宜為美運」。年時雙冲，晚年謹慎保守。壬辰運偏財，丙火樞紐被剋，兩組子辰半合，水勢不遜三合。

3、《滴天髓》：「兩氣合而成象，象不可破。……兩氣雙清，非獨木火二行也。如土金、金水、水木、木火、火土，相生各半，五局即相剋之五局亦是也。如木土、土水、水火、火金、金木之各半相敵也。相生要我生，秀氣流行；相剋要我剋，日主不傷。相生必欲平分無取稍多稍寡　相剋務須均敵切忌偏重偏輕。若用金水，則火土不宜夾雜；如取水木，則火金不可交爭。木火成象者，最怕金水破局；水火得濟者，尤忌土來止水。格既如此，取運亦仿此而行。一路澄清，必位高而祿重，中途混亂，恐職奪而家傾，故此格最難全美，而看法貴在至精，若生而復生，乃是流通之妙，倘剋而遇化，亦為和合之情，或謂理僅兩神，似嫌狹少，不知格分十種，盡費推詳。」原局土水二行，有食傷各一。寅卯運用木通關。

4、《滴天髓》：「形全者，宜損其有餘；形缺者，宜補其不足。」原局子水形全，丙火形缺，故寅卯運損水補火，其理雖與通關殊異，殊途同歸。

按：月令正財為用，財逢食神，官運必佳。印剋食乎？不同根又隔位，奈我何？

偏印	日主	食神	劫財
辛酉	癸巳	乙巳	壬辰
辛	庚 戊 丙	庚 戊 丙	癸 乙 戊
偏印	正印 正官 正財	正印 正官 正財	比肩 食神 正官

癸丑	壬子	辛亥	庚戌	己酉	戊申	丁未	丙午

徐樂吾補注：論財篇平江伯命。雖食印並透，而食無根。癸水日元，雖休囚而印旺，蓋巳酉、辰酉皆合金也。巳中丙戊得祿，官得財生，天乙相助，雖印剋食，並不損其貴氣；所謂財輕喜行財運也。食神生財亦美，而官運尤佳。申酉庚辛，印助身旺，不免反晦矣。此為暗財官格，印去食，乃附帶之作用耳。

1、按：癸水生在巳月，調候用神唯一辛金。癸水有壬辰比劫，辛酉印綬生身，不弱。月上食神通根年支，食神格；「食無根」，指辰中戊土為旺，乙木不算，見仁見智，勿執。「印旺」，指辛酉屬金，巳酉半合金；辰酉隔位合金，扯太遠。總之，僅月柱火土木剋洩，年時比劫、印綬生扶，故偏強。

2、「印剋食，並不損其貴氣」，指隔位剋不到。《滴天髓》：「道有體用，不可以一端論也；要在扶之抑之得其宜。……日主旺，則提綱之食神、財、官者為我用。」所以丙、午、丁財運佳。未、戊、

433

己、戌官運，財來生，論吉。食神生財亦美。「申酉庚辛，印助身旺，不免反晦」，梟印剋食。戌運亥年，天羅地網。

3、《滴天髓》：「日干不論月令休囚，只要四柱有根，便能受財官食神，而擋傷官七殺；長生祿旺，根之重者也，墓庫餘氣，根之輕者也，天干得一比肩，不如地支得一餘氣、墓庫。」

> 原文：財帶傷官，財運則亨，煞運不利，運行官印，未見其美矣。

按：月令財格帶傷官，用神得地，財運亨通。財生殺，殺運不利；運行官印，「未見其美」，是假設月令財格帶傷官就是日主偏弱，正官運剋身，印運被財格剋。

> 徐樂吾補注：財帶傷官，有佩印，有化劫，身重以傷官生財為用，身弱以幫身為吉。須看四柱配合，非可一例也。如：甲子、辛未、辛酉、壬辰。

按：《滴天髓》：「傷官者，竊命主之元神，既非善良，傷日干之貴氣，更肆縱橫，然善惡無常，但須駕馭，而英華發外，多主聰明，若見官之可否，須就原局權衡，期間作用，種種不同，不可執一而論」；有傷官用印、傷官用財、傷官用劫、傷官用傷、傷官用官、假傷官格等。非可一例，熟能生巧。

434

按：汪學士造，辰酉合夾申，比劫傷官最重，帶財格局有成。

傷官	日主	比肩	正財
壬辰	辛酉	辛未	甲子
癸 乙 戊	辛	乙 丁 己	癸
食神 偏財 正印	比肩	偏財 七殺 偏印	食神
己卯　戊寅	丁丑　丙子	乙亥　甲戌	癸酉　壬申

徐樂吾補注：論財篇汪學士命，用傷化劫為用者也。蓋辰酉合金，生於六月，土燥金脆。子未雖相害，而潤土生金，未為不美，兼以生財，故此造之用傷官，實兼調候通關之意也。財運最美，食傷亦佳，比劫亦可行。丁火七煞，合去壬傷，為最不宜。官星丙火合辛，印運制傷，皆為破用，非所宜也。

1、按：辛金生在未月，調候用神壬、庚、甲。壬水貼身，辰酉合金，拱申；年干甲木，四柱無刑冲，直斷高命。雖然食傷三見，拱申，傷官格成立；正偏財三見論財格，傷官生財喜身強洩秀。

2、「傷官，實兼調候通關」，指辛金要調候壬水淘洗；在未月，燥土難生金，拱申夾出三合隔位水局，無妨。原局金水最旺，即宜財地，亦喜食傷、比劫相生。金水木合用，就代表火土不宜，丙火合日主，爭合；生土（印綬）制傷官。丁火合去傷官，破去用神皆不宜。

3、「印運制傷，皆為破用」，因為以傷官為用神，故忌印；反之，財旺無劫而透傷，則身弱，須配印。

> 原文：財帶七煞。不論合煞制煞，運喜食傷身旺之方。

按：財生煞論破格，但假設七殺被合去，或被食神制住，則大運宜食傷生財，或比劫身旺之地。

> 徐樂吾補注：財帶七煞，如煞不合去，或不制去，則應以煞為重，不當再論財也。如論財篇毛狀元命（毛狀元造解釋在 437 頁），所謂合煞存財也。

按：「財帶七煞」，財力被七殺收攝利用，化為剋身能量，溶入七殺一體。當七殺強旺就要食傷制殺，或比劫抗殺，身殺兩停。「合煞存財」，指乙庚合殺，辰酉合殺，僅存己土正財，與辰中戊土偏財。

436

按：毛狀元，七殺合去劫財，辰酉合殺，用午火制殺，子運破用神。

偏財	日主	七殺	劫財
戊辰	甲午	庚辰	乙酉
癸　乙　戊	己　丁	癸　乙　戊	辛
正印　劫財　偏財	正財　傷官	正印　劫財　偏財	正官

壬申	癸酉	甲戌	乙亥	丙子	丁丑	戊寅	己卯

徐樂吾補注：天干乙從庚化，地支辰合酉來，財生煞旺，當以午中丁火制煞為用，財黨煞攻身，豈可為用乎？喜得生於辰月，又得辰時，甲木餘氣猶存，然究嫌身弱。運行寅卯身旺之地，丙丁制煞之方，宜其貴也。乙亥甲三運，亦幫身助旺，惟子運沖午，恐有出死入生之懼，雖子辰相會，恐未易解。身弱宜印，而制煞之格不宜印地者，恐其制傷奪食也。

437

1、按：甲木生在辰月，調候用神庚、丁、壬。乙庚合金，辰酉合金，等於年月官殺多見。正偏財四見，透出時干，偏財格。財生殺，財殺得黨，相對日主衰弱。「合殺存財」，指乙木合七殺不剋財，財殺各自有成。

2、《滴天髓》;「眾殺橫行，一仁可化。」甲木雖然生在辰月、辰時，得到正印、劫財生扶，但畢竟難敵眾殺橫行。《三命通會》:「甲見庚及申，乙見辛及酉，柱中殺旺有氣，宜行東南方運，制庚辛無氣方發；否則生寅卯月，或自坐長生、臨官、帝旺，更多帶比肩；同類相扶，則能化鬼為官，化煞為權；行運引至印鄉，必發富貴。倘歲運再遇煞地，禍不旋踵。」初中運都在東方比劫，北方印地，強身有力。

3、「子運冲午，恐有出死入生之懼」，丁火是制衡官殺一堆的「藥」，卯年會齊四敗。「身弱宜印」，指身弱用印是化煞的情形；「而制煞之格不宜印地者，恐其制傷奪食」，是指不用印綬而用食傷制殺的另一種情況，當大運走到印綬之地，印剋食傷，用神受剋。戌運申年必衰。

按：李御史命，制煞存財；月令正財子辰半合，食神為喜，也可以官煞四見為外格。外格七殺喜印地，月令用財喜食傷。

七殺	日主	比肩	食神
甲寅	戊寅	戊子	庚辰
戊 丙 甲	戊 丙 甲	癸	癸 乙 戊
比肩 偏印 七殺	比肩 偏印 七殺	正財	正財 正官 比肩
丙申　　乙未	甲午　　癸巳	壬辰　　辛卯	庚寅　　己丑

徐樂吾補注：戊寅日坐長生，干得比助，身旺以食神制煞為用，財洩食神而生煞，非可為用也。子辰相會，土金水木，一氣流通，確為貴徵。行運食傷身旺之地固美，印地亦吉，但行支而不行干，見丙（年）火，不免剋去庚金，為傷用也。

1、按：戊土生在子月，調候用神丙、甲。戊土自坐長生日與時，月干戊土比劫同黨。比肩四見，偏印兩見，日主不弱。惟官煞四見透干，殺重印輕，欲藉助食神以制殺，然而「財洩食神而生煞，非可為用」。

2、子辰半合水，財旺；土生金，金生水，水生木，一氣流通，缺印綬作主。用神庚金虛浮在天干，忌丙火。戊子、戊寅拱丑，子丑合濕土，子水化劫，日主增強，食神得根。若無丑土合化，就是「財洩食神而生煞，非可為用」。

原文：財用煞印，印旺最宜，逢財必忌；傷食之方，亦順意矣。

1、按：月令財格，財生殺，殺生印，財殺對日主的剋損，要有印綬
紓解，故「印旺最宜」。換言之，當月令有財而天干有煞與印綬，
如果是財生殺的情況，則殺有財來相生轉旺，須要用印化殺。財
來生殺破印，故忌財運。

2、食神傷官則要看情形；印綬輕則忌食傷，因為食傷在有財星的情
況下，生財不剋官，食傷、財星、官殺一路氣勢暴漲，而印綬輕
又日主偏弱就扛不住。反之，如果印綬旺不忌食傷，因為印綬剋
制食傷，食傷生財作用低，官殺後援力也隨之降低，以食傷為閑
神不礙事，故「傷食之方，亦順意」。

徐樂吾補注：月令財星而透煞印，以印化煞為用；財生
煞旺，只論煞不論財也。以印為用，故逢印旺最宜，見
財破印必忌。而食神傷官之宜忌，則須看四柱之配合矣。

按：徐氏補述大致相同，「財生煞旺，只論煞不論財」，所以不怕財
剋印，用印化殺。

440

按：趙侍郎造，財殺最旺，印綬最急，「甲乙運官煞生印甚美」？五陰從勢無情義。

七殺	日主	偏印	七殺
乙亥	己亥	丁亥	乙丑
甲　壬	甲　壬	甲　壬	辛　癸　己
正官　正財	正官　正財	正官　正財	食神　偏財　比肩
己卯　　庚辰	辛巳　　壬午	癸未　　甲申	乙酉　　丙戌

徐樂吾補注：論財篇趙侍郎造。喜財藏支而不透，天干煞印相生，以印化煞為用。甲乙運官煞生印甚美，申酉運雖食傷生財黨煞，而原局煞有印化，雖非吉運，亦無礙也。癸未運吉，壬運合丁，化煞破用，所謂逢財必忌也。

1、按：己土生在亥月，調候用神丙、甲、戊。官殺五見，七殺格。地支財四見，近乎財格。「喜財藏支而不透」，指財不透天干，否則財殺太旺。

2、殺重印輕，《滴天髓》：「五陽從氣不從勢，五陰從勢無情義。」又說：「真從之象有幾人，假從亦可發其身。注：日主弱矣，財官強矣，不能不從。中有比助暗生，從之不真；至於歲運財官得地，雖是假從，亦可取富貴，但其人不能免禍，或心術不端耳。」「甲乙運官煞生印甚美」，甲乙運官殺，幫助真從。「申酉運雖食傷生財黨煞」，申酉運傷官生財，在假從化出真從中，印是累贅，

441

被剋傷無妨，食傷變成一堆財殺的喜神。「癸未運吉」，指癸水財生殺；未土雜氣財沖出。「壬運合丁，化煞破用」，指丁壬化木，丁火印綬合去無法化殺。未必盡然，因為午火合三亥，財官化為烏有。辛巳運辛金剋去乙木七殺，巳亥沖，全局撼動。

按：林尚書造，財生煞旺，只論煞不論財，水火兩局有寅木通官。

劫財	日主	比肩	正財
壬戌	**癸未**	**癸巳**	**丙寅**
丁 辛 戊	乙 丁 己	庚 戊 丙	戊 丙 甲
偏財 偏印 正官	食神 偏財 七殺	正印 正官 正財	正官 正財 傷官
	華蓋 大耗	天乙 驛馬 孤辰	亡神
辛丑 庚子	己亥 戊戌	丁酉 丙申	乙未 甲午

徐樂吾補注：論財篇林尚書造。寅午戌為火局，午易為巳，雖不成局，而有會合之意，未又暗合午火，地支財旺而透丙，固當以財為用也。但財旺身輕，運宜劫印扶身之地。早年甲午乙未，必然困苦；丙申之後，氣轉西北，火不通根，印綬得地，其貴宜矣。

1、按：「寅午戌為火局」，癸巳、癸未拱午，即屬於火局，加上寅、戌三合，透出丙火，原局屬於普通格？從財？假從？以日主無根，陰干從勢，財殺黨眾；應視為從財殺之勢。

2、《滴天髓》：「從勢者，日主無根，四柱財官食傷併旺，不分強弱，又無劫印生扶日主，又不能從一神而去，惟有和解之可也，視其財官食傷之中，何者獨旺，則從旺者之勢。如三者均停，不分強弱，須行財運以和之，引通食傷之氣，助其財官之勢則吉；行官殺運次之，行食傷運又次之，如行比劫印綬，必凶無疑。」中運印綬運必凶，何以為尚書？

3、《滴天髓》：「真從之象有幾人，假從亦可發其身。原注：日主弱矣，財官強矣，不能不從，中有比助暗生，從之不真。至於歲運財官得地，雖是假從，亦可取富貴。但其人不能免禍或心術不端耳。……何謂真運，如從財有比劫分爭，行官殺運必貴，行食傷運必富；有印綬暗生，要行財運；有官殺洩財之氣，要行食傷運。」財官印坐驛馬貴人。原文棄煞未必然，從財殺之勢較合理，因為天干比劫兩透，地支藏正偏印餘氣；剪不斷，理還亂。

4、《滴天髓》：「坎離宰天地之中氣，成不獨成，而有相持者在。原注：天干透壬癸，地支屬離者，乃為既濟，要天氣下降。天干透丙丁，地支屬坎者，乃為未濟，要地氣上升。天干皆水，地支皆火，為交媾；交媾身強則富貴。天干皆火，地支皆水，為交戰；交戰身弱，豈能富貴？坎外離內，謂之未濟；主之所喜在離，要水竭，主之所喜在坎則不祥。離外坎內，謂之既濟；主之所喜在坎，要離降；主之所喜在離，要木和。水火相間於天干以火為主，而水盛者存。坎離相見於地支，喜坎而坎旺者昌。夫子、午、卯、酉專氣也，其相制相持之勢宜悉辨之。若四生四庫之神皆所以黨助子午卯酉者其理亦可推詳。」天氣下降在秋天申酉戌之地。

443

按：王太僕造，月令財殺印，月令財星而透煞印，以印化煞為用；財生煞旺，只論煞不論財也。

比肩	日主	劫財	偏財
壬寅	壬戌	癸巳	丙辰
戊　丙　甲	丁　辛　戊	庚　戊　丙	癸　乙　戊
七殺　偏財　食神	正財　正印　七殺	偏印　七殺　偏財	劫財　傷官　七殺
辛丑　　庚子	己亥　　戊戌	丁酉　　丙申	乙未　　甲午

徐樂吾補注：論財篇王太僕造。與林造相似，雖辰為水庫，究嫌根輕身弱。運至申酉而發跡，兩人所同也。

1、按：此命與上造林尚書區別在上造拱午，三會火局；而本造則是壬戌、壬寅拱午，三合火局；三會之力大於三合，年支辰土使日主有根，而上造日主無根，因此本造即無從財與假從的問題，單純以普通格論。

2、壬水生在巳月，調候用神壬、辛、庚、癸。甲午、乙未洩水生財，不利日主。中運後金水之地發跡。《滴天髓》：「坎離宰天地之中氣，成不獨成，而有相持者在。原注：天干透壬癸，地支屬離者，乃為既濟，要天氣下降。天干透丙丁，地支屬坎者，乃為未濟，要地氣上升。

444

按：尚書，日刃駕殺，地支水火不相讓。

七殺	日主	比肩	比肩
壬辰	丙午	丙申	丙辰
癸 乙 戊	己 丁	戊 壬 庚	癸 乙 戊
正官 正印 食神	傷官 劫財	食神 七殺 偏財	正官 正印 食神
甲辰 癸卯	壬寅 辛丑	庚子 己亥	戊戌 丁酉

徐樂吾補注：丙坐午刃，申辰拱合，而透壬，固棄財而用煞矣。然其佳處，全在午刃，身強方能敵煞也。壬水生申，為秋水通源，用神進氣，運行己亥、庚子、辛丑、壬寅金水之地，所以貴也。為論財篇一尚書命。此造宜歸之偏官格或煞刃格中，因月令申金為財，故列於論財篇。

1、按：丙火生在申月，調候用神壬、戊。「申辰拱合，而透壬」，指丙申、丙辰拱子，就是調候用神壬水，透出時干，七煞格甚旺。「棄財而用煞」，因為提綱是偏財，但申子辰合出七殺局。「佳處全在午刃」，因為日支羊刃透干三見，午申夾未合火，非三合透干之七殺難以平衡。原局水火兩局對立，羊刃駕煞。財生殺坐驛馬、文昌。

2、大運己亥、庚子、辛丑、壬寅金水之地助官殺。《三命通會》：「日刃止有三日，戊午、丙午、壬子，與羊刃同法。經云：赤黃馬獨臥，黑鼠守空房，男妨妻，女妨夫，指此三日也。不喜刑冲破害、三會、六合，要有七殺相制，再行官印鄉，便為好命。賦云：日刃大忌冲合，喜官煞相制。」德蓋七殺，安祥之士。

445

五、論印綬

按：正偏印合稱印綬，因為生助日主，所以與正偏財都是美事，同樣都稱印格或財格。印綬格局之不同，例如有印而透官，正官不但可以生印，而且官威是現實的利益，與用殺者不同，畢竟混白道比黑道風險小。所以身旺印旺強過頭無妨，但不要七殺相混。

1、按：由名稱解析，正印偏印都是印，正財偏財都是財，所以「同為一格而論之」。但正官七殺，官殺各自有堅持的特性。食神傷官也各自有堅持的特性。「單用一神者甚少見」，指順用者，官殺生印，財生官，傷官生財，食神生財等；逆用者傷官配印，傷官駕殺，偏財剋偏印，食神制殺，羊刃駕殺等。

2、徐樂吾認為「火旺土燥金脆，所喜者時逢戊子，潤土生金」，食神子水是病藥用神。

原文：然亦有帶食傷而貴者，則如朱尚書命，丙戌、戊戌、辛未、壬辰（朱尚書造解釋在 457 頁）。壬為戊制，不傷官也。又如臨淮侯命，乙亥、己卯、丁酉、壬寅（臨淮侯造解釋在 458 頁），己為乙制，己不礙官也。

按：本節講印綬，正偏印都喜用官殺，按理說印剋食傷，所以印綬帶有食傷不被看好，事實不然。例如朱尚書造，官殺與印綬兩者氣盛而互衛宰制原局，故食傷力微，偏安一隅，綠葉總是配紅花，不宜喧賓奪主。臨淮侯造，「己為乙制，己不礙官」，指印剋食神，食神剋不動正官。

徐樂吾補注：朱尚書造，壬為戊制，誠哉不傷官星，但四柱五重土，支又藏火而干透丙，若再行火土運，寧有幸乎。此造妙在天干火土金水順序而生，故土不埋金，辰土收其燥氣，壬水洩金之秀，辰未中皆藏乙木財星，暗損印綬，病重而得藥。運程庚子、辛丑、壬寅、癸卯、甲辰，金水木地，體用得宜，所以貴也。臨淮侯造，寅亥卯印旺秉令而透乙木，用神全在酉金，損印而生官，己土被制，不礙官星，為去病取清，非以梟印奪食為用也。

1、按：徐氏補述，朱尚書官殺與印綬強勢，以至於傷官無法以卵擊石；但印綬為土，土中帶火，因此不宜火土運，大運剛好金水木，寅卯甲地，鬆土為用。

2、臨淮侯造，《滴天髓》：「強眾而敵寡者，勢在去其寡；強寡而敵眾者，勢在成乎眾。」原局正偏印四見透干，正官天透地藏，「強眾」者，正官生印，「敵寡」者，食神生財。孤財難破重印，印剋食傷，即「去病取清」，反護母官。「非以梟印奪食」，指兩者差別在用神與忌神對反，去病取清指食神為忌神，梟印奪食指食神為喜神。

原文：有印而用傷食者，身強印旺，恐其太過，洩身以為秀氣。如戊戌、乙卯、丙午、己亥（李狀元造解釋在 460 頁），李狀元命是也，若印淺身輕，而用層層傷食，則寒貧之局矣。

按：有印綬而身強，就宜洩其元氣，以食傷生財為美。反之，身弱而食傷多見，未蒙其財，先受其貧。

徐樂吾補注：身強印旺。用己土洩其秀氣，與前節張參政一造相似（丙寅、戊戌、辛酉、戊子）（解釋在 455 頁），而己土透出，官星不見，用神較為明顯也。若印淺身輕而傷食重，則當以印為用，運行印比之地，亦可補救，特非貴顯之局耳。

1、按：身強印旺要用食傷洩日主旺氣；反之，「若印淺身輕，而用層層傷食，則寒貧之局。」指身弱印衰，哪有元氣給食傷來洩氣，只落個貧寒局面。

2、李狀元以日刃格、正印格得到身強，用旺衰決定食傷洩日主得到平衡。而張參政大運水木之地，符合調候用神壬、甲五行。兩者雖然都用食傷，但概念不同；一為旺衰偏向討論格局，一為調候用神，偏向五行喜忌特性。

原文：有用偏官者，偏官本非美物，藉其生印，不得已而用之。故必身重印輕，或身輕印重，有所不足，始為有情。如茅狀元命，己巳、癸酉、癸未、庚申（茅狀元造解釋在 462 頁），此身輕印重也。馬參政命，壬寅、戊申、壬辰、壬寅（馬參政造解釋在 463 頁），此身重印輕也。若身印並重而用七煞，非孤則貧矣。

按：印綬可生身，殺攻身，宜用印綬化殺生身。所以印綬合併日主，必須印綬輕身強或印綬重身弱，必「有所不足，始為有情」。否則身強印綬重，很難調停。因為用食傷來洩，犯到印剋食傷；用官殺壓制

448

日主,反被印綬所化。用剋財則要食傷通關,否則可能落得羣劫爭財。
若身強印綬旺,又走七殺運,殺氣提供給印綬,日主孤旺則貧。

徐樂吾補注:茅狀元造,己土七煞,氣洩於金,印綬太旺,而
四柱無財以破印,即《滴天髓》母慈滅子之反局也。只能順母
之性,反以金水為吉,與上節臨淮侯造適相反,蓋一有財一無
財也。馬參政造,壬水雖通源,而兩寅洩氣,以煞生印為用神,
重在於印,不可見財,見財則破格矣。若身印並重而見七煞,
則又非財不可。用財破印生煞,與用煞生印,截然不同。蓋財
為官煞之根,官煞又為印之根,互相救應,互相剋制也。

1、按:「身重印輕,或身輕印重,有所不足,始為有情」,因為身重
   印也重,就是日主太旺,官殺輕則作用不明。「母慈滅子」,指印
   剋食傷。「一有財一無財」,指原局有財,行運會財,偏財剋偏印。
   無財則剋不住印綬。
2、馬參政身重、印輕、殺重,「兩寅洩氣」,指食神洩日主元氣,所
   以用印綬生身,用了印綬就不宜見財。「身印並重而見七煞,則
   又非財不可」,因為身印並重就是身強,殺要有財作為後援剋日
   主,用財剋印。

原文:有用煞而兼帶傷食者,則用煞而有制,生身而
有洩,不論身旺印重,皆為貴格。如乙丑、辛巳、己
巳、庚午(孫布政造解釋在 465 頁),孫布政命是也。

按:本節講印綬,當日主與印綬夠旺又帶有七殺,須用食傷洩身取
得平衡,不論是日主旺或印綬重,皆為貴格。

449

徐樂吾補注：用煞兼帶傷食者，乃以食傷洩秀為用，非以制煞為用也。剋與洩不並用。身強煞旺制煞為權之造，喜制者不宜再行財煞。制煞太過之造，喜財煞，不宜再行食傷，此一定之理也。如孫布政造，剋洩並見，乃以印通關為用也。此偏枯之造，又當別論，詳下論運節。

1、按：七殺剋身，食傷洩身，兩者並用有剋洩交加的虞慮。因此兩者出現之時，須有足夠的印綬化殺，剋制食傷，生扶日主。凡賴身強對抗官殺旺盛的局面，對等之後，不宜財運生官殺，日主會扛不下。

2、反之，官殺被制伏的太猛，要用財星洩食傷，給力官殺（通關之意）；再行食傷會剋官殺更猛。

原文：有印多而用財者，印重身強，透財以抑太過，權而用之，只要根深，無妨財破。如辛酉、丙申、壬申、辛亥（汪侍郎造解釋在 467 頁），汪侍郎命是也。若印輕財重，又無劫財以救，則為貪財破印，貧賤之局也。

按：「印多而用財，印重身強，透財以抑太過」，指偏印格逆用偏財剋制。只要（印綬）根深，財剋不動，財印兩個好東西都保住了。「貪財」，指原局財星重，運歲又逢財星；「破印」，沒比劫剋財。

徐樂吾補注：身強印旺，用財損印，根深謂印之根深，財破謂抑其太過也。印為生我之母，然木賴水生，水旺木浮。火賴木生，木盛火塞。土賴火生，火旺土焦。金賴土生，土重金埋。水賴金生，金多水濁。去其太過，則得中和之道，即《滴天髓》君賴臣生是也，然汪侍郎造，丙辛一合，則有微病，幸運程東南木火之地，使其合而不化，方能收損印之效也。若印輕財重而身弱，則

450

財為病神，必當用比劫以去其財，否則，為貪財壞印。如浙西某富翁子，庚申、戊寅、丙申、乙未（富翁子造解釋在282頁），乙庚遙合，化印為財，會祿於申，兩申沖寅，丙火身弱，賴印滋助，而印被財破，又無比劫以去財，是為貪財壞印也。

1、按：印綬多如果身不弱，可以用財弱化日主孤旺的現象，即「透財以抑太過」，權變而已。但必須印綬根深，財印不緊貼。反之，印輕財重，要用比劫剋財。

2、「丙辛一合，則有微病」，指地支申酉，要化不化，若地支亥子或行運亥子，則真化；反之，木火之地則不化。「印輕財重而身弱」，身弱如果沒有從勢的大運，就只有用印綬與比劫生扶日主，用印會被重財剋去，只能用比劫剋去重財，保住印綬。

原文：即或印重財輕而兼露傷食，財與食相生，輕而不輕，即可就富，亦不貴矣。然亦有帶食而貴者，何也？如庚寅、乙酉、癸亥、丙辰（牛監簿造解釋在473頁），此牛監簿命，乙合庚而不生癸，所以為貴，若合財存食，又可類推矣。如己未、甲戌、辛未、癸巳（解釋在474頁），此合財存食之貴也。

按：如果印重財輕而兼露食傷，食傷可生財，本質仍是富命，貴不貴另一回事。己未一造「合財存食」，若合而不化，則財逢食傷也有良機。若合去則母旺子衰，宜比劫運。

徐樂吾補注：大抵富貴兩字，辨別甚難。古之人有貴而不富者，有富而不貴者，若今人則富者無不貴，貴者無不富矣。何從而別之？辨別富貴，當以《滴天髓》「何知其人富，財氣通門戶；何知其人貴，官星有理會」數語，最為精審。財與食相生，輕而不輕者，即財氣通門戶之謂也。然牛監簿命，仍當以食神生財取用，

451

以乙庚合不生癸為貴之徵，似未盡然，蓋印未曾合去也。丙火通根於寅，身旺財印皆有根，宜乎富與貴兼。己未一造，制印存食，而巳與未又拱官貴，皆為貴徵，而用神則在食神也。

1、按：《滴天髓》：「何知其人富，財氣通門戶」，指年支傷官生財。「何知其人貴，官星有理會」，指年支正官，戊運透干。乙庚固然合而不化，財印雙清就是吉象。

2、何謂「制印存食」？指甲己合，己土是印綬，被合就不去剋食神。辛未癸巳拱「午」是天乙貴人，「皆為貴徵」，此見仁見智，不論述。「用神則在食神」，指用食神生財制印。

原文：又有印而兼透官煞者，或合煞，或有制，皆為貴格。如辛亥、庚子、甲辰、乙亥（解釋在 470 頁），此合煞留官也；壬子、癸卯、丙子、己亥（解釋在 471 頁）、此官煞有制也。

按：月令印綬透出官煞，就是官殺混雜，如果合去七殺，或食神制殺，皆為貴格。例如辛亥一造，乙合去庚殺，稱「合煞留官」。壬子一造，則是己土傷官剋去癸水正官。

徐樂吾補注：合煞留官，或制官存煞，格局以清。然此兩造，殊未見佳妙。辛亥一造，煞印並旺而無食傷；壬子一造，濕木無焰，己土之力，亦嫌薄弱。謂為貴格，殊有未解。

按：徐氏認為沈孝瞻舉例解釋的「合煞留官」與「官煞有制」，並非高命，前例金水太旺無丙丁火，後例幾乎是從殺格。

原文：至於化印為劫；棄之以就財官，如趙知府命，丙午、
庚寅、丙午、癸巳（解釋在 476 頁），則變之又變者矣。

按：何謂「化印為劫」？例如丙日主月令寅木藏甲是偏印，與年支
日支午火化成火局是劫財，用神就放棄印綬，在外格財官食傷等之
中尋找，稱「變之又變」。

徐樂吾補注：寅午化印為劫，庚癸財官可用，所惜者財官無根
耳。若癸巳易以癸酉或癸亥，運行財官之鄉，前程更遠大矣。

按：徐氏補述上例化印為劫，權變由外格尋找財官，但癸水正官無
根，若癸巳變癸酉，庚財以酉金為根；或變癸亥以壬水為官根，有
財官之地皆宜。

原文：更有印透七煞，而劫財以存煞印，亦有
貴格，如庚戌、戊子、甲戌、乙亥（解釋在
475 頁）是也。然此格畢竟難看，宜細詳之。

按：月令印綬透出七殺，而劫財合七殺，亦為貴格。然而本例庚七
殺與戊偏財，與劫財乙木遙隔無法剋合。何以貴格？財殺黨重，以
木運剋財，火運制殺。

徐樂吾補注：此造戊戌之土，包圍子印，取乙木剋制戊土，
以存煞印，而戌中更藏丁火食神，非子印所能奪。乙木更
有生火之美，吉神暗藏，有病而有救應，此其所以為貴歟？

按：徐氏補述此造有五行中和流通之意，以偏財三見剋制癸水，有
木運破財，子能救母。壬癸運，以印化殺，不宜行財地。

453

六、論印綬取運

> 原文：印格取運，即以印格所成之局，分而配之。其印綬用官者，官露印重，財運反吉，傷食之方，亦為最利。

按：印格為用神，行運就以印綬為基準分配，例如「印綬用官」，官透出天干，印綬在地支，財運來生官，剋不到印綬，先蒙其利，未受其害，故「財運反吉」。若是食傷運生財也是有利，不必擔心食傷剋正官，因為是印格，至少持平。

> 徐樂吾補注：月令印綬，除身弱剋洩重，用印滋助日元外，大都不能以印為用。如官露印重者，剋化為生，官印皆不能用，須別取用神也。本篇張參政造：

按：徐氏補述月令印綬為用神，在身弱與剋洩交加的情況下，用印綬資助日主外，應別尋外格為用神。例如沈孝瞻所述「官露印重」時，正官的元氣挹注到印綬，印綬又重，即重上加重，日主太旺，必須以「剋化為生」，即食傷剋官殺，洩日主之類。

按：張參政造，五行順生，官印雙清，財來官護印，傷來印護官。

正印	日主	正印	正官
戊子	辛酉	戊戌	丙寅
癸	辛	丁　辛　戊	戊　丙　甲
食神	比肩	七殺　比肩　正印	正印　正官　正財

丙午	乙巳	甲辰	癸卯	壬寅	辛丑	庚子	己亥

徐樂吾補注：官露印重，官之氣盡洩於印，身旺印強，其佳處全在時上子水，洩金之秀，是當以金水傷官取用也。且其金水傷官，並不喜見官星，蓋生於九月，未屆金寒水冷之時，而原局已有丙火暖局，不必再行火運矣。既以金水傷官為用，自以財及食傷運為最利，比劫運亦可行。此造從亥至辰五十五年，一路金水木運，誠不易得也。

1、按：官殺三見，正官格。正印四見，印綬格，為官印雙清。妙在木（寅）生火（丙），火生土（戊戌），土生金（辛酉），金生水（子）；日主偏強，四柱無刑冲。《滴天髓》：「始終之理，要干支流通，四柱生化不息之謂也。必須接續連珠，五行俱足。……看其情勢，如財與官貼，官與印貼，印與日主貼，則財升官，官生印，印生身。」調候用神壬、甲，即水木之地皆宜。原局官殺印綬比例最重，形全者，宜損其有餘；形缺者，宜補其不足。

2、「身旺印強，不愁官星太過」，既然身旺印強就有食傷洩秀的本錢，初運宜庚子、辛丑，壬運，食傷有財接應。中運寅卯辰，食傷生財，財生殺，有印化殺。

455

原文：若用官而並帶傷食，運喜官旺
印綬之鄉。傷食為害，逢煞不忌矣。

按：月令印綬用官，不論印綬或正官是否透干成格，均是成格，然而
食傷另存於天干，就是有破格之虞；但正官換成七殺則不忌，因為殺
生印還是成格，而七殺是逆用不怕食傷，然而正官順用要用財生。

徐樂吾補注：月令印綬，干透官印，兼透傷食，當以印
綬制傷護官為用。如本篇朱尚書造，與上張參政造相
似，而取用大不相同。故八字移步換形，非可執一也。

按：月令印綬，干透官印，又透出食傷，就生出印剋傷官，傷官剋
官，官生印的一連串糾結。判斷方法是月令印綬為基準，印綬宜官
生，保官最急，故印綬要擋住傷官。「移步換形」千變萬化，以通透
原理應變。

按：朱尚書造，土厚埋金，甲木疏土；偏印用偏財剋，傷官逢印不剋官；用神財星，喜神就是食傷。

傷官	日主	正印	正官
壬辰	辛未	戊戌	丙戌
癸 乙 戊	乙 丁 己	丁 辛 戊	丁 辛 戊
食神 偏財 正印	偏財 七殺 偏印	七殺 比肩 正印	七殺 比肩 正印
	華蓋 寡宿		月德 天德
丙午 乙巳	甲辰 癸卯	壬寅 辛丑	庚子 己亥

徐樂吾補注：此造與上張造不同之點，張造子水在支，酉金相生，戊不能剋，此造傷官透干，為印所制，故不能以洩秀為用也。官傷並透，以印制傷，兼以護官。用神雖在印，而有土重埋金之懼，故以寅卯甲財運，制印洩傷生官為美。若印輕則忌財運破印矣。

1、原局火生土，土生金，金生水，五行順生。辛金生在戌月，調候用神壬、甲。官殺四見，七殺格；正偏印五見，偏印格。殺印火土比例最重，土重埋金。初運亥、子、丑，壬運，帶庚辛生水，洩忌神生用神。

2、辛丑運，雜氣財官透干；壬寅運與時柱壬辰拱三會木局，用神得地；癸卯運雙合，官來就我。年時雙冲，月時雙冲，身強雜氣財官，帶調候（壬水）與病藥（甲木剋厚土）用神。

457

按：臨淮侯造，丁壬合化生於春，化神為木，喜水木成全。妙在日主情合壬水，不生己土，偏財失去源頭，剋月令用神無力。

正官	日主	食神	偏印
壬 寅	丁 酉	己 卯	乙 亥
戊　丙　甲	辛	乙	甲　壬
傷　劫　正 官　財　印	偏 財	偏 印	正　正 印　官
劫　孤 煞　辰	文　天　將 昌　乙　星		天　驛 乙　馬

辛 未	壬 申	癸 酉	甲 戌	乙 亥	丙 子	丁 丑	戊 寅

徐樂吾補注：此本篇臨淮侯命也，亦是用印制食護官，與上制傷相同。所異者食傷運為忌。朱造行食傷運，有印回剋，此造則乙印在年，救護有所不及也。丑運雖會酉化金，而無妨礙，蓋官星不旺，且與印相隔，財雖旺而不破印，並解卯酉之冲為美也。子亥官鄉，甲乙印地，均為美運。

1、按：正偏印四見，偏印格；正官由年支透出時干，正官格；官輕印重，《滴天髓》：「形全者，宜損其有餘；形缺者，宜補其不足。」用財可以剋重印，補輕官。

2、徐樂吾解釋本造寅亥卯，印綬旺盛；其次「用神全在酉金」，即偏印格逆用，用偏財剋偏印，帶貴人就是高命。「己土被制，不礙官星」，指食神分別遭乙、卯剋制，無法剋住正官。「去病取清」，

458

「病」指食神，剋去後官印雙清。「非以梟印奪食」，重點不在是否梟印奪食，因為食神是閒神。

3、然而丁壬合，如何解釋？丁火在亥子丑水地遇有根壬水，合木局。《滴天髓》：「化得真者只論化……如丁壬之合，日主是丁，生於春令，壬水無根，必從丁合，不知木旺自能生火，則丁火反不從壬化木，或有比劫之助，歲運必須逢水，則火受制而木得成矣。」果然走亥子丑甲乙，假化成真。

> 原文：印綬而用傷食，財運反吉，傷食亦利；
> 若行官運，反見其災，煞運則反能為福矣。

按：「印綬而用傷食」的前提是日主要旺，否則日主衰弱，無元氣生食傷，印綬也剋食傷。食傷有秀氣生財，財剋印，故「傷食亦利」。為何「行官運，反見其災」？還是順用逆用的問題，因為既用傷食，何生官運！反之，七殺逆用，用傷食反而是福氣。

> 徐樂吾補注：印綬用傷食者，月令印綬，而干頭傷官食神並透也。身強印旺，以食傷為用耳。如本篇李狀元造。

按：徐氏補述，以身強帶印綬為準，當然就應以食傷卸去旺氣為平衡基準。

按：李狀元造，日刃印綬身強；外格食傷喜財地，移步換形，傷官配印。

傷官	日主	正印	食神
己亥	丙午	乙卯	戊戌
甲　壬	己　丁	乙	丁　辛　戊
偏印　七殺	傷官　劫財	正印	劫財　正財　食神
天乙　劫煞　孤辰	羊刃　將星	桃花　大耗	華蓋

癸亥	壬戌	辛酉	庚申	己未	戊午	丁巳	丙辰

徐樂吾補注：丙火坐刃，乙卯印星專旺，戊己食傷並透，是以食傷為用也，故食傷財運均吉。官運反見其災者，以癸能合戊化劫也。煞運反能為福者，火木印綬，火旺木焦，與木火傷官喜印相似，喜壬水滋潤也。用食傷者，不忌比劫，而此造則忌比劫，蓋火太旺，則土焦木焚耳。此八字取運，所以各個不同。

1、按：日主自坐羊刃，劫財印綬多見，身強。食傷四見，傷官格洩日主剛好。傷官（調候用神己土）生財，傷官運財運皆可。

2、「官運反見其災」，指火土傷官宜傷盡。正官癸水合去食神變成比劫。壬水七殺是丙火卯月的調候用神，「反能為福」，因為木火土甚旺，喜壬水滋潤。宜己運傷官，未運合出木火論凶；庚申、辛酉財逢食傷，身強不亦樂乎。

460

按：月令印綬有七殺搭配，逆用喜食傷相剋，而面對七殺與食傷的
剋洩交加，行運比劫幫身，「亦為美地」。因為財生殺，財剋去用神
印綬，所以「一見財鄉，其凶立至」。

徐樂吾補注：以印化煞，與上張參政造以印化
官，微有不同，蓋張造原局有食神，直以食神
為用耳。若局不見食傷，如本篇茅狀元命：

按：茅狀元造，財官印比，財地總比印綬比劫好，官運有印綬化。

正印	日主	比肩	七殺
庚申	癸未	癸酉	己巳
戊 壬 庚	乙 丁 己	辛	庚 戊 丙
正官 劫財 正印	食神 偏財 七殺	偏印	正印 正官 正財
紅豔 劫煞 月德 孤辰	華蓋		天乙 驛馬
乙丑　丙寅	丁卯　戊辰	己巳　庚午	辛未　壬申

徐樂吾補注：原局印重，己土七煞透出，乃以印化煞為用也。身弱見煞，最懼剋洩交加。然如此造，庚印透干，見木有金回剋，不洩日元而有制煞之效，故為最喜，日元非旺，幫身之運，自屬相宜。若見財則黨煞破印，全局盡破矣。官煞運有印引化，反不為忌，而獨忌財也。若原局有財，又當別論。參觀論印篇。

1、按：上造為身弱印旺見煞也；原局官煞四見，七殺透出，七殺格；正偏印四見，偏印格；殺印相生有命格，殺印重，身就輕。癸水酉月調候用神辛、丙俱全，命值往上看。

2、「獨忌財」，指日主一旦判斷較弱，財、官殺、食傷都是忌神，往下分析，官殺來有印綬化煞；食傷來有印綬剋制，故「見木有金回剋，不洩日元而有制煞之效」。故午運巳午未年災蹇，巳運巳午流年災蹇。除了三合三會等柱運歲財運外，原局財星弱，剋不住印綬。「原局有財，又當別論」，無財走財運怕羣劫爭財，有財會財，偏財剋偏印也行。

462

按：馬參政造，身強，七殺五見用印化，印為通關為藥，忌見財運殺運。

比肩	日主	七殺	比肩
壬寅	壬辰	戊申	壬寅
戊　丙　甲	癸　乙　戊	戊　壬　庚	戊　丙　甲
七殺　偏財　食神	劫財　傷官　七殺	七殺　比肩　偏印	七殺　偏財　食神
文昌　驛馬　月德	華蓋　月德		文昌　驛馬　月德
丙辰　乙卯	甲寅　癸丑	壬子　辛亥	庚戌　己酉

徐樂吾補注：壬水通源，申辰拱合，水土相戰，以申金通關為用，其樞紐全在於印。日元本旺，行傷食運洩其秀氣，自為所喜。如原局有食傷，運行比劫身旺之方，亦無所礙，獨財破印，不但生殺為忌，而斷其樞紐，傷剋用神為最忌。反之如子運，申子辰會齊水局，化印為劫，以印不破，反無關係也。

1、按：原局比劫四見，身強；七殺五見，七殺格；身殺兩停。其次判斷身殺何者為重？何者為輕？似乎難分軒輊，所幸身重印輕，否則印重洩官殺生身，即失去平衡。故原文稱「身重印輕也。若身印並重而用七煞，非孤則貧」。

2、《三命通會》：「天元坐煞……凡值此等日，要日干倚旺，再無官殺復剋，喜印化煞，財旺身旺為福。如煞旺有傷官合制，亦貴。」年月雙冲，壬辰、壬寅拱卯，傷官格，傷官駕殺，無財，七殺格為用。食神生偏財，月德、驛馬、文昌在年時地支。

原文：若用煞而兼帶傷食，運喜身旺印綬
之方，傷食亦美，逢官遇財，皆不吉也。

按：七殺帶食神傷官，運喜身旺，因為制衡七殺要身旺，生食傷也
要用元氣。而印綬洩七殺，制住食傷，故「傷食亦美」。「逢官遇財」
為何不吉？因為逢官被傷官剋，逢財財剋印。

徐樂吾補注：用煞兼帶傷食，與上用官不同。
用官者以印制食傷而護官也；用煞者煞之氣
洩於印，與第一節官露印重及印用食傷相似。

按：為何「用煞兼帶傷食，與上用官不同」？因為正官順用，只能
生印，以印綬剋制食傷，保護正官。而七殺生印是化去七殺元氣，
以免剋日主。

按：孫布政造，日主坐臨官帝旺，月令正印為用神，食傷透出時干五見，傷官配印，不宜見財。

傷官	日主	食神	七殺
庚午	己巳	辛巳	乙丑
己　丁	庚　戊　丙	庚　戊　丙	辛　癸　己
比肩　偏印	傷官　劫財　正印	傷官　劫財　正印	食神　偏財　比肩
干祿　桃花　月德　大耗		天德	華蓋
癸酉　甲戌	乙亥　丙子	丁丑　戊寅	己卯　庚辰

徐樂吾補注：乙木無根，己丑相會，庚辛並見，七煞孤單無助，不能為用；剋洩並見，藉印通關，是以印為用也，故以身旺印綬為喜。庚金洩秀，食傷自為美運；逢甲為官，合己混煞為嫌，故非吉運。原局火土亢燥，遇水則逆其性，故亦不吉。此乃偏枯之造，不可以為例，所喜者乙丑、己巳、庚午同出一旬耳。

1、按：己土生在巳月，調候用神癸、丙；己土軟弱生在巳月，要丙火生身（日主喜忌），夏季要癸水降溫；丑中癸水雖弱，庚辛給力。又庚辛食傷五見，制殺過猛；癸水太弱，通關難用。用印如何？

2、正偏印坐祿位，用印剋食傷，有病得藥，不宜財運。原文：「有用煞而兼帶傷食者，則用煞而有制（食傷），生身（印綬）而有洩（食傷），不論身旺印重，皆為貴格。」《滴天髓》：「傷官用印，

465

局内無財，運行印旺身旺之鄉，未有不顯貴者。」「逢甲（年）為官，合己混煞為嫌」，甲是正官，甲己合去正官化烏有，不合則官殺相混，故不吉。《滴天髓》：「旺者冲衰，衰者拔。衰神冲旺，旺神發。」丙子財地，子丑合，子午冲。

原文：印綬遇財，運喜劫地，官印亦亨，財鄉則忌。

按：「印綬遇財」，指月令印綬為用，財來剋印，財是忌神，比劫剋去忌神。為何「官印亦亨」？正官引來財生官，通關在財印之間；而印綬來，重印不怕財。最忌財鄉剋去用神印綬。

徐樂吾補注：月令印綬而遇財，其中宜忌大有分別。如印輕財重，則為貪財壞印，最喜劫印之地。如上論印篇註中所引某富翁子造是也。財輕印多，用財損印，則喜財鄉，如國府主席林森造是也（見刑冲會合解法篇）。如本篇汪侍郎造。

按：月令用神印綬遇到財星，喜忌有分別。例如「印輕財重」，變成「貪財壞印」，此時用比劫印綬解套，即用劫財比肩剋去財星，以免用神受剋。反之，「印重財輕」，則宜行財運。

按：汪侍郎造，印重財輕，偏印格逆用，火地剛好。印比一堆要食傷洩氣生財。

正印	日主	偏財	正印
辛 亥	壬 申	丙 申	辛 酉
甲　　壬	戊　壬　庚	戊　壬　庚	辛
食　　比 神　　肩	七　比　偏 殺　肩　印	七　比　偏 殺　肩　印	正 印
干　亡　孤 祿　神　辰	月 德		桃 花
戊 子	己 丑	庚 寅	辛 卯	壬 辰	癸 巳	甲 午	乙 未

徐樂吾補注：財輕印重，必須行財地，及食傷生財之地，方為美耳。初運乙未甲午，木火相連癸巳水不通根，丙火得祿，均為美運。壬辰十年，即不死必有大起倒，過此之後，辛卯庚寅，東方木地，金不通根，又可重起矣。

1、按：壬水生在申月長生，印綬五見，比肩三見，天干丙辛化水，印重財輕，宜行財地，用偏財剋制偏印。「丙辛一合，則有微病」，指丙火病藥用神有被合去傾向。

2、初運甲午、癸巳木火土加持財星，美運；壬辰運，剋去丙火，地支辰酉合金，申辰拱合水局（午年有災），故「不死必有大起倒」，因為比劫剋去財星，用神剋去。辛卯、庚寅運，印坐絕，食傷木生火，東山再起。桃花透干，合偏財，家花哪有野花香？

467

按：某富翁子，偏財透干食傷五見，兩申沖寅，寅木印綬無用，庚辛財運無比劫。去財護印，水木火地，尚可一搏。

正印	日主	食神	偏財
乙未	丙申	戊寅	庚申
乙 丁 己	戊 壬 庚	戊 丙 甲	戊 壬 庚
正印 劫財 傷官	食神 七殺 偏財	食神 比肩 偏印	食神 七殺 偏財
寡宿	文昌 月德	紅豔 驛馬	文昌
丙戌 乙酉	甲申 癸未	壬午 辛巳	庚辰 己卯

徐樂吾補注：用印而財食並透，財旺印輕，乙庚一合，貪財壞印。運僅己卯印地十年為美，一至庚辰辛巳，恐不易度也。身弱用印而喜官運者，以財印相戰，喜官煞通其氣也。

1、偏財三見，偏財格；食傷五見，傷官格；正偏印三見，正印格。格局雖成，差在兩申沖一寅，但乙木、丙火、戊土、庚金，逆生。

2、「乙庚一合，貪財壞印」，原局隔位不合，乃指庚辰運。庚辰運拱出三合水局七殺，得到天干乙庚合生水，正印被合轉出金水旺盛，財生殺，瞬間印消財殺旺，貪財壞印。辛巳運雙合日柱丙申，干支化水，辛金剋去乙木，印化殺不對等，故「恐不易度」。財印以官殺通關。

> 原文：印格而官煞競透，運喜食神傷官，印旺身旺，
> 行之亦利。若再透官煞，行財運，立見其災矣。

按：月令印綬可能身不弱，如果「官殺競透」印綬生日主，代表日主貯存官殺與印綬的元氣，所以「運喜食神傷官」來，代表五行通暢之意，並非用食傷反剋印綬。如果財運到，生官殺剋印綬，以至印綬不通暢，「立見其災」。

> 徐樂吾補注：印格而官煞競出者，以印化官煞也。
> 然須察其地位次序，是否能化，如能化，則與用煞
> 兼帶傷食相同。以印通關作用，如本篇所列兩造：

按：八字原局的排列，有的組合出刑冲，有的則是五行順生，所以「官殺競透」並非全然能氣勢流通不滯。

按：徐氏舉例，月令印綬，官殺受用，金水木一堆，火運通氣好。

劫財	日主	七殺	正官
乙亥	甲辰	庚子	辛亥
甲　壬	癸　乙　戊	癸	甲　壬
比肩　偏印	正印　劫財　偏財	正印	比肩　偏印
壬辰　癸巳	甲午　乙未	丙申　丁酉	戊戌　己亥

徐樂吾補注：雖云乙庚合殺留官，然無關係，完全以印為用也。官煞之氣，已洩於印，食傷運洩日元之秀，氣勢流通不滯，自為美運，非取其制官煞也。身印旺地均利，印如透干，再見官煞運，亦無大礙，惟斷不能行財運耳。如此造戊戌十年，必有風波也。

1、按：年月天干官殺無根，地支正偏印四見，全局金水木，宜行丙丁巳午未運。其次「戊戌十年，必有風波」，指戊戌是很重的財運，剋去用神正印，破壞氣勢流通，且與日柱雙冲。

2、《滴天髓》：「何處起根源，流到合方住……不必論當令不當令，只論取最多最旺，而可以為滿局之祖宗者，為源頭也。看此源頭，流到何方？流去之處，是所喜之神，即在此住了，乃為好歸路。……阻節之處，即來龍破損隔絕之意。」金水木相生，辰土阻節，偏財是忌神。

按：關鍵在從殺否？從殺要金水，不從要木火，四柱無財，忌貪財壞印。

傷官	日主	正官	七殺
己亥	丙子	癸卯	壬子
甲　壬	癸	乙	癸
偏印　七殺	正官	正印	正官

辛亥	庚戌	己酉	戊申	丁未	丙午	乙巳	甲辰

徐樂吾補注：丙火無根，濕木無焰，己土微弱，豈能制冲奔之水？所謂土能制水，水多土蕩也（見論五行生剋節）。但丙火陽剛之性，有印為根，即不能從，仍當以印為用。所喜者丙寅丁卯（徐氏大運有筆誤應為乙巳、丙午、丁未）二十年木火運耳。戊己制煞之運，反入二乘，若再見官煞財運，立見其災矣。

1、按：丙日主無根，官殺五見，水勢滔滔；月令正印化殺，殺強印弱，獨木攔水，還需火土拔刀相助。正印剋不到傷官，傷官剋不到正官；即所謂「須察其地位次序」。宜用木火土，忌金水財殺。

2、乙巳、丙午運洩水生日主，《滴天髓》：「格中如去病，財祿兩相宜……大凡有病者顯而易取，無病者隱而難推。」丁未運，丁壬合，地支亥卯未三合木局，戊運戊癸幫身，申運合去正印，申子半合水局，必衰。「戊己制煞之運，反入二乘」，指申運合水助官殺，酉運生水剋去唯一用神正印。

471

原文：印用食傷，印輕者亦不利見財也。

按：印用食傷，以牛監簿造而言，乙合於庚，印綬不弱，財印雙清，印重不忌輕財。

徐樂吾補注：印輕不利見財，則印重不忌見財可知。如本篇牛監簿命：

按：徐氏舉例，印重不忌輕財，財印雙清，也是傷官配印，傷官逆用，喜金水幫身。

按：牛監簿造，財食印皆成格，以食傷最旺，乙庚合不合不必鑽牛角尖，財印雙清透干就夠了。

正財	日主	食神	正印
丙辰	**癸亥**	**乙酉**	**庚寅**
癸　乙　戊	甲　壬	辛	戊　丙　甲
比肩　食神　正官	傷官　劫財	偏印	正官　正財　傷官
癸巳　壬辰	辛卯　庚寅	己丑　戊子	丁亥　丙戌

徐樂吾補注：乙庚合而不化（參觀十干配合性情節），身強印旺，當以食神生財為用。蓋以財為用者，除財損印外，必當以食傷為引也。如此造以食為引，故亥子丑身旺之地可行，庚辛印、寅卯食傷均吉。戊己官煞，未見其美矣。

1、按：正印通根偏印，印綬格。食傷四見，傷官格。正財通根年支，正財格。提綱偏印，印重財輕。庚金坐絕，乙庚合而不化。金水與木火土比例雖相當，考量食傷重印綬輕，偏弱。調候用神辛、丙俱全。

2、身強，准以食傷洩秀，食傷重財輕，若行食傷運偏枯，日主更弱。若行財地，損及提綱印綬。若行官殺之地，面對食傷旺盛，尚有財星可化，只怕流年財星被剋合。若行印地，印剋食傷，傷官配印可用。比劫運扶身，論吉。《滴天髓》:「日主弱，傷官旺，宜用印，可見官而不可見財。……傷官用印，局內無財，運行印旺身旺之鄉，未有不顯貴者。」條件設定「無財」，財為養命之源不可無，財印分隔即可。「戊己官煞，未見其美」，有財通關即可。

按：原文例，甲己合土，滿局皆土，土重金埋，母旺子衰，宜助其子，旺者喜洩，印太旺宜行比劫之地。金水為用，忌木火土。

食神	日主	正財	偏印
癸巳	辛未	甲戌	己未
庚 戊 丙	乙 丁 己	丁 辛 戊	乙 丁 己
劫財 正印 正官	偏財 七殺 偏印	七殺 比肩 正印	偏財 七殺 偏印
丙寅 丁卯	戊辰 己巳	庚午 辛未	壬申 癸酉

徐樂吾補注：**此本篇所謂合財存食為貴者，然細按之，殊未盡然。蓋印太旺，土重埋金，甲己一合，制印以存食，使癸水用神不傷，所以為貴也。癸酉壬申二十年，金水相生，最為美利，辛未庚亦尚可行。午運之後，官印旺地，土重埋金，用神傷盡，難以繼矣。**

1、按：徐樂吾認為「合財存食」不盡然，指甲己合之後，己土偏印不剋癸水食神。甲己合土，地支全是土，土重埋金，必須有甲木疏土，甲木被合，辛金無壬水，何以貴命？

2、《子平粹言》云：「旺者喜洩，印太旺宜行比劫之地，以洩印之旺氣。」《滴天髓》：「土太旺者而似木，喜金之剋也。」早運酉、申、辛、庚，旺者喜洩。午運巳午未三會官殺，必衰。己巳運拱午還是官殺。

474

按：原文舉例，北方之木宜木火；偏財最重，印比食傷剛好。

劫財	日主	偏財	七殺
乙亥	甲戌	戊子	庚戌
甲　壬	丁　辛　戊	癸	丁　辛　戊
比肩　偏印	傷官　正官　偏財	正印	傷官　正官　偏財
劫煞　孤辰	華蓋		華蓋
丙申　乙未	甲午　癸巳	壬辰　辛卯	庚寅　己丑

徐樂吾補注：此造財旺，煞印均弱，取乙木制戊土，以存煞印，蓋財為病，劫為藥也。仍以印化煞取用，惟忌財地，餘均可行，所謂印輕不宜見財也，更喜丁火藏庫，氣勢不寒，有病有藥，中和之造也。

1、按：月令正印為用神，正印化官殺生日主，原局偏財三見，官殺三見，日主有印綬比劫，故「中和之造」；然而「印輕不宜見財」，中運無戊己，劫財透干剋財護印，土金為忌，水木火喜用。

2、己丑財運不利，庚寅、庚戌三合火局，傷官生財。卯運木火生財。辰運雜氣財透出。癸巳、甲午運火地，財逢食傷，七殺也不怕食傷。《滴天髓》：「五氣不戾，性情中和。」歲運不助財殺，木運剋財，火地制殺，水地化殺。

按：原文例，月令寅木偏印，近朱者赤，化印為劫，棄之以就財官。

正官	日主	偏財	比肩
癸巳	丙午	庚寅	丙午
庚　戊　丙	己　丁	戊　丙　甲	己　丁
偏財　食神　比肩	傷官　劫財	食神　比肩　偏印	傷官　劫財
戊戌　丁酉	丙申　乙未	甲午　癸巳	壬辰　辛卯

徐樂吾補注：此本篇趙知府造。寅午一合，印化為劫，不以印論，用庚金之財，生癸水之官，為不易之法。惟財官太輕，喜行金水旺地。壬辰癸十五年最美，丙午日元坐刃，壬運七煞助官制刃，不以為忌也。巳運之後，一路木火之地，恐難行矣。

1、按：年日均為羊刃，巳午半會，寅午半合，偏印化成劫財，變格難用；將月干通根時支的偏財，與時上正官湊成財官格為用。但財官太輕，要用金水運補強。故「壬辰癸十五年最美」。《三命通會》：「時上官星與月亦同，但力輕微，發福多在晚年，或生賢子，要有印助，月令通生旺官氣，及見財生，或行財官，或行財官印生旺運，方可發福，破傷不中。」

2、為何「巳運之後，一路木火之地，恐難行」？因為木火土太強，沒有對等的金水運。如果成為炎上格，宜甲乙巳午丙丁火地。為何不算炎上格？以原局食傷多帶偏財格，火炎土燥，缺東方運。《三命通會》：「日中羊刃宜逢煞，運轉財鄉貴必遷；刑害俱全為吉地，財神會合是災年。」故壬水殺運必有功。

七、論食神

原文：食神本屬洩氣，以其能生正財，所以喜之。故食神生財，美格也。財要有根，不必偏正疊出。如身強食旺而財透，大貴之格。若丁未、癸卯、癸亥、癸丑（梁丞相造解釋在 490 頁），梁丞相之命是也；己未、壬申、戊子、庚申（謝閣老造解釋在 491 頁），謝閣老之命是也。

按：食神同性相斥，盜洩日主元氣圓緩，因為能生財，所以食神生財是好格局。財要有根，不必論偏財正財，有根就好。必須身強、食神氣旺，財星透出。

徐樂吾補注：食神者，財之根也，日元旺盛者，氣勢要有安頓。菁英喜其流露，若旺而無洩，及身而止，必非美造。梁丞相造，癸水日元旺，亥卯未食神合局，透起丁火。謝閣老造，庚金食神秉令，子申財星合局。兩造皆清純之極，宜為大貴之徵，福壽兼全之造也。

按：食神生財，除日主要有元氣外，食神也要有氣帶財，才華要顯露，若食神無財，即「旺而無洩，及身而止，必非美造」。梁丞相造，水木火一路順生。謝閣老造，食神生財同根透，不帶刑沖，高命。

原文：藏食露傷，主人性剛。如丁亥、癸卯、癸卯、甲寅（沈路分造解釋在 492 頁），沈路分命是也。偏正疊出，富貴不巨，如甲午、丁卯、癸丑、丙辰（龔知縣造解釋 493 頁），龔知縣命是也。

按：沈路分造水木兩局，水木傷官帶財。龔知縣正偏財疊出天干，財多不富，富貴不巨。

徐樂吾補注：五行干支，以陰陽配合為順，財官印是也。我生則以同類為順，食神是也。順則有情，逆則力猛。至於人性情之剛柔，須視四柱之配合，不必在藏露上分別（詳見《滴天髓》論性情節。如沈路分造，癸水雖通根，而地支寅亥兩卯，傷官太旺，發洩似嫌逾量；龔知縣造，癸水雖通根辰丑，究嫌不旺，發福亦不能巨。大抵食傷為用，主人性質聰明，蓋菁華發越，秀氣流露，自然有此徵驗。又四柱全陽，主人性質剛正急燥，全陰主人性質深沈遲緩，亦自然之勢，屢試屢驗。

1、按：五行以陰陽配合為和諧，因此正財、正官、正印宜順用。食神則是我生為同類，對我有情，八字是原局的較量，藏露分別陰陽正偏，仍是在五行範疇內。例如沈路分造「癸水雖通根，而地支寅亥兩卯，傷官太旺」，指癸日主有亥水帝旺，似乎夠強，然而食傷寅卯木也洩的有力，故「發洩似嫌逾量」。例如龔知縣造，「癸水雖通根辰丑，究嫌不旺」，指癸日主根不夠深，相對「發福亦不能巨」。由此窺知格局大小，類似樓高要基礎深，基礎淺無從起大樓。

2、《滴天髓》：「傷日干之貴氣（正官），更肆縱橫，然善惡無常，但須駕馭，而英華發外，多主聰明。」四柱全陽，主人性質剛正急燥，口直心快，一根腸子通到底；全陰主人個性深沈遲緩，難以拗通。極端不如中和。

原文：夏木用財，火炎土燥，貴多就武。如己未、己巳、甲寅、丙寅（黃都督解釋在 504 頁），黃都督之命是也。

按：木火土缺金水，雖說火炎土燥，然而日主是甲木非火土。木火交輝，必須是春月。食傷生財，財遇殺運，即無從食神制殺；故只以甲木洩氣太重，用印綬補充元氣。

按：甲木夏季，壬癸水為調候。黃都督造，甲木日時以建祿扶身，參天之木經得起燃燒，然而畢竟是五行偏枯，只能棄文就武。

按：食神固然喜生財，但食神制煞也是具有威權顯赫的好格局，又不可行財運，以免財生煞黨。常國公造，卯酉冲去月令用神，有外格備位，調候庚辛。胡會元用殺印比運，制衡食神。

按：常國公的食神被偏印夾殺，不能用，故「以印化煞為用」，七殺就是官威。胡會元造，原局結構不良，食神制殺太超過，食神多見變傷官，「最要之物為印」，剛好大運有印綬，其次官殺與印比；格局差，有運相濟最美。

原文：若金水食神而用煞，貴而且秀，如丁亥、壬子、辛巳、丁酉，舒尚書命是也。至於食神忌印，夏火太炎而木焦，透印不礙，如丙午、癸巳、甲子、丙寅，錢參政命是也。食神忌官，金水不忌，即金水傷官可見官之謂。

1、按：舒尚書金水傷官，秀氣聰明，剋洩交加靠歸祿扶身，調候最急，日主強弱其次。《三命通會》：「金以水為傷，以火為官，水雖剋火，若金寒水冷，不得火溫，難以濟物；況水得火，成既濟之功。」

2、錢參政則是木火傷官，木生火地，火炎木焚，要印綬去暑降溫，故「透印不礙」。《三命通會》：「木以火為傷，以金為官；火雖剋金，若木繁火熄，不得金削脫，難以通明；況金得火成器物之象。所以金水木傷官格，不忌官星。」

徐樂吾補注：取用神之法，以扶抑為正軌，所謂弱者扶之，強者抑之是也。除扶抑之外，調和氣候，亦為重要取用之一法（見論用神篇）。蓋夏木火炎木焦，冬金水冷金寒，必須有以調和之，即以調和之神為用也。如舒尚書造，金水傷官，喜見官煞；錢參政造，木火傷官，喜見印綬。皆以調候取用也。

按：舒尚書與錢參政都是以調候用神為優先考量。判斷調候用神優先「以扶抑為正軌」，因此八字到手判斷身強身弱是第一門檻。身弱要印比生扶，身強要剋洩。其次調候用神也是很重要的衡量基準。簡單說，夏天要有水，冬天要有火，季月多要有甲木。

原文：至若單用食神，作食神有氣，有財運則富，無財運則貧。

按：如果只有食神格，身旺食神也旺，（至少不能身弱）則保有食神福量寬宏的氣質。行殺地，殺被食制，不敢為禍。行財運，財被食生，充裕不竭。原局無財，財運過後，兩袖清風。

徐樂吾補注：單用食神，亦須看日元與用神之旺弱，及四柱配合之清雜。如某聞人命造，戊戌、辛酉、戊戌、辛酉（解釋在 481 頁），兩神成象，旺而且清，行財運富貴何疑？

按：「兩神成象」，本例指土與金，土金傷官，土金官去反成官。原局缺水木，戊中丁火不旺，大運癸亥、甲子、乙丑、丙寅、丁卯，欠甚麼來甚麼。又以食神格喜生財，走水地財運，時勢造英雄。

按：某聞人造，兩干不雜，兩行成象，印地即傷官配印。

傷官	日主	傷官	比肩
辛酉	戊戌	辛酉	戊戌
辛	丁 辛 戊	辛	丁 辛 戊
傷官	正印 傷官 比肩	傷官	正印 傷官 比肩
己巳 戊辰	丁卯 丙寅	乙丑 甲子	癸亥 壬戌

原文：更有印來奪食，透財以解，亦有富貴，須就其全局之勢而斷之。至於食神而官煞競出，亦可成局，但不甚貴耳。

按：食神怕「梟印奪食」，財星透出剋印，就是食神以子救母，也有富貴的情形，但需全盤觀察。至於用食神而官殺同時出現在天干，也可以小有局面，但貴氣不旺。

徐樂吾補注：此以病藥取用也。日元旺，喜食傷之洩，印來奪食，是印為病也；財破印以解，以財為藥也。富貴與否，須看財星能否解救。

按：「梟印奪食」，重印就是忌神，是病，有病就用財星為藥。日元旺，用食神傷官洩去日主元氣，重印剋去食傷，以至日主洩不出是病，財星能剋印解救食神就是藥。因此關鍵在財星是否受用？

徐樂吾補注：如己亥、丙寅、甲寅、壬申一造（解釋在 483 頁），甲木坐祿，丙火食神透出為喜，壬印奪食為病，惜己土財星無根，破印無力，病重藥輕。運行西北，助起病神，破耗刑傷，為不免也。

按：原局五行逆生，金生水，水生木，木生火，火生土，月時雙冲，年日雙合。食神三見，食神格為用，不巧偏印三見，時干通根年時地支，偏印奪去食神。財星不弱雖足以抗衡偏印，但年月天干正財與食神位置不對。其次，行運亥子丑壬癸印綬運，辛酉庚申，官殺給力印綬，屋漏偏逢連夜雨。

偏印	日主	食神	正財
壬申	甲寅	丙寅	己亥
戊　壬　庚	戊　丙　甲	戊　丙　甲	甲　壬
偏財　偏印　七殺	偏財　食神　比肩	偏財　食神　比肩	比肩　偏印
驛馬	干祿　孤辰	干祿　月德　孤辰	劫煞
戊午　　己未	庚申　　辛酉	壬戌　　癸亥	甲子　　乙丑

徐樂吾補注：甲木生寅月而透丙，本有木火通明之象。時上梟印奪食，透己土財以解之，惜病重藥輕。運喜財旺，食傷亦吉，印與官煞均忌。此造惜運行西北官煞印綬之鄉，否則，前程未可限量也。

徐樂吾補注：但有印食而兩不相礙者，比劫相護，財不破印者，是須視全局之配合。如己丑、丙寅、甲子、戊辰（解釋在484頁），透食而財印不相礙，即為富貴之造。

按：本例正印三見在地支，地支剋不上食神，食神就能生財；其次正偏財五見，透干成格，財星是壓倒性的剋制偏印，即無梟印奪食的疑慮。但亥子壬癸印綬運，有合有剋，辛酉、庚申官殺之地，僅能持平而已。

偏財	日主	食神	正財
戊辰	甲子	丙寅	己丑
癸 乙 戊	癸	戊 丙 甲	辛 癸 己
正印 劫財 偏財	正印	偏財 食神 比肩	正官 正印 正財
戊午 己未	庚申 辛酉	壬戌 癸亥	甲子 乙丑

484

本例食神三見，食神格成立，食神帶財，地支寅卯辰三會木局，身強，天干食神，而正官七殺出現在年月天干，並無通根，但偏財三見，生官殺給力。初運水地印綬剋用神食神，中運官殺之地，原局無根變有根，反轉成剋洩臨身，故「不免破耗」。為何「行木火之運，則名利並全」？《滴天髓》：「強眾而敵寡者，勢在去其寡」，以日主分眾寡。

食神	日主	七殺	正官
丙寅	甲辰	庚寅	辛卯
戊　丙　甲	癸　乙　戊	戊　丙　甲	乙
偏財　食神　比肩	正印　劫財　偏財	偏財　食神　比肩	劫財
壬午　　癸未	甲申　　乙酉	丙戌　　丁亥	戊子　　己丑

原文：更有食神合煞存財，最為貴格。

按：指陰日主傷官合七殺，陽日主食神合正官。

徐樂吾補注：食神合煞存財，食神當是傷官之誤。蓋食傷一例，
食神合官，傷官合煞也。如乙見丙為傷官，見辛為七煞，丙辛
合則煞不剋身，所以為貴。亦有並透而不相礙者，此則在地位
配置之合宜耳。如己亥、甲戌、癸亥、丙辰，合煞存財也。

按：是否合去除了看八字配置外，合去忌神或喜神也有關係。本例食
傷四見透出傷官，格成傷官生財，因為甲己合，傷官合七殺，只剩時
上正財通根月令丁火偏財，殺既合去，財不生殺，火地生官有情。

正財	日主	傷官	七殺
丙辰	癸亥	甲戌	己亥
癸　乙　戊	甲　壬	丁　辛　戊	甲　壬
比　食　正 肩　神　官	傷　劫 官　財	偏　偏　正 財　印　官	傷　劫 官　財
丙寅 ｜ 丁卯	戊辰 ｜ 己巳	庚午 ｜ 辛未	壬申 ｜ 癸酉

486

按：月令食神為用，怎麼用？生財？制殺？以偏財四見透出時干，格成食神生偏財；不巧庚金劫財在天干，剋去偏財是為病。病有藥醫即無妨，以正官剋去劫財；年支食神生財給力正官。原局食神為用，財為喜，官為藥，比劫為忌。大運壬癸、寅卯、甲乙、巳午，財不逢比劫，食不逢印，官不逢傷。《三命通會》：「食神印綬不宜逢，惟見財官福更隆；食神喜行身旺地，逢梟逢比總成空。」

偏財	日主	劫財	正官
乙未	辛卯	庚子	丙辰
乙 丁 己	乙	癸	癸 乙 戊
偏財 七殺 偏印	偏財	食神	食神 偏財 正印
戊申	丁未	丙午	乙巳	甲辰	癸卯	壬寅	辛丑

487

原文：至若食神透煞。本忌見財，而財先煞後，食以間之，而財不能黨煞，亦可就貴。如劉提台命，癸酉、辛酉、己卯、乙亥（劉提台造解釋在 498 頁）是也。其餘變化，不能盡述，類而推之可也。

按：本例格局清亮，日主無根，卻是印綬比劫大運生扶日主，時勢造英雄，運好來的巧；卯亥合解卯酉冲。

徐樂吾補注：食傷透煞，何以忌見財星乎？煞本忌其剋身，故須用食神以制之。若見財則食神生財，財生煞，不但不制，反轉而生煞矣，故以為忌，然如劉提台造，日元羸弱，金木相戰，雖財不黨煞，亦未見佳妙。殆中年運程丁巳丙十五年，化煞制食為美，故貴為提台耳。初運庚申，幼年必艱苦也。

按：食神透出七煞，食神制殺剛好，忌見財星是因為食神生財，財轉生殺，食神反被七殺利用，七殺逆用得財黨殺，乘亂壞事。劉造日主衰弱，「金木相戰」，指食神制殺。「財不黨煞」，指財與殺被日主與食神拆開，七殺財源被阻斷。「未見佳妙」，指日主無根，耍不開。「化煞制食為美」，指大運印綬化殺制食神，火土同位，連帶身強。初運庚申傷官，卸去日主元氣，屋破偏逢連夜雨。

八、論食神取運

原文：食神取運，即以食神所成之局，分而配之。食神生財，財重食輕，則行財食，財食重則喜幫身。官煞之方，俱為不美。

按：食神為用，取各大運五行，喜財或制殺視之。財重食輕，取食傷運；財輕食重，取財運。財食皆重喜身旺，身弱要比劫運幫身。官殺運使日主不勝負擔。

徐樂吾補注：食神生財之局，因身輕身重而不同。身重喜行財食，身輕則喜幫身。若食神透干，比劫運俱不忌，官煞運均忌。身重者如本篇梁丞相命：

按：食神生財由身強身弱決定，身重喜食財，身輕喜比劫。「比劫運俱不忌」，因為有食神通關（透干才算），比劫扶身不剋財。「官煞運均忌」，因為食傷洩了還有財，官殺則是剋身。

原文例，梁丞相，食神生財宜木火，不宜土金。

比肩	日主	比肩	偏財
癸丑	癸亥	癸卯	丁未
辛　癸　己	甲　壬	乙	乙　丁　己
偏印　比肩　七殺	傷官　劫財	食神	食神　偏財　七殺
乙未　丙申	丁酉　戊戌	己亥　庚子	辛丑　壬寅

徐樂吾補注：此造妙在亥卯未三合，透出丁火，身強食旺而財透。木火運固美，金水運亦吉，戊戌十年，必有挫折也。此造若原局透一壬字合丁，不能照此看法，喜金水木而不宜火土矣（參觀十干配合性情節）。

1、按：月令食神為用神，亥卯未三合食神局，癸亥日主與癸丑拱子，自坐祿旺，年柱干支偏財格，故「身強食旺而財透」。「木火運固美」，食神生財成格，則食神生財與財逢食神都好。為何「金水運亦吉」？金是印，原局偏財有比劫制住；水則是生給食神元氣。

2、若原局透壬合丁化木，偏財被合去差很大，食神作用盡墨；此時變成傷官格為主，用庚辛印綬當「傷官配印」。其次傷官生財，宜火運。辛丑運雜氣財透出。庚子運扶身，子運填實不利。己運七殺不利。亥運扶身持平。戊戌運合出火土局，財生殺，故「必有挫折」。

490

按：謝閣老造，戊子日天合地，坐下財官之地；財官旺宜靜不宜冲。

食神	日主	偏財	劫財
庚申	**戊子**	**壬申**	**己未**
戊　壬　庚	癸	戊　壬　庚	乙　丁　己
比　偏　食 肩　財　神	正財	比　偏　食 肩　財　神	正　正　劫 官　印　財
甲子	乙丑	丙寅	丁卯	戊辰	己巳	庚午	辛未

徐樂吾補注：土寄四隅，申亦土之長生也（見陰陽生死節）。年逢己未，日元弱而不弱；時上庚申，食神專祿，壬水生於申，子申合局，為身強財食並旺。庚金透露，己巳、戊辰幫身運甚美，印運亦吉。此俗所謂專祿格也（見時說拘泥格局節）。

徐樂吾又補注：《喜忌篇》云：「庚申時逢戊日，名食神專旺之方，歲月犯甲丙卯寅，此乃遇而不遇」，正合此格。此為本篇謝閣老造，亦是身重食旺也。至於身輕食旺者，如本篇沈路分造。

1、按：原局月令食神，食神三見透出時干；偏財三見，月令透出月干，格成食神生財。妙在申子半合，食神生財同根垂直透出，帶水平連結，土金水極為緊密，火運不嫌，卯木官運有天干丁火洩去，丙寅運雙冲月柱與時柱，波瀾壯闊。

2、金水旺帶土，宜用印綬丙丁相生，《三命通會》：「土以木為官，以金為傷；木畏金剋，金得木無益。所以火土傷官格，忌見官星。」喜印就忌財，官殺亦忌分去食神之力。

按：沈路分造，身輕食傷旺，不走財地，日主權宜用印綬制衡；水木二局，水木傷官。

傷官	日主	比肩	偏財
甲寅	癸卯	癸卯	丁亥
戊 丙 甲	乙	乙	甲 壬
正官 正財 傷官	食神	食神	傷官 劫財
乙未	丙申	丁酉	戊戌	己亥	庚子	辛丑	壬寅

徐樂吾補注：癸水雖通根於亥，而亥卯合局，日時寅卯而透甲，食傷旺而生財，為身輕洩氣太重。運行印綬之鄉為最美，比劫幫身亦佳，但宜支而不宜干，見壬則合去丁財，見癸亦不免爭財之嫌。亥子丑北方劫地，則甚美也。又本篇龔知縣造如下。

1、按：原局卯亥半合，寅卯半會，地支食傷四見，傷官透出於時干，傷官格為用；偏財通根於時支丙火，傷官生財格局有成。然而傷官太重，日主太輕扛不住，取印綬剋制食傷，稱「傷官配印」，故「運行印綬之鄉為最美」。

2、比劫幫身，但壬水來丁合去，幫身變洩身；癸水則爭財，所以比劫指地支亥子，中運亥子幫身吉運。《滴天髓》：「日主弱，傷官旺，無印綬，宜用比劫，喜見劫印，忌見財官。」戊戌大運必衰。

按：龔知縣造，癸水無印綬僅濕土扶身，木火土環繞，靠格局努力。

正財	日主	偏財	傷官
丙辰	癸丑	丁卯	甲午
癸　乙　戊	辛　癸　己	乙	己　丁
比　食　正 肩　神　官	偏　比　七 印　肩　殺	食 神	七　偏 殺　財
乙 亥	甲 戌	癸 酉	壬 申	辛 未	庚 午	己 巳	戊 辰

徐樂吾補注：同一身輕，而上造為食重財輕，此造為食輕財重，而身弱則一也。故皆以幫身運為喜。幫身之中，食重喜印，財重喜劫。此造得意，必在壬申癸酉運中。又兩造比較，沈造格局清，此造格局較雜，貴賤高低之分，全在清濁純雜之間。以其格局夾雜，雖在佳運，不過百里之尊而已。

1、按：月令食神，月干透出偏財帶時干正財，偏財格成立，而食傷雖三見，但無天透地藏之勢，故財重食輕，身弱。為何「食重喜印」？因為傷官配印好。為何「財重喜劫」？因為財剋印，以子救母。忌火土運，喜金水運。

2、徐氏補述本造僅為百里侯（縣長），以格局言，上造水木火清楚，格局通根有力，水木傷官帶財，日主中和。本造僅財格通根，身弱缺印，運走財生殺，天干透出正偏財，不如只透偏財。

原文：食用煞印，運喜印旺，切忌財鄉。身旺，食傷亦為福運，行官行煞，亦為吉也。

按：食神制殺，殺帶印綬，用印綬化殺，就不宜財來破印。身旺有元氣，就宜食傷運，行官殺運亦吉。總之，食神要身強，用處才可多元化。

徐樂吾補注：食用煞印者，棄月令食神而用煞印也。看法同偏官用印，用印化煞，故最忌財破印黨煞，官煞運有印化反吉。若身旺印旺，食傷洩秀亦佳，身弱則不宜傷也。如本篇常國公命。

按：「食用煞印」，指月令雖然是食神，但外格的七殺與印綬質量優越，所以形成殺印相生，故放棄食神的作用。因為用印化殺，所以印綬不宜被財剋。如果日主與印綬強盛，用食傷洩秀，身弱則不可用食傷。

按：常國公造，卯酉冲去月令用神，有外格備位，調候庚辛。

七殺	日主	偏印	偏印
己未	癸酉	辛卯	辛卯
乙 丁 己	辛	乙	乙
食神 偏財 七殺	偏印	食神	食神

癸未	甲申	乙酉	丙戌	丁亥	戊子	己丑	庚寅

徐樂吾補注：棄食用煞印也。印旺而身不強，故財最忌，食傷運亦不宜也。印劫最為美運，官煞有印化亦無礙，如己丑、戊子、丁亥，皆佳運也。丙戌運，戌合卯刑未，此十年皆財運，恐難為繼。

1、按：八字用神，專求月令。食神三見不透干，偏印三見透干成格，七殺帶財在時柱成格，又以月令食神蓋頭，卯酉冲破，取外格殺印相生。既然殺印相生，不宜財運（剋印），身強可以用食傷，而本造身弱不宜食傷運，故「印劫最為美運」。

2、身弱喜金水之地，初運亥子丑水地，晚運申酉金地，榮景可期。己丑運雜氣財官透出，戊運合火不利，子運雖佳，午年來冲不吉。丁運財剋印，虧有癸水制。丙戌運，丙火為財，丙辛不化，坐貴人雖凶無禍。戊運合卯化火剋印，生七殺，刑未土，不利。乙酉運雙冲年月兩柱，旺者冲衰，衰者拔，日主身弱就不利。

原文：食神帶煞，喜行印綬，身旺，食傷亦為美運，財則最忌。若食太重而煞輕，印運最利，逢財反吉矣。

按：食神帶七殺，剋洩交加，用印化煞、生身、剋食傷，一魚三吃，如果身強印比多，食傷運洩身也是好運。財剋印，則破局。如果食神太重，而七殺輕，用印綬運壓制食神，以子救母；或用財洩食傷，通關生官殺。

徐樂吾補注：食神帶煞，謂原局無印綬也。此段須分三節看：
1、身弱，煞剋身，食神洩氣，倚輕倚重，均不為美，惟有印運最利，比劫亦利。
2、身旺煞強，則食傷制煞，極為貴格。運喜食傷，惟忌財運。
3、食神制煞太過，即煞輕食重也，法須扶煞，故財運反吉。然不及印運之美，蓋印可以去食之太過，化煞滋身，一得三用也。
　如本篇胡會元造：

按：前述食神帶殺，是指原局沒有印綬（少量的餘氣入庫之類也當沒有印綬），分成三種情況解釋：
1、身弱、七殺重，食神又洩身，剋洩交加，只能用印綬，一魚三吃。或比劫直接扶身。
2、身旺殺強，食神制煞；則運喜食傷，忌財運通關生殺。
3、食神制煞太過，以平衡原則論，必須生扶七殺，故用財運生七殺論吉，然而不如印綬的一魚三吃。

按：胡會元造，食神制殺太過，喜印綬生身制傷，宜官殺生印。

食神	日主	七殺	食神
戊戌	**丙子**	**壬戌**	**戊戌**
丁　辛　戊	癸	丁　辛　戊	丁　辛　戊
劫財　正財　食神	正官	劫財　正財　食神	劫財　正財　食神
庚午　己巳	戊辰　丁卯	丙寅　乙丑	甲子　癸亥

徐樂吾補注：此食神制煞太過也。甲乙印運為美，癸亥子丑官煞運反吉，丙寅丁卯劫印幫身，最為美運；戊辰最忌。蓋丙為太陽之火，水猖顯節，不畏水也；土眾成慈，遇土反晦也。

1、按：丙火戌月，官殺臨身，缺印綬，身弱。調候甲、壬，以甲木疏厚土，壬水輝映丙火；原局有壬水，初運甲子，中運寅卯辰木運，調候之地。食神五見，故「食神制煞太過」，既然食神太旺變傷官，傷官配印就是好。七殺以正官為根，天干食神制殺不帶財，七殺無財，流氓變秀才。

2、「甲乙印運為美，癸亥子丑官煞運反吉」，因為子丑之水化為印綬之元氣。丙寅丁卯是木火幫身，來的巧。戊辰運冲剋太多，地支冲旺，忌神發；天干冲衰，用神滅。

按：劉提督造，三格鼎立，各居祿旺；四柱全陰，金水木欠火土，大運補上。食神坐文昌，風華絕代。

七殺	日主	食神	偏財
乙亥	己卯	辛酉	癸酉
甲　壬	乙	辛	辛
正官　正財	七殺	食神	食神
孤辰	將星	文昌	文昌

癸丑	甲寅	乙卯	丙辰	丁巳	戊午	己未	庚申

徐樂吾補注：此本篇劉提督造也。雖癸與乙之間，隔以辛己，財不黨煞，但身弱剋洩兩忌。幸所行之運己未、戊午、丁巳、丙辰，印綬比劫相連，故能貴為提督。否則，格局雖清，無益於事，若非運助，安能望貴乎？

1、按：月令食神三見透出天干，食神格為用，食神生財，食神制殺；財不宜生殺，原局財殺之間有日主與食神間隔，但己土面對食神與七殺就是剋洩交加，財殺好處都有，自己卻弱到無根。

2、「印綬比劫相連」，印綬是火，比劫是土，己未、戊午、丁巳、丙辰，一路火土運生扶日主，故「若非運助，安能望貴」。

498

按：食神太旺帶印綬，用食神生財，尚可用財回剋印綬；其次食傷
運亦吉，但原局要有財星接收。印綬運最忌諱，因為印剋食傷是忌
神；其次，官殺運不吉，因為官殺生印，官殺是生忌神的仇神。

按：食神太旺而帶印綬，牽連五行關係特性。例如日主甲乙木生在
巳午月，木火傷官，傷官太旺要有水潤木降溫。徐氏僅以火土傷官
舉例。

按：李君造，不可逆者，當令得勢之神，宜從其意向。

偏財	日主	傷官	食神
庚寅	丙子	己未	戊戌
戊　丙　甲	癸	乙　丁　己	丁　辛　戊
食　比　偏 神　肩　印	正官	正　劫　傷 印　財　官	劫　正　食 財　財　神
紅　驛 豔　馬	將星	寡宿	
丁　　丙 卯　　寅	乙　　甲 丑　　子	癸　　壬 亥　　戌	辛　　庚 酉　　申

徐樂吾補注：丙火通根戌未而時寅，帶印也。戊戌己未，土居其四，食傷太旺，運最利財，蓋庚申辛酉，洩土之氣也。官煞不利，火土枯燥，加入滴水，不足以潤燥，而反激其焰也。洩氣已重，食傷未必為福，印綬未必為禍，惟非佳運則可知也。八字各個配合不同，為喜為忌，並無一定，特舉其一例耳。

1、按：丙火生在未月，傷官為用神，食傷五見，傷官格很旺帶財格。比劫三見，印綬兩見，日主與格局勢均力敵。傷官生財，以庚申辛酉財運最佳。亥子運「反激其焰」，指原局火土旺盛，水來逆襲火土之性，必衰。

2、《滴天髓》：「順逆不齊也，不可逆者，順其氣勢而已矣……不知四柱之神，不拘財官殺印食傷之類，成全得勢，局中之神，又去助其強暴，謂兩人同心，或日主得時秉令，四柱皆拱合之神，謂權在一人，只可順其氣勢以引通之，則其流行而為福矣，若勉強得制，激怒其性，必罹凶疚。」

按：若食神帶印綬，因為印剋食傷，所以食神生財，以子救母。其
次，食傷運也可以反制平衡。印綬與官殺運皆忌諱，因為重印使食
傷扛不住，官殺又使日主剋洩交加。

按：面對食傷旺盛，日主強與弱不同說法。日主身強，宜用食傷洩
去日主旺氣，而日主旺往往帶有印綬，印綬會剋食傷，所以透財剋
印，替食傷解危，正是螳螂捕蟬，黃雀在後。反之，日主衰弱，用
財洩去食傷，而衰弱的日主往往沒有印綬，所以財星洩食傷是為了
平衡，可以補印綬。簡單說，日元旺，財剋印是制衡。日元衰，食
傷生財是平衡，用印綬是補元氣。

按：以上用一般常理討論食神，但也有考量調候的情況。

按：舒尚書造，年日雙冲，丁壬合；剋洩交加靠歸祿，調候最急。

七殺	日主	傷官	七殺
丁酉	辛巳	壬子	丁亥
辛	庚　戊　丙	癸	甲　壬
比肩	劫財　正印　正官	食神	正財　傷官
甲辰　乙巳	丙午　丁未	戊申　己酉	庚戌　辛亥

徐樂吾補注：金水食神用煞，與金水傷官用官相同，皆調候之意也。用神為官星，運亦喜財官。如此造己酉、戊申，印劫之地，無榮辱可言，而丁未丙午最美，乙巳甲三運亦佳。蓋原局金寒水冷，非可以常理取也。

徐樂吾補注：又如本篇錢參政造：

1、按：辛金生在子月，癸水得令，寒冬雨露，最忌癸水出干，凍金困火。《三命通會》：「傷官火土宜傷盡，金水傷官要見官」，故取丙、戊調候為急，身弱有巳酉生扶即可，強弱次要。官殺三見，不成格；食傷三見，以傷官天透地藏取傷官格。

2、七殺在天干，但年月丁壬合，傷官不駕殺，生財。申酉運比劫生食傷，身弱持平。丁未運財生殺是調候，丙午運調候並與壬子既濟。神煞加持很大。

按：錢參政造，木火傷官，木火見官官有旺，原局殺弱要申酉運。

食神	日主	正印	食神
丙寅	甲子	癸巳	丙午
戊　丙　甲	癸	庚　戊　丙	己　丁
偏財　食神　比肩	正印	七殺　偏財　食神	正財　傷官
辛丑　庚子	己亥　戊戌	丁酉　丙申	乙未　甲午

徐樂吾補注：木火傷官用印，亦調候之意。印輕則專用印劫，如此造癸印得祿，氣象中和，故丙申、丁酉皆為美運。若戊戌財運破印，恐不能免也。

徐樂吾補注：金水用官與木火用印，同為調候，然有不同者。金水非見官不可，而木火無印，若身強亦可就貴。如本篇黃都督造：

1、按：甲木生在巳月，巳午半會透出丙火，食傷五見，傷官格，逆用。癸水正印天透地藏，傷官配印，以印綬比劫之地為宜，忌傷官生財剋印。甲在巳月，癸水丁火剛好用，甲不離庚，申酉運濟事。

2、午運「虎馬犬鄉，甲木若來，必當焚滅」，困蹇。乙未運乙木助身，木生火傷官太旺，焦頭爛額。丙申運巳申合，申子半合，印剋傷官，好運。丁酉運合去巳火生水，印剋傷官。戊戌運，財剋印必衰。己亥運冲剋合會太多，衰運。驛馬時柱加持。傷官雖然忌官，有土通關即可，遑論甲木時上歸祿，庚辛不見可乎？

按：黃都督造，火炎土燥？從兒？從財？全象喜行財地或化地？

食神	日主	正財	正財
丙寅	甲寅	己巳	己未
戊　丙　甲	戊　丙　甲	庚　戊　丙	乙　丁　己
偏財　食神　比肩	偏財　食神　比肩	七殺　偏財　食神	劫財　傷官　正財
辛酉　　壬戌	癸亥　　甲子	乙丑　　丙寅	丁卯　　戊辰

徐樂吾補注：甲木坐寅，時又逢寅，日元甚旺，旺而洩秀，亦可用也，惟火多則木有自焚之患。此造妙在食輕財重，火洩其氣，惟究嫌偏枯，貴多就武。行運仍宜印劫之地，乙丑、甲子、癸亥、壬三十五年，最為美利，雖命造本佳，亦運助之也。

1、按：月令食神生財透干，食傷五見，傷官格。正偏財六見，偏財格。以己未、己巳拱火局財格，但火土同位，天干甲己合，正財兩透，故「食輕財重」。一路木火土，缺金水，偏枯。

2、甲木日時建祿兩見，身強洩秀於火土，《滴天髓》：「全象喜行財地，而財神要旺。……三者為全，有傷官而又有財也；（日）主旺喜財旺，而不行官殺之地方可。……傷官生財，日主旺相，固宜財運，倘四柱比劫多見，財星被劫，官運必佳，傷官運更美。」「行運仍宜印劫之地」，理由是印綬可成全其木火土，避免火多木焚，或身弱用印。然而如果論甲己化土，不論真化假化，以丁卯、丙寅運，成全其化神土，應該也能成立。

504

3、依據《子平真詮‧卷四》徐樂吾所述:「甲木坐寅,時又逢寅,日元甚旺,旺而洩秀,亦可用也,惟火多則木有自焚之患。此造妙在食輕財重,火洩其氣,惟究嫌偏枯,貴多就武。行運仍宜印劫之地,乙丑、甲子、癸亥、壬三十五年,最為美利,雖命造本佳,亦運助之也。\意思說,本造因為食傷生財,偏重在火土,火炎土燥是指火土一堆,但原局甲木日時建祿兩現,仍屬有間。因此路人甲說「火炎土燥」,好像可以從財;路人乙也可說「木火通明」,好像也可以從兒。但從原局形式判斷,不論從兒或從財,兩者俱無壓倒性優勢。從《滴天髓‧化象》諸例判斷,本造甲己化氣為土,而火土同位,因此木火土一氣化生,行運以甲乙寅卯丙丁順遂。如果拋棄「化象」之說,採用徐氏論述「火多則木有自焚之患……行運仍宜印劫之地」,意思是用印綬比劫補充日主元氣,當然要行水木大運,因此與持「化象」要火就互相矛盾。但就比劫扶身論吉運,可以成立共識。因此寅卯甲乙論吉運。至於「甲子運」如何?甲木生在巳月,癸水為調候,雖為老生常談,更妙甲運助化土,子運「衰神冲旺,旺神發」。

卷五、取運篇

山陰沈孝瞻原著　　武原東海樂吾氏評註　　常州於光泰疏

一、論偏官（七殺）

> 原文：殺以攻身，似非美物，而大貴之格，多存七殺。蓋控制得宜，殺為我用，如大英雄大豪傑，似難駕馭，而處之有方，則驚天動地之功，忽焉而就。此王侯將相所以多存七殺也。

按：七殺，逢七而絕，有制謂之偏官，無制謂之七殺。「大貴之格，多存七殺」，指殺印相生、身殺兩停、羊刃駕殺、食神制殺等，必須控制得宜，向來嗜好掌權者，大成大敗；以七殺、傷官為權勢中人。處之有方，專權富貴。官殺同樣剋日主，正官格順用，財生官，官生印皆成格。七殺順用印綬，逆用則食神傷官制殺（不帶財）、羊刃駕殺、身殺兩停等。

> 徐樂吾補注：官殺同類，而其用有不同。官為陽之於陰、陰之於陽，異類相引；殺為陽之於陽、陰之於陰，同類相拒。故官殺雖同為剋身之物，而有有情無情之分。官不可傷而殺宜制，亦以此也。然官多身弱，官等於殺；殺輕身強，殺同於官。此則不可不知也。

按：正官異性相吸，故剋身有情；七殺同性相斥，故剋身無情。官殺如何區分？以日主強弱為基準；身弱，正官也當七殺。身強，七殺當正官。

原文：七煞之格局亦不一：煞用食制者，上也，煞旺食強而身健，極為貴格。如乙亥、乙酉、乙卯、丁丑（解釋在522頁），極等之貴也。

按：七殺格用食神制煞是上等格局，條件是殺強、身強、食神強，缺一要大運補齊。

徐樂吾補注：煞旺食強，陽干陰干不同。陰干不畏煞旺，只須食制；陽干必須身健，否則，剋洩交加，非用印不可也。上造亥卯會，酉丑會，確合制煞格局；尤難得者，四柱清純，無一間雜之神，宜為極等之貴也。參閱論用神格局高低篇陸（榮廷204頁）、商（震203頁）、閻（錫山202頁）造。

按：陰干的七殺是陰干，陰干的正官是五合的陽干，例如己土的正官是甲木，具有又剋又合的特性，所以剋中帶有情分，只須注意食神是否能剋住陰干的七殺。陽干的七殺是陽干，例如甲木的七殺是庚金，正官是辛金，甲木用食神丙火去剋辛金正官，會有合化的問題，所以丙火適宜剋制庚金；丙庚交戰對甲木而言就是「剋洩交加，非用印不可」。「四柱清純，無一間雜」，指木土與土金（夾戌土）勢均力敵。因此徐氏認為《子平真詮》原文舉例是「極等之貴」。

原文：煞用食制，不要露財透印，以財能轉食生煞，而印能去食護煞也。然而財先食後，財生煞而食以制之；或印先食後，食太旺而印制之，格成大貴。如脫脫丞相命，壬辰、甲辰、丙戌、戊戌（解釋在524頁），辰中暗煞，壬以透之，戊坐四支，食太重而透甲印，以損太過，豈非貴格？若煞強食淺而印露，則破局矣。

1、按：食神制殺，財與印綬不宜透出，因為財能使食神與七殺通關，財生殺黨；印綬則剋去食神，護衛七殺，以至七殺無制。

2、食神制煞，中間不要有財星；食神太旺，則印綬要貼近。何謂「以損太過」？指脫脫丞相，食神制殺太過，七殺配印綬，以子救母。

徐樂吾補注：煞用食制，不宜財印並透，所論甚精，所引脫丞相命，食神洩氣太重，以甲印損其太過，兼以生助日元，所以行丙午丁未而大貴。壬水之氣洩於甲，不能再用，而天干壬甲丙戊，一順相生，尤為貴徵也。至於財先食後，如民初安參謀總長道之命造，壬午、癸卯、己巳、辛未（參謀總長解釋在 510 頁），確合此格，年月財生煞旺，時上食以制之，而己土得祿於午，通根於未，身旺食煞俱清，洵大貴之徵也。如辛在年月，則為食神生財、財生煞之局；午中丁印如透出，則為食淺印露，梟神奪食護煞，均破格矣。

1、按：七殺用食神剋制，雖是好格局，但不要「露財」，因為食神生財，財生殺，殺攻身，食神制煞通關後，反變成食神「助殺」；不要「透印」，因為印綬剋食神，食神被制，剋殺無力，故「去食護煞」。

2、「財先食後」，指財在年柱，生月柱七殺，然後用食神格剋制七殺。或者印綬在前，食神在後，因為食神太旺，七殺被剋制過頭，必須在兩者之間架上印綬格，建構兩道防禦系統。「煞強食淺而印露，則破局」，指七殺抗拒食神，印綬剋食神，失衡的食神制殺破局無用。

按：參謀總長，月令七殺格，財生殺旺，有巳午印化，印剋食傷財反剋，大運合多。水木火金土相生。

食神	日主	偏財	正財
辛未	己巳	癸卯	壬午
乙 丁 己	庚 戊 丙	乙	己 丁
七殺 偏印 比肩	傷官 劫財 正印	七殺	比肩 偏印

辛亥	庚戌	己酉	戊申	丁未	丙午	乙巳	甲辰

徐樂吾補注：年月財生煞旺，時上食以制之，而己土得祿於午，通根於未，身旺食煞俱清，洵大貴之徵也。如辛在年月，則為食神生財、財煞之局；午中丁印如透出，則為食淺印露，梟神奪食護煞，均破格矣。

1、按：年干壬癸水生提綱，地支巳午未隔位印綬三會，帶比劫，原局水木火土金，日主不弱。格局財生殺，殺生印；《滴天髓》：「輕者不徒一氣成局之謂也。如正官格身旺有財，身弱有印，並無傷官七殺雜之，縱有比肩、食神、財煞、印綬雜之，皆循序得所，有安頓，或作閑神不來破局，乃為清奇；又要有精神，不為枯弱者佳。」

2、「如辛在年月，則為食神生財、財生煞之局」，指食神在前，食神生財，財生殺，洩氣而出的食神制不住七殺；「丁印如透出」，梟印奪食，破壞食神制煞的平衡度。丙午雙合時柱，丁未雙合年柱，戊申雙合月柱，逢凶化吉。

原文：有七煞用印者，印能護煞，本非所宜，而煞印有情，便為貴格。如何參政命，丙寅、戊戌、壬戌、辛丑（何參政造解釋在 525 頁），戊與辛同通月令，是煞印有情也。

按：食神制殺好格局，七殺用印，印能護殺，反而剋去食神，故「本非所宜」，但如果原局排列得宜，便為貴格。

徐樂吾補注：官煞俱以財印為輔，但財印不併用。何造妙在財在年干，財生煞，煞生印，印以生身。財不破印，地位配置合宜，便為貴格。若辛丑戊戌易位，便為財破印，煞攻身，貧賤之局矣。

1、按：財剋印，不要相鄰即可，畢竟財、印還是好東西。財生官，印護官（印剋食傷，使正官受到保護）。

2、若「辛丑戊戌易位」指年月天干丙辛合，便為「財破印，（時干）殺攻身」，其實重要在丙辛合，財格印格都泡湯。晚年日主沒有印綬，反而七殺攻身。

原文：亦有煞重身輕，用食則身不能當，不若轉而就印，雖不通根月令，亦為無情而有情。格亦許貴，但不大耳。

按：殺重日主弱，以印綬通關扶日主，不可用食神制煞，因為日主無氣，食神也弱不堪用；雖不通根月令，不無小補，殺印相生，不如食神制煞，因為化殺僅能護身，制殺則揚威萬里，積極總比消極好。

徐樂吾補注：食神制煞，以身強為條件，身弱則剋洩交加，身不能當，惟有轉而就印。如常國公造，辛卯、辛卯、癸酉、己未（見前論食神節），即煞重身輕，棄食就印，用印化煞也。格局清純，同一取貴。

按：食神制殺，要身強；身弱用印綬。常國公造在前章，請讀者自行翻閱，不贅述。

原文：有煞而用財者，財以黨煞，本非所喜；而或食被印制，不能伏煞，而財以去印存食，便為貴格。如周丞相命，戊戌、甲子、丁未、庚戌（周丞相造解釋在527頁），戊被甲制，不能伏煞，時透庚財，即以清食者，生不足之煞。生煞即以制煞，兩得其用，尤為大貴。

按：有七殺或許成格，又帶財則財殺太旺，格強身就弱，故「本非所喜」；或者印綬偏強剋制食傷，以至食神無法制殺，此時以財剋印，保住食神，用食神制殺。換言之，以兒救母，財滋弱殺，故「生煞即以制煞」。

徐樂吾補注：財印同為煞之輔，身強煞弱，用財滋煞，非不能用也。如己酉、丙寅、庚申、庚辰，庚金極旺，丙火根輕，必須用財滋煞，行東南木火之運，仕路顯赫，即抑強扶弱之理也。至如周丞相造，用財去印存食，乃病藥取用法也。戊未中均藏丁火，日元不弱，八字四土一水，制煞太過，其病一也；子水孤單，見甲更嫌洩氣，其病二也。甲木無根，棄印就財，洩土之氣，滋生弱煞，誠為兩得其用。書云：「有病方為貴」，有解救之藥，即貴之徵也。

1、按：七殺原則不可用財生，然而七殺弱還是要財滋生。財印雙清，七殺為用。

2、周丞相命造「八字四土一水，制煞太過」，土重埋金為病。「子水孤單，見甲更嫌洩氣」，甲木直接用寅、卯運。「甲木無根，棄印就財」，大運無財地，只能用散見於流年的財星。制煞太過用財好解釋；棄印就財，無法解釋寅卯印綬運，惟財印雙清。

按：徐樂吾補注例，「行東南木火之運，仕路顯赫」，大運金水之地。

比肩	日主	七殺	正印
庚辰	庚申	丙寅	己酉
癸 乙 戊	戊 壬 庚	戊 丙 甲	辛
傷官 正財 偏印	偏印 食神 比肩	偏印 七殺 偏財	劫財
戊午　　己未	庚申　　辛酉	壬戌　　癸亥	甲子　　乙丑

1、按：庚絕在寅，但自坐祿位，年支羊刃帶正偏印四見，身強。庚申、庚辰拱子，帶有井欄叉格、傷官格意謂，忌行火土運。「丙火根輕，必須用財滋煞」，指殺印相生，月令同根透，成格，但印重殺輕。以扶抑用神觀之，以財生殺輔助用神。「行東南木火之運，仕路顯赫」，大運行水金之地，非木火運。

2、《三命通會》：「井欄叉，即井口也。潤下者水也，井中有水，所以濟人；見午未填實，水為土雜，則無濟人之功。……此格須柱無一點火氣，生秋冬為合局。」故非清純之井欄叉格。然而行運甲子、癸亥、壬水、辛酉、庚申，一路金水。《三命通會》：「生遇三庚喜氣新，全逢潤下井欄真，金精怕見寅午戌，水秀偏宜申子辰；傷貴緣多壬癸見，露官休共丙丁臨，運行大抵東方美，一世榮華不受貧。」

按：日主強而七殺輕，七殺又被印綬化去，原則上就是用財滋弱殺，
亦為貴格。

1、按：比劫、印綬比例偏重就是身強，七殺弱被印綬化去，用財
　　來補充七殺元氣就是貴格，論好運。「得申遙冲解其合」，指年時
　　雙冲，又遇到月時雙合，「引而近之，通申宮之氣」，指得到財殺
　　元氣，就等行運湊合。

2、《滴天髓》：「旺則宜洩宜傷，衰則喜幫喜助，子平之理也。然旺
　　中有衰者存，不可損也；衰中有旺者存，不可益也。旺之極者不
　　可損，以損在其中矣；衰之極者不可益，以益在其中矣。」旺中
　　衰者指財生殺，不可損。

按：雜氣七殺還是七殺，逆用就不宜用財生。天干無財，而藏干或
神或印搭配，用神就清亮，亦可取貴。

1、按：「雜氣七煞」，指地支辰戌丑未，有七殺透出天干，成立一個單純的七殺格，一般七殺格要高命，例如：殺印相生、食神制殺、身殺兩停、羊刃駕殺等，單純的七殺格必須在大運流年彙整出上述複式格局。故徐氏說「除財生、印化、食制三者之外，無單用之法」。

2、徐氏提出自己的八字如下：

比肩	日主	七殺	比肩
丙申	丙申	壬辰	丙戌
戊　壬　庚	戊　壬　庚	癸　乙　戊	丁　辛　戊
食神　七殺　偏財	食神　七殺　偏財	正官　正印　食神	劫財　正財　食神
庚子　己亥	戊戌　丁酉	丙申　乙未	甲午　癸巳

按：單純的七殺格，正印乙木餘氣落在空亡的辰支。丙火辰月遇上食神四見，官殺四見，正偏財三見，雖有丙丁火，不得力，身

弱。身弱行羊刃、比劫、印綬運即可平衡。初運巳、午、未帶甲乙丙丁，一路木火印比生扶，即此無須限定在雜氣七殺才是貴格。年月雙沖，家道中落。

> 原文：有煞而雜官者，或去官，或去煞，取清則貴。如岳統制命，癸卯、丁巳、庚寅、庚辰（岳統制造解釋在 531 頁），去官留煞也。夫官為貴氣，去官何如去煞？豈知月令偏官，煞為用而官非用，各從其重。若官格雜煞而去官留煞，不能如是之清矣。如沈郎中命，丙子、甲午、辛亥、辛卯（沈郎中造解釋在 532 頁），子沖午而剋煞，是去煞留官也。

按：官殺相雜在天干，官殺合去其一即可。但官殺分別在上下無妨，即上下同心，左右分心。岳統制傷官剋官是去官留煞，但月令七殺為用，留殺去官為正辦。沈孝瞻認為沈郎中子沖午也算去煞留官，徐氏不認為，因為七殺是正官的根基。

徐樂吾補注：官煞雖同類，而各有分野。譬如弟兄，對外為一家，對內則兄為兄，弟為弟，各分門戶，不相混雜也。故以通根言，巳午未寅戌可同為丙丁之根；而言其用，則各從其重，以其得時秉令也。八字以取清為貴，不論去官或去煞。岳沈兩造，同為煞格雜官而顯有低昂，蓋月令七煞，則煞為真神。岳統制造，癸水去丁而用巳中丙火，為去官用煞，真神得用；沈郎中造，子沖午火，去其當令之真神，而留年上丙火，此為去真用假。《滴天髓》云：「真神得用平生貴，用假終為碌碌人」是也。但此係專就去留取清而言，若就全局論之，岳造雖寅卯辰全，財生煞旺，而辰為濕土，巳為長生，身強制淺，運行制煞之鄉，化煞為權。沈造雖亦財旺生官，而辛金無根，若非子水沖去午火，則煞旺攻身，所恃者運行西方申酉戌戌巳等運，幫身而化官煞。是兩造顯判低昂，不僅去官去煞之別也。

1、按：兩造命運高低，沈郎中差在地支子午沖，提綱七殺不管用。岳統制則是天干正官被傷官剋，寅卯財星生七殺，月令的七殺保住。「身強制淺」，運行制煞之鄉，化煞為權，或為「身偏弱制淺」，否則何須食傷之地加強制殺。

2、《滴天髓》：「殺即官也，身旺者以殺為官，官即殺也；身弱者以官為殺；日主甚強，雖無制不為殺困，正官相雜但無根亦隨殺行，去官不過兩端（兩種方法），用食用傷皆可，合殺總為美事，合來合去宜清，獨殺乘權，無制伏，職居清要。」

原文：有煞無食制而用印當者，如戊辰、甲寅、戊寅、戊午（趙員外造解釋在 534 頁），趙員外命是也。

按：七殺為用神，無食神就用印化殺，成格也算高命。

517

按：「寅午拱會」，指火局印綬，月令七殺透干，官殺四見七殺格，
寅午合印局，用神極明顯，大運丙丁巳午印綬化殺，亦清純可貴。

按：「制殺不可太過」，指日主旺，食神旺，七殺被印綬化去，而食
神貼身制的緊密，即七殺逢剋洩交加。此時大運財生殺，食神元氣
通關平衡；印地則是回剋食神，以子救母。棄命從煞屬於外格，非
普通格。

1、按：前述解除制煞太過的原因，一為解除食神壓力，以財通關；
一為以印綬反剋食神，一為使日主身強。這三種方法要依據身強
身弱而適用，因此「身旺者宜財不宜印，身弱者宜印不宜財」。

2、財剋印，財生煞剋日主；印化煞生日主，故財喜身強，印喜身弱
，兩者作用不同。兩者互不相礙必須分隔於日主兩端，或者財輕
印綬根深。

按：徐樂吾例，羊刃制殺太過，宜財不宜印，宜申酉庚辛財運滋殺。

七殺	日主	比肩	七殺
壬辰	丙午	丙午	壬辰
癸　乙　戊	己　丁	己　丁	癸　乙　戊
正官　正印　食神	傷官　劫財	傷官　劫財	正官　正印　食神
甲寅　癸丑	壬子　辛亥	庚戌　己酉	戊申　丁未

1、按：原局丙午、壬辰，兩干不雜，兩兩相見，似乎羊刃駕殺，實則壬水七殺自坐食神，等於坐絕，癸水正官入庫，加持無力；乙木洩水助火，故羊刃駕殺制過頭。

2、「身旺者宜財不宜印」，指身旺則七殺弱，弱則用財滋生七殺，故申、酉、庚戌、辛亥等財運必發。《三命通會》：「身強煞弱，有財星則吉。身弱煞強，有財引鬼盜氣，非貧則夭；有食神透制。即經云：一見制伏卻為貴。」

按：徐樂吾例，身弱制煞太過，指食傷與官煞兩停，造成剋洩交加，宜庚辛、申酉印綬運生身。

比肩	日主	七殺	食神
壬寅	壬辰	戊辰	甲寅
戊 丙 甲	癸 乙 戊	癸 乙 戊	戊 丙 甲
七殺 偏財 食神	劫財 傷官 七殺	劫財 傷官 七殺	七殺 偏財 食神
丙子 乙亥	甲戌 癸酉	壬申 辛未	庚午 己巳

1、按：壬水生在辰月，劫財入庫，雖見天干壬水比肩，實則拱卯三會傷官。食傷五見，七殺五見，剋洩交加，必須大運庚、辛、壬申、癸酉等，以比劫可強身，印綬化殺，制食傷，故「宜印不宜財」。

2、日月兩柱，天剋地刑。《三命通會》談「天元坐煞」：「要日干倚旺，再無官煞復剋，喜印化煞，財旺身旺為福。……合格多為武貴；若身臨生旺，同類（比劫）印綬助身，有制中和，亦主文貴；但為人心多性急，陰險懷毒，僭為謀害，不近人情。」

二、論偏官（七殺）取運

原文：偏官取運，即以偏官所成之局分而配之。煞用食制，煞重食輕則助食，煞輕食重則助煞。煞食均而日主根輕則助身。忌正官之混雜，畏印綬之奪食。

1、按：論七殺，食神制殺在於平衡，七殺重食神輕，則要食神運幫助食神。反之，七殺輕幫助七殺。七殺與食神勢均力敵，日主弱禁不起剋洩交加，要比劫幫身。

2、食神制殺，食神與七殺失衡，則強者抑之，弱者扶之。日主弱則須比劫。忌「正官之混雜」，陰日主合去正官，陽日主加持七殺，均破壞平衡。畏「印綬之奪食」，印剋食傷，七殺不受制衡。

徐樂吾補注：煞用食制，即食神制煞格也。不論煞輕食重，或煞重食輕，均以身強為第一要義。煞剋身，食洩氣，以敵制敵，非身強不能用也。身主強健，煞旺食強，極為貴格。若身主弱，則非用印以制食化煞不可。如四柱無印，決非美造，至於身主強，而煞重食輕，喜行食傷制煞運，忌官混雜，畏印奪食，忌財生煞。若煞輕食重，官、印、財運非特不忌，且為所喜矣。如本篇所列一貴造：

1、按：食神制殺，食神洩日主，七殺剋日主，「以敵制敵」，故日主必須身強。不論殺重食輕或殺輕食重都要身強。

2、如果身弱如何？必須行運印綬之地，制食、化殺、強身，一舉數得。若原局無印綬，格局不美。如果身強且七殺重，食神輕，大運宜行食傷運，加強剋制七殺能量。「忌官混雜」，正官加持七殺，以致食神輕制不住；「畏印奪食」，食神輕禁不住印綬來剋制。若「煞輕食重」，用（1）、財洩食生煞。（2）、用印綬制食。（3）、走官殺運平衡。

按：徐氏舉例，月令七殺為用，食神不弱，乙木建祿透干身強。

食神	日主	比肩	比肩
丁丑	乙卯	乙酉	乙亥
辛 癸 己	乙	辛	甲 壬
七殺 偏印 偏財	比肩	七殺	劫財 正印
丁丑 戊寅	己卯 庚辰	辛巳 壬午	癸未 甲申

釋文：為身強煞旺，用食制煞之格也。運行南方，食神得地，金水不通根為美。但壬運合丁去食，巳運會酉丑煞強，必有不足，庚辰合乙酉助煞，均非美運也。

1、按：「食神制煞」，命格高，條件是食神與七殺勢均力敵，財輕。原局乙木酉月，七殺提綱會丑，七殺格；丁火食神有旺木相生。水木火（食神）與土金（七殺）對抗賽。日主夠強，扛的住食神制煞。年月乙亥、乙酉夾戌，以致食神有根，七殺海底自摸加一台，更像食神制煞。

2、癸未、壬午食傷運吉。「金水不通根為美」，一旦得到金是七殺，得到水是印，七殺增強食神制不住，印綬增強會剋食傷；換言之，兩者對食神（喜神）剋洩交加。「壬運合丁去食」，壬午運本身也是干支丁壬合，食神留一半。巳運三合七殺反剋不美，庚辰運合月柱乙酉，一團七殺。原局金水木火土，一路順生高命。

按：七殺用印綬化殺，因為財剋印，所以「不利財鄉」。「傷官為美」，必須無財。「印綬身旺」，則七殺不攻身，身殺兩停。

1、按：七殺用印綬化殺，不利財運來剋制印綬。「傷官為美」，指傷官配印，不宜財地，也是財剋印，但徐氏認為筆誤。「印綬身旺」，指財來生殺，印綬扛的住財與殺。「既用印化」，指七殺元氣被洩，故「不宜再洩」，指食傷剋官殺。

2、又說「特有印回剋」，指殺生印，印剋食傷，即印綬回頭保護七殺，兒能救母。總之，剋（官殺）洩（食傷）成格，就是用印綬、比劫拉抬身強。

按：脫丞相造，五行順生，制殺太過無印綬運，食神太旺，以印去病，財剋印必凶。

食神	日主	偏印	七殺
戊戌	丙戌	甲辰	壬辰
丁 辛 戊	丁 辛 戊	癸 乙 戊	癸 乙 戊
劫財 正財 食神	劫財 正財 食神	正官 正印 食神	正官 正印 食神
壬子 辛亥	庚戌 己酉	戊申 丁未	丙午 乙巳

釋文：雜氣透煞，四柱土多，制煞太過，喜得三月甲木，制食衛煞，兼以化煞，為食重透印也。行官煞運，有甲木引化，反為美運，最忌財旺破印也。乙巳、丙午、丁未為印綬身旺之地，均吉，丁壬合煞亦無害，戊申之後無佳運矣。

1、按：丙火生在辰月，調候用神壬、甲，出現在年月天干，莫非生於貴府高邸。官殺三見，透殺論殺；正偏印三見，印綬格；七殺生印成格。食神五見，食神變德的傷官格。比劫入庫，印綬化殺剛好，食神五見俱為主氣，判為身弱。換言之，原本又剋又洩的局面，印綬擋住官殺剋力，但食神洩氣的情況還在。換個角度，七殺被洩到平衡後，食神來一記回馬槍，官殺轉弱；故行官煞運論吉。

2、巳午未火地帶丙丁，扶持日主轉強，有作為。「忌財旺破印」，指調候甲木印綬怕庚金財，故「戊申之後無佳運」，指食傷生財，拱酉會金局傷用神，猶甚。天干水生木，木生火，火生土。

524

按：何參政造，身弱，財殺重，要印綬比劫扶身，寅運、癸卯運傷印不利。

正印	日主	七殺	偏財
辛丑	**壬戌**	**戊戌**	**丙寅**
辛　癸　己	丁　辛　戊	丁　辛　戊	戊　丙　甲
正印　劫財　正官	正財　正印　七殺	正財　正印　七殺	七殺　偏財　食神
寡宿	華蓋	華蓋	文昌　月德　天德
丙午　乙巳	甲辰　癸卯	壬寅　辛丑	庚子　己亥

釋文：本篇何參政命造，日主弱而煞重，以時上辛印化煞為用，妙在丙財生煞而不破印，兩不相礙，為煞印有情也。以庚子辛丑為最美，壬寅、癸卯、甲辰亦吉。蓋不傷印，總無妨礙也。煞用傷官，行運與食同（食傷同類）。

1、按：壬水生在戌月，調候用神甲、丙。年月日正偏財四見，偏財格；寅木帶甲，財有食神發源。官殺五見，七殺為主格。正印四見，印綬格。殺重印輕，食神生財，日主微根，身弱無疑，故以「時上辛印化煞為用」。

2、「妙在丙財生煞而不破印」，指丙火剋不到辛金，直接生殺，使七殺格有力；其次財印分開不相剋，各有所成。「庚子辛丑為最美」，指庚子、辛丑就是比劫、印綬加持日主；壬寅前五年論吉，後五年拱三合財剋印，用神被剋必衰。

525

原文：煞用傷官，行運與食同（食傷同類）。七煞用財，其以財而去印存食者，不利劫財，傷食皆吉，喜財怕印，透煞亦順。

按：七殺用傷官，看法與食神相同。七殺用財要件是日主強七殺弱，所以要用食神生財，而食神怕印綬，所以用食神所生之財剋去印，而財怕比劫奪，故「不利劫財」來。「傷食皆吉」，指食傷生財助殺，故喜用。「喜財怕印」，指財可滋弱殺，而印剋食傷。「透煞亦順」，指七殺來相助，身殺兩停。

徐樂吾補注：七煞用財，用之方式不同。如身強食重而煞輕，用財洩食傷以滋煞，亦可用財。《滴天髓》所謂「財滋弱煞」是也。有身強用食制煞，而透印奪食者，用財去印，是以病藥取用也，詳見本篇評注。如周丞相造，兼此兩種用法：

按：七殺用財分為：身強食重殺輕，以食神生財通關平衡，或直接行財運。而印綬透出，印剋食傷，印綬是忌神，用財為藥。

按：周丞相造，強弱中和，月令七殺為用，印輕行印綬之地，傷官配印剛好，財印雙清；甲不離庚，庚不離丁。

正財	日主	正印	傷官
庚戌	丁未	甲子	戊戌
丁 辛 戊	乙 丁 己	癸	丁 辛 戊
比 偏 傷 肩 財 官	偏 比 食 印 肩 神	七 殺	比 偏 傷 肩 財 官
	紅 華 寡 豔 蓋 宿	桃 花	
壬申　辛未	庚午　己巳	戊辰　丁卯	丙寅　乙丑

釋文：一水四土，制煞太過，本可用甲木制土，無如冬木力薄，不足疏土，且財印並見，無劫相衛，亦不能用印。丁火通根戌未，得土衛護而身強，反以印為病。用庚去病，洩傷生煞為用。運行戊辰、己巳食傷之地，有財洩其氣，不畏食重。原局煞輕，用神在財，透官煞亦順，惟忌劫財之鄉耳。

527

1、按：丁火生在子月，調候用神甲、庚，用神俱有，四柱無刑冲，命格往上看。食傷四見，傷官格土性偏重（七殺就被剋）。正偏印，印綬格偏輕。財星三見，財官印俱全。丁火有根帶甲木，身不弱而已；病在食傷土性太重。火土傷官忌見官。

2、傷官因為可以順用逆用，所以分判較為複雜。《滴天髓》：「大率傷官有財，皆可見官。」本造既以傷官最重，則以運行財地最妥當，然而大運並無財地，故「運行戊辰、己巳食傷之地，有財洩其氣，不畏食重（有點硬ㄠ）」。

3、「原局煞輕，用神在財」，本造七殺輕固然要財來相生，然而土重財埋，豈謂高命！故直接透木火，以印綬、比肩直接對抗傷官與財。故初運丙寅、丁卯；中晚運巳、庚吉祥。午運冲衰必衰。

> 原文：其以財而助煞不及者，財已足，則喜食印與幫身；財未足，則喜財旺而露煞。

按：「煞不及」，指七殺偏弱。七殺弱則用財星助殺；如果財星夠強，造成財殺比例偏重，喜用則是財殺以外的印綬、比劫、食神。「財未足，則喜財旺而露煞」，指七殺為用神，原局財弱不足以滋殺，以行財地或大運天干為財。

> 徐樂吾補注：以財助煞不及，即財滋弱煞也。財已足，喜食印與幫身，即用印化煞，見上例何參政造，財未足，喜財旺露煞，如上周丞相造。即其一例。
> 更有印重煞輕而用財者，如本篇劉運使造：

按：弱殺用財滋生；財足夠，七殺就夠力，則用食神制殺；或印綬化殺。「印重煞輕而用財」，因為財剋重印，生助輕殺而平衡。

按：劉運使，印重殺輕用財，己卯庚辰運，合印生財，辛運合財化殺。

偏財	日主	正印	偏印
庚寅	**丙戌**	**乙亥**	**甲申**
戊 丙 甲	丁 辛 戊	甲 壬	戊 壬 庚
食神 比肩 偏印	劫財 正財 食神	偏印 七殺	食神 七殺 偏財
紅豔	華蓋	天乙 劫煞 天德 孤辰	文昌 驛馬 月德
癸未 壬午	辛巳 庚辰	己卯 戊寅	丁丑 丙子

釋文：寅戌拱午而透丙，即是火局，寅亥又合木，煞化為印，甲乙並透，印重身強，取財損印為用，不以煞論也。戊己運食傷生財自是美運；寅卯印太旺不利；最佳者為庚辰辛十五年，巳運刑沖合並見，不免多事。壬運露煞不忌，而以劫財之鄉為最忌也。

1、按：「寅戌拱午而透丙，即是火局」，徐樂吾有時用同一旬論拱合會局，見仁見智，勿執。「寅亥又合木」，指月時雙合，年月天干甲乙印綬，故「印重身強，取財損印為用」。

2、《滴天髓》：「旺則宜洩宜傷，衰則喜幫喜助……日主旺相，柱中財官不見，滿局比劫，傷之（用官殺）則激而有害，不若洩之以順其氣勢。」因此丙火要行戊、己、辰運，洩其有餘；而寅卯印綬剋制食傷，日主撐爆不利。「庚辰辛十五年」，引食傷生七殺，完美的抗衡。「壬運露煞不忌」，身強不怕官殺。「以劫財之鄉為最忌」，早運不發也無所謂。年支食神生財坐貴人、驛馬、文昌。

原文：煞帶正官，不論去官留煞，去煞留官，身輕則喜助身，食輕則喜助食。莫去取清之物，無傷制煞之神。

按：七殺與正官同時出現在天干，不論去官留煞或去煞留官都好；原則上日主、食神、七殺，誰弱就幫誰。「莫去取清之物」，指合去官殺而使官殺清純的干支就是喜神，所以不能拋去。「無傷制煞之神」，七殺逆用，剋制七殺者往往是喜神。

徐樂吾補注：官煞混雜者，以取清為貴，「莫去取清之物，無傷制煞之神」兩語，實為取運扼要之言。如本篇岳統制命：

1、按：以上的話是認清剋與合，刑與沖，無論正官或七殺為用神，先認清六親輕重，加以分判取平衡的架構，在柱運歲變化之間取得殺印相生，身殺兩停、食傷制煞、羊刃駕殺等成格狀態。

2、《三命通會》：「凡看（官煞）去留，要詳柱中官煞孰重孰輕？天干透者易去，月支所藏者難去。須傷官食神，去官殺之物眾而有力，方纔去得。五陽日食神能去煞，又能留官。五陽日傷官，但能去官不能留煞，必須得羊刃合，方成去官留煞。」

按：岳統制造，月令七殺為用，正官透出得財星，財生殺黨，木火旺盛。傷官輕制殺不給力，不宜木運，喜助食傷之運。

比肩	日主	正官	傷官
庚辰	庚寅	丁巳	癸卯
癸　乙　戊	戊　丙　甲	庚　戊　丙	乙
傷官　正財　偏印	偏印　七殺　偏財	比肩　偏印　七殺	正財
己酉	庚戌	辛亥	壬子	癸丑	甲寅	乙卯	丙辰

釋文：巳中丙火為煞，丁火為官，丁以巳為根，非混雜也（詳得時不旺失時不弱節）。特丁從巳透，官作煞論，以癸水制煞為用也。最忌見戊己土，所謂「無傷制煞之神」也。乙卯、甲寅運，雖不甚吉，而無妨礙，因不傷用也。癸丑、壬子、辛亥，用神得地，順利可知矣。

1、按：庚金生在巳月，調候用神壬、戊、丙、丁，關鍵在壬水。官殺三見，癸水剋制丁火，論殺。偏印三見不透干，七殺帶印；庚寅、庚辰三會財局，財生殺。「非混雜」，指扣掉正官被剋，去官留煞，提綱是單純的七殺。「無傷制煞之神」，指癸水傷官制殺，怕逢戊己土印綬；因為七殺逆用要有剋制，剋制的就要「無傷」。

2、乙卯、甲寅運，財生殺，官殺太旺，無利可圖。癸丑、壬子、辛亥運，調候用神到位，故「順利可知」；以傷官制殺為用。

按：沈郎中命，子午冲，去煞留官（徐氏不認同），身弱用印比。

比肩	日主	正財	正官
辛卯	辛亥	甲午	丙子
乙	甲　壬	己　丁	癸
偏財	正財　傷官	偏印　七煞	食神
壬寅　辛丑	庚子　己亥	戊戌　丁酉	丙申　乙未

釋文：本篇沈郎中命，以子午冲為去煞留官，似非的論，午亦可為丙火之根，非混也。官作煞論，與上造同，特辛金不通根，身弱印輕，非行幫身之地不可。制煞雖佳，尚未全美，幸所行之運，申酉為比劫之地，戊戌己為印地，足以幫身化煞，補其不足耳。

1、按：辛金生在午月，日主無根，正偏財三見，財格；正官通根七殺，以月令之勢稱七殺格。格強身弱無疑。身弱要行比劫、印綬運。申運、酉運、戊戌、己運等，一路生扶。子午冲，幸好有午亥暗合。

2、《滴天髓》：「殺即官也，同流共派者可混也。官非殺也，各門牆者，不可混也。殺重矣，官從之，非混也。官輕矣，煞助之，非混也。敗財與比肩雙至者，殺可使官混也。比肩與劫財兩遇者，官可使殺混也。」總之，身殺要平衡，誰弱有幫手都成。

按：如果沒有食神剋制七殺，就以羊刃代用對抗七殺。七殺輕羊刃重，則宜用官殺平衡。羊刃輕七殺重，則用食傷制伏七殺；「無食可奪，印運何傷？」指如果沒有食神，則不忌印剋食傷，即可用印綬化殺生身也算吉運。

按：七殺格成立，既無食神，又無印綬化煞，只能硬碰硬用羊刃。「刃輕煞重」，原局無食神，若大運印綬來也屬佳運。「煞輕刃重，官運無傷」，指七殺輕於羊刃，正官來幫忙也好，此時不嫌棄官殺相混。反之，「煞重刃輕，官運有害」，指七殺重於羊刃時，來個正官可能都是最後一根稻草。

按：趙員外命，月令七殺為用，用時支羊刃結合比肩，有煞無食神制而用印運，木土兩行用火局火運通關。

比肩	日主	七殺	比肩
戊午	戊寅	甲寅	戊辰
己　丁	戊　丙　甲	戊　丙　甲	癸　乙　戊
劫財　正印	比肩　偏印　七殺	比肩　偏印　七殺	正財　正官　比肩
壬戌　辛酉	庚申　己未	戊午　丁巳	丙辰　乙卯

釋文：身強煞旺，而所行之運，皆是印劫幫身之地，故為美也。煞雖純而日元更旺，故乙卯官鄉尚無礙，而庚申制煞為不吉也。

1、按：戊土生在寅月，甲木剋戊土，土不旺；時支羊刃，年支比肩，地支比劫四見，三透天干，日主旺盛，以量取勝。月令七殺格，官殺四見，以質取勝。

2、乙卯運，官助殺，寅卯辰會殺局，殺重身輕，日主扛的很苦。丙辰運印綬、比肩轉吉。丁巳、戊午、己未運，火土生扶一路發。庚申運雙冲用神，不利。

3、木土兩行用火通關。《滴天髓》：「兩氣合而成象，象不可破。……兩氣雙清，非獨木火二行也；如土金、金水、水木、木火、火土相生各半；五局即相剋之五局亦是也，如木土、土水、水火、火金、金木之各半相敵也。……相生必欲平分，無取稍多稍寡，相剋務須均敵，切忌偏重偏輕。……木火成象者，最怕金水破局。」

三、論傷官

按：傷官格文采優秀，多有文人學士。「夏木見水，冬金見火」，是調候用神的概念。傷官格變化多，在氣候、強弱、喜忌等必須審慎微觀。

徐樂吾補注：傷官食神，因為洩其秀氣，身旺者用官煞之剋，不如用食傷之洩。而以食傷為用者，人必聰明穎異，文人學士多屬此類，亦自然之勢也。夏木見火，謂木火傷官，生於夏令，喜見水潤；冬金見水，謂金水傷官，生於冬令，喜見火溫，尤為秀氣。至於查其氣候，量其強弱，審其喜忌，觀其純雜，為看命之要法，不僅傷官為然也。

1、按：「夏木見水，冬金見火」，調候用神的概念。傷官的變化形態有：傷官用印、傷官用財、傷官用劫、傷官用傷官、傷官用官、假傷官格等。依日主與季節關係有：木火傷官、火土傷官、土金傷官、金水傷官、水木傷官。

2、《星平會海》：「傷官傷盡最為奇，猶恐傷多反不宜；此格局中千變化，推尋須要用心機。」「傷官遇者本非宜，財有官無是福基；時日月傷官格局，運行財旺貴無疑。」傷官格因為可以順用、逆用，所以較為複雜。

原文：故有傷官用財者，蓋傷不利於官，所以為凶，傷官生財，則以傷官為生生官之具，轉凶為吉，故最利。只要身強而有根，便為貴格，如壬午、己酉、戊午、庚申（解釋在 551 頁），史春芳命也。

按：傷官本用於生財，生財則可生官，故足以化解「傷官見官」。既然傷官洩身，日主要有元氣。

徐樂吾補注：生官之具者，財也。總之用官者，不宜見傷，用傷者不宜見官，未可並用。亦有傷官見官透財以解者，如某侍郎造，壬戌、己酉、戊戌、乙卯（侍郎造解釋在 537 頁），土金傷官，時逢乙卯，為傷官見官。年透壬水，則傷官生財，財生官，官星不但無傷，傷官反為生官之具，凶轉為吉。又某知府造，庚午、己卯、壬申、己酉（某知府造解釋在 538 頁），水木傷官，己官兩透，為傷官見官，喜得年支午，午藏丁火己土，財官同宮，傷官生財，轉以生官，凶變為吉也。至如史春芳造，壬午、己酉、戊午、庚申（史春芳造解釋在 551 頁），乃傷官生財也，不宜見官。身強喜洩，身弱則忌洩，故以身強為第一要點。財有根，再得傷官以生之，更覺清純可貴耳。

按：傷官見官，財剋印，往往就是冲剋的關係，因此用官不宜見傷，然而調候往往也有通關的作用，因此徐氏說「傷官生財，財生官，官星不但無傷」，指傷官與正官之間有財星通關，傷官變成加持正官的工具，故「傷官反為生官之具」。

536

按：某侍郎造，月令土金傷官為用，土金官去反成官，未必然，有財運通關即可。

正官	日主	劫財	偏財
乙卯	戊戌	己酉	壬戌
乙	丁　辛　戊	辛	丁　辛　戊
正官	正印　傷官　比肩	傷官	正印　傷官　比肩

丁巳	丙辰	乙卯	甲寅	癸丑	壬子	辛亥	庚戌

1、原局月令傷官坐專位，半會三見，傷官比例偏重；時柱正官通根，正官格。年上偏財獨見，財生不到官。徐樂吾認為「年透壬水，則傷官生財，財生官，官星不但無傷，傷官反為生官之具，凶轉為吉」，換言之，用財通官，實則辛亥、壬子、癸丑等大運都是財地，傷官喜見財。卯戌合而不化，否則印剋傷官。月時雙沖，乙卯運，傷官見官，必衰。

2、《滴天髓》：「傷官用財者，日主旺，傷官亦旺，宜用財，有比劫而可見官，無比劫有印綬，不可見官。」本例日主旺，傷官亦旺，宜用財；有比劫而可見官。甲運傷官不在天干，己土合官可用，寅運木火有損傷官。

按：某知府造，日主中和，傷官不旺，宜用比劫幫身；水木傷官用財運通關生官，申酉運反宜剋去傷官。

正官	日主	正官	偏印
己酉	壬申	己卯	庚午
辛	戊　壬　庚	乙	己　丁
正印	七　比　偏 殺　肩　印	傷官	正　正 官　財

丁亥	丙戌	乙酉	甲申	癸未	壬午	辛巳	庚辰

1、按：雖然月干正官自坐卯木傷官，但官殺四見，得到年支財生官；其次卯申合而不化，傷官難剋正官。《滴天髓》：「大率傷官有財，皆可見官。傷官無財，皆不可見官，又要看身強身弱。」

2、徐樂吾認為：「水木傷官，己官兩透，為傷官見官，喜得年支午，午藏丁火己土，財官同宮，傷官生財，轉以生官，凶變為吉也」，雖有道理，略嫌曲折彆扭；不如說卯申合，官殺四見，傷官轉衰，原局偏印格帶正印，傷官受制，正官得用；財地生官，金地印綬不妨礙。

原文：至於化傷為財，大為秀氣，如羅狀元命，甲子、乙亥、辛未、戊子（羅狀元造解釋在 552 頁），干頭之甲，通根於亥，然又會未成局，化水為木，化之生財，尤為有情，所以傷官生財，冬金不貴，以凍水不能生木。若乃連水化木，不待於生，安得不為殿元乎？

按：金水傷官人靈秀，可惜火候不夠；「凍水不能生木」，指大運丙丁與寅卯分開，如果合併在干支，傷官生財帶調候，「不待於生，安得不為殿元乎」？

徐樂吾補注：三合生旺墓會局，以子午卯酉四正為中心，無四正者，會不成局。但寅戌會而透丁，申辰會而透癸，巳丑會而透辛，亥未會而透乙，亦可成局。蓋丁即午，癸即子，辛即酉，乙即卯也。說見《珞琭子•三命消息賦釋曇瑩註》。羅狀元造，亥未會局而透乙，傷化為財，格局轉清，而木仍有子水生之。蓋食傷為財之根，用財者固喜食傷生之，用食傷者亦喜財以流動其氣勢也。冬金不貴，以其金寒水冷，蕭索無生意，喜其未中藏有丁火，會亥化木，雖在寒冬而生趣勃勃，豈有不貴乎？

1、按：乙亥、辛未能會局是由辛未順數到乙亥。所以亥水合木局，稱為「化水為木，化之生財，尤為有情」，因此解除冬水寒氣。運行木火土都是喜用神。

2、半合、半會，必須有子午卯酉為軸心，且五行透出天干，也算合會局。「喜其未中藏有丁火，會亥化木」，指原局火勢談不上，要大運也相生相扶。

原文：至於財傷有情，與化傷為財者，其秀氣不相上下，如秦龍圖命，己卯、丁丑、丙寅、庚寅（秦龍圖造解釋在 554 頁），己與庚同根月令是也。

按：「財傷有情」，指食傷重於財星；「化傷為財」，指財星重於食傷，兩者命格不相上下。此造傷官與財月令同根透，但食傷重於財星。

按：月令同根透出的格局最能用，但不要刑冲。談清氣濁氣，以《滴天髓》論述最完整，例如：「一清到底有精神，管取生平富貴真；澄濁求清清得去，時來寒谷也回春。」「滿盤濁氣令人苦，一局清枯也苦人；半濁半清猶是可，多成多敗度晨昏。」

按：傷官配印的要件，傷官強，印綬弱於傷官，日主稍弱，否則印綬與日主兩者皆旺，變成傷官要生財。傷官配印，還是用傷官；印剋食傷，則是「傷輕身重而印綬多見，貧窮之格」。

徐樂吾補注：凡需要佩印者，必是身弱也。傷旺身弱，洩氣太過，則用印制傷而滋身，兩得其用。如宇羅平章造，木衰火旺，得壬水制火以生木，倍得其力。至於木火傷官，生於夏令，即身旺亦須略見水以潤之，是為調和氣候之例外。不僅木火需要調候，火土亦然。如某縣令造，癸酉、己未、丙午、癸巳，火炎土燥，必須得水以潤之，是為傷官用官，制劫以護財，亦即調候之意也。至於偏正疊出，略嫌不清，因需要而用之，亦無妨礙，但過多則為病耳。身重則不需要印綬生助，傷輕忌印剋制。若四柱有印而無財，為有病無藥，宜為貧窮之格也。

按：傷官配印要日主偏弱與印綬不弱，而傷官要強，否則變成印剋食傷，食神更慘，梟印奪食。「偏正疊出，略嫌不清，因需要而用之，亦無妨礙」，指七殺或正官夾雜無妨，因為傷官一旦成格，就要對等的官殺平衡，哪還管官或殺，抓了就用；過多就是官殺混雜，要用印綬洩，印綬來則傷官用神吃鱉。「若四柱有印而無財，為有病無藥」，指「子（財）能救母（傷官），」無財即無法救母，無財當然窮，故「宜為貧窮之格」。

按：某縣令造，徐氏借用《滴天髓》實例：「丙午日元，之類南方，未土秉令，己土透出，火土傷官，藏財受劫，無官則財無存，無財則官亦無根；況火炎土燥，官星並透，以官為用，運至火土，破耗刑喪；乙卯、甲寅運，雖能生火，究竟制傷衛官，大獲財利，納粟出仕，癸丑壬子運，由佐貳而生縣令，名利兩全。」傷官生財，降溫有限；癸丑運金水齊來，升縣令。

正官	日主	傷官	正官
癸巳	丙午	己未	癸酉
庚 戊 丙	己 丁	乙 丁 己	辛
偏財 食神 比肩	傷官 劫財	正印 劫財 傷官	正財
辛亥　壬子	癸丑　甲寅	乙卯　丙辰	丁巳　戊午

1、丙日主地支巳午未三會火局，超級羊刃格。食傷四見，傷官格。正官虛懸年時天干，地支財星生助。丙火未月，調候用神壬、庚。何以「傷官用官」？《三命通會》：「傷官火土宜傷盡」，指癸水不宜存在，宜用壬水七殺才夠力。原局正官坐財星，傷官與正官用酉金通關，《滴天髓》：「大率傷官有財，皆可見官。」透官論官。

2、羊刃格就是強，《滴天髓》：「旺則宜洩宜傷，衰則喜幫喜助……火太旺者而似水，喜土之止也。火旺極者而似土，喜木（印綬）之剋也。」「旺極」指專旺格，故要成全其旺。原局僅是羊刃格，既不從兒也非炎上格。傷官用官，格局成立；乙卯、甲寅運印綬之地，傷官被制，正官大運有子救母。

542

原文：有傷官兼用財印者，財印相剋，本不並用，只要干頭兩清而不相礙；又必生財者，財太旺而帶印，佩印者印太重而帶財，調停中和，遂為貴格。如丁酉、己酉、戊子、壬子（解釋在 558 頁），財太重而帶印，而丁與壬隔以戊己，兩不礙，且金水多而覺寒，得火融和，都統制命也。又如壬戌、己酉、戊午、丁巳（丞相造解釋在 559 頁），印太重而帶財，亦隔戊己，而丁與壬不相礙，一丞相命也。反是則財印不並用而不秀矣。

按：傷官可以生財，傷官可以配印，但財剋印，如何調停？財印雙清即可，須「調停中和，遂為貴格」。都統制造，戊土酉月調候丙癸；金水多行木火運。丞相造，戊土酉月調候丙癸，火土重，行亥子丑運；基於調候考量丙是印，癸是財，財印雙清，兩全其美。「反是則財印不並用而不秀」，指財印位置搭配的好，兩者即可並用而發貴。

徐樂吾補注：傷官兼用財印，實非兼用也，此與財格用印，印格用財相同。丁酉一造，雖為土金傷官，而實財多身弱，用印以培補日元，用神在印，故運行丙午、丁未印地而大發。壬戌一造，火旺土焦，用財以損印，用神在財，故運行辛亥、壬子、癸丑財地而大發。表面雖為土金傷官格局，而其實月令傷官，不過為財之根耳。但財印既並透干頭，則以不相礙為最要條件，否則，印旺可以用財，財旺只能用劫，不能用印。蓋財印相戰。格局不清，即行佳運，亦無善況。此地位次序以不能不注意也。

1、按：「傷官兼用財印」，因為財剋印，所以要「干頭兩清而不相礙」，分開在日主兩端。《滴天髓》：「傷官用印，無財不宜見財（有財可以見財，辛亥造）。傷官用財，無印不宜見印（有印可以見印，丁酉造）。

2、《滴天髓》：「傷官見官果難辨，可見可不見。……又要看身強身弱，合財官印綬比肩不同方可。」「印旺可以用財」，因為印旺日

543

主就不衰，傷官可用生出的財保護自己，以子救母。「財旺只能用劫，不能用印」，因為財旺使日主衰弱，且傷官元氣被旺財洩去，印來先剋無氣的傷官，故用扶身的比劫剋財。

> 原文：有傷官用煞印者，傷多身弱，賴煞生印以幫身而制傷，如己未、丙子、庚子、丙子（蔡貴妃造解釋在561頁），蔡貴妃也。煞因傷而有制，兩得其宜，只要無財，便為貴格，如壬寅、丁未、丙寅、壬辰（夏閣老造解釋在562頁），夏閣老命是也。

按：傷官為用神，帶上七殺與印綬，日主面臨傷官與七殺剋洩，用印綬扳回一城。夏閣老造，丁壬合木，七殺變成印綬，傷官制殺，行運有印綬化殺制傷。

> 徐樂吾補注：傷官用煞印者，用神在印也，故云只要無財，便為貴格。如蔡貴妃造，庚金無根，三子洩氣，制傷扶身，全在於印。印賴煞生，而冬令金水傷官，兼賴丙火調候暖局為貴（此造錄自《神峰通考》）。夏閣老造，丙火雖不弱，而火土傷官，生於夏令，賴水潤澤，故運行北方水地而愈貴。用神雖在印，而其佳處則在於調候，若有印而無煞，乃貧賤之局也。

1、按：蔡貴妃造，傷官用官煞與印綬，傷官格逆用是印綬，順用是財，用官殺是身強的要件之下，不得已才用剋洩交加的格局。而傷官與七殺是以財通關，故財來使傷官、財星、官殺，變成格重身弱；無財使官殺生印一組，比劫生食傷一組，得以平衡。

2、夏閣老造，丙火生在巳午未月，以壬水為用，庚金為喜，調候用神得宜，亦屬佳運。

> 原文：有傷官用官者，他格不用，金水獨宜，然要財印為
> 輔，不可傷官並透。如戊申、甲子、庚午、丁丑（丞相造
> 解釋在 546 頁），藏癸露丁，戊甲為輔，官又得祿，所以
> 為丞相之格。若孤官無輔，或官傷並透，則發福不大矣。

按：月令雖然是傷官，但外格官印，以正官為用神，財印為輔佐；
傷官不可並透是傷官會剋用神正官，故「孤官無輔，或官傷並透，
則發福不大」。

> 徐樂吾補注：傷官用官，非金水所獨有，惟冬金夏木為最貴
> 耳。以官為用者，身旺以財為輔，身弱以印為輔，然亦須地
> 位配置合宜。如此造日元庚金祿於申而得印生，官星丁火祿
> 於午而得財生，申子會解沖，子丑合化印，土金水木火循環
> 相生，雖身旺以財生官為用，而行印地亦得生化，此不可多
> 得者也。究因身旺，運行東南木火旺地為貴。

1、按：「惟冬金夏木為最貴」，金水傷官與水木傷官為何最貴？《三
　　命通會》：「傷官火土宜傷盡，金水傷官要見官，木火見官官有旺，
　　土金官去反成官，惟有水木傷官格，財官兩見始為歡。」其理依
　　附調候用神。
2、徐氏認為「行印地亦得生化」，似乎不宜己運，以財星附合印綬
　　，日主原本不弱，傷官被剋，原局失衡。

按：丞相造，金水傷官要見官，傷官生財，浮財不剋重印，財生官，有寅卯財運，財官印皆全。財與印是喜神，申子半合解去子午冲。庚不離丁，丁不離甲。

正官	日主	偏財	偏印
丁丑	庚午	甲子	戊申
辛 癸 己	己 丁	癸	戊 壬 庚
劫財 傷官 正印	正印 正官	傷官	偏印 食神 比肩
壬申　辛未	庚午　己巳	戊辰　丁卯	丙寅　乙丑

1、按：原局正偏印四見透干，偏印格；正官天透地藏，正官格；官印日支同根透，地支食傷三見，僅有話語權無實權，故「傷官用官」，以正官為用神。官輕印重，要行丙寅、丁卯財官運。戊辰運三合傷官發飆，幸有干頭配印。

2、「財印為輔，不可傷官並透」，原局財輕印重無妨。「藏癸露丁」，傷官在月令剋不到時干。「戊甲為輔」，弱官要財，強官用印，忌正官無輔佐。「官又得祿」，指正官通根午火是臨官祿位。「孤官無輔，或官傷並透」，正官要有財印相輔，官傷並透就是格局正冲，地支再冲就是破格。

546

原文：若冬金用官，而又化傷為財，則尤為極秀極貴。如丙申、
己亥、辛未、己亥（鄭丞相造解釋在548頁），鄭丞相命是也。

按：金水傷官要見官，正官就是調候；「化傷為財」，有財通關，傷
官剋不到正官，財官俱全「極秀極貴」。

徐樂吾補注：化傷為財，當作財論，而此造亥未拱合而無卯，未
能化財，月令壬水秉令，仍作金水傷官論。辛金坐未，又透兩己，
丙火官星，氣洩於印，以亥未中暗財損印生官為用。運至寅卯甲
乙，財星透清，繼行南方，官星得地，宜為極秀極貴之命矣。

按：「冬金」，金白水清，要木洩水，丙丁火調節氣候。如下造。

按：鄭丞相造，月令傷官生財，均不透干。天干正官生印通根，故用官印相生，丑運雜氣官，壬寅運長生有氣，癸卯運傷官生財，寅卯甲乙財運之後，巳運丙午官殺運。

偏印	日主	偏印	正官
己亥	辛未	己亥	丙申
甲　壬	乙　丁　己	甲　壬	戊　壬　庚
正財　傷官	偏財　七殺　偏印	正財　傷官	正印　傷官　劫財
丁未　丙午	乙巳　甲辰	癸卯　壬寅	辛丑　庚子

1、「冬金用官」，指辛金生在亥月，用壬水淘洗是調候用神。「化傷為財」，己亥月、己亥時夾未有乙木財入庫，而亥藏壬、甲，即是傷官與正財同根。

2、官殺天透地藏，透官論官，用財生官。正偏印四見透干，偏印格。官印相生，日主偏旺《滴天髓》：「有以日主為體，提綱為用，日主旺，則提綱之食神財官皆為我用。」凡食傷、財星、官殺、印綬氣流暢通，比例均勻，大率以財居間為樞紐。

原文：然亦有非金水而見官，何也？化傷為財，傷非其傷，作財旺生官而不作傷官見官，如甲子、壬申、己亥、辛未（章丞相造解釋在 568 頁），章丞相命也。

按：金水傷官要見官是基於調候用神；如果不是金水傷官而成貴命，是因為傷官化財，財去生官，還是通關的作用。例如章丞相。

徐樂吾補注：傷官用官，不僅金水（見上論用財節），化傷為財，則作財論，此造子申會局，化傷為財，以生甲木，亦以日元己土，通根於未，身旺能任財官，故為貴也。

按：傷官生財是一回事，傷官生財，才又能生官殺，因為五行流通，正官成格透出天干，財星就在官星近旁，自然以近水樓台，一氣呵成的財旺生官論局勢。換言之，應觀察五行比例，位置排列方式。

原文：至於傷官而官煞並透，只要干頭取清，金水得之亦貴，不然則空結構而已。

按：傷官與正官或七殺同時透在天干，有剋合而損失貴氣的問題，只須有「取清之法，或制或合」即可。「空結構」，矛盾破格。

徐樂吾補注：金水傷官之喜見官星，取以調和氣候，非必以官星為用。既非為用，則官煞並透亦復何礙？取清之法，或制或合，使格局不雜耳。用官者必以財印為輔。

按：金水傷官，例如庚金亥月調候丁官、丙殺；庚金子月調候丁官甲財、丙殺；辛金亥月調候壬傷、丙官；目的在官殺丙丁可以溫暖氣候，故「只要干頭取清」，指調候用神不要被冲剋合會，得之亦貴，否則落空而已。

四、論傷官取運

原文：傷官取運，即以傷官所成之局，分而配之。傷官用財，財旺身輕，則利印比；身強財淺，則喜財運，傷官亦宜。

按：傷官取運，即以傷官所成的格局討論如何平衡，例如傷官生財，財旺身輕，則以印綬比劫強身。反之，身強財淺，用傷官運生財，或直接走財運。

徐樂吾補注：八格之中，傷官格變化最多，取運亦多變化（參觀配氣候得失節）。傷官與食神一也。傷官生財，格之正也，以身輕身重，異其趨向。如下史春芳造。

按：傷官格變化多，與食神同看；喜傷官生財最妙。但因為身強身弱，而取運不同，大致身強傷官生財，身弱配印。

按：史春芳造，月令傷官帶財格，兩支羊刃透干，身強食傷旺，喜金水忌木火。

食神	日主	劫財	偏財
庚申	**戊午**	**己酉**	**壬午**
戊　壬　庚	己　丁	辛	己　丁
比　偏　食 肩　財　神	劫　正 財　印	傷 官	劫　正 財　印
丁 巳	丙 辰	乙 卯	甲 寅	癸 丑	壬 子	辛 亥	庚 戌

釋文：庚申時逢戊日，亦專祿格也（見食格謝閣老造），而日元坐印，己土透干，亦可作刃論，較謝造尤強。壬水之財，雖生於申，而隔離太遠。運喜食傷財地，辛亥、壬子、癸丑三十年，花團錦簇，洵不易遇，正符身強財淺，運喜財地，傷官亦宜之說也。

1、「專祿格」，《三命通會》：「庚申時逢戊日，名食神干旺之方。歲月犯甲丙卯寅，此乃遇而不遇；戊以庚為食神，庚祿在申，食神健旺。戊以乙為官，庚能虛合卯中乙木為貴氣。」

2、戊午日，日刃格；午中己土透干，己土就是羊刃。帶上年支午透出月干，等於兩支羊刃，身強。局中無官殺，傷官傷盡宜行財地。「辛亥、壬子、癸丑三十年，花團錦簇」，因為「傷官為生官之具，轉凶為吉，故最利。只要身強而有根，便為貴格」，時柱貴人、驛馬、文昌，食神生偏財。

按：羅狀元造，日主無根，金水傷官有壬水淘洗，金寒水冷僅丁火餘氣，故大運宜用火調候，土金生扶。

正 印	日 主	偏 財	正 財
戊 子	辛 未	乙 亥	甲 子
癸	乙 丁 己	甲 壬	癸
食 神	偏 七 偏 財 殺 印	正 傷 財 官	食 神
文 桃 昌 花	華 大 蓋 耗	天 德	文 桃 月 昌 花 德
癸 未	壬 午	辛 巳	庚 辰	己 卯	戊 寅	丁 丑	丙 子

釋文：此本篇羅狀元命。金水傷官，本喜見官，而此則生於小陽春時節，未中藏火，不虞寒冷，亥未拱合，透出乙木，則傷官化為財矣。年時兩子，仍是食神生財之局，惟日元太弱，運喜印比幫身。庚辰辛十五年，最為美境；戊寅、己卯二十年，雖印蓋頭，究嫌財旺身弱。再者金水之局，本喜火暖，今原局雖不見官星，而運行東南陽暖之地，和煦之氣，可以補助其不足。言運者必須參合研究之也。

1、按：辛金日主無根，以戊己土生身，偏弱無疑。原文「干頭之甲，通根於亥，然又會未成局」，指辛未順數是乙亥。透出甲乙就是一堆財星。地支食神傷官三見，因此原局食神生財，格局有成。即便扣除諸家對於「亥未拱合」之疑義（徐樂吾指定天干要有接應），食傷三見，正偏財四見，財格成立，印綬格成立，亦可論斷。〈四言獨步〉：「先財後印，反成其福。」辛巳運冲合太多。

2、既然偏弱，以印綬幫身，恐剋去食傷；以比劫強身，食傷有力足以消化，故「庚辰辛十五年，最為美境」。辛金生在亥月，陽氣初潛，寒氣未盛，先用壬水，次用丙火暖金，金白水清，四柱無刑冲。原局食傷偏重，《滴天髓》：「傷官見官，為禍百端者，皆日主衰弱，用比劫幫身，見官則比劫受剋，所以有禍。若局中有印，見官不但無禍而且有福。……傷官用財，財星得氣，逢財旺傷旺之鄉，未有不富厚者。……傷官用劫，運逢印旺必貴。」四柱平和，大運均露，高命。

3、《滴天髓》：「寒雖甚，要暖有氣；暖雖至，要寒有根，則能生成萬物，若寒甚而暖無氣，暖至而寒無根，必無生成之妙也。是以過於寒者，反以無暖為美；過於暖者，反以無寒為宜也；蓋寒極暖之機，暖極寒之兆。」原局寒重，暖有氣。

按：秦龍圖造，身強，月令傷官生財，好在月令同根透，財傷有情。

偏財	日主	劫財	傷官
庚寅	**丙寅**	**丁丑**	**己卯**
戊 丙 甲	戊 丙 甲	辛 癸 己	乙
食神 比肩 偏印	食神 比肩 偏印	正財 正官 傷官	正印
紅豔 月德 天德	紅豔	寡宿	桃花
己巳　庚午	辛未　壬申	癸酉　甲戌	乙亥　丙子

釋文：此亦傷官生財格，身旺財輕，與上造適相反。丑為金庫，己庚並透，為財傷有情也。酉申辛三運為最美；壬癸運為傷官見官，雖身旺不甚為忌，究非美運。財為最喜，而食傷則有分別，戊、戌、未為燥土，不及己、丑、辰濕土，以濕土能洩火之氣而生金也。

1、按：丙火生在丑月，調候用神壬、甲。比劫三見透干，正偏印主氣三見，身強無疑。身強不剋即洩，以食傷四見，財星成格，故「丑為金庫，己庚並透，為財傷有情」；四柱無刑冲，高命。第五大運壬申走晚運。

2、「酉申辛三運（財）為最美」，《滴天髓》：「身旺而傷官旺者，見財而可見官。傷官旺，財神輕，有比劫而可見官。日主旺，傷官輕，無印綬而可見官。」本例「身旺而傷官旺者，見財而可見官」。徐樂吾又分說，燥土化火生金不如濕土效果，意思是丑土管用，實則月令同根透，食傷生財有力，夾正官逢亥、子、壬、癸歲運就是調候用神。

原文：傷官佩印，運行官煞為宜，印運亦吉，傷食不礙，財地則凶。

按：傷官配印，如果傷官重日主輕，印綬是病藥。官殺與印綬運官印相生，食傷成為閒神無礙，財運既然剋去印綬病藥，就是忌神。

徐樂吾補注：傷官佩印者，一由於日元弱，傷官洩氣太重，以制傷扶身而用印；二由於夏水見火，身雖不弱，而火旺木枯，必須得水潤澤。是因調和氣候而用印也。

1、按：傷官配印，印綬是用神；用印綬是因為傷官格洩氣，故日主不強，用印生身制傷，以維持傷官正常運作。當官殺運時，傷官有印綬剋制，官殺即可生印而發揮作用。印運不宜制傷太重，故日主不可太強。「食傷不礙」，因為用神在印綬，不礙用神。「財地則凶」，財剋印，用神受傷。

2、「夏水見火」，例如壬水巳月，調候用神壬、辛、庚、癸。癸水午月調候用神庚、壬、癸。必須用印綬庚辛生水潤澤，故「因調和氣候而用印」。

555

按：宇羅平章命造，夏季用水，喜金生水，驛馬帶財。

偏印	日主	食神	偏印
壬申	甲午	丙午	壬申
戊　壬　庚	己　丁	己　丁	戊　壬　庚
偏財　偏印　七殺	正財　傷官	正財　傷官	偏財　偏印　七殺
驛馬	紅豔　將星	紅豔　將星　月德	驛馬
甲寅　　癸丑	壬子　　辛亥	庚戌　　己酉	戊申　　丁未

釋文：如本篇宇羅平章命造，兼制傷扶身與調和氣候二者之用，加倍得力。申酉庚辛反美者，以其生印也。戊己運為凶，辛為西方之土，臨於申酉，原局偏印又旺，尚無大礙，而戌運必不美也。食傷火運，有壬水回剋無礙。

1、按：甲木生在午月，日主無根，偏印四見，不怕官殺；不管身強身弱，無秀可洩，印剋食傷，故原文「傷輕身重而印綬多見，貧窮之格」，因為傷官被制，生財不管用；調候用神甲、丁、庚；原局丁火藏午中，庚金藏申中，癸水不見，壬水長生聊勝於無，酉運、庚運、辛亥、壬子水旺濟火。驛馬財殺印，吉神加持。

2、「用印制傷而滋身，兩得其用」，指偏印為用神，所以怕財運，故「戊己運為凶」，因為地支申酉，洩掉戊己財氣，大凶化小凶。「戌運必不美」，指半合火局，盜氣又反剋用神偏印，火土制水，寅年必凶。《滴天髓》：「日主弱，傷官旺，宜用印，可見官而不可見財。」

按：傷官兼用財印，關鍵在傷官與財要接近，而財與印要分隔開，不可相鄰或同柱。財輕印重亦可。

1、按：傷官格兼用財印，財剋印，印剋食傷，食傷生財，三者必有矛盾，如何分判？「財多而帶印，運喜助印」，因為財多剋印，故宜印綬運，至於印多之弊，傷官較不忌諱（須身不弱，傷重印輕），食神則大忌。「印多而帶財者，運喜助財」，因為印綬多會剋食傷，所以用傷官所生之財剋印，子能救母。

2、「干頭兩清，亦可取用」，指財印各據日主一方，隔開就剋不到。或者財印各據干支，但不宜同一柱。或總論全局，財輕印重即可，畢竟財星是養命之源。

按：都統制命，月令傷官為用，金水旺，日主無根，財印雙清，好在行運木火平衡。

偏財	日主	劫財	正印
壬子	戊子	己酉	丁酉
癸	癸	辛	辛
正財	正財	傷官	傷官

辛丑	壬寅	癸卯	甲辰	乙巳	丙午	丁未	戊申

釋文：一都統制命，財多身弱，喜其財印不相礙（參閱論傷官節），為財旺用印扶身，兼以調候。運行丁未丙午印地固美，乙巳甲辰官煞之地亦佳，蓋官煞生印，並通財印之氣也。

1、按：「財多身弱」，指正偏財三見，傷官又來生財，比例偏重。正印與偏財相間隔，故不相礙。比劫扶身剋不到財，其次，戊土生在酉月身弱，用印生身。

2、運行丁未、丙午，比劫印綬生扶日主。「乙巳甲辰官煞之地，亦佳」，指乙巳運木生火，還是比劫印綬生扶日主；甲辰運則是雙合月柱，甲己土扶日主，辰酉合金生財，子辰半合財局，比劫生食傷，食傷生財，五行順暢。「官煞生印，並通財印之氣」，指甲辰運，甲木是官殺，生丁火正印，正印生辰中戊土，戊土生酉金，酉金回生辰中癸水，辰土也合子水財星。

558

按：丞相，祿刃交集，羊刃透干，不宜生扶之物，印綬重宜缺官殺，否則官殺給力，傷官被剋制。

正印	日主	劫財	偏財
丁巳	戊午	己酉	壬戌
庚 戊 丙	己 丁	辛	丁 辛 戊
食神 比肩 偏印	劫財 正印	傷官	正印 傷官 比肩
干祿 亡神 大耗	羊刃 將星		華蓋
丁巳	丙辰	乙卯	甲寅	癸丑	壬子	辛亥	庚戌

釋文：一丞相命，為印多用財（參觀論印節）。喜得丁壬不合，用財損印，用神在財，運行辛亥、壬子、癸丑，財地最美，甲寅、乙卯官煞之地不佳，蓋官煞洩財生印也。

1、按：戊日主自坐羊刃，日刃格；帶上日祿歸時，等於祿刃交集，肯定身強。「印多用財」，指正偏印四見變成偏印格，格局逆用，要用偏財剋偏印；故「運行辛亥、壬子、癸丑，財地最美」。

2、「甲寅、乙卯官煞之地不佳」，指甲寅、乙卯干支都是官殺，木生火，火旺印綬就囂張，原有偏財剋偏印的局面就翻盤；換言之，官殺使財印通關，只是壞事的通關而已。

559

原文：傷官而用煞印，印運最利，傷食亦亨，雜官非吉，逢財即危。

按：月令傷官，原局中有七殺與印綬，身弱印綬化殺日主平衡，故「印運最利」；身強「傷食亦亨」。正官來混七殺，傷官見獵心喜；逢財生殺，逆用破格。

徐樂吾補注：傷官兼透煞印，亦有身強身弱之別，身弱用印扶身，如夏貴妃造。[1]

按：傷官格成立時，如果官殺與印綬同時存在，要印輕身強，如果印重身弱，生食傷無力，制傷又重，即非佳局。「逢財即危」，因為財洩去傷官元氣，又剋去印綬，破壞傷官配印均衡局面，大致指身弱而言。

---

[1] 夏貴妃造，命例是徐樂吾在《子平真詮》原文外所加註，不知案例出自何處？按理貴妃應為女命，己未年柱大運即應順行，除非古制有男性被封為貴妃，而依據華聯出版社《淵海子平評註》沈孝瞻原著，徐樂吾評註一書所記載大運則是逆行，此項矛盾作者不追溯探原。因為本書之目的是將沈孝瞻文言文與徐樂吾語體文，盡量改述為貼近現代人閱讀能力之白話文，並加述己見，既非考據為主，即以原版著述。

按：蔡貴妃造，僅年柱正印撐腰，其餘七殺傷官一堆，印不可破。

七殺	日主	七殺	正印
丙子	**庚子**	**丙子**	**己未**
癸	癸	癸	乙　丁　己
傷官	傷官	傷官	正財　正官　正印
將星　大耗	將星　大耗	將星　大耗	天乙
戊辰　己巳	庚午　辛未	壬申　癸酉	甲戌　乙亥

釋文：庚金氣洩而弱，用印制傷扶身。十一月金水，氣肅而寒，用火調候，即金水傷官喜見官之意，兼以生印也。年上印綬得用，而幼運乙亥破印，出身雖美，而幼年必極孤苦；甲合己土，財化為印，戊運印地，此十年為最美也。癸壬食傷運，有印回剋無礙；申酉幫身運，自可行也。雜官有印化，尚無妨礙，逢財破印則身必危也。

1、按：庚日主傷官三見，皆主氣；官殺三見，剋洩交加，雖年柱有正印加持，但日主無根，身弱無疑。調候用神：丁、甲、丙；即木火之地，故「金水傷官喜見官（火）」。

2、「出身雖美」，指年柱正印是身弱的用神。「幼年必極孤苦」，指乙是財，亥是食神，食神生財對身弱的日主無用。「甲合己土，財化為印」，指甲木偏財合化己土，化出印綬護身；戊運也是印綬，故「此十年為最美」。「癸壬食傷運，有印回剋無礙」，指原局己未、丙火剋水。「申酉幫身運」，酉運無疑，申運半合一堆水局，幫身變洩身。「雜官有印化」，指未土夾著正官，但旁邊正印是主氣，化官不傷日主無礙。「逢財破印則身必危」，指財運剋去用神正印，必衰。

561

按：夏閣老造，火土傷官無財，丁壬化印剋傷官，宜金水財官運。

七殺	日主	劫財	七殺
壬辰	丙寅	丁未	壬寅
癸　乙　戊	戊　丙　甲	乙　丁　己	戊　丙　甲
正官　正印　食神	食神　比肩　偏印	正印　劫財　傷官	食神　比肩　偏印

乙卯	甲寅	癸丑	壬子	辛亥	庚戌	己酉	戊申

釋文：此本篇夏言夏閣老造（參觀《命鑒》），雖煞印並見，而身強印旺，未為木庫，丁壬又合而化木（參觀十干配合性情節），夏月火土，非用水潤土，調和氣候不可。更喜辰為水庫，又屬濕土，可以洩丙火之燥，為壬水之根，故可用也。運行酉庚、辛亥、壬子、癸丑，金水財煞之鄉，自然富貴，劫印食傷，均不宜也。

1、按：丙火生在未月，調候用神壬、庚。丁壬合去壬水，如何？又見時干七殺，合殺留殺。原局比劫四見，帶地支正偏印四見，身強無疑。總之，原局無財，由殺生印，印生比劫，比劫生食傷，一路順暢。

2、七殺透出，有殺論殺，身強官煞弱，「運行酉庚、辛亥、壬子、癸丑，金水財煞之鄉，自然富貴」，因為須要金水對抗木火，所以財殺之地最適宜。木火不宜是因為身強，容易理解，但食傷戊己為何不宜？因為身強殺弱，食傷來則用神七殺不靈。

1、按：「傷官帶煞，喜印忌財」，指傷官格帶七殺時，日主剋洩交加
　，因為印綬會剋制傷官、化殺、生日主，故「喜印」；而「忌財」
　則是財生殺，財剋印，日主扛不住。如果傷重煞輕，病在傷官，
　以印剋傷官，財洩去傷官。換言之，傷官駕殺過頭，用七殺所生
　之印綬剋制傷官，子能救母。「財亦吉」，指傷官生財，財生弱殺，
　故財有通關作用。

2、為何「七煞根重，則運喜傷食」？因為七殺重，七殺逆用，可用
　食傷大運。為何「印綬身旺亦吉」？因為印化七殺，在七殺與傷
　官間取得平衡，而印綬更旺後，傷官有身旺為通關，傷官用印也
　成局。「逢財為凶」？因為七殺根重，財生殺，財又剋印，日主
　撐不住。

按：傷官帶七殺而原局無印綬，一般用印化殺，因為印剋傷官、化
殺、生日主。但「傷旺煞輕」，則財運滋殺也幫上忙。

按：徐氏舉例，丙火戌月，調候甲壬，甲午運合出食傷，午是羊刃，七殺受剋，己巳年冲去七殺調候，羊刃一合一冲，不祿。

傷官	日主	食神	正財
己亥	丙辰	戊戌	辛卯
甲　壬	癸　乙　戊	丁　辛　戊	乙
偏印　七殺	正官　正印　食神	劫財　正財　食神	正印
天乙　亡神	華蓋　月德　天德	大耗	
庚寅	辛卯	壬辰	癸巳	甲午	乙未	丙申	丁酉

釋文：戊戌辰巳四土，傷官重，而時逢亥水獨煞，以煞為用，申運洩土生水為美。至乙未運，亥卯未暗合木局，制土而衛煞，科甲連登；至甲午運，甲己合土化傷。流年己巳，冲去亥水，不祿。

1、按：丙火生在戌月，調候用神甲、壬。食傷四見，食神主氣變傷官格。正財天透地藏，正財格。「時逢亥水獨煞，以煞為用」，指丙火要有壬水，《造化元鑰評註》：「九月土燥而重，必須以水潤甲木為用，無壬癸甲，雖丙火多見亦無益，戊己（食傷）晦光故也。」

2、「申運洩土生水為美」，指傷官偏重，用財星洩氣，生官殺為用。乙未運合出木局，演出完美的印剋食傷，故「制土而衛煞，科甲連登」。甲午運雙合己亥，甲己合傷官加重，流年己巳（增加一對甲己合），不祿。羊刃最怕冲合，午運合戌土化火。

564

按：徐樂吾補注：七煞根重者，如乾隆己未進士夏同里造；傷官生財，財生殺，月令偏印，妙在五行流通，格局無刑冲。

七殺	日主	正財	傷官
丙子	**庚寅**	**乙丑**	**癸酉**
癸	戊 丙 甲	辛 癸 己	辛
傷官	偏印 七殺 偏財	劫財 傷官 偏印	劫財
	月德 天德 大耗	天乙	羊刃
丁巳 ／ 戊午	己未 ／ 庚申	辛酉 ／ 壬戌	癸亥 ／ 甲子

釋文：此造雖非月令傷官，而十二月餘氣，時子年癸，亦作雜氣傷官論也。丙火七煞，通根於寅，為根重，癸亥至己未傷印比劫均美，而以辛酉庚申身旺之地為尤佳。特不可再行財鄉煞地耳。

1、按：庚金生在丑月，調候用神丙（七殺）、丁、甲。庚金酉年，年支羊刃，酉丑半合金局，乙合庚，日主趨強。傷官三見透干，傷官格。「丙火七煞，通根於寅，為根重」，根重主要得力於財星相生，故殺重印輕，原局五行甚均衡，但以水、木（財）、火（殺）為重。

2、癸亥食傷剋七殺，但癸酉運拱戌制水，殺重不忌印。壬運食神制殺，戌運印綬化殺。辛酉、庚申運，比劫抗殺。己未運印綬，雜氣財官透出。

按：「傷官用官，運喜財印」，因為正官順用喜財生，也能生印。「不
利食傷」，若食傷運再來，則傷官剋官更重。「局中官露而財印兩旺」，
就是財官印完美的格局，比劫傷官也能湊出吉運。

1、「傷官用官」，《三命通會》：「金水木傷官格，不忌官星。經云：
　傷官火土宜傷盡，金水傷官要見官，木火見官官有旺，土金官去反
　成官；惟有水木傷官格，財官兩見始為歡。」金寒水冷，要火（官）。

2、「運喜財印」，因為財星卸去傷官，財可生官，財官人見人愛。印
　則是制住太旺的傷官，保護正官。「不利食傷」，這種局面傷官行
　傷官運，除非比劫印綬偏重。「若局中官露而財印兩旺，則比劫
　傷官，未始非吉。」指原局財、官、印，比例偏重，用比劫傷官
　平衡局面。

按：丞相造，財不剋印，傷不傷官，五行順暢；用神和諧。

正官	日主	偏財	偏印
丁 丑	庚 午	甲 子	戊 申
辛　癸　己	己　丁	癸	戊　壬　庚
劫　傷　正 財　官　印	正　正 印　官	傷 官	偏　食　比 印　神　肩
天　大 乙　耗	將 星		干　驛 祿　馬
壬 申	辛 未	庚 午	己 巳	戊 辰	丁 卯	丙 寅	乙 丑

釋文：本篇一丞相造，以傷生財，以財生官，若傷與官星並透，則不足取矣。以官為用，運喜財鄉，而行印運亦美。所以丙寅、丁卯、戊辰、己巳、庚午均為美運也。

1、庚金生在子月，調候用神丁、甲、丙。傷官食神三見，月令傷官。正偏印四見，偏印格數量最重。正官天透地藏，正官格。「傷與官星並透，則不足取」，指金水傷官要見官，地支已經子午沖，傷官見官，若有傷官再透出，正官就破格不足取。

2、「以官為用」，基於調候以正官為用神，以財星為喜神。因此丙丁官殺，寅卯財星，戊辰、己巳、午運等官殺印綬「均為美地」。原局命值偏高在於調候到位，印重官輕，官有財殺加持，印則可制傷，五行中有三行可用，左右逢源。然而日月雙沖，不免辛勞。

567

按：此本篇章丞相造也，正官正財成格，月令傷官成功不必在我。

食神	日主	正財	正官
辛 **未**	**己** **亥**	**壬** **申**	**甲** **子**
乙 丁 己	甲 壬	戊 壬 庚	癸
七 偏 比 殺 印 肩	正 正 官 財	劫 正 傷 財 財 官	偏 財
華 大 蓋 耗		天 劫 月 乙 煞 德	天 桃 乙 花
庚 己 辰 卯	戊 丁 寅 丑	丙 乙 子 亥	甲 癸 戌 酉

釋文：雖月令傷官，而子申合局，傷化為財，作財旺生官論，不作傷官用官論。行運官印幫身為美。財已旺，不宜再見，傷官亦不相宜。

1、己土生在申月，有比肩、劫財、偏印，雖然不旺，但《滴天髓》：「日干不論月令休囚，只要四柱有根，便能受財官食傷而當傷官七殺，長生祿旺，根之重者也。」調候用神丙、癸；原局無丙火。月令傷官，食干有食神。正偏財四見，財格。官殺三見，正官天透地藏，正官格。「子申合局，傷化為財」，指月令主氣雖為傷官，然而周邊都是財星化去傷官，以正官格干支緊鄰，故論「財旺生官」。

2、「行運官印幫身為美。財已旺，不宜再見，傷官亦不相宜。」身弱自然要比劫、印綬。但為何要官殺運？因為財旺而中運亥子丑，財上加財，要官殺運與印綬消化財星。甲運合土是比劫，戊運也是比劫，乙亥、丙子運，丁丑運火土帶雜氣財官冲出。總之金水是病，木火土是藥。

五、論羊刃

按：羊刃是五陽干的子午卯酉專位劫財，但因為劫財太凶猛，所以稱羊刃，以便區別劫財。羊刃要制伏，因此官殺都可用，帶財帶印更貴氣。考慮到正官喜歡帶財帶印，七殺得到財印是否太過甚？七殺在羊刃格之外，因「煞能傷身」，故宜制伏七殺，配給七殺財印，會造成格強身弱，但因為羊刃之強，依賴七殺與羊刃相抗衡，故羊刃駕殺「反喜財印，忌制伏」。

1、按：羊刃只存在甲、丙、戊、庚、壬的日主。劫財與羊刃是有區
　　分的，例如甲日主生在卯月是劫財，必須「干透乙，或年日時支
　　為卯」，才算羊刃，否則只是劫財。依據地支位置不同，而有日
　　刃、時刃之分別。

2、「在他格用官煞，喜財者不喜印，喜印者不喜財」，身強喜財，身
　　弱喜印。官殺旺如果「不藉食傷之制伏」，只剩羊刃格抗衡官殺
　　或印綬化殺。身殺兩停或羊刃駕殺，大運要強者抑之，弱者扶之，
　　即便兩停亦宜印綬運。徐樂吾以岳武穆造為例，本書加以疏解。

按：岳武穆造，羊刃透干，最怕合冲併見。

正財	日主	劫財	正印
己巳	甲子	乙卯	癸未
庚 戊 丙	癸	乙	乙 丁 己
七殺 偏財 食神	正印	劫財	劫財 傷官 正財

丁未	戊申	己酉	庚戌	辛亥	壬子	癸丑	甲寅

1、按：原局甲木生在卯月透干，羊刃格。正印天透地藏，正印格。正偏財三見，正財格；故「財印為佐，印運為美」。「亥運三合會刃」，指柱運亥卯未三合羊刃，強亥冲強巳，流年辛酉雙冲月柱乙卯，辛亥、辛酉拱戌合卯，兩辛剋乙，乙就是羊刃，故「煞刃相戰，歲運冲激，慘遭奇禍」。

2、《三命通會》：「柱原有刃，見冲或合，歲運再臨冲合，大凶。若歲冲合而運不冲合，運冲合而歲不冲合，其禍減半論。」又云：「羊刃冲合歲君，勃然禍至。」

原文：陽刃用官，透刃不慮；陽刃露煞，透刃無成。蓋官能制刃，透而不為害；刃能合煞，則有何功？如丙生午月，透壬制刃，而又露丁，丁與壬合，則七煞有貪合忘剋之意，如何制刃？故無功也。

按：「陽刃用官，透刃不慮」，指羊刃以對等官殺為用，羊刃透干，大約對等制衡可用。「陽刃露煞，透刃無成」，例如壬水生在子月，「露煞」是戊，「透刃」是癸，戊癸合，七殺、羊刃貪合忘剋都泡湯。

徐樂吾補注：月令陽刃，非皆以官煞為用，特日元旺逾其度者，非用官煞制刃，則不成貴格，言陽刃必帶官煞者，以此也。月令陽刃非盡身旺，如戊子、戊午、丙辰、戊戌，月令陽刃，洩氣太甚，反嫌身弱，須助其刃。子水官星不透，為戊土所制，不能為用，反須以印去食助刃為美，即其例也。煞刃並透，合煞無功，如甲申、乙卯、甲寅、庚午，為一內官命造，則以貪合忘剋也。

1、按：月令羊刃並非一定要用官殺，而是因為羊刃強，要有對等力量抗衡，官殺為首選，否則傷官洩去羊刃亦可。

2、羊刃駕殺、身殺兩停，是原局日主與官殺處於極端的恐怖平衡，即便恰得其份，然而有大運的介入，平衡者失衡，失衡者平衡，故徐氏提出「月令陽刃非盡身旺」、「貪合忘剋」等以補充《子平真詮》原文。本書加以疏解如下。

按：徐氏補例，羊刃逢冲，孤刃身衰，從兒不忌比劫，喜行財地。

食神	日主	食神	食神
戊戌	丙辰	戊午	戊子
丁　辛　戊	癸　乙　戊	己　丁	癸
劫財　正財　食神	正官　正印　食神	傷官　劫財	正官
丙寅 ｜ 乙丑	甲子 ｜ 癸亥	壬戌 ｜ 辛酉	庚申 ｜ 己未

1、按：「月令陽刃非盡身旺」，指午火雖是羊刃，然而子午冲，戊土洩午火，辰土含水洩午火，孤刃身衰，故「以印去食助刃」。然而大運庚申、辛酉，財地剋印是否衰運？從兒先洩再說。

2、《子平粹言》：「從兒格（子旺母衰）者，傷官格之變也，全局皆食傷；以全局論之，當以食傷為主體，名為順局從兒。食傷者我所生也，日元與食傷一順相生，實不能以從論；乃取用程式中之抑強法也。書云：用神多者，宜洩不宜剋；食傷太重宜洩之。《滴天髓》云：從兒不論身強弱，只要吾兒又見兒，食傷為兒，兒又見兒，謂喜財星洩食傷之氣也。凡從格皆忌比劫，忌通根，見之為破格，獨有從兒格不忌。」

按：徐氏補例，貪合忘剋，羊刃倒戈，神煞調候加持。

七殺	日主	劫財	比肩
庚午	甲寅	乙卯	甲申
己 丁	戊 丙 甲	乙	戊 壬 庚
正財 傷官	偏財 食神 比肩	劫財	偏財 偏印 七殺
紅艷 將星	干祿 月德	羊刃 桃花 大耗	驛馬 月德 天德
癸亥 壬戌	辛酉 庚申	己未 戊午	丁巳 丙辰

1、按：「煞刃並透，合煞無功」，指原局甲生卯月透乙，真羊刃格。
　　七殺年支透時干，七殺格，財生殺，羊刃駕殺，半斤八兩。實則
　　隱藏乙庚隔位，卯申暗合之情況。庚申運，雙冲日柱，雙合月柱，
　　羊刃化殺倒戈，反助殺營，印綬無力通關。

2、年柱天德、月德、驛馬，財殺印加持命值。桃花、大耗，不乏紅
　　粉知己。日時合火，傷官就是財。甲不離庚，庚不離丁，丁不離
　　甲，晚年猶有光景。

原文：然同是官煞制刃，而格亦有高低，如官煞露而根深，其貴也大；官煞藏而不露，或露而根淺，其貴也小。若己酉、丙子、壬申、丙午（丞相造解釋在 589 頁），官透有力，旺財生之，丞相命也。又辛丑、甲午、丙申、壬辰（丞相造解釋在 591 頁），透煞根淺，財印助之，亦丞相命也。

按：同樣是官殺制刃，官殺露出通根最貴，藏而不露，或露而根淺貴氣小。

徐樂吾補注：己酉一造，己祿於午，寅午會局，丙火兩透，財旺生煞，子水之刃，不免孤立。好在財不破印，運行西北，焉得不貴！辛丑一造，煞刃兩停，故財印並美。然而以藏而不露為貴小，似未盡然。如遜清和珅命造，庚午、乙酉、庚午、壬午，官刃均藏而不露，好在乙從庚化，不助官星，官多得壬水損之。運行戊子己丑，化官助身，位極人臣；至寅運會午，財生官旺，而家破身亡。足見格之高低，在於清濁；露而根深，則格局清，所以為貴耳。

1、按：觀察羊刃命格，在於羊刃與官殺之間的強弱態勢，己酉命造「子水之刃，不免孤立」，羊刃雖弱於官殺，但有壬申、癸酉金水之運補強，有病有藥。

2、徐氏認為「辛丑一造，煞刃兩停，故財印並美。然而以藏而不露為貴小，似未盡然」，此端視原局與大運如何搭配而論，未可囫圇同論。故徐氏舉和珅命造反證如下。

按：和珅，庚寅運羊刃難敵群毆，君愛享受臣愛財，財坐羊刃終有禍。

食神	日主	正財	比肩
壬午	庚午	乙酉	庚午
己　丁	己　丁	辛	己　丁
正印　正官	正印　正官	劫財	正印　正官
癸巳　壬辰	辛卯　庚寅	己丑　戊子	丁亥　丙戌

1、羊刃酉與丁官都在地支，食神生財則在天干，意思是羊刃與正官皆不透，何以和珅竟能官高權盛？這是牽涉八字架構的配合性質所致。粗看午火官重得乙木相生，官重於刃，實則乙木坐羊刃之上，但左右合庚，此財即為日主所用，羊刃劫財不成，日主得乙木加持，食神無財亦可合官，福祿由官途索取。換言之，日主（臣）合財，官（君）合食神；即主子愛享受，臣子愛財；全局清中藏濁。

2、「至寅運會午，財生官旺，而家破身亡」，原局羊刃愛劫財，庚運比肩來挑撥，羣劫爭財；寅運是偏財，而寅午合火局是一片官殺，故「財生官旺」，羊刃難敵群毆。

原文：然亦有官煞制刃帶傷食而貴者，何也？或是印護，或是煞太重而裁損之，官煞輕而取清之，如穆同知命，甲午、癸酉、庚寅、戊寅（穆同知造解釋在 592 頁），癸水傷寅午之官，而戊以合之，所謂印護也，如賈平章命，甲寅、庚午、戊申、甲寅（賈平章造解釋在 593 頁），煞兩透而根太重，食以制之，所謂裁損也。如丙戌、丁酉、庚申、壬午（解釋在 595 頁），官煞競出，而壬合丁官，煞純而不雜。況陽刃之格，利於留煞，所謂取清也。

按：凡身殺兩停、羊刃駕殺，帶上食傷而貴氣的，大約是印綬相護，或七殺太重用傷官裁損其銳利，或官殺輕食傷被剋合。原文以上三例請讀者自行參考。

徐樂吾補注：煞刃帶傷食，官煞被制，格之病也，戊印合癸，去其病神，所以為貴。穆造惜乎寅午隔酉，不能會合，又無純粹印運。若年時寅午互易其位，格局更勝。賈平章造，年月寅午會局，乃印而非刃，庚金通根於申，身強煞旺而有制，戊生午月，火土炎燥，宜水以潤之，所以調候也，似未可作煞刃格看。丙戌一造，丁壬合官留煞，格局取清，然官煞競出。大要配置得宜，並非定要合制。如前清乾隆皇帝命造，辛卯、丁酉、庚午、丙子，即陽刃格，官煞競出也。

按：羊刃與官殺是處在恐怖平衡的局面，所以帶上傷官（制官殺）往往破壞平衡，但也有不妨礙的情況，原文舉穆同知命與賈平章命，請自行參酌本書詮釋。徐氏舉乾隆皇帝為官煞競出例。

按：乾隆皇帝命造，八字全冲，天不覆地不載，火金交祿。

七殺	日主	正官	劫財
丙	庚	丁	辛
子	午	酉	卯
癸	己　丁	辛	乙
傷官	正印　正官	劫財	正財

己丑	庚寅	辛卯	壬辰	癸巳	甲午	乙未	丙申

1、「官煞競出」，相對要羊刃夠強；官殺雖強帶正印、正財，財官印一組，羊刃透干夠強，帶傷官洩元氣，因此五行順暢。庚辛祿旺在酉，丙丁祿旺在午，庚辛金羊刃與木火土財殺印對抗賽，傷官癸水閑神，冲正官，用木火之地洩水生官。

2、早運丙申雙合年柱辛卯，初運乙未雙合日柱庚午，甲午運木火土財官印，癸巳運傷官制殺，壬辰運雙合月柱。地支逆剋，八字全冲，天干在地支均有祿旺之地，罕見。

按：丙生午月，就是羊刃格，因為午中藏干除丁火外還有己土，己土剋水，己土傷官生財，劫財生傷官太旺，因此「尤宜帶財佩印」。戊生午月，己土為羊刃劫財，丁火是正印透干，支會火局是印局，則「化刃為印」，官煞透干成格，其力足以「去刃」存印，則官煞生印格局有成。反之，財煞透出天干，財剋印存煞，則談不上煞刃格優點，富貴兩空。

徐樂吾補注：丙生午月，帶財佩印，如丙寅、甲午、丙申、壬辰（解釋在 580 頁）一造，申辰拱合，壬水通根，刃旺煞強，財不破印，為美，所以掌兵刑生殺大權也。如寅申易位，年申日寅，刃旺而煞不強，即非貴格。又如丙寅、甲午、丙午、癸巳（解釋在 581 頁），佩印而不帶財，癸水官星無根，滴水熬乾，不能為用，只能從其強勢，失其中和，亦非美格也。至若戊生午月，火炎土燥，再加支會火局。干透丙丁，旺之極矣，如透官煞，木從火勢，反助其旺，何能去刃存印？如戊午、戊午、戊午、甲寅（解釋在 582 頁），雖丙丁未透，然以寅午拱合，甲木反助炎勢，須行金運洩土制煞方美。水運逆為旺勢，反不為美，格雖清而偏矣。如煞旺印輕，以印化煞為用者，如甲寅、庚午、戊寅、甲寅（解釋在 583 頁），甲木通根寅祿，煞旺去刃存印，以印化煞，為得其中和，福壽富貴，名利兩全。此造妙在無財，庚金無根，可置不用，若透財，則破印生煞，格局全破矣。

按：徐氏例，帶財配印，申辰拱合，壬水通根，刃旺煞強，財不破印為美，所以掌兵權。

七殺	日主	偏印	比肩
壬辰	丙申	甲午	丙寅
癸　乙　戊	戊　壬　庚	己　丁	戊　丙　甲
正官　正印　食神	食神　七殺　偏財	傷官　劫財	食神　比肩　偏印
壬寅　辛丑	庚子　己亥	戊戌　丁酉	丙申　乙未

1、「申辰拱合」，是否拱合見仁見智。官殺三見，七殺透干就是七殺格。丙生午月透干，羊刃格。殺有財食，刃帶雙印，勢均力敵。丙火午月，調候用神壬、庚，大運金水之地。庚子運三合水局冲午火，羊刃怕一冲一合。

2、「寅申易位，年申日寅，刃旺而煞不強」，指七殺通根太遠，中間有木火剋洩，年干丙火蓋頭，且日主丙火坐下寅午透干比劫、印綬，形成身強格弱，造成命值降低。

580

按：徐氏例，《滴天髓》：「從氣者，不論財官印綬食傷之類；如氣勢在木火，要行木火運；氣勢在金水，要行金水運，反此必凶。」

正官	日主	偏印	比肩
癸巳	丙午	甲午	丙寅
庚　戊　丙	己　丁	己　丁	戊　丙　甲
偏　食　比 財　神　肩	傷　劫 官　財	傷　劫 官　財	食　比　偏 神　肩　印
壬 寅	辛 丑	庚 子	己 亥	戊 戌	丁 酉	丙 申	乙 未

1、「佩印而不帶財，癸水官星無根，滴水熬乾，不能為用」，指丙火生在午月，干支一堆木火，癸水孤懸時干，當炎上格看，故癸水反成絆腳石，只能「從其強勢」，然而申酉運助官背叛，戌己洩火，故「失其中和，亦非美格」。惟戊戌運與時干化火，寅午戌三合火局，炎上格成真，自有一時風光。行運亥運、庚子，焦頭爛額。

2、徐氏又假設「至若戊生午月」，戊生午月，時干成為丁火，全局母旺子衰，無財破印，要行食傷與財地。

581

按：徐氏例，獨象喜行化地，妙在無財，庚金無根。

七殺	日主	比肩	比肩
甲寅	戊午	戊午	戊午
戊　丙　甲	己　丁	己　丁	己　丁
比肩　偏印　七殺	劫財　正印	劫財　正印	劫財　正印
丙寅　　乙丑	甲子　　癸亥	壬戌　　辛酉	庚申　　己未

1、「雖丙丁未透，然以寅午拱合，甲木反助炎勢」，指午火三見，得到甲寅木局生火，木火帶上戊己土，過於強勢，故「須行金運洩土制煞方美」，庚申、辛酉論吉。亥子丑北方水運「逆為旺勢」，反不為美。「格雖清而偏矣」，缺食傷與財，三戊子隨出，離祖別家鄉。三午剋夫妻，財來羣劫奪。

2、原局木火土氣勢如虹，容金不容水，庚辛順其勢，獨象喜行化地；壬運水絕，戌運火局；癸亥、甲子火水未濟，九死一生。

582

按：徐氏例，煞旺去刃存印，以印化煞，為得其中和，妙在無財；食傷為閑，宜制煞化煞，不可財剋印。

七殺	日主	食神	七殺
甲 寅	戊 寅	庚 午	甲 寅
戊　丙　甲	戊　丙　甲	己　丁	戊　丙　甲
比　偏　七 肩　印　殺	比　偏　七 肩　印　殺	劫　正 財　印	比　偏　七 肩　印　殺
戊 寅	丁 丑	丙 子	乙 亥	甲 戌	癸 酉	壬 申	辛 未

1、按：「甲木通根寅祿」，指原局七殺五見，「煞旺去刃（己土）存印」，指甲己合羊刃沒了，僅剩丁火正印。「以印化煞，為得其中和」，指印綬四見化七殺，氣流通暢。殺重印輕，食神輕。

2、庚金截腳，「妙在無財，庚金無根」，指殺無財生，食神無財；申酉運制殺，甲運困頓，戌運印綬局吉；乙運無功，亥運不成交運丙子，必有災厄。

原文：更若陽刃用財，格所不喜，然財根深而用傷食，以轉刃生財，雖不比建祿月劫，可以取貴，亦可就富。不然，則刃與財相搏，不成局矣。

按：羊刃喜歡劫財，因此如果原局羊刃與比劫，近似兩行成象，則用食傷通關生財，稱「轉刃生財」。雖然不如羊刃駕殺、食神制殺貴氣，也有富翁之命。羊刃與財格不宜對抗搏鬥，沒這種成格方法。

徐樂吾補注：月令陽刃，日元必旺，財根若深，兩相對峙，必用傷官食神以通其氣，所謂通關也。如甲申、丙子、壬寅、辛亥（解釋在 585 頁），喜寅亥相合，木火得其生地，子申會局，食神又得生扶，財氣通門戶，富格也。若刃旺財輕而無食傷，如戊子、戊午、戊戌、戊午（解釋在 586 頁），火炎土燥，雖需要水潤澤，然以無食傷為水之根，滴水難存。又如戊申、戊午、戊子、戊午（解釋在 587 頁），有一申字為子水之根，雖金水不透，非富貴之格，然有相當之結局矣。

按：羊刃劫財身強，但如果財星根深，用食傷通關化劫生財，雖然無法如建祿格、羊刃格可以取貴，但食傷生財就是富格。徐氏補下列三例。

按：徐氏例，財氣通門戶，偏財行運得生旺之地；外格成型，不用月令。

正印	日主	偏財	食神
辛亥	壬寅	丙子	甲申
甲　壬	戊　丙　甲	癸	戊　壬　庚
食神　比肩	七殺　偏財　食神	劫財	七殺　比肩　偏印
甲申　癸未	壬午　辛巳	庚辰　己卯	戊寅　丁丑

1、按：原局比劫三見，正偏印相生，論身旺；丙火偏財通根寅木，偏財成格，但不如羊刃申子半合氣勢。好在寅木合去亥水，比肩去亥水，偏財有加持，羊刃與財星，勢均力敵。食神三見成格，圓滿的通關。

2、何謂「財氣通門戶」？徐氏引用《滴天髓》實例：「凡巨富之命，財星不多，只要生化有情，即是財氣通門戶。若財臨旺地，不宜見官，日主失令，必要比劫助之。」天干食神、偏財、正印，門面清新。

按：徐氏舉例，天全一氣，不可使地德莫之載。

比肩	日主	比肩	比肩
戊午	戊戌	戊午	戊子
己 丁	丁 辛 戊	己 丁	癸
劫 正 財 印	正 傷 比 印 官 肩	劫 正 財 印	正 財
丙 寅	乙 丑	甲 子	癸 亥	壬 戌	辛 酉	庚 申	己 未

1、按：一團火土，火土夾雜？稼穡格？因為稼穡格必須生於辰、戌、丑、未月，因此屬火土夾雜。《三命通會》：「火見土則暗，土宿火則晦；故火自火，土自土，兩不相掩為妙；若火土夾雜，主愚濁。」火土同生旺，火土夾雜，狗咬尾巴原地轉。

2、「以無食傷為水之根，滴水難存」，己未運若平安無事，庚申、辛酉、壬運，也有二十餘年好光景。本例徐氏取自任鐵樵《滴天髓》。《滴天髓》：「地支不載者，地支與天干無生化也，非特四甲四乙而遇申酉寅卯為不載，即全受剋于地支或反剋地支，或天干不顧地支，或地支不顧天干，皆為不載也。……必須地支之氣上升，天干之氣下降，則流通生化，而不至於偏枯，又得歲運安頓，非富亦貴。如無升降之情，反有冲剋之勢，皆為偏枯而貧賤矣。」嚴格說，干支要有流通生化，左右不可刑冲。

按：徐氏舉例，身強用洩，申金是通關與病藥，不可冲合。

比肩	日主	比肩	比肩
戊午	戊子	戊午	戊申
己 丁	癸	己 丁	戊 壬 庚
劫財 正印	正財	劫財 正印	比肩 偏財 食神

丙寅	乙丑	甲子	癸亥	壬戌	辛酉	庚申	己未

按：本例與前例，差在申字，而月柱相同，故大運相同。日主身強，
原局沒有對等的官殺，只能依賴申金洩氣生財，維持平衡；用神申
金，喜神子水。申運戊辰年登科，壬戌運羣劫爭財，地支集結印綬，
梟印奪食。

587

六、論羊刃取運

原文：陽刃用官，則運喜助官，然命中官星根深，
則印綬比劫之方，反為美運，但不喜傷食合官耳。

按：羊刃用官，因為正官不如七殺的鬥爭性，所以制不住羊刃，宜
「運喜助官」，助官者，財與官。如果官星根深，不宜一再加深而失
衡，可用印綬比劫分攤官殺，但不宜陽干食神合去正官。

徐樂吾補注：陽刃格最為簡單，蓋月令陽刃而日元旺，非用官煞剋
之，即用食傷洩之，陽刃逢財，非食傷通關不可，是其關鍵在食傷
也（逢印劫為專旺除外）；刃旺官煞輕，非用印通關不可，既不能
剋之，不如和之也，然月令陽刃，非必身旺，如本篇一丞相造。

按：羊刃格單純，羊刃格只有兩個選項：一是用對等官殺制衡，一
是用食傷洩掉日主旺氣。而羊刃重於官殺，非用印通關不可。羊刃
也有身弱的情況，大運補足即可。

按：丞相，好在財生官，官生印，印生比劫，財不剋印，無食傷運。

偏財	日主	偏財	正官
丙午	壬申	丙子	己酉
己 丁	戊 壬 庚	癸	辛
正官 正財	七殺 比肩 偏印	劫財	正印
	月德	紅豔 羊刃 將星	桃花
戊辰 己巳	庚午 辛未	壬申 癸酉	甲戌 乙亥

釋文：財旺生官也，雖月令陽刃而財更旺，喜得己酉官印相生，財官印刃，周流不滯。運行印綬比劫之方，皆為美運，官運亦吉，如癸酉、壬申、辛未，三十年是也。甲木食神合官，乙木傷礙官星，均非吉地耳。

1、按：壬水子月，羊刃格，不透干，申酉加持護身；官殺三見，正官透出帶財，勢均力敵。為何「運行印綬比劫之方，皆為美運」，因為原局財生官，官生印，印生比劫，比劫斷氣無食傷，因此「官運亦吉，如癸酉（印比）、壬申（印比）、辛未（印官）」，三十年五行順利。釋文「官煞露而根深，其貴也大」。

2、「命中官星根深，則印綬比劫之方，反為美運」，官殺偏重要有印綬化殺，比劫抗殺。「不喜傷食合官」，陽日主食神合正官，傷官剋正官。

589

原文：陽刃用煞，煞不甚旺，則運喜助煞；
煞若太重，則運喜身旺印綬，傷食亦不為忌。

按：羊刃用七殺對抗，若七殺不太旺，則喜行運財殺之地。七殺太重，則運喜印綬化殺，食傷可以幫忙制殺，雖然會卸去日主元氣，持平無虞。

徐樂吾補注：陽刃用煞，與用官之意義相同，所異者官煞之性質耳。官宜生旺，煞宜制伏，故於食傷運，有宜忌之不同也。

按：羊刃駕殺貴命，駕「官」如何？正官銳氣不如七殺，因此官宜財生或旺地。反之，七殺逆用要制伏，所以食傷運時必須以七殺原局制伏的強弱而定。換言之，羊刃駕殺之時，食傷亦強，即不宜比劫印綬食傷之地。總之，殺旺刃衰，取比劫印綬加持都好；殺衰刃旺，取財殺大運最宜。

按：徐氏例，羊刃帶印綬雖強，財生殺黨更猛，宜印綬木火之地，食傷運持平。

七殺	日主	偏印	正財
壬辰	**丙申**	**甲午**	**辛丑**
癸 乙 戊	戊 壬 庚	己 丁	辛 癸 己
正官 正印 食神	食神 七殺 偏財	傷官 劫財	正財 正官 傷官
華蓋	文昌 月德 大耗	羊刃 大耗	
丙戌　丁亥	戊子　己丑	庚寅　辛卯	壬辰　癸巳

徐樂吾補注：為本篇又一丞相造。煞透根深，雖月令陽刃，而身非旺，用印化煞，而喜陽刃制財以護印也。初運官煞，雖不相宜，然有印化無礙；中運印地，庚辛金不通根，而滋煞助印，均為美運；己丑戊食傷制煞，有印回剋，亦可行也；子運沖刃，則非吉矣。

徐樂吾補注：月令陽刃而透官煞，官煞以制刃成格；若又透傷食，則剋洩交集，須視四柱之配合如何，未可一定。如本篇穆同知造。

1、按：「煞透根深」，指官殺四見，七殺透出，財星旺。「月令陽刃，而身非旺」，指地支食傷四見，財生官殺比例偏重，而造成羊刃孤軍奮鬥，而必須「用印化煞」，果然初運寅卯辰。「庚辛金不通根，而滋煞助印」。

2、徐氏補注：官煞以制刃成格，就是日主與官殺在均衡狀態，如「又透傷食」，即大運發生格局均衡的破壞狀態。為何「子運沖刃，則非吉矣」？申子辰三合，子丑六合，羊刃最怕一沖一合。

591

按：穆同知造，羊刃透傷官，難用；用財官印外格與木火土運。《滴天髓》：「強寡而敵眾者，勢在成乎眾。」羊刃雖強而寡，犧牲小我，成全木火。

偏印	日主	傷官	偏財
戊寅	庚寅	癸酉	甲午
戊　丙　甲	戊　丙　甲	辛	己　丁
偏印　七殺　偏財	偏印　七殺　偏財	劫財	正印　正官
天德	月德　天德	羊刃	將星
辛巳　　庚辰	己卯　　戊寅	丁丑　　丙子	乙亥　　甲戌

釋文：月令陽刃，用午火官星制刃，而透癸水傷官破格，喜時上戊土合去癸水，官刃依然成格，與上節陽刃用官相同也。寅午會局，財生官旺，喜行印綬比劫之地，而忌傷食，子水冲午，決非佳運也。

1、庚金生在酉月，羊刃格。偏財三見，偏財格。正偏印四見，偏印格。雖然五行尚稱齊全，但以偏印格數量最重，偏財格質量最佳，故財剋印用比劫之地。財能生官，年柱甲午，偏財生官印。又印綬剋大運亥子丑食傷之地，丙丁官殺得用。

2、原局財生殺，天干生地支或同根相生，而少數關鍵癸水傷官洩羊刃，助財生官，即格強身弱，故「喜行印綬比劫之地」。「子水冲午（傷官見官），決非佳運」，指月令羊刃非用神，取外格官印為用。戊土生庚金，庚金生癸水，癸水生甲木，甲木生午火。貴人加持。

按：賈平章造，七殺與食神成格，日主不弱帶印綬，缺水，喜金水。年日雙沖，日時雙沖，晚節不保。

七 殺	日 主	食 神	七 殺
甲 寅	戊 申	庚 午	甲 寅
戊　丙　甲	戊　壬　庚	己　丁	戊　丙　甲
比　偏　七 肩　印　殺	比　偏　食 肩　財　神	劫　正 財　印	比　偏　七 肩　印　殺
戊　　丁 寅　　丑	丙　　乙 子　　亥	甲　　癸 戌　　酉	壬　　辛 申　　未

釋文：此本篇賈平章造，丁己同祿於午，然寅午會局，刃化為印。年時甲寅，七煞太旺，喜申沖寅，庚制甲，裁制其太過；更喜申中壬水潤澤，使火不炎，土不燥。雖月令陽刃，而歸入煞刃格，稍嫌牽強耳。運行壬申、癸酉最美。

1、按：釋文「煞兩透而根太重」，指七殺四見，甲祿在寅。「食以制之」，食神通根祿位。「寅午會局，刃化為印」，指劫財化火，格局由羊刃駕殺，轉變成七殺生印（又帶兩個偏印）。原局七殺格由食神制煞，煞印相生，等於七殺面對剋洩交加，故「運行壬申、癸酉最美」，因為食傷生財，滋生官殺不剋殺。

2、年日雙沖，日時雙沖，驛馬剋我不得不動。「歸入煞刃格，稍嫌牽強」，指食神制煞，七殺帶印較合理。甲戌運火局，羊刃成真，乙亥運雙合月柱，食神制煞。丙子運，子午沖，申子半合，必衰。

原文：陽刃而官煞並出，不論去官去煞，運
喜制伏，身旺亦利，財地官鄉反為不吉也。

按：羊刃面對官殺並出，一般狀況是官殺較強，合去或制伏官殺，
或行身旺大運，財地官鄉失衡不利。

徐樂吾補注：陽刃而官煞並透，去官去煞，與偏官格合官
合煞相同，所謂「莫去取清之物」是也。

按：一支羊刃相對於一組七殺格，如果「官煞並出」，就是羊刃弱，
官殺強；不論去官去煞，大運要制伏官殺，或食傷剋，或印綬化，
比劫身旺亦有利。財生殺或官殺之地，失去平衡而不吉。

按：殺刃格，超級羊刃制七殺，食神無財不生殺，忌神印比，喜財殺。

食神	日主	正官	七殺
壬午	庚申	丁酉	丙戌
己　丁	戊　壬　庚	辛	丁　辛　戊
正印　正官	偏印　食神　比肩	劫財	正官　劫財　偏印

乙巳	甲辰	癸卯	壬寅	辛丑	庚子	己亥	戊戌

釋文：此丁壬合官留煞也，合官則煞清而純。愈顯其美；煞重，運宜制煞之鄉，身旺亦美。但戊己、印綬則不為吉，因其剋制壬水，去其取清之物也。若壬水不透；而用官煞，則印綬為美運矣。此其不同之點也。

徐樂吾補注：陽刃用財，必須有食傷通關，用食傷則喜行財地，其取運與建祿同，不贅。

1、庚金生在酉月，羊刃格；地支三會申酉戌，超級羊刃格。「丁壬合官留煞也，合官則煞清而純」，丁壬隔位是否能合？原局官煞四見，七殺格。殺刃兩停，不用探討丁壬合不合，只有辛丑、壬寅大運需要分辨。

2、原局無財，加上食神制殺，因此官殺弱於日主，羊刃強何須印綬？故「戊己印綬（化殺）則不為吉」。「若壬水不透；而用官煞」，指食神制不到官殺，官殺強「則印綬為美」，故壬水是關鍵少數，丁年有變。「陽刃用財，必須有食傷通關」，指原局無財，食傷就是閑神，讓財殺與印比對抗。

595

七、論建祿月劫

原文：建祿者，月建逢祿堂（臨官）也，祿即是劫。或以祿堂透出，即可依以為用者，非也。故建祿與月劫，可同一格，不必另分，皆以透干會支，別取財官煞食為用。

按：建祿者，甲日主生在寅月（比肩），乙日主生在卯月（比肩）；或以為羊刃建祿就是用神，這是錯誤的觀念，還是要看原局中財官印食的分配方式。換言之，雖然以月令為推算樞紐，但並非「專求月令」。

徐樂吾補注：月令逢祿為建祿，日支坐祿為專祿，時支逢祿為歸祿。月劫者月令逢劫也，陽干為刃，陰干為劫。建祿月劫，皆無取以為用之法，別取財官煞食為用神，則與財官煞食看法無二。故以用神分類者，無另立之必要也。

1、按：建祿就是月支臨官位。「祿即是劫」，甲用金為官，金絕在寅，用土為財，土病在寅，以身旺太過，財官俱不得，若別無財官可取，再遇劫奪（身更強），馬既不扶（財），祿（官）又不養，多主貧賤。頗宜時帶偏官偏財或食神，更看年時上露多者取用；若略見財官，反爭奪不吉。

2、「祿即是劫」，陰干比肩、劫財都是扶身，陽干專位劫財則是羊刃，別以為透出（身強）就是好格局，要「別取財官煞食為用」，即格局要對等。「以用神分類者，無另立之必要」，因為比劫、羊刃都是扶身，在身強身弱的考量範圍內以平衡為主，所以不必因為建祿、月劫另立特別說法。換言之，建祿、月劫在《子平真詮》這本書，一概統歸在身強身弱的體系中討論。

原文：祿格用官，干頭透出為奇，又要財印相隨，不可孤官無輔。有用官而印護者，如庚戌、戊子、癸酉、癸亥（金丞相造解釋在 598 頁），金丞相命是也。有用官而財助者，如丁酉、丙午、丁巳、壬寅（李知府造解釋在 599 頁），李知府命是也。

按：建祿格要祿與正官透出成格才有力，又要財印相隨，忌孤官無輔。〈四言獨步〉：「月令建祿，多無祖屋；一見財官，自然成福。」〈百章歌〉：「提綱建祿將何取，須看年時多透露；局中六格自光明，莫泥提綱反為誤。」

徐樂吾補注：財印相隨，非並用財印（詳論官篇）。用官而印護者，以印制傷也，如金丞相造，戊土官星，通根於戌，好在戊癸合而不化，以酉金護官為用也。用官而財助者，以財生官也，如李知府造，年支酉金，隔離太遠，巳邀酉而近之，生助官星，丁壬亦喜其合而不化，則格局清也。

按：建祿格宜用正官，七殺過強不宜。不要「孤官無輔」，官弱用財生，日主弱用印生。「財印相隨」，除身強身弱各有所愛之外，財印不可在年月天干併鄰。天干五合，合而不化則格局較容易掌握。

按：金丞相，「用官而印護」，戊癸合而不化，日主旺於正官，宜財運。

比肩	日主	正官	正印
癸亥	癸酉	戊子	庚戌
甲　壬	辛	癸	丁　辛　戊
傷官　劫財	偏印	比肩	偏財　偏印　正官

丙申	乙未	甲午	癸巳	壬辰	辛卯	庚寅	己丑

釋文：月令建祿，戊土官星，通根於戌，為官有根也。庚金為輔，然身旺無勞印生，惟行運至食傷之地，取以護官耳。庚寅辛卯壬辰運，均平平，癸巳之後，運轉南方，財生官旺，其得意當在晚年也。

1、按：原局正官天透地藏，正官格；日主癸水有印綬比劫透干，應為身強，正官為何需要「印護」，而不是財生？實則在癸酉、癸亥間夾出戊土，故正官是三見，非如粗看之弱，但還是弱於日主。其次，印剋食傷，以子（印綬）救母，即庚剋寅，辛剋卯，如此打平僅使食傷不剋官殺而已。

2、「身旺無勞印（金）生，惟行運至食傷（木）之地，取以護官」，指印剋食傷，保全官殺，故「庚寅、辛卯、壬辰運，均平平」。「運轉南方，財生官旺」，官殺得到加持可用。

按：李知府命，身強用官而財助，財滋弱官。

正官	日主	劫財	比肩
壬寅	丁巳	丙午	丁酉
戊　丙　甲	庚　戊　丙	己　丁	辛
傷官　劫財　正印	正財　傷官　劫財	食神　比肩	偏財
戊戌　己亥	庚子　辛丑	壬寅　癸卯	甲辰　乙巳

釋文：此本篇李知府造，喜巳酉會，引財而近之，以生壬水官星，更喜時逢寅，為財印相隨也。壬寅官印，辛丑庚子財官之地最美，己亥尚可無妨，戊戌則不能行，所謂畏傷食相侮也。

1、按：丁火生在午月，建祿格帶劫財，身強；丁日主合正官，日主情向正官；正官孤懸偏弱，導致身強格弱，故以財滋弱官。食傷三見帶正偏財剛好用。「巳邀酉而近之，生助官星」，指巳酉半合財星很彆扭。

2、日干丁火祿旺交集，透干帶木火，身強。「壬寅官印」，指大運官印。「辛丑、庚子」，指辛、庚為財，子丑帶水為官，財滋弱官，故「財官之地最美」。「己亥尚可無妨」，指己土帶亥水尚可扶官。「戊戌則不能行」，指金埋水絕，食傷剋官，稱「傷食相侮」。

3、《三命通會》：「時上官星與月亦同，但力輕微，發福多在晚年，或生賢子，要有印助，月令通生、旺、官氣，及見財生，或行財官印生旺運，方可發福，破傷不中。……正官有用不須多，多則傷身少則和；日旺再逢生印綬，定須平步擢高科。」

原文：有官而兼帶財印者，所謂身強值三奇，尤為貴氣。三奇者，財官印也，只要以官隔之，使財印兩不相傷，其格便大，如庚午、戊子、癸卯、丁巳（王少師造解釋在 601 頁），王少師命是也。

按：「身強值三奇」，指日主身強，財官印俱全，例如：官印相生，官印雙清，祿馬官印，財滋弱官等。但財印要以官或日主分開，使「財印兩不相傷」。

徐樂吾補注：三奇之說，各家不同。以財官印為三奇，亦命家之一說也。然干透必須支藏，天覆地載，方為全美。如此造丁火通根於午，庚戊通根於巳，支藏干透，方為有根。財印隔離，各得其用，而不相礙，宜乎為貴格也。

按：三奇有指神煞甲戊庚、壬癸辛、乙丙丁之類；財官印也是命理一說。「天覆地載」，指庚辰、丁卯之類。反之「地支不載」，指甲申、壬戌之類。

按：王少師命，建祿格財官印透出，財印雙清，各自通根，門面清新。

偏財	日主	正官	正印
丁巳	癸卯	戊子	庚午
庚 戊 丙	乙	癸	己 丁
正印 正官 正財	食神	比肩	七殺 偏財
天乙 驛馬 天德	文昌 天乙 將星	干祿 桃花	

丙申	乙未	甲午	癸巳	壬辰	辛卯	庚寅	己丑

釋文：此本篇王少師造，為財官印三奇格也。喜其官印通根於巳，財星得祿於午，支藏干透，天覆地載。若僅露干而不藏支，亦不足貴。更喜年印時財，兩不相礙，戊癸相合，官星之情，專向日主，宜其貴為少師矣。運喜財官而印亦美，與財生喜印相同。

1、按：「財官印三奇格」，年支午是丁，日支卯是乙，時支巳是丙；乙丙丁人中三奇。財印雙清，日主合正官。

2、癸水通根月支比肩，建祿格。天干財官印，通根時支成格。《三命通會》：「如八字內外元有財官，引旺得地，官星有助，運臨官星有氣之地亦貴。財星有助，運臨財旺之地亦富。財官俱旺，乃富貴之命。若時逢財庫，運至財鄉，必主晚年大富。年上財官有助，必享祖蔭。若四柱原無財官，縱運行財官之地，亦只虛花而已；命無財官，歲運又行比肩，一生貧蹇。」

原文：祿劫用財，須帶食傷，蓋月令為劫而以財作用，二者相剋，必以傷食化之，始可轉劫生財，如甲子、丙子、癸丑、丙辰（張都統造解釋在 602 頁），張都統命是也。

按：「祿劫用財」，指建祿、羊刃、劫財等與財星大致對等，需要用食傷通關，洩秀生財，稱「轉劫生財」。

徐樂吾補注：月令祿劫而用財者，必有傷食為樞紐，與陽刃格相同。張都統造木不通支，喜得水木土互相衛護，可以培植甲木之根。運行戊寅、己卯，為最美也。

按：「傷食為樞紐」，指通關作用，羊刃格劫財，也是用食傷通官。

按：張都統造，建祿格，五行齊全，財為喜神，食傷為用神。

正財	日主	正財	傷官
丙辰	癸丑	丙子	甲子
癸 乙 戊	辛 癸 己	癸	癸
比 食 正 肩 神 官	偏 比 七 印 肩 殺	比 肩	比 肩
甲申　癸未	壬午　辛巳	庚辰　己卯	戊寅　丁丑

釋文：甲丙皆不通根，傷官太輕，宜行食傷運以助財。戊寅己卯運，食傷之地最佳，庚辰非吉。此造惜無甲寅、乙卯、丙辰、丁巳等運以助之也。

1、按：癸水子月，建祿格。五行偏重在日主比肩，身強喜洩，食神傷官兩見，比例偏輕，管道有待暢通。正財兩見，官殺兩見，偏印入丑庫為閑神，比劫食傷與財生官殺之對抗賽。食傷偏輕，宜初運東方財遇食傷之地。

2、「水木土互相衛護，可以培植甲木之根」，甲木須用辰、丑濕土。「庚辰非吉」，庚是印綬，辰土生金有力，唯一傷官用神被剋。「惜無甲寅、乙卯、丙辰、丁巳等運」，因為水旺，宜化出木火通明。

原文：至於化劫為財，與化劫為生，尤為秀氣。如己未、己巳、丁未、辛丑（解釋在 625 頁），丑與巳會，即以劫財之火為金局之財，安得不為大貴？所謂化劫為財也。如高尚書命，庚子、甲申、庚子、甲申（高尚書造解釋在 604 頁），即以劫財之金，化為生財之水，所謂化劫為生也。

按：「化劫為財」，指巳中丙火是劫財，合丑土透辛是偏財，然後劫財就化了。高尚書的「化劫為財」，指申金是建祿比肩，化成子水傷官，傷官可以「生」財，稱「化劫為生」。

徐樂吾補注：己未一造，四柱之中五重土，木嫌洩氣太重，巳丑拱合辛金，建祿化財，日元更弱，所以運行丙寅、丁卯，印劫之地為貴。高尚書造，月時兩祿，年透比肩，日元不弱，子申化劫為生，運行水木火地均美。兩造皆清純之極，宜為貴格。

按：「化劫為財」，用食傷通關生財。「化劫為生」，食傷將比劫化去生助財星之意，其次，「以劫財之火為金局之財」，當巳、丑半合時，巳火中的劫財貪生忘剋，經由丑土食神化為財星，此說見仁見智，不執迷。

按：高尚書造，兩干不雜，金水木循序相生。

偏財	日主	偏財	比肩
甲申	庚子	甲申	庚子
戊 壬 庚	癸	戊 壬 庚	癸
偏印 食神 比肩	傷官	偏印 食神 比肩	傷官
壬辰 辛卯	庚寅 己丑	戊子 丁亥	丙戌 乙酉

釋文：此本篇高尚書命。子申會局，祿劫化為傷官，喜得生於七月，氣候未寒，所以金水傷官不見官煞，不損其貴也。更以原局無火，氣偏金水，運宜金水木地，再行官煞火運，反不相宜。土運有甲木回剋，無礙，所謂順其氣勢以取運也。

1、按：庚金生在申月，建祿格兩組，身強。食傷四見近似傷官格，天干偏財兩見；地支申子半合，比劫「化劫為生」，指建祿比劫庚金，遇到癸水，金生水，水生木，一路通暢。大運也是金水之地。

2、「金水傷官不見官煞」，原局沒有正官，故「不損其貴」。既然無官殺，而原局順在食傷生財，大運即宜（比劫）金（食傷）水（財）木，亦無須官殺之地。印綬不宜，在於食傷有子（甲木）回剋（剋合），己土合去偏財；丑運合去傷官，仍有食神。庚寅運破耗。

原文：祿劫用煞，必須制伏，如婁參政命，丁巳、壬子、癸卯、己未（解釋在 606 頁），壬合丁財以去其黨煞，卯未會局以制伏是也。

按：建祿格逢七殺，建祿不比七殺銳利，所以要制伏七殺。丁壬合剋合財星，可以減少七殺力道。或卯未合會食傷制殺。

徐樂吾補注：祿劫用煞，與普通用煞相同，身旺煞強，以食神制煞為用。丁壬一合，干頭取清，尤妙者巳中丙火伏藏，財不黨煞，而有調和氣候之用。水暖木得滋長，土亦不凍，為吉神暗藏也。

按：「祿劫用煞」，與一般遇上七殺相同，即用食神制煞、殺印相生。至於羊刃駕殺、身殺兩停，因為日主方面已經有建祿，所以稱「祿刃交集」，七殺相對弱勢。七殺強過建祿，可加用食傷制伏七殺；但如果印綬夠用，官殺已經被印綬所化，則食神只是制殺過頭。

按：妻參政造，財生殺黨，丁壬合去偏財，卯未拼出食神制殺，扯平，印地化殺。

七殺	日主	劫財	偏財
己未	癸卯	壬子	丁巳
乙 丁 己	乙	癸	庚 戊 丙
食神 偏財 七殺	食神	比肩	正印 正官 正財
華蓋	文昌 天乙 將星	干祿 桃花 月德 大耗	天乙 驛馬 天德
甲辰　乙巳	丙午　丁未	戊申　己酉	庚戌　辛亥

釋文：此造合財存煞，為本篇妻參政命。丁壬一合，財不黨煞，卯未一合，時煞有制，皆為取清之處。酉申印地為美，丙丁財地非吉。

1、按：原局七殺正官三見，帶偏財格相生，財生殺比例偏重。乙木入庫制不了官殺，但卯未半合，丁壬合（不化）食傷後，「財不黨煞」，財不生七殺，其力道足以抗衡官殺。「卯未會局以制伏」，己未是七殺格，是否能半合？讀者自行判斷。「妙者巳中丙火伏藏，財不黨煞，而有調和氣候之用」，癸水生在子月，先用丙火調節氣候。《滴天髓》：「上下貴乎情協」，原局干支互相護衛，不相剋。

2、「水暖（年支作用）木得滋長，土亦不凍，為吉神暗藏」，《滴天髓》：「天道有寒暖，發育萬物，人道得之不可過也。」以食神制煞為用，忌財運，宜殺印之地；原局雖妙，不如大運來的巧。

606

原文：至用煞而又帶財，本為不美，然能去煞存財，又成貴格。戊辰、癸亥、壬午、丙午（袁內閣造解釋在 608 頁），合煞存財，袁內閣命是也。

按：七殺逆用，帶財就不美，因此合去七殺能成貴格，但先決條件是官殺不弱，否則官殺被合，用神無首。「合煞」，合而不化。

徐樂吾補注：合財合煞，同為格局取清之用。月劫用財，必藉傷食之化，已見前節。袁內閣造，午中財官同得祿，似為合煞留官，以財生官為用神，非專以財為用，亦非專以合煞取貴也。

按：合財合煞都是「格局取清」，目的在削弱財生殺黨的氣勢，達到與日主平衡。建祿格有財要食傷通關。袁內閣造，取外格財生官，以數量勝出。

按：袁內閣造，財殺旺於日主，比劫食傷制衡。

偏財	日主	劫財	七殺
丙午	壬午	癸亥	戊辰
己　丁	己　丁	甲　壬	癸　乙　戊
正官　正財	正官　正財	食神　比肩	劫財　傷官　七殺

辛未	庚午	己巳	戊辰	丁卯	丙寅	乙丑	甲子

釋文：此為合煞存財，本篇袁內閣命也。戊癸合煞，可置不論，喜得亥中藏甲，以食神生財為用，宜行身旺食傷之鄉。丙寅、丁卯，食傷財鄉為美，戊辰官煞之地為不利。

1、按：原局官殺四見，財殺比例偏重，比劫三見，五行缺印綬，格強身弱。妙在戊癸合，合去七殺，日主得到平衡。問題合煞之後化財，還是削弱日主元氣。

2、原局缺食傷主氣，「月劫用財」，初運比劫扶身，中運食傷之地，食傷生財，通關來的好，至於財是否生官殺，因為天干七殺被合，氣勢止於財。故即便徐樂吾提出「以財生官為用神」，財官同根在日時地支，身不弱就是吉象。

608

原文：其祿劫之格，無財官而用傷食，洩其太過，亦為秀氣。唯春木秋金，用之則貴，蓋木逢火則明，金生水則靈。如張狀元命，甲子、丙寅、甲子、丙寅（張狀元造解釋在 610 頁），木火通明也；又癸卯、庚申、庚子、庚辰（解釋在 611 頁），金水相涵也。

按：建祿劫財固然可以相對用財官，但用食傷洩去日主旺氣生財，也是佳局。又以甲乙生在春季得火地，木火通明；庚辛生在申酉得水地，金白水清，最美。

徐樂吾補注：張造兩干不雜，木火通明，為食神格。更喜佩印，調停中和，運宜財地。癸卯一造，庚日申子辰全，為金水傷官中之井欄叉格。年支卯木，洩水旺氣，運喜東方財地，所謂庚日全逢潤下，忌壬、癸、巳、午之方是也。傷官格中，以金水相涵、木火通明、水木菁華，為最秀而貴。若火土、土金，不免偏燥，更須調停中和，方得完美也。

徐氏補述：木火通明、井欄叉格等，傷官格中以水木傷官、木火傷官、金水傷官為佳。火土傷官不小心就是火土夾雜，土金傷官不注意就是土厚埋金。

按：張狀元造，食神生財，兩干不雜，木火通明，五行缺金。

食神	日主	食神	比肩
丙寅	甲子	丙寅	甲子
戊　丙　甲	癸	戊　丙　甲	癸
偏財　食神　比肩	正印	偏財　食神　比肩	正印
干祿　驛馬　月德　孤辰	將星	干祿　驛馬　月德　孤辰	將星

甲戌	癸酉	壬申	辛未	庚午	己巳	戊辰	丁卯

釋文：兩神成象，甲木月令建祿，而丙火亦自寅中透出，此所以木火通明。然無子水印綬，則火燥木枯。子水者，取以調候，非以為用也。運轉南方，宜其大魁天下；庚午煞不通根，丙火回剋，不足為害；辛金合丙，不免晦滯；壬申煞印之地非吉矣。

1、按：「兩神成象」，指木火通明，有子水調候推動五行。食神四見食神格帶生財。「祿劫之格」，指建祿、帝旺、羊刃，身強無財官殺剋制，而用食傷生財。「洩其太過，亦為秀氣」，指身強無剋制就洩日主元氣，以制衡為要；原局正印、建祿、比肩一堆，身強用食神剛好。庚辛運無根剋合，剋則無妨，合則用神泡湯，壬申運，木火豈容金水。

2、傷官中以金水傷官、水木傷官、木火傷官為妙；而火土傷官（火土夾雜）、土金傷官（土厚金埋）需要條件配合。

按：《子平真詮》舉例，井欄叉格，金水傷官，缺火。

比肩	日主	比肩	傷官
庚辰	庚子	庚申	癸卯
癸 乙 戊	癸	戊 壬 庚	乙
傷官 正財 偏印	傷官	偏印 食神 比肩	正財
華蓋	將星	干祿 大耗	羊刃 天德
壬子　癸丑	甲寅　乙卯	丙辰　丁巳	戊午　己未

釋文：此為本篇一狀元命造，金水相涵也。庚日全逢潤下，為井欄叉格。其實申子辰三合水局，乃食神生財格局也，但原局無火，氣偏金水，行官煞火運必不見美，故《喜忌篇》云：忌丙、丁、巳、午之方也。印、劫、食、財皆吉，其大魁天下，必在辰運之後矣。

按：以普通格而論，身強，傷官生正財，缺官殺。《三命通會》：「此格以庚申、庚子、庚辰三日為主，地支三合水局，天干透三庚，乃為全逢潤下。……此格須柱無一點火氣，生秋冬為合局。……合此格，主清奇貴顯，但不甚富，運喜東方財，北方傷；忌南方火土，西方平平。」日主氣盛，宜洩之。土金水木皆宜，故忌諱丙、丁、巳、午之地。為何「大魁天下，必在辰運之後」？傷官得財，不亦樂乎。

原文：更有祿劫而官煞競出，必取清，方為貴格。如一平章命，辛丑、庚寅、甲辰、乙亥（平章造解釋在 613 頁），合煞留官也；如辛亥、庚寅、甲申、丙寅（解釋在 614 頁），制煞留官也。

按：建祿格雖身強，面對官煞一起透干，還是很吃重，必須用剋制或合去的方法，使官殺存一為用。官殺併見，官變成殺，可以用食神制煞或殺印相生。

徐樂吾補注：官煞競出，以取清為貴，合與制，皆取清之法也。然辛丑一造，乙庚相合，庚金未曾合去。辛亥一造，庚金通根於申，剋而不淨。官煞並見者，作為煞看，一以印化煞為用，一以食制煞為用也。如甲辰、己巳、戊辰、乙卯，合煞留官也；又丙辰、辛卯、乙亥、庚辰，亦合煞留官也。蓋合制為求其去，合而不去，依然不清。且官煞混雜而四柱配置合宜，即無合制，亦可富貴。如丙辰、丁酉、庚午、戊寅，丙煞生與寅，丁官祿於午，並透通根，真混雜也，以印化官煞為用。一郡守造也。

按：「官煞競出」，指官煞同時透出天干。對於辛丑平章造，《子平真詮》原文是「合煞留官」，徐氏補述則是「乙庚相合，庚金未曾合去」，各有堅持。以下諸例如：以印化煞、食神制煞、合煞留官、官煞混雜等。

按：平章命，身殺兩停，食神偏財帶驛馬，印運化殺，食傷運制殺。

劫財	日主	七殺	正官
乙亥	甲辰	庚寅	辛丑
甲　壬	癸　乙　戊	戊　丙　甲	辛　癸　己
比　偏 肩　印	正　劫　偏 印　財　財	偏　食　比 財　神　肩	正　正　正 官　印　財
亡 神	華 蓋	干　驛　孤 祿　馬　辰	天 乙
壬午　癸未	甲申　乙酉	丙戌　丁亥	戊子　己丑

徐樂吾補注：此本篇一平章之命，合煞留官也。特乙庚相合，煞未合去，官煞疊出以煞論，喜其身旺敵煞耳。丁亥、丙戌制煞之運，及身旺均為美運。日元已旺，無勞印生，官煞混雜，豈可再助？

1、按：甲木寅月建祿格，辰土帶水生木，乙亥是比劫偏印，日主不弱，「喜其身旺敵煞」，指用官殺。年柱正官格，月干七殺，月柱庚寅雙合時柱乙亥，合煞留官，「特乙庚相合，煞未合去，官煞疊出以煞論」，指庚金合乙還是金，日主反加持殺營。

2、大運宜木火之地，水地平平。「日元已旺，無勞印生」，指亥運、子運印綬無功。「官煞混雜，豈可再助」，指戊運、戌運財運生殺，不利。大運宜丁丙食傷制煞，比劫抗殺。

按：原文例：制煞留官？合官留煞？正氣雙冲互換祿，食神制殺。

食神	日主	七殺	正官
丙寅	甲申	庚寅	辛亥
戊　丙　甲	戊　壬　庚	戊　丙　甲	甲　壬
偏財　食神　比肩	偏財　偏印　七殺	偏財　食神　比肩	比肩　偏印
干祿　驛馬　月德　孤辰		干祿　驛馬　孤辰	亡神
壬午　癸未	甲申　乙酉	丙戌　丁亥	戊子　己丑

釋文：七煞通根，官助煞勢，取食神制煞耳。謂為制煞留官，何如合官留煞？總之身強以制為用耳。丁亥丙戌運，身旺制煞之鄉最美；印運雖佳，防其去食害用也。

1、按：原局七殺透干帶官，七殺格；食神三見，食神格；食神制殺好格局。日主建祿兩見，寅亥合幾達羊刃之旺。食神、財星、官殺均三見，故「身強以制為用」。

2、「制煞留官」，指食神制殺；徐氏以年時雙合提出「合官留煞」，應該較合理。完美的日月雙冲，互換祿。「印運雖佳，防其去食害用」，指印運子水，化官殺可用；但申子、亥子，突如其來的拱合「梟印奪食」，防不勝防。

614

按：合煞留官例，木火土身旺，宜金水之地。

正官	日主	劫財	七殺
乙卯	戊辰	己巳	甲辰
乙	癸　乙　戊	庚　戊　丙	癸　乙　戊
正官	正財　正官　比肩	食神　比肩　偏印	正財　正官　比肩
丁丑　丙子	乙亥　甲戌	癸酉　壬申	辛未　庚午

按：「合煞留官」，指甲己合七殺化出比劫，日主更旺。七殺被合，等於比劫四見對抗正官四見，身煞兩停。壬申、癸酉食傷生財，吉運。甲戌運必衰。

合煞留官例，官殺無根，丙辛合而不化，不如行南方食傷地，生財為用，多合。

正官	日主	七殺	傷官
庚辰	乙亥	辛卯	丙辰
癸　乙　戊	甲　壬	乙	癸　乙　戊
偏印　比肩　正財	劫財　正印	比肩	偏印　比肩　正財
己亥　戊戌	丁酉　丙申	乙未　甲午	癸巳　壬辰

按：丙辛合，辛金七殺泡湯，格強官弱，須財生官，或食傷洩秀，巳午未帶丙丁，大運走的好。

按：郡守命造，土金與木火對抗賽。官殺混雜，以印化殺為用。

偏印	日主	正官	七殺
戊寅	庚午	丁酉	丙辰
戊　丙　甲	己　丁	辛	癸　乙　戊
偏印　七殺　偏財	正印　正官	劫財	傷官　正財　偏印
乙巳	甲辰	癸卯	壬寅	辛丑	庚子	己亥	戊戌

按：庚金酉月，辰酉合金，超級羊刃格，對抗寅午半合官殺透干；官殺俱有根，正偏印四見，殺印相生。原局財生殺，殺生印，印生日主，傷官入庫。大運亥、子、丑、壬、癸，食傷流動五行，但原局殺印相生不變動。

> 原文：倘或兩官競出，亦須制伏，所謂爭正官不可無傷也。

按：官多成殺，兩個正官變成七殺，逆用就必須制伏；「爭正官不可無傷」，可以廣泛的解釋各種平衡方法，無須限定傷官。

> 徐樂吾補注：官多便作煞論，煞輕便作官看。如一造，庚寅、壬午、丁卯、壬寅，兩官競出，露而無根，遇財官旺運而財發鉅萬。雖不貴而富，可見非定須制伏也。

按：徐氏補述一「兩官競出」例，然而正官無根，且日主印綬比劫不弱，換言之，不忌財殺，反而需要財殺運來與日主平衡，所以「遇財官旺運而財發鉅萬，雖不貴而富」。

按：徐氏舉例：財官皆無根，木火比劫旺，以大運平衡。

正官	日主	正官	正財
壬寅	丁卯	壬午	庚寅
戊 丙 甲	乙	己 丁	戊 丙 甲
傷官 劫財 正印	偏印	食神 比肩	傷官 劫財 正印

庚寅	己丑	戊子	丁亥	丙戌	乙酉	甲申	癸未

按：丁火通根，印綬有力，天干財生官無根，故身強格弱。大運申酉財生官，亥子官殺相扶，身殺平衡，故「財發鉅萬」。如果官殺混雜根深帶財，還是失衡。

> 原文：若夫用官而孤官無輔，格局便小，難於取貴，若透傷食，便為破格。然亦有官傷並透而貴者，何也？如己酉、乙亥、壬戌、庚子，庚合乙而去傷存官，王總兵命也。

按：孤官無輔，搞不出大格局，如果天干透出食傷，論破格；然而也有正官傷官並透而富貴者，例如王總兵造，請參閱 618 頁。

> 徐樂吾補注：王總兵造，乙庚相合，化傷為印，格局取清；己土卑濕，不足以止水，喜其通根於戌，火土厚重，足固隄防。運行官印之地，為足貴也。

按：正官身弱配印，身強用財，忌孤官無輔，財權兩空。王總兵，月令建祿，時上劫財，身強；大運無食傷，金水與火土對抗賽，原局印比與大運財殺，身殺兩停。食傷無財，閑神壁上觀。

按：原文例，王總兵，官傷病透而貴何也？因為無財而食傷難用，靠用神火土財官運，以財殺對抗印比。

偏印	日主	傷官	正官
庚子	壬戌	乙亥	己酉
癸	丁　辛　戊	甲　壬	辛
劫財	正財　正印　七殺	食神　比肩	正印

丁卯	戊辰	己巳	庚午	辛未	壬申	癸酉	甲戌

釋文：此為本篇王總兵命。乙庚相合，喜其化而為印，去傷存官，名符其實，去病為貴，此之謂也。運至辛未、庚午為美，蓋運喜財官，而去官則為忌。午未財地，支不傷干，而有生官之益。庚辛之印，干不通根，而生助日元，故為美也。

1、按：壬水生在亥月建祿格，在時支帝旺，論身強；金水強，直覺就是宜火土運，凡身強大運宜財官剋制。身強何須癸酉、壬申運金水幫身？《三命通會》：「如命有刃有印無煞，歲運逢煞，反轉成厚福。」徐氏「去傷存官」很彆扭。

2、「午未財地，支不傷干」，指辛未、庚午運，地支財星剋不到天干庚辛金，但可以生財官。「庚辛之印，干不通根」，而天干庚辛不通根，就生助日元，故金能生水「為美」。壬水亥月，調候用神戊、丙、庚；戊丙庚全在中運南方結穴，故「火土厚重，足固隄防。運行官印之地，為足貴也」，宜為異路功名。

618

按：「用財而不透傷食，便難於發端」，指財星為用神，最好天干有
食傷拉拔，否則大運也要沾鍋。「干頭透一位而不雜，地支根多」，
指格局不夠清澈，貴氣就減損。

徐氏補述：建祿格、羊刃格都是以食傷通關為用，雖然不如食神制
殺、羊刃駕殺的貴氣，但大運相助還是有機會成格。徐氏補例如下。

按：前清某觀察造，科甲出身，冬水不生木，疑為潤下格，論命無
須執著特別格。

比肩	日主	偏印	偏財
癸亥	癸亥	辛亥	丁丑
甲　壬	甲　壬	甲　壬	辛　癸　己
傷官　劫財	傷官　劫財	傷官　劫財	偏印　比肩　七殺
癸卯　甲辰	乙巳　丙午	丁未　戊申	己酉　庚戌

1、《子平粹言》:「專旺格局,以得時得地氣勢純一為貴,壬癸生於三冬,氣候嚴寒,凍水不流;以理論之,必須丙火調候,然丙丁財也,潤下成格,比劫必多,丙丁雖有調候之功,寧無引起爭財之患,不僅火土相連,逆其旺勢而已。故潤下成格未必富貴(不可執著在認為特別格就一定富貴,有時用普通格理論反而更精準)。取用之法,須看格局純粹與否;如原命金水純粹,喜行東方木運以洩其旺氣。若原命帶木火格局不純,則宜西北金水運以助成其旺。」

2、申酉運「助成其旺」。又原局木多火不旺,偏財孤懸無根,剋不住偏印,故「亥中濕木,不能引化」,喜其運行南方,丁未雜氣財透出,丙午雙合,乙巳洩水生火,火地即傷官生財,財通根成格。其人定然騎牆轉舵,長袖善舞。

> 原文:用官煞重而無制伏,運行制伏,亦可發財,但不可官煞太重,致令身危也。

按:原局官殺重,日主偏弱,「運行制伏」,指食神制殺、官殺化印、祿劫抗煞等,也有片段好運。但「不可官煞太重」,官殺太重變成從煞格或假從,喜忌翻盤,印比大運反而「身危」。

> 徐樂吾補注:官煞重而無食傷制伏,必須有印方可,否則,身輕煞重,再行食傷之運,剋洩交加,必危及身命。如一造,戊寅、丙辰、己卯、丙寅,支全東方,官煞旺也,喜得月時兩丙幫身。早年比劫,困苦不堪;中年庚申辛酉,為食傷制伏之鄉,發財數十萬;晚年行財地,破印助煞,復一敗塗地。此我鄉一富翁之造也。

按:官殺無食傷制伏,就要有印綬化殺,否則身輕殺重,再行食傷運就是剋洩交加。如下造。

按：徐樂吾補例：地支三會官殺，木火土一團宜用食傷流通，忌財生殺黨破印。

正 印	日 主	正 印	劫 財
丙 寅	**己 卯**	**丙 辰**	**戊 寅**
戊　丙　甲	乙	癸　乙　戊	戊　丙　甲
劫　正　正 財　印　官	七 殺	偏　七　劫 財　殺　財	劫　正　正 財　印　官
甲 子	癸 亥	壬 戌	辛 酉	庚 申	己 未	戊 午	丁 巳

1、按：己日主生在辰月，地支雖然三會寅卯辰殺強，然而月令劫財，以財殺為用，劫財四見，身殺半斤八兩。正印四見，原局官殺化印。早年除年柱劫財外，巳午未印比扶身，身強何須用印比？故「困苦不堪」。

2、庚申、辛酉運，庚申雙冲丙寅，拱財局；辛酉雙合丙辰，金水運，故發財「發財數十萬」。「晚年行財地，破印助煞，復一敗塗地」，指壬運、癸亥剋印生殺，破壞平衡。

七、論建祿月劫取運

按：月令建祿月劫取運之法：「祿劫用官，印護者喜財」，建祿用官而有印綬者，官印比一團，宜財生官。指身強用官帶印，財印有正官通關，財官印即得手。怕官星被合，不是財剋印就是印比太旺；「畏七煞之相乘」，指官殺混雜，日主扛不住。「食傷不能為害」，因為剋官殺有印綬回剋。「劫比未即為凶」，視身強身弱而定。

按：建祿劫財在月令，不當用神，所以配合四柱用財官食傷，原則與一般格局相同。正官帶印綬保護者，忌傷官剋官，然而官印透出，以印綬剋制傷官，保護正官。建祿劫財又透出印綬，定然身強，故喜財生官，使身格兩停，忌官星被合去，或七煞混雜，變化身格平衡。原局印透，印剋食傷，故傷食不能為害。劫比雖非吉運，然原局透官，則以比劫抗衡亦未必為凶。

按：「財生喜印，宜官星之植根」，財剋印，如有官星通關無妨，但
食傷剋官殺，官殺失去通關作用，則食傷所生的財就直接剋印，故
「畏傷食之相侮」。「逢財愈見其功」，正官喜用財生。「雜煞豈能無
礙」，雜煞則官殺混雜，財生殺黨，日主扛不住。

1、按：「財生喜印」，前提是「支須有印」或「印如透出」，則天干
　財官印至少有兩者存在，或可能「官印雙清」。「三奇格」，指天
　干正官、正印、財星，但財印不相礙而相隨。原局自備印護正官
　喜財，財生官喜印化的架構。

2、然而原局財生官殺，行印綬運，氣流順暢，亦為美運。「官星植
　根」，指正官行官殺地支運；忌食傷運，喜財生。

原文：祿劫用財而帶傷食，財食重則喜印綬，而不忌比肩；財食輕則宜助財，而不喜印比。逢煞無傷，遇官非福。

1、按：比劫羊刃重帶食傷，日主強而財多，必須用食傷通關。如果「財食重」，即是日主轉衰，衰則喜印綬，也不忌比肩；因為比肩有現成的食傷洩秀。

2、「財食輕」，則助財，因為食傷是手段，財是成果，直接拿成果才聰明；「不喜印比」，因為印剋食傷，比劫奪財，自陷窮途。「逢煞無傷」，祿劫即是身強，陽干遇到七殺，身殺兩停或劫財合殺。「遇官非福」，傷官有財大抵不忌正官，或原局有印綬制衡傷官，除此外不宜順用的正官逢食傷。

徐樂吾補注：祿劫與陽刃相等，單用財為格所忌，非帶傷食，不能用財也。亦分身輕身重，食傷重，洩氣太過，則宜印綬；逢比劫，有食傷引化而不忌。財食輕，最喜食傷，財運亦喜；印制食傷，比劫分財，均非所宜。官煞有食傷回剋無礙，但不為福耳，如本篇張都統造（解釋在 602 頁）。

按：這節談祿劫與食傷，祿劫與羊刃有身旺的特性，用財必須配食傷通關；但也要分配各種情況：食傷重洩氣太過用印綬滋補日元，剋制食傷；逢比劫運用食傷洩去。食傷與財輕，直接用食傷運生財，或財運逢食傷；印綬運剋食傷，自斷財路；比劫運，財難落袋。官殺運則食傷回剋，內鬥無功不為福。

按：例：食傷盜氣太旺，日主轉衰；財地固佳，扶身最切。

偏財	日主	食神	食神
辛丑	丁未	己巳	己未
辛　癸　己	乙　丁　己	庚　戊　丙	乙　丁　己
偏財　七殺　食神	偏印　比肩　食神	正財　傷官　劫財	偏印　比肩　食神
辛酉　　壬戌	癸亥　　甲子	乙丑　　丙寅	丁卯　　戊辰

釋文：此造財食皆通根，日元亦不弱，勝於張造多矣。更喜巳丑拱合而透辛，劫化為財，運喜印綬而不忌比劫。丁卯丙寅二十年劫印之地最美。乙甲剋去己土，子癸官煞，不為吉也。

1、按：月令劫財，以傷官為用，無生財之地，就取傷官配印。「運喜印綬」，指日主雖不弱，但食傷更強，傷官格逆用就是「傷官配印」。「不忌比劫」，也是指食傷洩氣太猛，從兒或母衰子旺，需要加持元氣。

2、為何「運行丙寅、丁卯，印劫之地為貴」？原局粗看是食神「五重土」帶傷官，換言之，可能不妨論從兒格；然而時柱偏財通根，七殺得以留存，頑而不化的濕土生出辛金，丁火雖比劫祿旺，然而食傷更旺，造成「建祿化財，日元更弱」，因此「丙寅、丁卯，印劫之地」，印剋食傷，比劫扶日主，丑未雜氣財透干，妙局。

原文：祿劫用煞以食制，食重煞輕，
則運宜助煞；食輕煞重，則運喜助食。

按：建祿月劫帶七殺，如果食神重七殺輕，制殺過頭，大運宜助七
殺。食神輕七殺重，則大運喜食神，總之，就是平衡。

徐樂吾補注：祿劫用煞以食制，與食神制煞無殊，參觀論偏官篇。

按：建祿、劫財有相當之七殺，宜用食神制殺，或印綬化殺也可以，
但食神制殺就不宜，因為食神印綬併存，對七殺而言就是剋洩交加
過頭。

原文：若用煞而帶財，命中合煞存財，則傷食為宜，
財運不忌，透官無慮，身旺亦亨。若命中合財存煞，
而用食制，煞輕則助煞，食輕則助食而已。

1、按：「用煞而帶財」，指財殺同黨，有格強身弱的現象，因此原局
「合煞存財」，煞不亂，財得食傷生化，兩全其美，故「財運不
忌」。「透官無慮」，財可生官，官剋日主不若七殺無情，故無慮
而已。「身旺亦亨」，指身強可以托財官。

2、「合財存煞」，七殺存在要用食神剋制，食神也可將「合財」舒緩
成「生財」。「煞輕則助煞，食輕則助食」之理，簡單易明。總言
之，合去的就不是主角，故「合煞存財，則以財論」，必須財遇
食傷。「合財存煞，則以煞論」，必須食神制煞。

徐樂吾補注：祿劫用煞而帶財，則以財黨煞為忌，合煞
合財，均以取清而貴。合煞存財，則以財論，必須食傷
轉生；合財存煞，則以煞論，須食神制伏。

按：徐氏所述同原文意旨，不贅述。

626

原文：祿劫而用傷食，財運最宜，煞亦不忌，行印非吉，透官不美。若命中傷食太重，則財運固利，而印亦不忌矣。

1、按：建祿、劫財與食神、傷官偏重時，最宜用財運洩去食傷；「煞亦不忌」指七殺運不忌，例如金水傷官急用丙丁火，以官殺為調候；其次，木火傷官太炎燥，用七殺水；換言之「傷官見官」不破調候為先，故「官印亦未始不美」的要件。「行印非吉」，印綬運之所以不吉，在於剋去食傷用神。「透官不美」，指正官順用，食傷剋制無用外，也造成剋洩交加。

2、原局「傷食太重，則財運固利」，指食傷比例偏重還是要財運洩其精華；「而印亦不忌」，指食傷重配印剛好。此為傷官順用逆用皆宜。

徐樂吾補注：祿劫而用傷食，即食神傷官格也。財運最宜者，食傷喜行財地；七煞亦不忌者，金水傷官喜見火，木火傷官喜見水，調和氣候也。官印亦未始不美，特須看四柱之配合耳。如本篇張狀元命（張狀元造解釋在610頁）。

按：食傷最宜財運，其中不忌官殺的是金水傷官，金寒水冷要丙丁火調候；木火傷官要水印綬；因此傷官怕印，傷官見官的禁忌並非全體適用。

原文：祿劫而官煞並出，不論合煞留官，存官制煞，運喜傷食，比肩亦宜，印綬未為良圖，財官亦非福運。

按：建祿、劫財遇上官煞並出，就是身殺兩停，氣勢大約相等。不論合煞留官、存官制殺，而無官殺混雜之情況，宜大運食傷制官殺，或比劫抗殺。「印綬未為良圖」，指印綬化殺生祿劫，身太旺。「財官亦非福運」，指財生殺，官殺結黨，日主扛不住。

627

徐樂吾補注：合煞留官者，煞未合去，官煞雜而勢重，故須制伏也。制煞存官者，官煞並而取食傷制之也。（回頭參閱平章之命 613 頁。辛亥造 614 頁制殺留官。王總兵造 618 頁）

按：平章之命是「合殺留官」，因為乙木合庚金七殺還是金，七殺反而奪去劫財之力，故仍需制伏。辛亥造是食神制住七殺留官。王總兵造是偏印合傷官，保住正官。各有巧妙，請讀者玩味。

八、論雜格

原文：雜格者，月令無用，取外格而用之，其格甚多，故謂之雜。大約要干頭無官無煞，方成外格，如有官煞，則自有官煞為用，無勞外格矣。若透財尚可取格；然財根深，或財透兩位，則亦以財為重，不取外格也。

按：《子平真詮》以月令取格，月令無法取格，就以月令之外的干支關係取格，稱「雜格」；大約條件是天干沒有正官七殺，否則以官殺為用，無須屈就外格。如果有財星孤懸天干，地支有食傷亦可稱「財格」。又如果財星通根，或天干財星兩位無根，亦稱財格，不必捨近求遠，尋找「外格」。

徐樂吾補注：用神以月令為重，月令有用神可取，最為親切，《滴天髓》：所謂「令上尋真最得真」也。月令中之財、官、食、印，或不能用，則於年日時中擇其可用者而用之，各格無不如是，不限定財、官、七煞也。取用神以扶抑為正軌，若四柱無可扶抑，則其氣勢必屬於偏旺。如財、官、殺、印、食傷之類，乘權得勢，局中之神，又助其旺勢，謂二人同心；或日主得時秉令，四柱皆拱合之神，謂權在一人，只可順其氣勢，引其性情以取用，若強制之，反激而成患。古來雜格，皆其類也。即以化氣論，亦以順化神之旺勢為用，逆其氣為忌，故統歸之專旺一類。

按：在月令中尋主氣為格局用神，是「質」的考量，最得真。至於「年日時中擇其可用者而用之，各格無不如是，不限定財、官、七煞」，指天透地藏，是「量」的考量。「取用神以扶抑為正軌」，故日主旺，希望有剋洩為用神；日主衰，則以印比為用神。或「日主得時秉令，四柱皆拱合之神，謂權在一人」，指曲直格、炎上格之類，只能順勢而為。至於「化氣」也是順勢，故歸納為「專旺」。

曲直仁壽格

> 原文：試以諸格論之，有取五行一方秀氣者，取甲乙全亥卯未、寅卯辰，又生春月之類，本是一派劫財，以五行各得其全體，所以成格，喜印露而體純。如癸亥、乙卯、乙未、壬午（解釋在 631 頁），吳相公命是也。運亦喜印綬比劫之鄉，財食亦吉，官煞則忌矣。

按：原局如果五行專旺在某一方，就成為特別格。《子平粹言》：「體用之變者」，全局氣勢偏旺於一方，不以日干配月令為主，而以全局氣勢為主。用隨體變，不以扶抑為用，而以順其氣勢為用。特順氣勢之中，有宜印劫，有宜食傷，各有不同。約分為專旺、從旺、合化。

徐樂吾補注：得一方秀氣者，有曲直、炎上、稼穡、從革、潤下五種格局，取一方專旺之氣也。亦有方局不全者，只要氣勢專一，從其旺勢，如癸卯、乙卯、甲寅、乙亥，又丙午、甲午、丙午、甲午，皆為貴格。運以食傷洩其秀氣為最美，原局有食傷，則財運亦美。氣純勢強，可順而不可逆。印比之運，從其旺神，固為適宜，但亦不可執一。如原局露食傷洩秀，則印運為忌；比劫透而無食傷，則財運亦忌。隨局配置，各有喜忌。官煞逆其旺勢，最犯格局之忌，若無印生化，則為禍匪輕。

按：本節提出曲直、炎上、稼穡、從革、潤下五種格局，舉「甲乙全亥卯未、寅卯辰，又生春月之類」，一派劫財比肩，五行各得其全體，基於順其氣勢，「喜印露而體純」。專旺格原則是「運以食傷洩其秀氣為最美，原局有食傷，則財運亦美。氣純勢強，可順而不可逆」，故用印比；原文舉例吳相公（解釋在 631 頁）。例外者：

1、「原局露食傷洩秀」，即以食傷為用神，印綬運就不利。

2、比劫透出而無食傷，財運就是「羣劫爭財」。

3、官殺運逆勢，要印綬生化。

按:《子平真銓》例:運亦喜印綬比劫之鄉,財食亦吉,官煞則忌矣。

正印	日主	比肩	偏印
壬午	乙未	乙卯	癸亥
己　丁	乙　丁　己	乙	甲　壬
偏財　食神	比肩　食神　偏財	比肩	劫財　正印
丁未　戊申	己酉　庚戌	辛亥　壬子	癸丑　甲寅

徐樂吾補注:甲乙日主,支全亥卯未或寅卯辰,乃曲直仁壽格也。氣勢偏旺於木,宜行水木火運,官煞運最忌,財運亦不宜。丙丁日主,支全寅午戌、或巳午未,為炎上格。戊己日主,支全辰戌丑未為稼穡格。庚辛日主,支全巳酉丑或申酉戌,為從革格。壬癸日主,支全申子辰或亥子丑,為潤下格。五種意義相同。

按:地支亥卯未三合木局,透干,天干又有壬癸水印綬相生;雖然午火洩去元氣,但壬水蓋頭,論曲直格。大運甲寅、癸丑、壬子、辛亥,水生木,稱「運亦喜印綬比劫之鄉」。「財食亦吉」,指日主旺提供食傷元氣,原局有財,喜逢食傷;財運則是食傷所生之財,比劫無從劫奪。

按：徐氏先舉例癸卯、乙卯、甲寅、乙亥，為貴格。全局水木，大運還是水木。《三命通會》:「甲乙生人寅卯辰，又名仁壽兩堪評；亥卯未全嫌白帝，若逢坎位必身榮。」

劫財	日主	劫財	正印
乙亥	甲寅	乙卯	癸卯
甲　壬	戊　丙　甲	乙	乙
比肩　偏印	偏財　食神　比肩	劫財	劫財

丁未	戊申	己酉	庚戌	辛亥	壬子	癸丑	甲寅

徐氏又舉丙午、甲午、丙午、甲午，為貴格。炎上格，《三命通會》：「丙丁日，遇寅午戌局，柱中須有寅字帶印，為入格；無寅止是九流近貴之命。若火自旺，無亥水相濟，不貴；喜東北方運，忌見辰丑戌己，晦火光明，多主眼疾，或患風氣，若有木制成貴，忌水金鄉，怕冲。」

按：徐氏例，炎上格，原局有食傷，財運亦美。

偏印	日主	偏印	比肩
甲午	丙午	甲午	丙午
己 丁	己 丁	己 丁	己 丁
傷官 劫財	傷官 劫財	傷官 劫財	傷官 劫財
壬寅 辛丑	庚子 己亥	戊戌 丁酉	丙申 乙未

原文：有從化取格者，要化出之物，得時乘令，四支局全。如丁壬化木，地支全亥卯未、寅卯辰，而又生於春月，方為大貴。否則，亥未之月亦是木地，次等之貴，如甲戌、丁卯、壬寅、甲辰（化氣格解釋在 636 頁），一品貴格命也。運喜所化之物，與所化之印綬，財傷亦可，不利官煞。

按：從化格，甲己化土，乙庚化金，丙辛化水，丁壬化木，戊癸化火等。《滴天髓》：「化得真者只論化，化神還有幾般化」、「真從之象有幾人，假從亦可發其身」。「從化取格者，要化出之物，得時乘令，四支局全」，例如甲日主生在四季，單遇一位己土，在月時天干相合，而有一「辰」字，不遇壬癸甲乙戊，全象似土局。即化土原局土重，化水則原局水多。

634

徐樂吾補注：從化者，謂從之而化，與棄命相從之格不同。如甲己化土，乙庚化金，丙辛化水，丁壬化木，戊癸化火五格是也。更要逢辰，蓋五行遁干，逢辰則化神透出。如甲己化土，而甲己遁干至辰為戊辰；丁壬化木，而丁壬遁干至辰為甲辰。故云逢龍則化，以此故也。化氣必須得地支之氣，而尤要者為月時，倘月時不得氣，則決不能化。如丁壬化木，必須生於寅卯兩月，甲己化土，必須生於辰戌丑未月，所謂化出之物得時乘令是也。而局與方之全與不全，不甚重要，惟全則氣純耳。再者丁壬化木生於未月，得化甚難，蓋未為丁火餘氣也；反之戊癸化火，生於戌未月，反可從化，以戌未皆火土，可剋制原來之氣質而為化神也。所化之物者，如甲己化土，喜戊己辰戌丑未；丁壬化木，喜甲乙寅卯之類。所化之印綬財傷，如甲己化土，印綬為丙丁巳午，財為壬癸亥子，傷為庚辛申酉之類。丁壬化木，則印綬為壬癸亥子，財為戊己辰戌丑未，傷為丙丁巳午之類。並非日元化氣，餘外干支皆作化氣論也。特化氣亦有旺弱，旺者喜洩，弱者喜扶，審其喜忌以言用神，方為真確，未可漫以印綬為美。如甲戌一造，即以寅中丙火為用，洩其秀也。近見論化氣者，以日元化合，而將其餘干支，盡作化論，未免誤會，特詳述之。參觀十干配合性情篇。

1、按：「化氣必須得地支之氣，而尤要者為月時，倘月時不得氣，則決不能化」，因此甲己化土，月時地支必須是四季。「特化氣亦有旺弱，旺者喜洩，弱者喜扶，審其喜忌以言用神」，例如甲己化土，土陰寒，要火氣昌，土太旺要取水為財，木為官，金為食傷，隨其所向，論其喜忌；再見甲乙，亦不作爭合忌合論。

2、《神峰通考》：「古人論造，先論從化，從化不成，方論財官。財官無取，方論格局；若從化成局，則富貴備矣。……蓋化成造化，要行本局，祿旺則發。最怕行祿馬衰絕之鄉。」故甲己合土，不宜寅卯之地。所化成之五行，過旺者喜洩，弱者喜扶。

按：化氣格，《子平真詮》例，丁壬化木，三會木局透干。

食神	日主	正財	食神
甲辰	**壬寅**	**丁卯**	**甲戌**
癸　乙　戊	戊　丙　甲	乙	丁　辛　戊
劫財　傷官　七殺	七殺　偏財　食神	傷官	正財　正印　七殺
乙亥　　甲戌	癸酉　　壬申	辛未　　庚午	己巳　　戊辰

徐樂吾補注：丁壬化木，生於春月，時逢甲辰，木之元神透出，乃化木格。氣勢偏於木也。化神喜行旺地，最宜東方寅卯辰比劫之鄉，而忌官煞，日主還原之地亦忌，其中略有分別，如丁壬化木，日元壬水，行亥子丑印地，生起化神亦吉；若甲己化土，而行寅卯辰，剋我化神，為大忌也。化氣格有甲己化土、乙庚化金、丙辛化水、丁壬化木、戊癸化火，五種意義略同。

1、按：丁壬化木，生在卯月，地支三會寅卯辰，卯戌化火順勢而行，獨象喜行化地，木火通明。

2、「忌官煞」，指庚辛、申酉之地。「日主還原之地亦忌」，指日主五行因刑冲合會而破，化局而還原，原則不利；例如甲己化土，甲木放棄自己的五行，而追隨土，當被迫還原時，大運在寅卯辰剋制放棄的化象土。反之，壬丁化木，放棄化象木時，壬水生木，或大運在水木之地論吉。

倒冲格

原文：有倒冲成格者，以四柱無財官而對面以冲之，要支中字多，方冲得動。譬如以弱主邀強賓，主不眾則賓不從。如戊午、戊午、戊午、戊午（解釋在 638 頁），是冲子財也；甲寅、庚午、丙午、甲午（解釋在 639 頁），是冲子官也。運忌填實，餘俱可行。

按：《子平真詮》說「倒冲格」是原局地支三、四見，氣象成形，四柱無財官，歲運來冲即發，但徐氏認為未必盡然，凡火土偏燥，極旺而滿招損之局，進入對反大運必然冲起互激。

徐樂吾補注：戊午一造，相傳為關聖之命，實則火土偏燥，一生惟金運為最美，洩其旺氣也。木火土鄉，有旺極難繼、滿招損之象。水運逆其旺勢，互起冲激，豈得平穩？甲寅一造，亦惟土運為美。大都從前看命，專重財官，而於此等格局無法解釋，於是迂曲其詞，以倒冲為說耳。

按：《滴天髓》：「在原局為明冲，在歲運為暗冲，得令者冲衰則拔；失時者冲旺無傷；冲之者有力，則能去之；去凶神則利，去吉神則不利；冲之者無力，則反激之；激凶神則為禍，激吉神雖不為禍，亦不能獲福也。如日主是午，或喜神是午，支中有寅卯巳未戌之類，遇子冲謂衰神冲旺，無傷；日主是午或喜神是午，支中有申酉亥子丑辰之類，遇子冲，謂旺者冲衰則拔。……天全一氣，不可使地德莫之載。」只是「迂曲其詞」，射箭畫靶而已。

按：倒冲格，《子平真詮》例，關公命造。

比肩	日主	比肩	比肩
戊午	戊午	戊午	戊午
己 丁	己 丁	己 丁	己 丁
劫 正 財 印	劫 正 財 印	劫 正 財 印	劫 正 財 印
丙 乙 寅 丑	甲 癸 子 亥	壬 辛 戌 酉	庚 己 申 未

徐樂吾補注：兩神成象，而氣勢偏於火土，為從旺格。最宜金運，洩土之氣，但火炎土燥，究嫌偏枯，宜帶水之土以護之。如庚辰、辛丑等運為最佳，若見水運，如以一杯水救興薪之火。立見其災。所謂倒冲最忌填實，即此意也。木運逆土之性，增火之焰，亦不相宜。

按：「兩神成象」，指火土兩行，從旺格指火生土，旺在土。既然土旺，宜用金洩，但以濕土辰丑適宜生金為妙，大運庚申、辛酉順其旺勢。「倒冲最忌填實」，癸亥運雙合四柱，木火土渾淪一體，甲子運填實，四柱撼動。

638

按：倒冲格，《子平真詮》例，冲子官，忌填實，餘俱可行。

偏印	日主	偏財	偏印
甲午	丙午	庚午	甲寅
己　丁	己　丁	己　丁	戊　丙　甲
傷官　劫財	傷官　劫財	傷官　劫財	食神　比肩　偏印
戊寅　丁丑	丙子　乙亥	甲戌　癸酉	壬申　辛未

徐樂吾補注：庚金無根，置之不論，氣偏木火，格成炎上，最宜土運洩火之氣。說見前仁壽格。以上兩造皆俗所謂倒冲格也。

按：丙火午月，寅午會局透甲木，炎上格；偏財庚金無根，財不剋印。《子平粹言》：「蓋火性炎上，運程順行東南，則烈烈轟轟不可一世；逆行西北拘謹巽懦，亦異乎尋常；凡格局純粹而真，運雖稍遜，無礙其貴。」原局偏印格逆用，「最宜土運洩火之氣」，戌運三合火局，無從洩火；以壬申、癸酉財運為偏印格之成。故徐氏評「甲寅一造，亦惟土運為美。大都從前看命，專重財官，而於此等格局無法解釋」。

六辛朝陽格

> 原文：有朝陽成格者，戊去朝丙，辛日得官，以丙戊同祿於巳，即以引汲之意。要干頭無木火，方成其格，蓋有火則無待於朝，有木財觸戊之怒，而不為我朝。如戊辰、辛酉、辛酉、戊子（張知縣造解釋在 641 頁），張知縣命是也。運喜土金水，木運平平，火則忌矣。

按：辛日主以木為財，火為官，火土同位，故丙與戊祿在巳，天干無財官，大運土金水一團和氣，財官運不宜。

> 徐樂吾補注：六辛日戊子時，四柱不見官煞，為六陰朝陽格，以子動巳，巳動丙火官星為用，其說迂曲。何以僅六辛朝陽，而乙丁己癸不朝耶？且六辛之中，辛巳辛未亦不朝也。戊辰一造，見《神峰通考》，為古張知縣命。以八字而論，土金乘旺，用子洩其秀氣，與從旺之理相同，喜土金水運，忌木火。

按：《神峰通考》：「六陰朝陽格，蓋取六辛日，四柱無官煞方取。辛以丙火為官，蓋取辛日戊子時，子能動巳，巳能動丙火，作辛日官星，只取辛亥、辛丑、辛酉三日。若辛巳日，有丙火為破格；辛卯日則卯破子，則不能合巳；辛未日則見未中丁火為七殺，破辛金，亦畏巳字破格。午字冲子，不能動巳。只喜財運，畏官殺運破格也。有別格則用別格，理不出於自然也。」由上述六辛之卯、巳、未等日，均有礙食神或剋日主，行運喜生財。

640

按：朝陽格，《子平真詮》與《神峰通考》例，張知縣。

正印	日主	比肩	正印
戊子	辛酉	辛酉	戊辰
癸	辛	辛	癸　乙　戊
食神	比肩	比肩	食神　偏財　正印
文昌	紅豔　干祿　將星　大耗	紅豔　干祿　將星　大耗	
己巳　戊辰	丁卯　丙寅	乙丑　甲子	癸亥　壬戌

徐樂吾補注：此金水傷官，原局無官星，氣勢偏於金水，以順其性，行土金水運為美，火運為忌。帶水之木尚可行，而帶火之木則不宜見。此俗所謂朝陽格也。

按：六辛朝陽既是限定無官殺，戊子時，就是有正印生身，無官殺剋身，卯巳未日無法生扶日主；日主偏強自然洩秀生財，何況辰酉合金，原局印綬比劫強旺；故「順其性，行土金水運為美」。甲子、乙丑美運，丙寅、丁卯冲剋太凶。就是個很旺的建祿格，最宜食傷洩秀。

合祿格

原文：有合祿成格者，命無官星，借干支以合之。戊日庚申，以庚合乙，因其主而得其偶。如己未、戊辰、戊辰、庚申（蜀王造解釋在 643 頁），蜀王命是也。癸日庚申，以申合巳，因其主而得其朋，如己酉、辛未、癸未、庚申（趙丞相造解釋在 644 頁），趙丞相命是也。運亦忌填實，不利官煞，更不宜以火剋金，使彼受制而不能合，餘則吉矣。

按：合祿格，原無官星，例如戊土庚申時柱，原局中沒有甲乙木官星（餘氣無妨），以庚金合乙木正官，補足原局缺乏正官（祿）的缺失。

徐樂吾補注：祿者，官星也，庚合乙，以乙為戊土之官；申合巳合，以巳中戊土為癸水之官。以六戊日，庚申時，四柱無官印為合格。按蜀王己未一造，土強身旺，庚申食神洩秀為用，官煞為犯其旺神，火更傷食神秀氣。書云：「庚申時逢戊日，食神干旺之方，歲月犯甲丙卯寅（官殺），此乃遇而不遇」，於理正合。趙丞相己酉一造，癸水身弱，當以煞印相生為用，有明煞透干，何用暗合官星？此造與戚楊知府造相類，皆宜順其氣勢取用。

按：《神峰通考》：「合祿格者，蓋取六戊門，逢庚申時，原四柱無官印，方取此格。蓋取時上庚，合起乙木為戊土官星也。只畏甲木剋戊，制了本身，又畏丙字破了庚字，不能合乙。又畏寅字冲破了申字，又畏卯字見了官星。」合祿格仍然在五行強弱之理中。如下例。

642

按：合祿格，《子平真詮》例，蜀王命，土重金埋，喜洩金生水。

食神	日主	比肩	劫財
庚申	**戊辰**	**戊辰**	**己未**
戊　壬　庚	癸　乙　戊	癸　乙　戊	乙　丁　己
比肩　偏財　食神	正財　正官　比肩	正財　正官　比肩	正官　正印　劫財
文昌　孤辰	紅豔　華蓋　寡宿	紅豔　華蓋　寡宿	天乙
庚申　辛酉	壬戌　癸亥	甲子　乙丑	丙寅　丁卯

徐樂吾補注：此土金食神也。比劫重重，氣勢偏於土金，以金運洩土之秀為最吉，水運亦美，火運為忌，木亦不美，所謂土盛木折也。俗以庚合乙為官星，稱為合祿格，又不要明見，喜財以生之。取運略同。

按：《神峰通考》：「庚申時逢戊日，食神干旺之鄉，歲月犯甲丙卯寅（官殺），此乃遇而不遇。」戊土的庚申時，就是時上食神格帶偏財，年月官殺多，日主即剋洩交加，破格。原局比劫六見帶正印。身強喜洩，宜金地，水地；不喜官殺無印而攻身，或印綬之地，身旺何須用印？反將妨礙食神。

按：《子平真詮》例，趙丞相，殺印相生，有殺何須官？

正印	日主	偏印	七殺
庚申	癸未	辛未	己酉
戊　壬　庚	乙　丁　己	乙　丁　己	辛
正官　劫財　正印	食神　偏財　七殺	食神　偏財　七殺	偏印
癸亥　甲子	乙丑　丙寅	丁卯　戊辰	己巳　庚午

徐樂吾補注：俗亦名之為合祿格，以申合巳中戊土為官星也。月令偏官，年上透出，時上庚印化煞為用（見論偏官篇），格正局清，有何不美？若取巳中戊土官星，豈非官煞混雜耶？

按：合祿格若日主為戊土，戊土以時干庚金合乙木正官；日主若癸水，癸水以時支申金合巳火的戊土正官。原局月令七殺透出年干，官殺四見；時柱庚申化煞，如果「合祿」，就是財殺黨同，反而破格。換言之，徐氏指出合祿格還是落在生剋制化之理中。

從財從殺

按：棄命從財，指日主無根，四柱無比劫印綬；陽干從氣不從勢，陰
干從勢無情義。又有真從與假從之分，真從必需純粹專一，真從之格
局少受大運影響，縱有阻逆，不失富貴。四柱見印難以論從。從殺見
印綬洩氣要見財，從兒見印綬被剋要比劫，從財見比劫被奪要見食傷。

1、按：「從旺」之義，全局氣勢偏旺於一方，而獨有日干逆其旺氣
，日干無生無助，不得不棄原有之性質，而從旺神，名為從格，
蓋以全局氣勢為主體，而不以日干為主體。

2、弱印無根，不妨礙從財。原局財多而見煞，以財為因，以殺為果
，論從殺。從財怕比劫，宜有食傷通關；見官煞洩氣而不美。從
格喜錦上添花，故從殺喜財生殺地，從財喜食傷生財之地。

3、「從格最忌逆其旺勢」，從殺不宜印綬洩殺氣，最忌食傷制殺。從
財不宜比劫奪財。又「見官煞為洩財之氣而不美」。

按：棄命從財格，《子平真詮》例，王十萬命。

傷官	日主	正印	偏財
己丑	**丙申**	**乙酉**	**庚申**
辛 癸 己	戊 壬 庚	辛	戊 壬 庚
正財 正官 傷官	食神 七殺 偏財	正財	食神 七殺 偏財
大耗	文昌	天乙 桃花	文昌 月德
癸巳　壬辰	辛卯　庚寅	己丑　戊子	丁亥　丙戌

徐樂吾補注：乙從庚化，不作印論，丙火臨申，坐於病地，四柱無根，時上己丑，又來生金，氣勢偏於金旺，為棄命從財格也。運宜行土金水，南方火鄉最忌，木亦不利。

按：月令正財為用神，乙庚合為財，財不剋印。原局正偏財五見，食神傷官四見，財逢食傷；年柱、時柱、日支都是食傷生財，正印孤懸無根，丙火無根，故原局論從財。從財喜行食傷（土）生財（金），財生殺（水）。「南方火鄉最忌，木亦不利」，因為從勢宜從到底，印比自我膨脹，逆其旺氣。《子平粹言》：「從格皆以所從之神為用，逆其旺氣固非吉，洩其旺氣亦非美，真從之格極不易得。」

按：從煞格，《子平真詮》例，李侍郎命。

劫財	日主	比肩	比肩
甲申	乙酉	乙酉	乙酉
戊 壬 庚	辛	辛	辛
正財 正印 正官	七殺	七殺	七殺

丁丑	戊寅	己卯	庚辰	辛巳	壬午	癸未	甲申

徐樂吾補注：乙木無根，氣勢偏於金，為棄命從煞格。金運最美，水土亦吉。木運為乙木逢根，火運逆其旺勢，皆忌見。與上從財格大致相同。

1、按：《滴天髓》：「五陽從氣不從勢，五陰從勢無情義。……五陰之性柔順，故見勢忘義，而有鄙吝之心，其處世多驕諂。」乙木地支官殺四見，天干甲乙木比劫黨眾，不遑相讓，何以論從殺？

2、陰干易從，陽干難從；其次甲乙坐絕，無力抗衡。《子平粹言》：「假從格局，全恃運助以成其格，運程不助，即不能保有其地位。……從格皆以所從之神為用，逆其旺氣固非吉，洩其旺氣亦非美，真從之格，極不易得。」「金運最美」，因為順從旺神。「水土亦吉」，因為水生木通關解仇，土生金助其旺神。木運比劫相助抗煞，火運食傷剋官殺，皆逆其旺氣。

井欄叉格

原文：有井欄成格者，庚金生三七月，方用此格。以申子辰沖寅午戌，財官印綬，合而沖之，若透丙丁，有巳午，以現有財官，而無待於沖，乃非井欄之格矣。如戊子、庚申、庚申、庚辰（郭統制造解釋649頁），郭統制命也。運喜財，不利填實，餘亦吉也。

按：《三命通會》：「井欄潤下，三庚為妙；財印為忻；忌離宮午位，喜寅字邀神，填實則榮華富貴，帶刃則掌管千軍。」若天干透出丙丁，地支帶巳午就是官殺格。不符合井欄叉格要一團金水的要件。

徐樂吾補注：井欄叉格，取庚子、庚申、庚辰三日，要申子辰全。《喜忌篇》云：「庚日全逢潤下，忌壬癸巳午之方；時遇子申，其福減半」，其實即金水傷官也。年上戊土無根，故以傷官為用，特氣勢純粹耳。最喜行東方財地，次者北方亦美。最忌官印，官煞剋身，印綬制食，皆逆其旺勢，所謂巳午之方也。時遇子，遁干為丙子，露官星，遇申為歸祿，故云其福減半。

1、按：井欄叉格是庚金生在辰月或申月，原局帶有印綬、食傷、財，子水則是傷官，形成很旺的傷官格，原局帶有財星即是食傷生財的架構。「申子辰沖寅午戌，財官印綬，合而沖之」，指原局金水既旺，則金剋木得財，水剋火得官；遇上火土就是多餘，沖之無益。

2、「忌壬癸巳午之方」，忌諱火土之地，壬癸水未必，端視原局而論。「時遇子申，其福減半」，《三命通會》：「時遇丙子，為時上偏官；甲申為日祿歸時，難成此格，所以福氣不全而減半。」井中有水，所以濟人，見午未填實，水為土雜。《易》：「井泥不食，舊井無禽。」

648

按：井欄叉格《子平真詮》例，統制命，宜水木運，金水傷官要見官，是基於調候理論；但因為傷官太旺，官殺很難調停，寧願行財運。天干全庚帶印綬，地支會水局，傷官生財，財逢食傷皆美。

比肩			日主			比肩			偏印	
庚辰			**庚申**			**庚申**			**戊子**	
癸	乙	戊	戊	壬	庚	戊	壬	庚	癸	
傷官	正財	偏印	偏印	食神	比肩	偏印	食神	比肩	傷官	
華蓋			干祿			干祿			將星	
戊辰		丁卯	丙寅		乙丑	甲子		癸亥	壬戌	辛酉

徐樂吾補注：此俗所謂井欄叉格。庚金乘旺洩秀，支全申子辰水局。氣勢偏於金水，當順其勢以取運。土金水運均美，木運亦可，行火運逆其旺勢不利。

1、按：《三命通會》：「庚日全逢潤下，忌丙丁巳午之方，時遇子申，其福減半；此格以庚申、庚子、庚辰三日為主。……此格須柱無一點火氣，生秋冬為合局。……若庚子再見子時，只作飛天祿馬論；在辰月以印綬論，在子月以傷官論，須變通消息，果合此格，主清奇貴顯。但不甚富；運喜東方財，北方傷，忌南方火土，西方平平。」

2、「井欄叉格」日主三庚，地支水局，就是很旺的傷官格，旺就順勢，金生水（比劫生食傷），水生木（食傷生財），皆宜。土生金忌印剋食傷，須變通消息。火土齊來必蹇。

649

刑合得祿

按：前面的合祿格是用時支申金合出巳中丙戊庚財官印，刑合格則是用寅刑出巳中丙戊庚財官印；兩者都是在庚申、甲寅之類的時干自坐祿，有氣方能刑合。

1、按：《三命通會》：「六癸日時逢寅日，歲月怕戊己二方。此格以六癸日為主，癸用戊土為官星，戊祿巳，用時上甲寅刑出巳中戊土，是癸日得官星也。喜見財星或印助，行財印刑冲會合皆美，歲月支干，怕見戊己字，官煞顯露，則減分數。」

2、徐氏認為刑合得祿，「此格與飛天祿馬、合祿、井欄又皆從傷官格中分出，因原局無財官，乃用倒冲刑合之名詞，以圓其說耳」，因此大運宜忌如《滴天髓》：「從兒不管身強弱，只要無兒又得兒（財運）。」所謂忌諱填實，指官殺洩財剋日主。

丑遙巳祿格（又名刑合）

《子平真詮》例，十二節度使命，從兒格喜傷官與財運，亥運合木，戊戌運合火，丁運坦途，酉運必衰。

傷官	日主	比肩	食神
甲寅	**癸卯**	**癸卯**	**乙未**
戊　丙　甲	乙	乙	乙　丁　己
正官　正財　傷官	食神	食神	食神　偏財　七殺
亡神　月德　大耗	文昌　天乙　將星	文昌　天乙　將星	華蓋
乙未　　　丙申	丁酉　　　戊戌	己亥　　　庚子	辛丑　　　壬寅

徐樂吾補注：《喜忌篇》云：「六癸日時逢寅位，歲月怕戊己二方」，以寅刑出巳中戊土為格，其實乃從兒格也。氣勢偏於木，行運最喜木火。從格忌見比劫，而從兒有食傷引化，不忌比劫，此為不同之點。官煞大忌，印運亦忌。

1、按：癸日主時支寅木，時干必然是甲木，如此就是傷官生財，所以「歲月怕戊己二方」，因為湊成傷官見官殺的局勢。其次，傷官寅木刑巳火（以長生之金剋臨官之木），正官戊土坐祿，傷官見官。

2、「其實乃從兒格」，指如原局食傷偏重，故《三命通會》：「若月令在偏正官位，即不以時喜忌言矣。如癸亥、癸卯、癸未，坐下木局，時逢甲寅，柱有戊己巳午，真正傷官見官，亦不入格。」可見刑合得祿不離普通格論法的範疇。

651

原文：有遙合成格者，巳與丑會，本同一局，丑多則會巳而辛丑得官，亦合祿之意也。如辛丑、辛丑、辛丑、庚寅（章統制造解釋在 653 頁），章統制命是也。若命中有子字，則丑與子合而不遙，有丙丁戊己，則辛癸之官煞巳透，而無待於遙，另有取用，非此格矣。至於甲子遙巳，轉輾求合，似覺無情，此格可廢，因羅御史命，聊復存之。為甲申、甲戌、甲子、甲子（羅御史造解釋在 654 頁），羅御史命是也。

按：寅可以刑巳，辛日主在巳中有官印，例如章統制命辛丑、辛丑、辛丑、庚寅，八字沒有丙丁官殺，與天透地藏的格局，但命造又是官威獨攬，如何自圓其說？因此拉東扯西，刑與合都可拼湊烏有之物。實則章統制就是母旺子強，土金水一堆，強眾而敵寡，勢在去其寡。至於羅御史則是金水木有氣，左右相生，上下連結。

徐樂吾補注：遙合有二，丑遙巳格、子遙巳格是也。丑遙巳格，以辛丑、癸丑二日，用丑多為主，以丑中辛癸，遙合巳中丙火。戊土為官星，局中喜有申酉二字，合住巳字，忌有子字絆住丑字及巳字填實。然如章統制辛丑一造，寅中木火財官可用，何待於遙？古歌云：「辛日癸日多逢丑，名為遙巳合官星，莫言不喜官星旺，誰信官來大有成」，則喜見財官明矣。子遙巳格，取甲子日甲子時，以子中癸水遙合巳中戊土，戊土動丙火，丙火合辛金，為甲木官星，轉輾求合，更無理由。羅御史甲申一造，月令雜氣偏財可用，何須曲為之說？實無理取鬧耳。

按：雜格多如牛毛，是否經得起考驗？這是古來見仁見智的問題，本書不參與爭執，但如果經得起刑冲合會，身強身弱，格局辨證等討論，即不妨留存以增加趣味性。

遙合格

按：《子平真詮》例，章統制命，兩氣合而成象。

劫財	日主	比肩	比肩
庚寅	**辛丑**	**辛丑**	**辛丑**
戊　丙　甲	辛　癸　己	辛　癸　己	辛　癸　己
正印　正官　正財	比肩　食神　偏印	比肩　食神　偏印	比肩　食神　偏印
癸巳　　甲午	乙未　　丙申	丁酉　　戊戌	己亥　　庚子

徐樂吾補注：此俗所謂丑遙巳格。土金成局，生於十二月，時上寅木無氣，不能為用。勢象偏於土金，宜土金水運，木火逆其旺勢為不宜。與遙巳格取運相同也。

1、按：《神峰通考》：「丑遙巳格，取癸丑日。丑字多遙合巳中戊土為官星，要丑字多。又辛丑日，亦遙合巳中丙火為官星。畏有巳字填實，畏有寅字絆了丑，不能遙，理亦同前。辛癸日多逢丑字，不喜官星。歲時逢子巳二宮，虛名虛利。」雜格不出基本理論，即丑中帶癸水辛金，因此癸丑、辛丑都是坐下比肩，又取比肩偏印生扶日主。

2、「土金成局」，日主旺盛就要食傷洩，因此庚子、己亥論吉。土金水與木火對抗賽。《滴天髓》：「兩氣合而成象，象不可破。⋯相生要我生，秀氣流行，相剋要我剋，日主不傷，相生必欲平分，無取稍多稍寡，相剋務須均敵，切忌偏重偏輕，若用金水則火土不宜夾雜。」金象不宜火，土象不宜木。火用丑土消化。

按：子遙巳祿格（遙合格）《子平真詮》例，羅御史命，三會官殺，金水木一團和氣。

比肩	日主	比肩	比肩
甲子	甲子	甲戌	甲申
癸	癸	丁　辛　戊	戊　壬　庚
正印	正印	傷官　正官　偏財	偏財　偏印　七殺
壬午　辛巳	庚辰　己卯	戊寅　丁丑	丙子　乙亥

徐樂吾補注：《喜忌篇》云：「甲子日再遇子時，畏庚辛申酉丑午，以子遙合巳為格」，其實月令偏財，用財損印，何必另取格局？戊藏丁火，生起財星，遇運透清為美，庚辛、申酉官煞生印為忌，午沖子、丑刑戌均為忌也。

654

1、按:《神峰通考》:「子遙巳,取甲子日甲子時,蓋取子中癸水,遙動巳中戊土,戊土動丙火,丙火合辛金,甲木得辛金為官星。」扯的很遠,不妨用子平基礎觀討論。甲子日甲子時是比肩正印,即日時生扶,而年月天干甲申、甲戌拱酉,三會官殺局。衡量格局與日主輕重,格輕身重,接近半斤八兩。又甲戌、甲子夾亥,地支連茹,吉象。

2、《滴天髓》:「左右貴乎同志……左右同志者制化得宜,左右生扶,不雜亂者也,如殺旺身弱,有羊刃合之,或印綬化之。」年月夾拱之官殺格,洩水生木。「天全一氣,不可使地德莫之載。……地支不載者,地支與天干無生化也,非特四甲四乙而遇申酉寅卯為不載,即全受剋於地支,或反剋地支,或天干不顧地支,或地支不顧天干,皆為不載也。」總之,必須地支之氣上升,天干之氣下降,則流通生化,而不至於偏枯。

3、徐氏原文之下所謂:「月令雜氣偏財可用」,狹義解釋偏財剋印綬,亦無不可。

原文：若夫拱祿、拱貴、趨乾、歸祿、夾戌、鼠貴、騎龍、日貴、日德、福祿、魁罡、食神時墓、兩干不雜、干支一氣、五行具足之類，一切無理之格，概置勿取。即古人格內，亦有成式，總之意為牽就，硬填入格，百無一似，徒誤後學而已。乃若天地雙飛，雖富貴亦自有格，不全賴此，而亦能增重其格。即用神不甚有用，偶有依以為用，亦成美格。然而有用神不吉，即以為凶，不可執也。

按：論上述雜格，在《三命通會》均有記載，似乎也說明了這些特別格的適用條件，並非一成不變取用。《子平真詮》以用神格局為主題，雖評為「無理之格，概置勿取」，然而仍劃定原則，認為偶爾用之也成立；或用神格局搭配不美，僅論特別格也無扭轉乾坤的作用。反之，用神格局有情，特別格也能錦上添花。

徐樂吾補注：此類格局，不過四柱清純，用神而吉，格外增美，如是而已，非可依以為用也。參觀雜格一覽。

按：寫書必有終止點，《子平真詮》是沈孝瞻集結幕僚群的著作，企圖整合普通格局，作出普遍性詮釋，因此對於特別格僅略微陳述，原文所述拱祿、拱貴、趨乾、歸祿、夾戌、鼠貴、騎龍、日貴、日德、福祿、魁罡、食神時墓、兩干不雜、干支一氣、五行具足之類等，並未進一步申論。徐氏認為「不過四柱清純，用神而吉，格外增美，如是而已」，並非全然可用，學者自行拿捏。

原文：其於傷官傷盡，謂是傷盡，不宜見官，必盡力以傷之，使之無地容身，更行傷運，便能富貴，不知官有何罪，而惡之如此？況見官而傷，則以官非美物，而傷以制之，又何傷官之謂凶神，而見官之為禍百端乎？予用是術以歷試，但有貧賤，並無富貴，未輕信也，近亦見有大貴者，不知何故。然要之極賤者多，不得不觀其人物以衡之。

按：《子平真詮\》在結尾為「傷官傷盡」寫翻案文章，認為傷官與正官不相容是無的放矢，稱「予用是術以歷試，但有貧賤，並無富貴，未輕信也」，即傷官見官不一定為禍百端。沈孝瞻解釋傷官不如《滴天髓‧傷官》一節解釋清楚，原則是傷官與正官之間有財通關即有解，另外有調候與全局的考量。原理與其他格局大概相同，觀察歸納有大貴、極賤者；故「不得不觀其人物以衡之」。

徐樂吾補注：用傷官之忌見官星，亦猶用官之忌傷，用印之忌財，用財之忌劫也。何格無喜忌，豈獨傷官？況官星有喜見不喜見之別乎？至於格局之不可解者甚多。我人學識不足，未窮奧妙，知之為知之，不知為不知，正不必曲為諱飾也。

按：因此徐氏補注：用傷官忌見正官，與用印忌見財，用財忌見比劫，都是相同道理，並非只有用正官才忌見傷官。更何況如果官星是忌神，傷官剋去忌神正官，豈不妙哉！

附論雜格取運

徐樂吾補注：雜格不一，大都氣勢偏旺，出於五行常理之外。昔人評命，泥於財官之說，四柱無財可取，則不惜遙合倒冲，牽強附會，以期合於財官，未免可嗤。命理不外乎五行，氣勢雖屬偏旺，而偏旺之中，仍有正理可取，詳《滴天髓徵義》。偏旺之格，取運大都須順其氣勢，雖干支喜忌，須察四柱之配合，而順勢取運，大致有定。

按：雜格之所以列入雜格，大都是氣勢偏旺，古人為了遷就財官之說，所以婉轉曲折，東拼西湊，學者無須牽強附會。大致取運旺則洩，衰則扶，順勢取運如此而已。

參考書目

萬民英著，《三命通會》

徐樂吾著，《子平粹言》

徐樂吾著，《造化元鑰評註》

徐樂吾著，《淵海子平評註》

袁樹珊著，《滴天髓闡微》

袁樹珊著，《命理探原》

梁湘潤著，《淵海子平詩集解》

梁湘潤著，《流年法典》

梁湘潤編著，《沈氏用神例解》

梁湘潤編著，《大流年判例》

梁湘潤編著，《命學大辭淵》

於光泰著，《八字基礎會通》

於光泰著，《八字奧秘三十天快譯通》

張楠撰，《神峰通考》

國家圖書館出版品預行編目資料

子平真詮三十天快譯通/於光泰著
--初版—桃園市
於光泰，2022.08
659 面；14.8X21 公分
ISBN：978-626-01-0279-1
CIP：CST: 命書 2.CST: 生辰八字
293.12　　　　　　111010425

子平真詮三十天快譯通

2022 年 8 月　初版　第 1 刷

作者：於光泰
出版者：於光泰
地址：桃園市桃園區大業路二段 103 號 7 樓之 2
電話：(03)472-4980
Email：s91923010@yahoo.com.tw

印刷：明邦印刷事業有限公司
地址：新北市中和區中山路二段 327 巷 11 弄 5 號 1 樓
電話：(02)2247-5550

建議售價：新台幣壹仟貳佰元整

ISBN：978-626-01-0279-1